ZUIGAORENMINJIANCHAYUAN
SIFA JIESHI ZHIDAOXING ANLI LIJIE YU SHIYONG

—— 2015 ——

最高人民检察院
司法解释 指导性案例
理解与适用

最高人民检察院法律政策研究室 编著

【权威解读·要旨提示·析案答疑·应用指南】

中国检察出版社

图书在版编目（CIP）数据

最高人民检察院司法解释指导性案例理解与适用. 2015 ／ 最高人民检察院法律政策研究室编著. —北京：中国检察出版社，2016.5

ISBN 978 － 7 － 5102 － 1657 － 2

Ⅰ. ①最… Ⅱ. ①最… Ⅲ. ①法律解释 – 中国②案例 – 中国③法律适用 – 中国

Ⅳ. ①D920. 5

中国版本图书馆 CIP 数据核字（2016）第 100002 号

最高人民检察院司法解释指导性案例理解与适用 （2015）

最高人民检察院法律政策研究室　编著

出版发行：中国检察出版社

社　　址：北京市石景山区香山南路 109 号 （100144）

网　　址：中国检察出版社 （www. zgjccbs. com）

编辑电话：(010)86423753

发行电话：(010)86423726　86423727　86423728

　　　　　(010)86423730　68650016

经　　销：新华书店

印　　刷：北京玺诚印务有限公司

开　　本：710 mm×960 mm　16 开

印　　张：21. 25

字　　数：386 千字

版　　次：2016 年 5 月第一版　　2018 年 10 月第二次印刷

书　　号：ISBN 978 － 7 － 5102 － 1657 － 2

定　　价：58. 00 元

出版说明

　　最高人民检察院就检察工作中具体应用法律的问题制定的司法解释是司法实践中司法人员执法的重要规则依据。2010 年 7 月制定的《最高人民检察院关于案例指导工作的规定》，明确规定检察机关指导性案例由最高人民检察院公开发布，作为指导全国检察机关工作的一种形式。通过选编检察机关办理的在认定事实、证据采信、适用法律和规范裁量权等方面具有普遍指导意义的案例，为全国检察机关依法办理案件提供指导和参考。司法解释和指导性案例对于统一法律适用、维护法律的公正实施具有重要意义。

　　同时，最高人民检察院还发布了为数不少的事实上对法律适用活动产生重大乃至决定性影响的司法文件，这些司法文件包括却不限于"条例"、"办法"等。

　　为帮助读者准确理解和适用最高人民检察院发布的司法解释、指导性案例及司法文件，以指导司法实践，我们特别编辑出版了《最高人民检察院司法解释指导性案例理解与适用》一书，此前已经出版了 2013—2014 版，本书主要收录了 2015 年最高人民检察院及最高人民检察院与最高人民法院等部门联合制定发布的司法解释（含主要司法解释性质文件、司法解释工作相关规范性文件，目录以实施时间先后为序）38 部，指导性案例 4 个。除了个别文件外，都附有司法解释起草者或指导性案例选编者撰写的理解与适用文章。同时，为了便于读者收集整理，我们今后将每年出版一册，敬请期待。

2016 年 5 月

目　　录

主要司法解释性质文件

二、指导性案例

一、司法解释、
主要司法解释性质文件、
司法解释工作相关规范性文件

[司法解释]

最高人民检察院
关于强迫借贷行为适用法律问题的批复

（2014 年 4 月 11 日最高人民检察院第十二届检察委员会第十九次会议通过　2014 年 4 月 17 日公布并施行　高检发释字〔2014〕1 号）

广东省人民检察院：

你院《关于强迫借贷案件法律适用的请示》（粤检发研字〔2014〕9 号）收悉。经研究，批复如下：

以暴力、胁迫手段强迫他人借贷，属于刑法第二百二十六条第二项规定的"强迫他人提供或者接受服务"，情节严重的，以强迫交易罪追究刑事责任；同时构成故意伤害罪等其他犯罪的，依照处罚较重的规定定罪处罚。以非法占有为目的，以借贷为名采用暴力、胁迫手段获取他人财物，符合刑法第二百六十三条或者第二百七十四条规定的，以抢劫罪或者敲诈勒索罪追究刑事责任。

此复

最高人民检察院
2014 年 4 月 17 日

《最高人民检察院关于强迫借贷行为
适用法律问题的批复》理解与适用

韩耀元　杨建军 *

2014 年 5 月 4 日，最高人民检察院发布了《关于强迫借贷行为适用法律问题的批复》（以下简称《批复》）。为便于司法实践中正确理解和适用《批复》的相关规定，现就《批复》的制定背景、经过和主要内容介绍如下：

一、《批复》的制定背景及过程

广东省检察机关在办理一起以暴力、胁迫手段强迫他人借贷案件过程中，对强迫借贷行为如何适用法律存在不同认识。第一种意见认为，强迫借贷行为应按照刑法第二百六十三条抢劫罪定罪处罚。第二种意见认为，强迫借贷行为应按照刑法第二百二十六条强迫交易罪定罪处罚。第三种意见认为，由于行为人和被害人存在经济往来，强迫借贷行为不宜认定为抢劫行为，也不符合刑法第二百二十六条强迫交易罪第二项"强迫他人提供或者接受服务的"情形。因案件行为定性分歧较大，广东省人民检察院向最高人民检察院报送了《关于强迫借贷案件法律适用的请示》。

实践中，以暴力、胁迫手段强迫借贷行为具有一定普遍性，应该对其如何定罪处罚予以明确，以指导司法实践。经研究，最高人民检察院法律政策研究室提出了强迫借贷行为的法律适用意见。经征求有关部门意见并在各方意见一致的基础上，经过进一步研究修改，形成了《批复》（审议稿），于 2014 年 4 月 11 日由最高人民检察院第十二届检察委员会第十九次会议通过，自公布之日起实施。

二、《批复》的主要内容

为准确认定强迫借贷行为性质，准确区分强迫借贷行为与其他犯罪行为的界限，《批复》结合强迫借贷行为特点，对以暴力、胁迫手段强迫他人借贷的行为定性、强迫借贷行为牵连犯的处罚以及以借贷为名实施抢劫行为或敲诈勒索行为的认定等问题作出了明确规定。

---

* 作者单位：最高人民检察院法律政策研究室。

（一）以暴力、胁迫手段强迫他人借贷，属于刑法第二百二十六条第二项规定的"强迫他人提供或者接受服务"，情节严重的，以强迫交易罪追究刑事责任

刑法第二百二十六条规定的强迫交易罪列举了五种强迫交易的具体情形：强买强卖商品，强迫他人提供或者接受服务，强迫他人参与或者退出投标、拍卖，强迫他人转让或者收购公司、企业的股份、债券或者其他资产，强迫他人参与或者退出特定的经营活动。1997 年刑法只规定前两种情形，2011 年《刑法修正案（八）》增加规定了后三种犯罪行为表现形式。虽然刑法并没有将强迫借贷行为明确列为强迫交易罪的具体情形，但是由于借贷本质上是交易，强迫借贷符合强迫交易罪的构成要件，属于刑法第二百二十六条第二项规定的"强迫他人提供或者接受服务"，因而应当以强迫交易罪追究刑事责任。主要理由有：

1. 借贷属于交易中的服务

从交易的内容划分，交易分为商品交易和服务交易（即有偿服务）两类，是市场经济的两大交易形式。我国法律把有偿服务与商品作为调整对象，如消费者权益保护法、反不正当竞争法中都明确将有偿服务和商品作为同等保护对象。有偿服务，即经双方合意，一方提供服务，另一方接受服务以满足生产生活需要。借贷行为在法律上表现为借贷合同关系，根据我国合同法规定，借贷合同是借款人向贷款人借款，到期返还借款并支付利息的合同。借款人通过给付利息的方式，以换取贷款人将钱款供借贷人在一定时间内使用，以满足经济需求。借贷活动在贷款方是具有法律规定的资格、专门从事贷款业务的金融机构时，表现出的有偿服务特征更为突出，如一般将银行的业务称之为提供金融服务。因此，借贷符合有偿服务的特征，属于交易中的服务。

2. 强迫借贷属于"强迫他人提供或者接受服务"

刑法第二百二十六条第二项规定的"强迫他人提供或者接受服务"是指行为人不遵守公平、自愿的市场交易规则，以暴力、胁迫强迫对方提供服务或者接受服务的行为。通过使用暴力、胁迫方式强迫他人借贷，同样违背了公平、自愿的市场交易规则，破坏了市场经济秩序，显然属于"强迫他人提供或者接受服务"的行为。对此类行为，情节严重，构成犯罪的，应当依照强迫交易罪追究刑事责任。

（二）以暴力、胁迫手段强迫他人借贷过程中，同时构成故意伤害罪等其他犯罪的，依照处罚较重的规定定罪处罚

实践中，行为人在强迫他人借贷时，使用暴力可能会造成他人伤害甚至死亡后果，同时又构成故意伤害罪、故意杀人罪等其他犯罪。暴力、胁迫是强迫

借贷的手段行为，导致他人伤害、死亡等属于强迫借贷手段行为的结果之一，这种情况属于刑法理论上的牵连犯。根据牵连犯的定罪处罚规则，应对故意伤害、故意杀人等行为与强迫交易行为分别定罪，从一重罪进行处罚。

（三）以非法占有为目的，以借贷为名采用暴力、胁迫手段获取他人财物，符合刑法第二百六十三条或者第二百七十四条规定的，以抢劫罪或者敲诈勒索罪追究刑事责任

强迫交易在客观上与抢劫有相似之处，都是采用了暴力、胁迫手段，都侵犯了公民人身权利并给被害人造成了一定的经济损失。其区别在于是否具有非法占有的目的。因此，对于当场使用暴力或者暴力相威胁，名义上借钱，实质上根本没有准备偿还，或者没有偿还能力，迫使他人交出钱款的，应当认定为具有非法占有的目的，以抢劫罪追究刑事责任。对此，2005年7月最高人民法院《关于审理抢劫、抢夺刑事案件适用法律若干问题的意见》也明确规定：从事正常商品买卖、交易或者劳动服务的人，以暴力、胁迫手段迫使他人交出与合理价钱、费用相差不大钱物，情节严重的，以强迫交易罪定罪处罚；以非法占有为目的，以买卖、交易、服务为幌子采用暴力、胁迫手段迫使他人交出与合理价钱、费用相差悬殊的钱物的，以抢劫罪定罪处刑。在具体认定时，既要考虑超出合理价钱、费用的绝对数额，还要考虑超出合理价钱、费用的比例，加以综合判断。

同样，采取胁迫手段强迫他人借贷，与敲诈勒索具有相似性，其区别也在于是否具有非法占有的目的。以借贷为名敲诈他人财物，不准备偿还的，应当认定为具有非法占有的目的，以敲诈勒索罪追究刑事责任。至于以非法占有为目的，采用胁迫手段强迫他人借贷，是以抢劫罪还是以敲诈勒索罪追究刑事责任，主要取决于行为人采取胁迫行为的具体情形，如果行为人以当场使用暴力相威胁，则符合抢劫罪的构成要件，如果行为人以暴露隐私等暴力以外的其他方式或者以将来实施暴力、胁迫行为等相要挟，则符合敲诈勒索罪的构成要件。

最高人民检察院
关于以检察专递方式邮寄送达
有关检察法律文书的若干规定

（2014 年 12 月 30 日最高人民检察院第十二届检察委员会第三十三次会议通过　2015 年 2 月 13 日公布并施行　高检发释字〔2015〕1 号）

为了方便当事人依法行使申请监督和申诉权利，根据《中华人民共和国民事诉讼法》、《中华人民共和国行政诉讼法》、《中华人民共和国邮政法》等规定，结合检察工作实际，制定本规定。

第一条　法律规定可以邮寄送达的检察法律文书，人民检察院可以交由邮政企业以检察专递方式邮寄送达，但下列情形除外：

（一）受送达人或者其诉讼代理人、受送达人指定的代收人同意在指定的期间内到人民检察院接受送达的；

（二）受送达人下落不明的；

（三）法律规定、我国缔结或者参加的国际条约中约定有特别送达方式的。

第二条　以检察专递方式邮寄送达有关检察法律文书的，该送达与人民检察院直接送达具有同等法律效力。

第三条　当事人向人民检察院申请监督、提出申诉或者提交答辩意见时，应当向人民检察院提供或者确认自己准确的送达地址及联系方式，并填写当事人联系方式确认书。

第四条　当事人联系方式确认书的内容应当包括送达地址的邮政编码、详细地址以及受送达人的联系电话等内容。

对当事人联系方式确认书记载的内容，人民检察院和邮政企业应当为其保密。

当事人变更送达地址的，应当及时以书面方式告知人民检察院。

第五条　经人民检察院告知，当事人仍拒绝提供自己送达地址的，自然人以其户籍登记中的住所地或者经常居住地为其送达地址；法人或者其他组织以其工商登记或者其他依法登记、备案中的住所地为其送达地址。

第六条 邮政企业按照当事人提供或者确认的送达地址送达的，应当在规定的日期内将回执退回人民检察院。

邮政企业按照当事人提供或者确认的送达地址在五个工作日内寄送三次未能送达，通过电话或者其他联系方式无法通知到受送达人的，应当将邮件退回人民检察院，并说明退回的理由。

第七条 邮寄送达检察法律文书，应当直接送交受送达人。

受送达人是公民的，由其本人签收，本人不在其提供或者确认的送达地址的，邮政企业可以将邮件交给与他同住的成年家属代收，但同住的成年家属是同一案件中另一方当事人的除外；受送达人是法人或者其他组织的，应当由法人的法定代表人、其他组织的主要负责人或者该法人、组织负责收件的工作人员签收；受送达人有诉讼代理人的，可以送交其代理人签收；受送达人已向人民检察院指定代收人的，送交代收人签收。

第八条 受送达人或者其代收人应当在邮件回执上签名、盖章或者捺印。

受送达人或者其代收人在签收时，应当出示其有效身份证件并在回执上填写该证件的号码，代收人还应填写其与受送达人的关系；受送达人或者其代收人拒绝签收的，由邮政企业的投递员记明情况，并将邮件退回人民检察院。

第九条 有下列情形之一的，即为送达：

（一）受送达人在邮件回执上签名、盖章或者捺印的；

（二）受送达人是无民事行为能力或者限制民事行为能力的自然人，其法定代理人签收的；

（三）受送达人是法人或者其他组织，其法人的法定代表人、该组织的主要负责人或者办公室、收发室、值班室的工作人员签收的；

（四）受送达人的诉讼代理人签收的；

（五）受送达人指定的代收人签收的；

（六）受送达人的同住成年家属签收的。

第十条 签收人是受送达人本人或者是受送达人的法定代表人、主要负责人、法定代理人、诉讼代理人的，签收人应当当场核对邮件内容。签收人发现邮件内容与回执上的文书名称不一致的，应当当场向邮政企业的投递员提出，由投递员在回执上记明情况，并将邮件退回人民检察院。

签收人是受送达人办公室、收发室、值班室的工作人员或者是与受送达人同住的成年家属，受送达人发现邮件内容与回执上的文书名称不一致的，应当在三日内将该邮件退回人民检察院，并以书面方式说明退回的理由。

第十一条 邮寄送达检察法律文书的费用，从各级人民检察院办案经费中支出。

第十二条　本规定所称检察专递是指邮政企业针对送达检察法律文书所采取的特快专递邮寄形式。

第十三条　本规定由最高人民检察院负责解释，自发布之日起施行。

最高人民检察院以前的有关规定与本规定不一致的，以本规定为准。

最高人民检察院关于强制隔离戒毒所工作人员
能否成为虐待被监管人罪主体问题的批复

（2015 年 1 月 29 日最高人民检察院第十二届检察委员会第三十四次会议
通过　2015 年 2 月 15 日公布并施行　高检发释字〔2015〕2 号）

河北省人民检察院：

你院冀检呈字〔2014〕46 号《关于强制隔离戒毒所工作人员能否成为刑
法第二百四十八条虐待被监管人罪主体的请示》收悉。经研究，批复如下：

根据有关法律规定，强制隔离戒毒所是对符合特定条件的吸毒成瘾人员限
制人身自由，进行强制隔离戒毒的监管机构，其履行监管职责的工作人员属于
刑法第二百四十八条规定的监管人员。

对于强制隔离戒毒所监管人员殴打或者体罚虐待戒毒人员，或者指使戒毒
人员殴打、体罚虐待其他戒毒人员，情节严重的，应当适用刑法第二百四十八
条的规定，以虐待被监管人罪追究刑事责任；造成戒毒人员伤残、死亡后果
的，应当依照刑法第二百三十四条、第二百三十二条的规定，以故意伤害罪、
故意杀人罪从重处罚。

此复

最高人民检察院
2015 年 2 月 15 日

《最高人民检察院关于强制隔离戒毒所工作人员能否成为虐待被监管人罪主体问题的批复》的理解和适用

韩耀元　宋　丹*

2015 年 2 月 27 日，最高人民检察院发布了《关于强制隔离戒毒所工作人员能否成为虐待被监管人罪主体问题的批复》（以下简称《批复》）。为便于司法实践中正确理解和适用《批复》的相关规定，现对《批复》的制定背景及经过、主要内容介绍如下：

一、《批复》的制定背景及过程

我国刑法将虐待被监管人情节严重的行为规定为犯罪。1979 年刑法第一百八十九条规定：“司法工作人员违反监管法规，对被监管人实行体罚虐待，情节严重的，处三年以下有期徒刑或者拘役；情节特别严重的，处三年以上十年以下有期徒刑。”1997 年修订刑法时，对上述规定作出了修改，规定：“监狱、拘留所、看守所等监管机构的监管人员对被监管人进行殴打或者体罚虐待，情节严重的，处三年以下有期徒刑或者拘役；情节特别严重的，处三年以上十年以下有期徒刑。致人伤残、死亡的，依照本法第二百三十四条、第二百三十二条的规定定罪从重处罚。监管人员指使被监管人殴打或者体罚虐待其他被监管人的，依照前款的规定处罚。”1997 年刑法将虐待被监管人罪的主体范围进一步扩大，由原来规定的“司法工作人员”（根据 1979 年刑法第八十四条的规定，是指有侦讯、检察、审判、监管人犯职务的人员）修改为“监狱、拘留所、看守所等监管机构的监管人员”，实践中，除刑法明确列举的监狱、拘留所、看守所之外，对于条文未明确的其他监管机构的监管人员能否成为虐待被监管人罪的主体问题认识模糊，影响了司法机关对此类案件的依法办理。

2014 年，河北省检察机关在办理一起强制隔离戒毒所干警涉嫌虐待戒毒人员案件时，对强制隔离戒毒所监管人员能否成为刑法第二百四十八条虐待被监管人罪主体问题存在不同认识。河北省人民检察院认为，虽然刑法未将“强制隔离戒毒所工作人员”具体列入虐待被监管人罪的主体范畴，但根据刑法立法本意和禁毒法等相关法律规定，“强制隔离戒毒所工作人员”应当属于刑法第二百四十八条规定的“等监管机构的监管人员”范畴，并向最高人民

---

* 作者单位：最高人民检察院法律政策研究室。

检察院报送了《关于强制隔离戒毒所工作人员能否成为刑法第二百四十八条虐待被监管人罪主体的请示》。

考虑到强制隔离戒毒所监管人员能否成为虐待被监管人罪主体问题属于检察工作中遇到的具体应用法律问题，最高人民检察院就此启动了《批复》的制定工作。经研究，最高人民检察院法律政策研究室提出了强制隔离戒毒所监管人员应当属于刑法第二百四十八条规定的监管人员的意见，并先后征求了全国人大常委会法工委、最高法院研究室、公安部法制局、司法部法制司及最高人民检察院有关内设机构意见。在各方面意见一致的基础上，经进一步修改完善，形成了《批复》（审议稿），于 2015 年 1 月 29 日由最高人民检察院第十二届检察委员会第三十四次会议审议通过，自公布之日起施行。

二、《批复》的主要内容

《批复》对强制隔离戒毒所监管人员是否可以成为虐待被监管人罪主体、其监管人员殴打或者体罚虐待戒毒人员或者指使戒毒人员殴打、体罚虐待其他戒毒人员的定罪处罚问题作出了明确规定。

（一）强制隔离戒毒所监管人员是否可以成为虐待被监管人罪主体问题

《批复》明确了强制隔离戒毒所是对符合特定条件的吸毒成瘾人员限制人身自由，进行强制隔离戒毒的监管机构，其履行监管职责的工作人员属于刑法第二百四十八条规定的监管人员，可以成为虐待被监管人罪主体。主要理由：

1. 根据刑法及相关司法解释的规定，刑法第二百四十八条规定的"监管机构"是指对依法限制人身自由的人监督管理的场所，其范围不应仅限于条文明确的"监狱、拘留所、看守所"，还应当包括其他没有明列的监管场所。

1997 年刑法在第二百四十八条中采用了"等监管机构"的表述，说明该条规定的监管机构还可以包括与监狱、拘留所、看守所具有相同性质或作用的其他监管场所。2006 年 7 月《最高人民检察院关于渎职侵权犯罪案件立案标准的规定》明确规定，虐待被监管人罪是指监狱、拘留所、看守所、拘役所、劳教所等监管机构的监管人员对被监管人进行殴打或者体罚虐待，情节严重的行为。该规定在刑法第二百四十八条的基础上增加列举了拘役所、劳教所，也说明实践中检察机关立案侦查虐待被监管人犯罪案件时，认定监管机构的范围不仅限定于监狱、拘留所、看守所。

2. 相关禁毒、戒毒法律法规和部门规章具体明确了强制隔离戒毒所的性质、职责和管理权限等问题。强制隔离戒毒所是行政强制措施的执行场所，对强制隔离戒毒人员负有监管职责，与拘留所、看守所等具有类似监管作用，应属于刑法第二百四十八条规定的"监管机构"。

2007年12月禁毒法、2011年9月《公安机关强制隔离戒毒所管理办法》、2013年4月《司法行政机关强制隔离戒毒工作规定》相关规定明确了强制隔离戒毒所的性质。公安机关对吸毒成瘾人员决定强制隔离戒毒的，制作强制隔离戒毒决定书，将强制隔离戒毒人员送强制隔离戒毒场所执行。公安机关强制隔离戒毒所是公安机关依法通过行政强制措施为戒毒人员提供科学规范的戒毒治疗、心理治疗、身体康复训练和卫生、道德、法制教育，开展职业技能培训的场所。司法行政机关强制隔离戒毒所对经公安机关作出强制隔离戒毒决定，在公安机关强制隔离戒毒场所执行三个月至六个月后，或者依据省、自治区、直辖市具体执行方案送交的强制隔离戒毒人员，依法执行强制隔离戒毒。可见，强制隔离戒毒是对吸毒成瘾人员限制人身自由、实行强制性隔离戒除毒瘾的一种行政强制措施，强制隔离戒毒所是执行这种行政强制措施的场所。

2011年6月《国务院戒毒条例》、2011年9月《公安机关强制隔离戒毒所管理办法》、2013年4月《司法行政机关强制隔离戒毒工作规定》等均具体规定了强制隔离戒毒所的职责和管理权限等问题。强制隔离戒毒所安排专门人民警察负责强制隔离戒毒所的安全警戒工作。强制隔离戒毒所建立出入所登记制度，戒毒区实行封闭管理。强制隔离戒毒人员脱逃的，强制隔离戒毒场所应当通知所在地公安机关，并配合公安机关追回脱逃人员继续执行强制戒毒等。可见，强制隔离戒毒所依法对戒毒人员进行管理和教育，履行强制隔离戒毒的监管职责。

此外，在某些情况下，强制隔离戒毒所还可以代行拘留所的职责，与拘留所、看守所等监管作用类似。如2011年9月《公安机关强制隔离戒毒所管理办法》和2012年《拘留所条例实施办法》均规定，对被处以行政拘留的吸毒成瘾人员，本级公安机关没有设立拘留所或者拘留所不具备戒毒治疗条件的，强制隔离戒毒所可以代为执行。

3. 在强制隔离戒毒所中依法履行监管职责的工作人员，应当属于刑法第二百四十八条规定的"监管人员"，成为虐待被监管人罪的主体。《批复》起草过程中，有意见认为，为从严打击虐待被监管人犯罪，应该规定强制隔离戒毒所工作人员属于刑法第二百四十八条规定的监管人员。经研究，没有采纳这一意见。主要考虑：一是根据刑法第二百四十八条的规定，虐待被监管人罪的主体是监管人员，即在监狱、拘留所、看守所等监管机构中行使监管职责的人员；二是根据强制隔离戒毒所设置的有关规定，强制隔离戒毒所配备相应数量的管教、监控、巡视、医护、技术、财会等民警和工勤人员，其工作人员并非都履行监管职责。为准确规范执法，有必要在"批复"中强调，只有监管机构中履行监管职责的工作人员才属于刑法第二百四十八条规定的监管人员。

（二）强制隔离戒毒所监管人员殴打或者体罚虐待戒毒人员，或者指使戒毒人员殴打、体罚虐待其他戒毒人员的定罪处罚问题

《批复》明确了强制隔离戒毒所监管人员殴打或者体罚虐待戒毒人员，或者指使戒毒人员殴打、体罚虐待其他戒毒人员的定罪处罚问题。一是对于强制隔离戒毒所监管人员殴打或者体罚虐待戒毒人员，或者指使戒毒人员殴打、体罚虐待其他戒毒人员，情节严重的，应当以虐待被监管人罪追究刑事责任；二是殴打或者体罚虐待戒毒人员造成戒毒人员伤残、死亡后果的，应当依照刑法第二百三十四条、第二百三十二条的规定，以故意伤害罪、故意杀人罪从重处罚。主要考虑：

1997 年修改刑法虐待被监管人罪时，除扩大了监管人员的范围外，还明确了殴打、体罚虐待被监管人致其伤残、死亡的，按照故意伤害罪、故意杀人罪从重处罚和监管人员指使被监管人殴打、体罚虐待其他被监管人，按照虐待被监管人罪定罪处罚的两个问题。《批复》明确强制隔离戒毒所的监管人员属于刑法第二百四十八条规定的监管人员，目的就是明确这类人员殴打或者体罚虐待戒毒人员，或者指使戒毒人员殴打、体罚虐待其他戒毒人员行为的定罪处罚问题，因此《批复》根据刑法第二百四十八条的规定对此作出了明确规定。

此外，禁毒法、《国务院戒毒条例》等法律法规均规定，强制隔离戒毒所的监管人员虐待、体罚戒毒人员，构成犯罪的，依法追究刑事责任。为确保相关法律法规的有效执行，也有必要在《批复》中明确强制隔离戒毒所监管人员殴打、体罚虐待戒毒人员的定罪处罚问题。

最高人民检察院关于废止部分司法解释和
司法解释性质文件的决定

（2015 年 6 月 1 日最高人民检察院第十二届检察委员会第三十六次会议通过　2015 年 6 月 3 日公布　2015 年 6 月 12 日施行　高检发释字〔2015〕3 号）

为适应形势发展变化，保证国家法律统一正确实施，最高人民检察院对 2014 年底以前单独和联合其他单位制发的司法解释和司法解释性质文件进行了清理。现决定：

一、对最高人民检察院单独制发的 12 件司法解释和司法解释性质文件予以废止。

二、经征得有关单位同意，对最高人民检察院与有关单位联合制发的 1 件司法解释性质文件予以废止。

决定废止的单独制发的司法解释
和司法解释性质文件目录
（12 件）

序号	司法解释和司法解释性质文件名称	发文日期及文号	废止理由
1	最高人民检察院关于受监管机关正式聘用或委托履行监管职务的人员能否成为体罚虐待人犯罪和私放罪犯罪主体的批复	1994 年 1 月 10 日 高检发研字〔1994〕1 号	1997 年刑法第 248 条、第 400 条明确规定了虐待被监管人罪、私放在押人员罪；2002 年 12 月全国人大常委会《关于〈中华人民共和国刑法〉第九章渎职罪主体适用问题的解释》对渎职罪主体有明确规定。

续表

序号	司法解释和司法解释性质文件名称	发文日期及文号	废止理由
2	最高人民检察院关于认真做好贪污贿赂等大案要案案犯潜逃、脱逃备案工作的通知	1994 年 5 月 11 日 高检发贪检字〔1994〕37 号	贪污贿赂等犯罪嫌疑人的情况已由检察机关专门部门负责统计，该文件不再适用。
3	最高人民检察院关于事先与犯罪分子有通谋，事后对赃物予以窝藏或者代为销售或者收买的，应如何适用法律的问题的批复	1995 年 2 月 13 日 高检发研字〔1995〕2 号	《刑法修正案（六）》已明确规定掩饰、隐瞒犯罪所得、犯罪所得收益罪。
4	最高人民检察院关于印发检察机关贯彻刑诉法若干问题的意见的通知	1996 年 12 月 31 日 高检发研字〔1997〕1 号	根据 2012 年修改后的刑事诉讼法修订的《人民检察院刑事诉讼规则（试行）》已有明确规定。
5	最高人民检察院关于如何适用刑事诉讼法第二百二十二条的批复	1998 年 11 月 26 日 高检发释字〔1998〕7 号	根据 2012 年修改后的刑事诉讼法修订的《人民检察院刑事诉讼规则（试行）》已有明确规定。
6	最高人民检察院关于修改《人民检察院刑事诉讼规则》第四百零五条和第四百零七条的通知	1999 年 9 月 21 日 高检发研字〔1999〕9 号	根据 2012 年修改后的刑事诉讼法修订的《人民检察院刑事诉讼规则（试行）》已有明确规定。
7	最高人民检察院关于印发《关于人民检察院保障律师在刑事诉讼中依法执业的规定》的通知	2004 年 2 月 10 日 高检发〔2004〕3 号	已被 2014 年 12 月《最高人民检察院关于依法保障律师执业权利的规定》废止。
8	最高人民检察院关于人民检察院办理直接受理立案侦查案件实行内部制约的若干规定	2004 年 6 月 24 日 高检发〔2004〕12 号	根据 2012 年修改后的刑事诉讼法修订的《人民检察院刑事诉讼规则（试行）》已有明确规定。

序号	司法解释和司法解释性质文件名称	发文日期及文号	废止理由
9	最高人民检察院关于调整人民检察院直接受理案件侦查分工的通知	2004 年 9 月 23 日 高检发〔2004〕21 号	已被 2009 年 9 月《最高人民检察院关于完善抗诉工作与职务犯罪侦查工作内部监督制约机制的规定》代替。
10	最高人民检察院关于印发《关于省级以下人民检察院对直接受理侦查案件作撤销案件、不起诉决定报上一级人民检察院批准的规定（试行）》的通知	2005 年 9 月 29 日 高检发办字〔2005〕15 号	已被 2010 年 12 月《最高人民检察院关于实行人民监督员制度的规定》和 2012 年 11 月《人民检察院刑事诉讼规则（试行）》代替。
11	人民检察院直接受理侦查案件立案、逮捕实行备案审查的规定（试行）	2005 年 11 月 10 日 高检发办字〔2005〕23 号	根据 2012 年修改后的刑事诉讼法修订的《人民检察院刑事诉讼规则（试行）》已有明确规定。
12	最高人民检察院关于审查批准逮捕外国犯罪嫌疑人的规定	2007 年 1 月 31 日 高检发侦监字〔2007〕5 号	根据 2012 年修改后的刑事诉讼法修订的《人民检察院刑事诉讼规则（试行）》已有明确规定。

决定废止的与有关单位联合制发的
司法解释性质文件目录

（1 件）

序号	司法解释性质文件名称	发文日期及文号	废止理由
1	最高人民检察院、公安部关于印发《最高人民检察院、公安部关于审查逮捕阶段讯问犯罪嫌疑人的规定》的通知	2010 年 8 月 31 日 高检会〔2010〕6 号	2012 年修改后的刑事诉讼法已有明确规定。

最高人民检察院关于地质工程勘测院和其他履行勘测职责的单位及其工作人员能否成为刑法第二百二十九条规定的有关犯罪主体的批复

（2015 年 8 月 19 日最高人民检察院第十二届检察委员会第三十九次会议通过　2015 年 10 月 27 日公布　2015 年 11 月 12 日施行　高检发释字〔2015〕4 号）

重庆市人民检察院：

你院渝检（研）〔2015〕8 号《关于地质工程勘测院能否成为刑法第二百二十九条的有关犯罪主体的请示》收悉。经研究，批复如下：

地质工程勘测院和其他履行勘测职责的单位及其工作人员在履行勘察、勘查、测绘职责过程中，故意提供虚假工程地质勘察报告等证明文件，情节严重的，依照刑法第二百二十九条第一款和第二百三十一条的规定，以提供虚假证明文件罪追究刑事责任；地质工程勘测院和其他履行勘测职责的单位及其工作人员在履行勘察、勘查、测绘职责过程中，严重不负责任，出具的工程地质勘察报告等证明文件有重大失实，造成严重后果的，依照刑法第二百二十九条第三款和第二百三十一条的规定，以出具证明文件重大失实罪追究刑事责任。

此复

最高人民检察院
2015 年 10 月 27 日

《最高人民检察院关于地质工程勘测院和其他履行勘测职责的单位及其工作人员能否成为刑法第二百二十九条规定的有关犯罪主体的批复》理解与适用

王建平　杨建军 *

2015 年 10 月 27 日，最高人民检察院发布了《关于地质工程勘测院和其他履行勘测职责的单位及其工作人员能否成为刑法第二百二十九条规定的有关犯罪主体的批复》（以下简称《批复》）。为便于正确理解适用《批复》相关规定，现就《批复》的制定背景、经过和主要内容说明如下。

一、《批复》的制定背景及过程

刑法第二百二十九条规定："承担资产评估、验资、验证、会计、审计、法律服务等职责的中介组织的人员故意提供虚假证明文件，情节严重的，处五年以下有期徒刑或者拘役，并处罚金。前款规定的人员，索取他人财物或者非法收受他人财物，犯前款罪的，处五年以上十年以下有期徒刑，并处罚金。第一款规定的人员，严重不负责任，出具的证明文件有重大失实，造成严重后果的，处三年以下有期徒刑或者拘役，并处或者单处罚金。"根据刑法第二百三十一条规定，单位也可以构成第二百二十九条规定的犯罪行为。

实践中，中介组织的范围非常宽泛，除承担"资产评估、验资、验证、会计、审计、法律"服务的中介组织外，市场上还存在其他类型的中介组织。根据中介组织提供的服务内容，可以将中介组织分为三类：一是提供鉴定、审计、评估、检测、检验、公证、认证等鉴证业务的鉴证性服务组织；二是提供法律事务、招投标、工商登记、专利、商标、税务、保险、因私出入境、演艺、理财、代建、监理、寄卖、拍卖、广告、经纪等代理业务的代理性服务组织；三是提供婚姻、人力资源、公路运输、出国留学、信用、技术、财务、档案、家政等信息咨询的信息性服务组织。对这些中介组织非法提供中介服务的行为能否按照刑法第二百二十九条和第二百三十一条定罪处罚，存在争议，影响到司法机关准确、及时办理相关案件。

重庆市检察机关在办理一起中介组织非法出具证明文件案件的过程中，对地质工程勘测院能否成为刑法第二百二十九条规定的有关犯罪主体存在不同认

---

* 作者单位：最高人民检察院法律政策研究室。

识。第一种意见认为，地质工程勘测院能成为第二百二十九条规定的有关犯罪主体。主要理由：一是刑法第二百二十九条规定犯罪主体时使用了"等"字。将地质工程勘测院作为犯罪主体，没有超出一般人预测可能性的范畴，能被社会大众接受。二是地质工程勘测院也属于中介机构组织，其出具地质勘察报告的行为与刑法第二百二十九条明确规定的犯罪主体行为的性质相类似。对于违法出具地质勘察报告危害后果严重的，具备刑事惩罚的必要性。第二种意见认为，地质工程勘测院不能成为第二百二十九条规定的有关犯罪主体。主要理由：一是刑法没有明确规定地质工程勘测院可以成为刑法第二百二十九条犯罪主体，地质工程勘测院出具勘察报告不同于该条规定的"资产评估、验资、验证、会计、审计、法律"等中介服务。二是立法机关没有明确把地质工程勘测院规定为刑法第二百二十九条犯罪主体，将地质工程勘测院解释为该条犯罪主体违反罪刑法定原则。由于对有关案件行为定性分歧较大，重庆市人民检察院向最高人民检察院报送了《关于地质工程勘测院能否成为刑法第二百二十九条的有关犯罪主体的请示》。最高人民检察院法律政策研究室经研究认为，有必要就地质工程勘测院等中介组织不正当行使中介服务职责的行为，明确法律适用意见。在征求全国人大常委会法制工作委员会、最高人民法院、公安部、国土资源部、住房和城乡建设部以及我院内设机构意见并达成共识的基础上，形成了《批复》（审议稿）。2015 年 8 月 19 日，经最高人民检察院第十二届检察委员会第三十九次会议审议通过，自 2015 年 11 月 12 日起实施。

二、《批复》的理解与适用

《批复》规定：地质工程勘测院和其他履行勘测职责的单位及其工作人员在履行勘察、勘查、测绘职责过程中，故意提供虚假工程地质勘察报告等证明文件，情节严重的，依照刑法第二百二十九条第一款和第二百三十一条的规定，以提供虚假证明文件罪追究刑事责任；地质工程勘测院和其他履行勘测职责的单位及其工作人员在履行勘察、勘查、测绘职责过程中，严重不负责任，出具的工程地质勘察报告等证明文件有重大失实，造成严重后果的，依照刑法第二百二十九条第三款和第二百三十一条的规定，以出具证明文件重大失实罪追究刑事责任。

笔者认为，《批复》的理解和适用需要侧重以下三个方面：

（一）从法律规定和立法精神看，将地质工程勘测院和其他履行勘测职责的单位及其工作人员纳入刑法第二百二十九条和第二百三十一条规定有关犯罪主体的范围符合立法原意和法律精神

首先，从刑法第二百二十九条条文修改演变过程看，为保障中介服务市场

秩序，促进国民经济健康发展，立法部门适当拓宽了刑法第二百二十九条中介组织及其工作人员入罪的范围。1995 年 2 月 28 日第八届全国人大常务委员会第十二次会议通过的《关于惩治违反公司法的犯罪的决定》（以下简称《决定》）第一次规定了"承担资产评估、验资、审计职业的人故意提供虚假证明文件"的行为应当追究刑事责任。1997 年修订刑法时，又根据中介组织的发展状况、实施危害社会行为的可罚性等因素，在刑法第二百二十九条中除保留《决定》的有关规定之外，增加了验证、会计、法律服务的中介组织及其工作人员作为犯罪主体，并用"等"概括未能充分列举的中介组织及其工作人员。因此，将地质工程勘测院和其他履行勘测职责的单位及其工作人员作为刑法第二百二十九条规定的犯罪主体，符合社会主义市场经济发展的客观需要和立法趋势。

其次，从客观解释立场出发，将地质工程勘测院和其他履行勘测职责的单位及其工作人员解释为刑法第二百二十九条犯罪主体符合立法精神。刑法第二百二十九条第一款采取列举式和概况式相结合的立法方法，即明确规定"承担资产评估、验资、验证、会计、审计、法律服务职责的中介组织"外，还用"等"字予以概况，为司法机关进行有权解释提供了可能。据此，我们认为，对于与刑法第二百二十九条第一款所列举的六类犯罪主体具有同质性、且危害行为或者危害结果具有相当性的，就应当纳入刑法第二百二十九条规定的有关犯罪主体的范畴。

（二）从有关单位及工作人员的职能、职责和工作性质分析，地质工程勘测院和其他履行勘测职责的单位及其工作人员向社会提供中介服务时符合刑法第二百二十九条规定犯罪的主体要求

刑法第二百二十九条"承担资产评估、验资、验证、会计、审计、法律服务等职责的中介组织"的规定，体现了该罪犯罪主体的特征，即向社会提供服务的中介组织。"中介组织"，是经工商行政管理部门依法登记设立，运用专业知识或者专门技能，为委托人提供鉴证性、代理性、信息技术服务性等中介服务的营利性组织。这类组织系依法设立，连接各类市场主体（包括政府）并为其从事相关职能行为提供服务。中介组织及其工作人员凭借自己的专业能力提供的服务性行为，对委托人、第三人从事相关民事法律行为产生直接的影响。在市场经济活动中，对有关单位和人员是否属于刑法规定的"中介组织"、"中介组织人员"，不应当仅从有关单位的名称、所有制性质、主营业务等进行界定，而应根据其所从事的相关业务活动是否具有中介性质进行界定。

地质工程勘测院和其他履行勘测职责的单位及其工作人员，是否符合刑法

第二百二十九条规定犯罪的主体构成要求，应当从其职能、职责和从事有关工作性质分析。经研究并征求有关主管部门意见，"勘测"，是勘察、勘查与测绘的统称。"勘察"，也称建设工程勘查，是指根据建设工程的要求，查明、分析、评价建设场地的地质地理环境特征和岩土工程条件，编制建设工程勘察文件的活动。"勘查"，是指地质勘查，又可以分为综合地质勘查和专业地质勘查。综合地质勘查包括区域地质调查，海洋地质调查，工程地质、环境地质调查等。专业地质勘查包括地球物理勘查、航空地质调查等。"测绘"，是指对自然地理要素或者地表人工设施的形状、大小、空间位置及其属性等进行测定、采集、表述以及对获取的数据、信息、成果进行处理和提供的活动。我国对勘测行业实行资质管理，地质工程勘测院和其他履行勘测职责的单位只有具备主管部门颁发的勘测资质证书，才能从事相应的勘察、勘查或测绘活动。地质工程勘测院等具备勘测能力的单位按照其拥有的注册资本、专业技术人员、技术装备和勘察设计业绩等条件申请有关勘察、勘查与测绘的资质，经审查合格，取得有关资质证书。在市场经济活动中，地质工程勘测院及其工作人员在其资质范围内，按照平等互利、等价有偿等市场经济法则，接受委托方的委托勘测事项，凭借其技术条件与技术能力，提供勘测服务并出具相应的证明文件，为委托人提供勘察中介服务。据调查，从事地质勘察的单位通常是由原国有事业单位改制而来，主体多元、名称各异，勘测院、勘察院或者单位名称都是历史遗留下来的。以具有地质勘查资质的企、事业单位为例，有院、队、所、中心、公司等多种叫法。

因此，我们认为，这些具有勘察、勘查和测绘等资质的单位及其工作人员在相应资质证书许可的范围内，按照市场经济活动法则从事勘测中介服务，为委托人出具相应的证明文件。因此，地质工程勘测院和其他承担勘测职责的单位及其工作人员提供勘察、勘查、测绘中介服务时，符合第二百二十九条规定有关中介组织及其工作人员犯罪的主体要求。

（三）从有关行为的社会危害性来看，地质工程勘测院和其他履行勘测职责的单位及其工作人员在履行勘察、勘查、测绘职责过程中，故意提供虚假工程地质勘察报告等证明文件，情节严重的，或者严重不负责任，出具的工程地质勘察报告等证明文件有重大失实，造成严重后果的，应当分别以提供虚假证明文件罪和出具证明文件重大失实罪追究刑事责任

地质工程勘测院和其他履行勘测职责的单位及其工作人员在履行勘测职责过程中故意提供虚假工程地质勘察报告等证明文件，或者严重不负责任，出具证明文件有重大失实的行为，具有较大的社会危害性。这类行为不仅直接影响委托人等相关主体的财产权益，也严重破坏健康的市场交易环境，扰乱社会主

义市场经济秩序，对于情节严重或者造成严重后果的行为应当追究刑责。举例来说，承担地质工程勘测职责的中介组织及其工作人员凭借其特殊资质、专业技术能力提供的勘察服务，居有不可替代性，其所出具的勘察报告不仅是建设工程发包方和承包方作为工程造价评估的重要依据之一，也是承包方进行建筑施工的重要参考依据。故意出具虚假的或者有重大失实的工程地质勘察报告，不仅严重扰乱了正常的市场管理秩序，还直接影响到建筑工程的质量，甚至威胁到人民群众的生命财产安全。因此，《批复》明确规定，地质工程勘测院和其他履行勘测职责的单位及其工作人员在履行勘察、勘查、测绘职责过程中，故意提供虚假地质勘察报告等证明文件、情节严重的，或者严重不负责任出具的证明文件有重大失实、造成严重后果的，应当依照刑法第二百二十九条和第二百三十一条的有关规定定罪处罚。

最高人民检察院关于下级人民检察院对上级 人民检察院不批准不起诉等决定 能否提请复议的批复

（2015 年 12 月 9 日最高人民检察院第十二届检察委员会第四十四次会议通过　2015 年 12 月 15 日公布　2015 年 12 月 25 日施行　高检发释字〔2015〕5 号）

宁夏回族自治区人民检察院：

你院《关于下级人民检察院对上级人民检察院不批准不起诉等决定能否提请复议的请示》（宁检〔2015〕126 号）收悉。经研究，批复如下：

一、上级人民检察院的决定，下级人民检察院应当执行。下级人民检察院认为上级人民检察院的决定有错误或者对上级人民检察院的决定有不同意见的，可以在执行的同时向上级人民检察院报告。

二、下级人民检察院对上级人民检察院的决定有不同意见，法律、司法解释设置复议程序或者重新审查程序的，可以向上级人民检察院提请复议或者报请重新审查；法律、司法解释未设置复议程序或者重新审查程序的，不能向上级人民检察院提请复议或者报请重新审查。

三、根据《人民检察院检察委员会组织条例》第十五条的规定，对上级人民检察院检察委员会作出的不批准不起诉等决定，下级人民检察院可以提请复议；上级人民检察院非经检察委员会讨论作出的决定，且不属于法律、司法解释规定的可以提请复议情形的，下级人民检察院不得对上级人民检察院的决定提请复议。

此复

最高人民检察院

2015 年 12 月 15 日

《最高人民检察院关于下级人民检察院对上级人民检察院不批准不起诉等决定能否提请复议的批复》理解与适用

吴孟栓　李昊昕　侯庆奇*

2015 年 12 月 15 日，最高人民检察院发布了《关于下级人民检察院对上级人民检察院不批准不起诉等决定能否提请复议的批复》（以下简称《批复》）。为便于司法实践中正确理解和适用《批复》的相关规定，现就《批复》的制定背景、经过和主要内容介绍如下。

一、《批复》的制定背景及过程

为了加强对下级人民检察院的领导，保证检察权的正确行使，2005 年 9 月 29 日，最高人民检察院印发《关于省级以下人民检察院对直接受理侦查案件作撤销案件、不起诉决定报上一级人民检察院批准的规定（试行）》，明确省级以下（不含省级）检察院对直接受理侦查案件拟作不起诉决定的，应当报请上一级人民检察院批准。近年来，一些地方人民检察院在审查下级人民检察院报送的拟不起诉案件时，对部分案件予以纠正，未予批准下级人民检察院的拟不起诉决定；在办理下级人民检察院按照审判监督程序提请抗诉的案件时，对部分案件不予支持。相关基层人民检察院对上一级人民检察院的决定有不同意见，向上一级人民检察院提请复议，因现行法律及相关司法解释对该问题均未做明确规定，有的上一级人民检察院案件管理部门以没有明确的法律依据为由不予受理。有的院认为，《人民检察院检察委员会组织条例》第十五条规定："下级人民检察院对上级人民检察院检察委员会的决定如果有不同意见，可以提请复议。"根据此规定，下级人民检察院对上一级人民检察院最高业务决策机构所作的决定可以提请复议，是否进而可以理解为下级人民检察院对上级人民检察院作出的所有决定均可提请复议？对于实践中这些问题，最近，有省级院向最高人民检察院报送了《关于下级人民检察院对上级人民检察院不批准不起诉等决定能否提请复议的请示》。

鉴于下级人民检察院能否对上级人民检察院的决定提请复议以及可以提请

---

*　作者单位：最高人民检察院法律政策研究室。

复议的具体范围属于检察工作中的具体应用法律问题，最高人民检察院就此启动了《批复》的研究制定工作。最高人民检察院法律政策研究室经研究认为："上级人民检察院的决定，下级人民检察院应当执行。下级人民检察院对上级人民检察院的决定有不同意见，法律、司法解释设置复议程序或者重新审查程序的，可以向上级人民检察院提请复议或者报请重新审查；法律、司法解释未设置复议程序或者重新审查程序的，不能向上级人民检察院提请复议或者报请重新审查，但可以在执行的同时向上级人民检察院报告。"在征求最高人民检察院相关内设业务机构意见的基础上，经进一步修改完善，形成了《批复》（审议稿），于 2015 年 12 月 9 日由最高人民检察院第十二届检察委员会第四十四次会议通过，自 2015 年 12 月 25 日起施行。

二、《批复》的主要内容

《批复》的内容共三条，根据法律规定，结合检察工作实际，对下级人民检察院是否可以对上级人民检察院不批准不起诉等决定提请复议的问题作出了明确规定。

（一）上级人民检察院的决定，下级人民检察院应当执行。下级人民检察院认为上级人民检察院的决定有错误或者对上级人民检察院的决定有不同意见的，可以在执行的同时向上级人民检察院报告

该项规定明确了下级人民检察院应当执行上级人民检察院的决定；认为其决定错误或者有不同意见，可以在执行的同时向上级人民检察院报告。主要理由有：

1. 基于检察机关的上下级领导关系，下级人民检察院应当执行上级人民检察院的决定。我国宪法、人民检察院组织法和检察官法对人民检察院的领导体制和组织关系作了规定，明确了检察机关内部实行上级领导下级的体制，即"最高人民检察院领导地方各级人民检察院和专门人民检察院的工作，上级人民检察院领导下级人民检察院的工作"。这种领导除了对检察行政事务的管理、宏观业务指导外，还体现为对具体检察业务的监督指导。上级人民检察院有权指挥和监督下级人民检察院处理具体的检察事务和办理案件，下级人民检察院有服从的义务。这一领导体制是在总结长期历史经验、结合我国检察工作实际情况的基础上确定的，是在我国人民代表大会制度下检察机关实行一体化管理的一个重要特色。基于检察一体的原则，各级检察机关、检察人员依法构成统一的整体，上下级检察机关实行上命下从，各级检察机关在履行检察职权中根据上级检察机关的指示和命令进行工作和活动，下级检察机关应当服从上级检察机关的决定，以保障检察权的正确行使。

2. 根据《人民检察院刑事诉讼规则（试行）》（以下简称《刑事诉讼规则》）第七条、《人民检察院民事诉讼监督规则（试行）》（以下简称《民事诉讼监督规则》）第七条的相关规定，上级人民检察院对下级人民检察院作出的决定，有权予以撤销或者变更；发现下级人民检察院办理的案件或者工作中有错误的，有权指令下级人民检察院纠正。上级人民检察院的决定，下级人民检察院应当执行。下级人民检察院认为上级人民检察院的决定错误或者有不同意见的，可以在执行的同时向上级人民检察院报告。这样既保证了上级人民检察院有效地领导下级人民检察院，也保证了下级人民检察院能够及时向上级人民检察院反映情况和意见，便于上级人民检察院及时通过复查纠正不当或者错误的决定，确保法律的统一、正确实施。

（二）下级人民检察院对上级人民检察院的决定有不同意见，法律、司法解释设置复议程序或者重新审查程序的，可以向上级人民检察院提请复议或者报请重新审查；法律、司法解释未设置复议程序或者重新审查程序的，不能向上级人民检察院提请复议或者报请重新审查

该项规定明确了下级人民检察院可以向上级人民检察院提请复议或者报请重新审查的范围或者前提条件。不是所有上级人民检察院的决定，下级人民检察院都可以提请复议或者报请重新审查。下级人民检察院向上级人民检察院提请复议或者报请重新审查必须依据法律、司法解释的具体规定。

我国刑事诉讼法、民事诉讼法、行政诉讼法、人民检察院组织法等法律并未设置下级人民检察院向上级人民检察院提请复议的程序，司法解释也未对下级人民检察院向上级人民检察院提请复议作出一般性的程序规定。根据《刑事诉讼规则》、《民事诉讼监督规则》的规定，下级人民检察院对上级人民检察院的决定有异议的救济程序是报告制度，即下级人民检察院认为上级人民检察院的决定错误或者有不同意见的，可以在执行的同时向上级人民检察院报告。

同时，对某些特定类型的案件和事由，为了进一步通过程序性制约保证人民检察院决定的正确性，现行司法解释及司法解释性质文件规定了一些具体的复议程序，但情形极为有限。一是上级人民检察院侦查终结的案件，依照刑事诉讼法的规定应当由下级人民检察院提起公诉或者不起诉的情形。根据《刑事诉讼规则》第二百八十九条的规定，上级人民检察院侦查终结的案件，依照刑事诉讼法的规定交由下级人民检察院提起公诉或者不起诉的，如果下级人民检察院认为上级人民检察院的起诉或者不起诉决定错误，可以提请复议。之所以规定上述复议程序，主要是因为上级人民检察院侦查终结并作出起诉或不起诉决定的案件，按照级别管辖的规定要由下级人民检察院以自己的名义提起

公诉或不起诉，实践中可能存在下级人民检察院对上级人民检察院的决定有不同意见的情况。为了保证人民检察院对案件作出正确的处理，有必要规定下级人民检察院向上级人民检察院提请复议的程序。二是上一级人民检察院对下级人民检察院按照第二审程序提出抗诉的案件决定撤回抗诉的情形。根据《刑事诉讼规则》第五百八十九条的规定，上一级人民检察院认为下级人民检察院按照第二审程序提出的抗诉不当，决定向同级人民法院撤回抗诉的，下级人民检察院如果认为上一级人民检察院撤回抗诉的决定不当，可以提请复议。作这样的规定，是因为按照刑事诉讼法的规定，地方各级人民检察院认为本级人民法院的第一审判决、裁定确有错误的时候，应当向上一级人民法院提出抗诉，并将抗诉书抄送上一级人民检察院。上一级人民检察院认为抗诉正确的，应当支持抗诉；认为抗诉不当的，应当向同级人民法院撤回抗诉。即对一审判决、裁定的抗诉需要由两级人民检察院共同完成，因此，应当赋予下级人民检察院的申请复议权。三是下级人民检察院对上级人民检察院检察委员会的决定有不同意见的情形。根据《人民检察院检察委员会组织条例》第十五条的规定，下级人民检察院对上级人民检察院检察委员会的决定如果有不同意见，可以提请复议。因此，不是所有上级人民检察院的决定，下级人民检察院都可以提请复议。不符合上述三种情形的，下级人民检察院不能对上级人民检察院的决定提请复议。

此外，2009年9月4日，最高人民检察院印发《关于省级以下人民检察院立案侦查的案件由上一级人民检察院审查决定逮捕的规定（试行）》，明确职务犯罪案件的审查逮捕"上提一级"。针对实践中反映的问题，2012年修改的《刑事诉讼规则》还增设了下级人民检察院向上级人民检察院报请重新审查的程序。审查逮捕"上提一级"前，由同一人民检察院自侦自捕，对犯罪嫌疑人作出不予逮捕决定的，没有设置侦查部门的复议或者重新审查程序。审查逮捕"上提一级"后，立案侦查的人民检察院与具有逮捕决定权的人民检察院不再是同一个办案主体，为保证下级人民检察院对不予逮捕决定有异议时有表达不同意见的权利，对下级检察院不服不予逮捕决定的，规定了报请重新审查程序。《刑事诉讼规则》第三百三十九条规定，下级人民检察院认为上一级人民检察院作出的不予逮捕决定有错误的，应当报请上一级人民检察院重新审查，上一级检察院应当在规定时间内作出是否变更的决定。报请重新审查程序能够使上级检察院捕与不捕的决定更为谨慎和公正，确保逮捕案件质量。

（三）根据《人民检察院检察委员会组织条例》第十五条的规定，对上级人民检察院检察委员会作出的不批准不起诉等决定，下级人民检察院可以提请复议；上级人民检察院非经检察委员会讨论作出的决定，且不属于法律、司法解释规定的可以提请复议情形的，下级人民检察院不得对上级人民检察院的决定提请复议

该项规定主要明确了下级人民检察院对上一级人民检察院检察委员会的决定可以提请复议，但不能将提请复议的适用范围扩大到上一级人民检察院的所有决定。

《人民检察院检察委员会组织条例》第十五条规定，下级人民检察院对上级人民检察院检察委员会的决定如果有不同意见，可以提请复议。据此，下级人民检察院对上一级人民检察院检察委员会作出的不批准不起诉等决定有不同意见的，可以提请复议。但该条规定的提请复议范围仅限于上一级人民检察院检察委员会作出的决定，不能理解为"下级人民检察院对上一级人民检察院作出的所有决定均可提请复议"。上级人民检察院作出的不批准不起诉等决定如果未经本院检察委员会审议，并且不符合《刑事诉讼规则》第二百八十九条和第五百八十九条规定条件的，下级人民检察院不能提请复议。

人民检察院
提起公益诉讼试点工作实施办法

(2015 年 12 月 16 日最高人民检察院第十二届检察委员会第四十五次会议通过　2015 年 12 月 24 日公布并施行　高检发释字〔2015〕6 号)

为了加强对国家和社会公共利益的保护，促进行政机关依法行政、严格执法，根据《全国人民代表大会常务委员会关于授权最高人民检察院在部分地区开展公益诉讼试点工作的决定》和《检察机关提起公益诉讼试点方案》，结合检察工作实际，制定本办法。

第一章　提起民事公益诉讼

第一条　人民检察院履行职责中发现污染环境、食品药品安全领域侵害众多消费者合法权益等损害社会公共利益的行为，在没有适格主体或者适格主体不提起诉讼的情况下，可以向人民法院提起民事公益诉讼。

人民检察院履行职责包括履行职务犯罪侦查、批准或者决定逮捕、审查起诉、控告检察、诉讼监督等职责。

第二条　人民检察院提起民事公益诉讼的案件，一般由侵权行为地、损害结果地或者被告住所地的市（分、州）人民检察院管辖。

有管辖权的人民检察院由于特殊原因，不能行使管辖权的，应当由上级人民检察院指定本区域其他试点地区人民检察院管辖。

上级人民检察院认为确有必要，可以办理下级人民检察院管辖的案件。下级人民检察院认为需要由上级人民检察院办理的，可以报请上级人民检察院办理。

有管辖权的人民检察院认为有必要将本院管辖的民事公益诉讼案件交下级人民检察院办理的，应当报请其上一级人民检察院批准。

第三条　人民检察院提起民事公益诉讼案件的办理，由民事行政检察部门负责。

第四条　人民检察院各业务部门在履行职责中，发现可能属于民事公益诉讼案件范围的案件线索，应当将有关材料移送民事行政检察部门。

第五条   经审查认为污染环境、食品药品安全领域侵害众多消费者合法权益等行为可能损害社会公共利益的，应当报请检察长批准决定立案，并到案件管理部门登记。

人民检察院决定立案的民事公益诉讼案件，应当制作《立案决定书》。

第六条   人民检察院可以采取以下方式调查核实污染环境、侵害众多消费者合法权益等违法行为、损害后果涉及的相关证据及有关情况：

（一）调阅、复制有关行政执法卷宗材料；

（二）询问违法行为人、证人等；

（三）收集书证、物证、视听资料等证据；

（四）咨询专业人员、相关部门或者行业协会等对专门问题的意见；

（五）委托鉴定、评估、审计；

（六）勘验物证、现场；

（七）其他必要的调查方式。

调查核实不得采取限制人身自由以及查封、扣押、冻结财产等强制性措施。

人民检察院调查核实有关情况，行政机关及其他有关单位和个人应当配合。

第七条   民事行政检察部门在办理民事公益诉讼案件过程中，发现国家工作人员涉嫌贪污贿赂、渎职侵权等职务犯罪线索的，应当及时移送职务犯罪侦查部门；发现其他刑事犯罪线索的，应当及时移送侦查监督部门。

第八条   人民检察院提起民事公益诉讼案件审查终结，承办人应当制作审查终结报告。审查终结报告应当全面、客观、公正地叙述案件事实，依据法律规定提出处理建议。

第九条   办理民事公益诉讼案件应当经集体讨论。参加集体讨论的人员应当对案件事实、适用法律、处理建议等发表明确的意见并说明理由。集体讨论意见应当在全面、客观地归纳讨论意见的基础上形成。

集体讨论形成的处理意见，由民事行政检察部门负责人提出审核意见后报检察长批准。检察长认为必要的，可以提请检察委员会讨论决定。

第十条   人民检察院对审查终结的民事公益诉讼案件，应当区分情况作出下列决定：

（一）终结审查；

（二）依法督促或者支持法律规定的机关和有关组织提起民事公益诉讼；

（三）提起民事公益诉讼。

第十一条　人民检察院办理民事公益诉讼案件，拟作出第十条第一项、第二项决定的，应当自决定立案之日起三个月内办理终结；拟作出第十条第三项决定的，应当自决定立案之日起六个月内办理终结。有特殊情况需要延长的，报经检察长批准。

第十二条　有下列情形之一的，人民检察院应当终结审查：

（一）经审查不存在损害社会公共利益需要追究民事法律责任情形的；

（二）损害社会公共利益的情形在依法督促或者支持法律规定的机关和有关组织提起民事公益诉讼之前已经消除且社会公共利益已经获得有效救济的；

（三）其他应当终结审查的情形。

终结审查的，应当制作《终结审查决定书》。

第十三条　人民检察院在提起民事公益诉讼之前，应当履行以下诉前程序：

（一）依法督促法律规定的机关提起民事公益诉讼；

（二）建议辖区内符合法律规定条件的有关组织提起民事公益诉讼。有关组织提出需要人民检察院支持起诉的，可以依照相关法律规定支持其提起民事公益诉讼。

法律规定的机关和有关组织应当在收到督促起诉意见书或者检察建议书后一个月内依法办理，并将办理情况及时书面回复人民检察院。

第十四条　经过诉前程序，法律规定的机关和有关组织没有提起民事公益诉讼，或者没有适格主体提起诉讼，社会公共利益仍处于受侵害状态的，人民检察院可以提起民事公益诉讼。

第十五条　人民检察院以公益诉讼人身份提起民事公益诉讼。民事公益诉讼的被告是实施损害社会公共利益行为的公民、法人或者其他组织。

第十六条　人民检察院可以向人民法院提出要求被告停止侵害、排除妨碍、消除危险、恢复原状、赔偿损失、赔礼道歉等诉讼请求。

第十七条　人民检察院提起民事公益诉讼应当提交下列材料：

（一）民事公益诉讼起诉书；

（二）被告的行为已经损害社会公共利益的初步证明材料。

第十八条　人民检察院提起民事公益诉讼，被告没有反诉权。

第十九条　人民检察院提起民事公益诉讼，对提出的诉讼请求所依据的事实或者反驳对方意见所依据的事实，以及履行诉前程序的事实，应当提供证据加以证明，法律另有规定的除外。

第二十条　对于可能因被告一方的行为或者其他原因，使判决难以执行或者造成与社会公共利益相关的其他损害情形，人民检察院可以向人民法院建议对被告财产进行保全、责令其作出一定行为或者禁止其作出一定行为。

根据人民检察院建议，人民法院采取保全措施的，人民检察院无须提供担保。

第二十一条　人民法院开庭审理人民检察院提起的民事公益诉讼案件，人民检察院应当派员出席法庭。

第二十二条　检察人员出席法庭的任务是：

（一）宣读民事公益诉讼起诉书；

（二）对人民检察院调查核实的证据予以出示和说明，对相关证据进行质证；

（三）参加法庭调查，进行辩论并发表出庭意见；

（四）依法从事其他诉讼活动。

检察人员发现庭审活动违法的，应当待休庭或者庭审结束之后，以人民检察院的名义提出检察建议。

第二十三条　民事公益诉讼案件，人民检察院可以与被告和解，人民法院可以调解。和解协议、调解协议不得损害社会公共利益。

第二十四条　在民事公益诉讼审理过程中，人民检察院诉讼请求全部实现的，可以撤回起诉。

第二十五条　地方各级人民检察院认为同级人民法院未生效的第一审判决、裁定确有错误，应当向上一级人民法院提出抗诉。

第二十六条　地方各级人民检察院对同级人民法院未生效的第一审判决、裁定的抗诉，应当通过原审人民法院提出抗诉书，并且将抗诉书抄送上一级人民检察院。

上级人民检察院认为抗诉不当的，可以向同级人民法院撤回抗诉，并且通知下级人民检察院。

第二十七条　对人民检察院提出抗诉的二审案件或者人民法院决定开庭审理的上诉案件，同级人民检察院应当派员出席第二审法庭。

第二章　提起行政公益诉讼

第二十八条　人民检察院履行职责中发现生态环境和资源保护、国有资产保护、国有土地使用权出让等领域负有监督管理职责的行政机关违法行使职权或者不作为，造成国家和社会公共利益受到侵害，公民、法人和其他社会组织由于没有直接利害关系，没有也无法提起诉讼的，可以向人民法院提起行政公益诉讼。

人民检察院履行职责包括履行职务犯罪侦查、批准或者决定逮捕、审查起诉、控告检察、诉讼监督等职责。

第二十九条　人民检察院提起行政公益诉讼的案件，一般由违法行使职权或者不作为的行政机关所在地的基层人民检察院管辖。

违法行使职权或者不作为的行政机关是县级以上人民政府的案件，由市（分、州）人民检察院管辖。

有管辖权的人民检察院由于特殊原因，不能行使管辖权的，应当由上级人民检察院指定本区域其他试点地区人民检察院管辖。

上级人民检察院认为确有必要，可以办理下级人民检察院管辖的案件。下级人民检察院认为需要由上级人民检察院办理的，可以报请上级人民检察院办理。

第三十条　人民检察院提起行政公益诉讼案件的办理，由民事行政检察部门负责。

第三十一条　人民检察院各业务部门在履行职责中，发现可能属于行政公益诉讼案件范围的案件线索，应当将有关材料移送民事行政检察部门。

第三十二条　经审查认为生态环境和资源保护、国有资产保护、国有土地使用权出让等领域负有监督管理职责的行政机关违法行使职权或者不作为可能损害国家和社会公共利益的，应报请检察长批准决定立案，并到案件管理部门登记。

人民检察院决定立案的行政公益诉讼案件，应当制作《立案决定书》。

第三十三条　人民检察院可以采取以下方式调查核实有关行政机关违法行使职权或者不作为的相关证据及有关情况：

（一）调阅、复制行政执法卷宗材料；

（二）询问行政机关相关人员以及行政相对人、利害关系人、证人等；

（三）收集书证、物证、视听资料等证据；

（四）咨询专业人员、相关部门或者行业协会等对专门问题的意见；

（五）委托鉴定、评估、审计；

（六）勘验物证、现场；

（七）其他必要的调查方式。

调查核实不得采取限制人身自由以及查封、扣押、冻结财产等强制性措施。

人民检察院调查核实有关情况，行政机关及其他有关单位和个人应当配合。

第三十四条　民事行政检察部门在办理行政公益诉讼案件过程中，发现国家工作人员涉嫌贪污贿赂、渎职侵权等职务犯罪线索的，应当及时移送职务犯罪侦查部门；发现其他刑事犯罪线索的，应当及时移送侦查监督部门。

第三十五条　人民检察院提起行政公益诉讼案件审查终结，承办人应当制作审查终结报告。审查终结报告应当全面、客观、公正地叙述案件事实，依据法律规定提出处理建议。

第三十六条　办理行政公益诉讼案件应当经集体讨论。参加集体讨论的人员应当对案件事实、适用法律、处理建议等发表明确的意见并说明理由。集体讨论意见应当在全面、客观地归纳讨论意见的基础上形成。

集体讨论形成的处理意见，由民事行政检察部门负责人提出审核意见后报检察长批准。检察长认为必要的，可以提请检察委员会讨论决定。

第三十七条　人民检察院对审查终结的行政公益诉讼案件，应当区分情况作出下列决定：

（一）终结审查；

（二）提出检察建议；

（三）提起行政公益诉讼。

第三十八条　人民检察院办理行政公益诉讼案件，拟作出第三十七条第一项、第二项决定的，应当自决定立案之日起三个月内办理终结；拟作出第三十七条第三项决定的，应当自决定立案之日起六个月内办理终结。有特殊情况需要延长的，报经检察长批准。

第三十九条　有下列情形之一的，人民检察院应当终结审查：

（一）经审查不存在行政机关违法行使职权或者不作为，造成国家和社会公共利益受到侵害情形的；

（二）行政机关在人民检察院向其提出检察建议前已纠正行政违法行为或依法履行职责的；

（三）其他应当终结审查的情形。

终结审查的，应当制作《终结审查决定书》。

第四十条　在提起行政公益诉讼之前，人民检察院应当先行向相关行政机关提出检察建议，督促其纠正违法行为或者依法履行职责。行政机关应当在收到检察建议书后一个月内依法办理，并将办理情况及时书面回复人民检察院。

第四十一条　经过诉前程序，行政机关拒不纠正违法行为或者不履行法定职责，国家和社会公共利益仍处于受侵害状态的，人民检察院可以提起行政公益诉讼。

第四十二条　人民检察院以公益诉讼人身份提起行政公益诉讼。行政公益诉讼的被告是生态环境和资源保护、国有资产保护、国有土地使用权出让等领域违法行使职权或者不作为的行政机关，以及法律、法规、规章授权的组织。

第四十三条　人民检察院可以向人民法院提出撤销或者部分撤销违法行政行为、在一定期限内履行法定职责、确认行政行为违法或者无效等诉讼请求。

第四十四条　人民检察院提起行政公益诉讼应当提交下列材料：

（一）行政公益诉讼起诉书；

（二）国家和社会公共利益受到侵害的初步证明材料。

第四十五条　人民检察院提起行政公益诉讼，对下列事项承担举证责任：

（一）证明起诉符合法定条件；

（二）人民检察院履行诉前程序提出检察建议且行政机关拒不纠正违法行为或者不履行法定职责的事实；

（三）其他应当由人民检察院承担举证责任的事项。

第四十六条　人民法院开庭审理人民检察院提起的行政公益诉讼案件，人民检察院应当派员出席法庭。

第四十七条　检察人员出席法庭的任务是：

（一）宣读行政公益诉讼起诉书；

（二）对人民检察院调查核实的证据予以出示和说明，对相关证据进行质证；

（三）参加法庭调查，进行辩论并发表出庭意见；

（四）依法从事其他诉讼活动。

检察人员发现庭审活动违法的，应当待休庭或者庭审结束之后，以人民检察院的名义提出检察建议。

第四十八条　行政公益诉讼案件不适用调解。

第四十九条　在行政公益诉讼审理过程中，被告纠正违法行为或者依法履行职责而使人民检察院的诉讼请求全部实现的，人民检察院可以变更诉讼请求，请求判决确认行政行为违法，或者撤回起诉。

第五十条　地方各级人民检察院认为同级人民法院未生效的第一审判决、裁定确有错误，应当向上一级人民法院提出抗诉。

第五十一条　地方各级人民检察院对同级人民法院未生效的第一审判决、裁定的抗诉，应当通过原审人民法院提出抗诉书，并且将抗诉书抄送上一级人民检察院。

上级人民检察院认为抗诉不当的，可以向同级人民法院撤回抗诉，并且通知下级人民检察院。

第五十二条　对人民检察院提出抗诉的二审案件或者人民法院决定开庭审理的上诉案件，同级人民检察院应当派员出席第二审法庭。

第三章　其他规定

第五十三条　地方各级人民检察院拟决定向人民法院提起公益诉讼的，应当层报最高人民检察院审查批准。

人民检察院审查批准公益诉讼案件，应当自收到案件请示之日起一个月内办理终结。有特殊情况需要延长的，报经检察长批准。

第五十四条　省级人民检察院向最高人民检察院报送审批的材料包括：

（一）公益诉讼案件层报审批表；

（二）省级人民检察院请示；

（三）省级人民检察院民事行政检察部门案件审查终结报告和集体讨论记录；

（四）公益诉讼起诉书；

（五）案件证据目录和主要证据材料。

第五十五条　提起公益诉讼，人民检察院免缴诉讼费。

第五十六条　本办法未规定的，分别适用民事诉讼法、行政诉讼法以及相关司法解释的规定。

第四章　附　　则

第五十七条　本办法仅适用于北京、内蒙古、吉林、江苏、安徽、福建、山东、湖北、广东、贵州、云南、陕西、甘肃等省、自治区、直辖市。

第五十八条　本办法自发布之日起施行。本院之前发布的司法解释和规范性文件，与本办法规定不一致的，适用本办法。

最高人民法院、最高人民检察院
关于执行《中华人民共和国刑法》确定罪名的
补充规定（六）

（2015 年 10 月 19 日最高人民法院审判委员会第 1664 次会议、2015 年 10 月 21 日最高人民检察院第十二届检察委员会第四十二次会议通过　2015 年 10 月 30 日公布　2015 年 11 月 1 日施行　法释〔2015〕20 号）

根据《中华人民共和国刑法修正案（九）》（以下简称《刑法修正案（九）》）和《全国人民代表大会常务委员会关于修改部分法律的决定》的有关规定，现对最高人民法院《关于执行〈中华人民共和国刑法〉确定罪名的规定》、最高人民检察院《关于适用刑法分则规定的犯罪的罪名的意见》作如下补充、修改：

刑法条文	罪名
第一百二十条之一 （《刑法修正案（九）》第六条）	帮助恐怖活动罪 （取消资助恐怖活动罪罪名）
第一百二十条之二 （《刑法修正案（九）》第七条）	准备实施恐怖活动罪
第一百二十条之三 （《刑法修正案（九）》第七条）	宣扬恐怖主义、极端主义、煽动实施恐怖活动罪
第一百二十条之四 （《刑法修正案（九）》第七条）	利用极端主义破坏法律实施罪
第一百二十条之五 （《刑法修正案（九）》第七条）	强制穿戴宣扬恐怖主义、极端主义服饰、标志罪
第一百二十条之六 （《刑法修正案（九）》第七条）	非法持有宣扬恐怖主义、极端主义物品罪
第二百三十七条第一款、第二款 （《刑法修正案（九）》第十三条第一款、第二款）	强制猥亵、侮辱罪 （取消强制猥亵、侮辱妇女罪罪名）

刑法条文	罪名
第二百五十三条之一 （《刑法修正案（九）》第十七条）	侵犯公民个人信息罪 （取消出售、非法提供公民个人信息罪和非法获取公民个人信息罪罪名）
第二百六十条之一 （《刑法修正案（九）》第十九条）	虐待被监护、看护人罪
第二百八十条第三款 （《刑法修正案（九）》第二十二条第三款）	伪造、变造、买卖身份证件罪 （取消伪造、变造居民身份证罪罪名）
第二百八十条之一 （《刑法修正案（九）》第二十三条）	使用虚假身份证件、盗用身份证件罪
第二百八十三条 （《刑法修正案（九）》第二十四条）	非法生产、销售专用间谍器材、窃听、窃照专用器材罪 （取消非法生产、销售间谍专用器材罪罪名）
第二百八十四条之一第一款、第二款 （《刑法修正案（九）》第二十五条第一款、第二款）	组织考试作弊罪
第二百八十四条之一第三款 （《刑法修正案（九）》第二十五条第三款）	非法出售、提供试题、答案罪
第二百八十四条之一第四款 （《刑法修正案（九）》第二十五条第四款）	代替考试罪
第二百八十六条之一 （《刑法修正案（九）》第二十八条）	拒不履行信息网络安全管理义务罪
第二百八十七条之一 （《刑法修正案（九）》第二十九条）	非法利用信息网络罪
第二百八十七条之二 （《刑法修正案（九）》第二十九条）	帮助信息网络犯罪活动罪
第二百九十条第三款 （《刑法修正案（九）》第三十一条第二款）	扰乱国家机关工作秩序罪
第二百九十条第四款 （《刑法修正案（九）》第三十一条第三款）	组织、资助非法聚集罪
第二百九十一条之一第二款 （《刑法修正案（九）》第三十二条）	编造、故意传播虚假信息罪

刑法条文	罪名
第三百条第二款 （《刑法修正案（九）》第三十三条第二款）	组织、利用会道门、邪教组织、利用迷信致人重伤、死亡罪 （取消组织、利用会道门、邪教组织、利用迷信致人死亡罪罪名）
第三百零二条 （《刑法修正案（九）》第三十四条）	盗窃、侮辱、故意毁坏尸体、尸骨、骨灰罪 （取消盗窃、侮辱尸体罪罪名）
第三百零七条之一 （《刑法修正案（九）》第三十五条）	虚假诉讼罪
第三百零八条之一第一款 （《刑法修正案（九）》第三十六条第一款）	泄露不应公开的案件信息罪
第三百零八条之一第三款 （《刑法修正案（九）》第三十六条第三款）	披露、报道不应公开的案件信息罪
第三百一十一条 （《刑法修正案（九）》第三十八条）	拒绝提供间谍犯罪、恐怖主义犯罪、极端主义犯罪证据罪 （取消拒绝提供间谍犯罪证据罪罪名）
第三百五十条 （《刑法修正案（九）》第四十一条）	非法生产、买卖、运输制毒物品、走私制毒物品罪 （取消走私制毒物品罪和非法买卖制毒物品罪罪名）
第三百六十条第二款 （《刑法修正案（九）》第四十三条）	取消嫖宿幼女罪罪名
第三百八十一条 （《全国人民代表大会常务委员会关于修改部分法律的决定》第二条）	战时拒绝军事征收、征用罪 （取消战时拒绝军事征用罪罪名）
第三百九十条之一 （《刑法修正案（九）》第四十六条）	对有影响力的人行贿罪
第四百一十条 （《全国人民代表大会常务委员会关于修改部分法律的决定》第二条）	非法批准征收、征用、占用土地罪 （取消非法批准征用、占用土地罪罪名）

本规定自 2015 年 11 月 1 日起施行。

《最高人民法院、最高人民检察院
关于执行〈中华人民共和国刑法〉
确定罪名的补充规定（六）》的理解和适用

宋　丹*

2015 年 10 月 30 日，最高人民法院、最高人民检察院共同发布《关于执行〈中华人民共和国刑法〉确定罪名的补充规定（六）》（以下简称《罪名补充规定（六）》），自 2015 年 11 月 1 日起与《中华人民共和国刑法修正案（九）》（以下简称《刑法修正案（九）》）同步施行。根据刑法的修改确定罪名，对于贯彻罪刑法定原则、准确认定犯罪性质、适当量刑，具有十分重要的意义。为便于各级公检法机关准确适用新罪名，统一规范执法，现就《罪名补充规定（六）》解读如下：

一、起草背景及过程

2015 年 8 月 29 日，第十二届全国人民代表大会常务委员会第十六次会议审议通过了《刑法修正案（九）》，对刑法作了进一步修改完善。《刑法修正案（九）》通过后，对于一些新增的刑法分则条文，需要确定罪名；对于一些犯罪构成要件有重大修改的分则条文，有必要对原罪名作出相应调整。此外，2009 年 8 月 27 日公布施行的《全国人民代表大会常务委员会关于修改部分法律的决定》第二条决定将刑法第三百八十一条、第四百一十条中的"征用"修改为"征收、征用"，有必要一并对该两条的罪名作出调整。

为确保法律统一、正确适用，《刑法修正案（九）》通过后，"两高"研究室及时对其涉及的罪名适用问题进行研究，起草了《罪名补充规定（六）》征求意见稿。2015 年 9 月，"两高"研究室全面征求了全国人大常委会法工委、公安部法制局等中央单位和检法系统的意见；召开专家论证会，听取高铭暄、曲新久等专家意见。经反复斟酌各相关单位、人员提出的意见，数易其稿，形成罪名审议稿，分别于 2015 年 10 月 19 日由最高人民法院审判委员会第 1664 次会议、2015 年 10 月 21 日由最高人民检察院第十二届检察委员会第 42 次会议通过。

---

* 作者单位：最高人民检察院法律政策研究室。

二、《罪名补充规定（六）》所遵循的原则

罪名，是指刑法分则规定的某一具体犯罪的名称。办理刑事案件，首先需要准确适用罪名，这是严格区分罪与非罪、此罪与彼罪的前提条件，也是公检法机关统一执法、规范执法的必然要求。在研究起草《罪名补充规定（六）》过程中，我们注意把握了以下几个原则：

（一）法定原则

刑法分则规定的犯罪，一般都有具体的罪状，罪状与罪名是内容与形式的关系。《罪名补充规定（六）》必须严格根据刑法分则条文对罪状的描述来确定罪名。

（二）准确原则

罪名应当主要反映犯罪行为的本质特征，一般应当以犯罪行为侵犯的直接客体来确定罪名，尽量避免在罪名中出现犯罪主体、主观方面的表述。

（三）简练原则

罪名不同于罪状，需要在办案过程中反复使用，并且引用于法律文书中，必须是在罪状基础上的高度概括，简练实用。

（四）稳定原则

罪名不宜频繁更改，现有罪名确有修改必要的才修改，以保持罪名适用的连续性和稳定性。

三、《罪名补充规定（六）》的主要内容

1997年刑法修订后，最高人民法院发布了《关于执行〈中华人民共和国刑法〉确定罪名的规定》，最高人民检察院发布了《关于适用刑法分则规定的犯罪的罪名的意见》。其后，随着8个刑法修正案的公布施行，"两高"先后发布了5个有关罪名补充规定的司法解释。在之前罪名规定的基础上，《罪名补充规定（六）》通过增加、修改、删除罪名，确定了31个新罪名：一是新增加罪名20个，包括准备实施恐怖活动罪，宣扬恐怖主义、极端主义、煽动实施恐怖活动罪，利用极端主义破坏法律实施罪，强制穿戴宣扬恐怖主义、极端主义服饰、标志罪，非法持有宣扬恐怖主义、极端主义物品罪，虐待被监护、看护人罪，使用虚假身份证件、盗用身份证件罪，组织考试作弊罪，非法出售、提供试题、答案罪，代替考试罪，拒不履行信息网络安全管理义务罪，非法利用信息网络罪，帮助信息网络犯罪活动罪，扰乱国家机关工作秩序罪，组织、资助非法聚集罪，编造、故意传播虚假信息罪，虚假诉讼罪，泄露不应公开的案件信息罪，披露、报道不应公开的案件信息罪，对有影响力的人行贿罪；二是取消原罪名13个，修改为11个新罪名，包括帮助恐怖活动罪，强制

猥亵、侮辱罪，侵犯公民个人信息罪，伪造、变造、买卖身份证件罪，非法生产、销售专用间谍器材、窃听、窃照专用器材罪，组织、利用会道门、邪教组织、利用迷信致人重伤、死亡罪，盗窃、侮辱、故意毁坏尸体、尸骨、骨灰罪，拒绝提供间谍犯罪，恐怖主义犯罪，极端主义犯罪证据罪，非法生产、买卖、运输制毒物品、走私制毒物品罪，战时拒绝军事征收、征用罪，非法批准征收、征用、占用土地罪；三是删除原罪名1个，即嫖宿幼女罪。

（一）帮助恐怖活动罪

《刑法修正案（九）》第六条对刑法第一百二十条之一作出修改，将原规定的"资助恐怖活动组织或者实施恐怖活动的个人"修改为"资助恐怖活动组织、实施恐怖活动的个人或者资助恐怖活动培训"，并增加一款，将"为恐怖活动组织、实施恐怖活动或者恐怖活动培训招募、运送人员的"规定为犯罪。

考虑到原罪名中"资助"一词的含义已不能包含《刑法修正案（九）》增加规定的"为恐怖活动组织、实施恐怖活动或者恐怖活动培训招募、运送人员"，《罪名补充规定（六）》取消原罪名，将两款行为合并为一个罪名表述。在征求意见过程中，有观点认为，为使罪名更为准确地表述本条的罪状，第一款仍沿用"资助恐怖活动罪"，同时将第二款的罪名单独确定为"招募、运送恐怖活动人员罪"或者"为恐怖活动招募、运送人员罪"。经研究认为，将本条的罪名确定为"帮助恐怖活动罪"更为妥当。第一，刑法第一百二十条之一第二款并未独立设置法定刑，而是规定"依照前款的规定处罚"。一般情况下，应按前款罪确定罪名。第二，实践中，本条第二款规定的行为与第一款规定的行为可能常常会同时实施，犯罪分子为恐怖活动组织、实施恐怖活动的人或者恐怖活动培训既提供资金支持，又帮助招募、运送人员，分别确定罪名，会引发对相关行为究竟是定一罪还是定数罪的不必要争议。

（二）准备实施恐怖活动罪，宣扬恐怖主义、极端主义、煽动实施恐怖活动罪，利用极端主义破坏法律实施罪，强制穿戴宣扬恐怖主义、极端主义服饰、标志罪，非法持有宣扬恐怖主义、极端主义物品罪等五个罪名

《刑法修正案（九）》第七条在刑法第一百二十条之一后增加五条，作为第一百二十条之二、第一百二十条之三、第一百二十条之四、第一百二十条之五、第一百二十条之六，将相关准备实施恐怖活动、宣扬恐怖主义、极端主义、煽动实施恐怖活动、利用极端主义煽动、胁迫群众破坏国家法律实施、强制他人在公共场所穿着、佩戴宣扬恐怖主义、极端主义服饰、标志、明知是宣扬恐怖主义、极端主义的图书、音频视频资料或者其他物品而非法持有情节严重的行为规定为犯罪。

考虑到刑法第一百二十条之二至第一百二十条之六条文表述的罪状较为具体,《罪名补充规定(六)》主要根据罪状表述增加规定以上五个罪名。在征求意见过程中,有意见认为,刑法第一百二十条之三规定的"宣扬恐怖主义、极端主义"与"煽动实施恐怖活动"行为客观方面存在明显区别,建议将该条确定为"宣扬恐怖主义、极端主义罪"和"煽动实施恐怖活动罪"两个罪名。经研究认为,宣扬恐怖主义、极端主义与煽动实施恐怖活动尽管存在区别,但社会危害性本质上是相同的。实践中,宣扬恐怖主义、极端主义与煽动实施恐怖活动常相伴实施,如制作、散发涉恐音视频案件,在一段音视频中,可能前半段是宣扬恐怖主义、极端主义,后半段则是煽动实施恐怖活动。将该条确定为"宣扬恐怖主义、极端主义、煽动实施恐怖活动罪",为选择性罪名,可尽量减少司法认定困难,有效打击此类犯罪。

(三)强制猥亵、侮辱罪

《刑法修正案(九)》第十三条将刑法第二百三十七条第一款中的"强制猥亵妇女或者侮辱妇女的"修改为"强制猥亵他人或者侮辱妇女的",强制猥亵对象由"妇女"扩大到"他人"。

因刑法第二百三十七条第一、二款犯罪对象的调整,《罪名补充规定(六)》取消强制猥亵、侮辱妇女罪,修改为强制猥亵、侮辱罪。需要说明的是,该罪名为选择性罪名,实践中需要根据案件的不同情况,确定适用强制猥亵罪、强制侮辱罪或者强制猥亵、侮辱罪。强制猥亵罪适用于强制猥亵他人的犯罪,"他人"是指年满十四周岁的男性和女性。强制侮辱罪适用于强制侮辱妇女的犯罪,主要是指对妇女实施猥亵行为以外的、损害妇女人格尊严的淫秽下流、伤风败俗的行为。对于以暴力、胁迫或者其他方法强制猥亵、侮辱妇女的,定强制猥亵、侮辱罪。

(四)侵犯公民个人信息罪

《刑法修正案(九)》第十七条将刑法第二百五十三条之一第一款中的"国家机关或者金融、电信、交通、教育、医疗等单位的工作人员,违反国家规定,将本单位在履行职责或者提供服务过程中获得的公民个人信息,出售或者非法提供给他人"修改为"违反国家有关规定,向他人出售或者提供公民个人信息"。

刑法第二百五十三条之一的修改,主要是犯罪主体的范围扩大,不再限于"国家机关或者金融、电信、交通、教育、医疗等单位的工作人员"。在征求意见过程中,对本条罪名的修改存在两种不同意见。第一种意见认为,确定为"侵犯公民个人信息罪"一个罪名。第二种意见认为,实践中可能会出现非法获取公民个人信息自己使用,同时又有出售公民个人信息的行为,需要按数罪处理的情况，仍沿用原出售、非法提供公民个人信息罪和非法获取公民个人信息罪两个罪名较为合适，建议不作修改。经研究，采纳了第一种意见。主要考虑：一是修改后该条第一款、第三款的犯罪主体、犯罪对象已完全一致，法定刑也相同，单独确定罪名已无必要。二是对该条统一确定"侵犯公民个人信息罪"罪名，更符合罪名简练原则，同时也更通俗易懂。三是确定为一个罪名，也能恰当处理既有非法获取公民个人信息自己使用，同时又有出售公民个人信息行为的案件。如将刑法第二百五十三条之一确定为两罪，反而容易造成相关案件是从一重断处，还是数罪并罚的问题。

（五）虐待被监护、看护人罪

《刑法修正案（九）》第十九条在刑法第二百六十条后增加一条，作为第二百六十条之一，将对未成年人、老年人、患病的人、残疾人等负有监护、看护职责的人虐待被监护、看护的人，情节恶劣的行为规定为犯罪。

根据犯罪对象"被监护、看护的人"和犯罪客观行为"虐待"等核心要件，《罪名补充规定（六）》将新增罪名确定为"虐待被监护、看护人罪"，以突出刑法打击重点，最大限度地保护未成年人、老年人、患病的人、残疾人等弱势群体的利益。

（六）伪造、变造、买卖身份证件罪

《刑法修正案（九）》第二十二条将刑法第二百八十条第三款中的"伪造、变造居民身份证的"修改为"伪造、变造、买卖居民身份证、护照、社会保障卡、驾驶证等依法可以用于证明身份的证件的"。

因刑法第二百八十条第三款规定的客观行为特征和犯罪对象均有所修改，根据罪状规定的"伪造、变造、买卖"、"可以用于证明身份的证件"等核心要件，《罪名补充规定（六）》取消原伪造、变造居民身份证罪罪名，修改为"伪造、变造、买卖身份证件罪"。

（七）使用虚假身份证件、盗用身份证件罪

《刑法修正案（九）》第二十三条在刑法第二百八十条后增加一条，作为第二百八十条之一，将在依照国家规定应当提供身份证明的活动中，使用伪造、变造的或者盗用他人的居民身份证、护照、社会保障卡、驾驶证等依法可以用于证明身份的证件，情节严重的行为规定为犯罪。

《罪名补充规定（六）》研究起草过程中，根据罪状规定的"使用"、"伪造、变造的或者盗用"、"可以用于证明身份的证件"等核心要件，征求意见稿拟定"使用虚假身份证件罪"。在征求意见过程中，有意见提出，盗用他人真实身份证件的情况，似不属于使用"虚假"身份证件。也有意见建议对盗用他人合法身份证件的，另用罪名"盗用他人身份证件罪"。经研究认为，上述意见有一定道理，为使罪名更为简练，并有利于司法具体操作，本条采用了"使用虚假身份证件、盗用身份证件罪"选择性罪名，实践中可根据案件具体情况，适用使用虚假身份证件罪、盗用身份证件罪或者使用虚假身份证件、盗用身份证件罪。

（八）非法生产、销售专用间谍器材、窃听、窃照专用器材罪

《刑法修正案（九）》第二十四条将刑法第二百八十三条第一款中的"非法生产、销售窃听、窃照等专用间谍器材的"修改为"非法生产、销售专用间谍器材或者窃听、窃照专用器材的"。

因刑法第二百八十三条犯罪对象由"窃听、窃照等专用间谍器材"扩大到"专用间谍器材或者窃听、窃照专用器材"，《罪名补充规定（六）》取消非法生产、销售间谍专用器材罪罪名，修改为"非法生产、销售专用间谍器材、窃听、窃照专用器材罪"。在征求意见过程中，有意见提出，专用间谍器材与窃听、窃照专用器材是两类不同性质的器材，国家安全部、公安部分别制定了不同的鉴定、认定标准和程序，建议将该条罪名修改为"非法生产、销售专用间谍器材罪"和"非法生产、销售窃听、窃照专用器材罪"两个罪名。经研究认为，从修改后刑法第二百八十三条的规定看，将专用间谍器材和窃听窃照专用器材并列规定，非法生产、销售专用间谍器材与非法生产、销售窃听、窃照专用器材，除犯罪对象不同外，其他犯罪构成要件以及法定刑完全一致，为使罪名更为简练，可使用"非法生产、销售专用间谍器材、窃听、窃照专用器材罪"选择性罪名，以适应实践中案件的具体情况。

（九）组织考试作弊罪，非法出售、提供试题、答案罪，代替考试罪等三个罪名

《刑法修正案（九）》第二十五条在刑法第二百八十四条后增加一条，作为第二百八十四条之一，将在法律规定的国家考试中组织作弊的、为他人实施组织作弊犯罪提供作弊器材或者其他帮助的、为实施考试作弊向他人非法出售或者提供法律规定的国家考试试题、答案的、代替他人或者让他人代替自己参加法律规定的国家考试的行为，规定为犯罪。

第二百八十四条之一共有四款，第一款至第四款规定的罪状较为具体明确，据此，《罪名补充规定（六）》规定，第二百八十四条之一第一款、第二款罪名为"组织考试作弊罪"，第二百八十四条之一第三款罪名为"非法出售、提供试题、答案罪"，第二百八十四条之一第四款为"代替考试罪"。在征求意见过程中，有意见认为，对该条第二款行为应单独确定罪名，即"帮助考试作弊罪"。经研究认为，本条第二款规定"依照前款的规定处罚"，并未设置独立的法定刑；对为他人实施组织作弊犯罪提供作弊器材或者其他帮助

的行为认定为组织考试作弊罪，实践中并无疑义，没有必要单独规定罪名。

（十）拒不履行信息网络安全管理义务罪

《刑法修正案（九）》第二十八条在刑法第二百八十六条后增加一条，作为第二百八十六条之一，将网络服务提供者不履行法律、行政法规规定的信息网络安全管理义务，经监管部门责令采取改正措施而拒不改正的行为规定为犯罪。

根据刑法第二百八十六条之一列举的拒不履行信息网络安全管理义务的四种具体情形，《罪名补充规定（六）》确定罪名为"拒不履行信息网络安全管理义务罪"。研究起草过程中，有意见认为可确定为"拒不履行网络安全管理义务罪"，更为简练。经研究，没有采纳该意见。主要考虑：一是罪名应该严格与刑法条文相对应，刑法第二百八十六条之一虽然规定的犯罪主体为"网络服务提供者"，但条文中限定的义务是"信息网络安全管理义务"；二是刑法第二百八十七条之一、之二规定的行为需"利用信息网络"、"明知他人利用信息网络"，本条罪名应与刑法其他条文保持一定的协调性；三是"网络"与"信息网络"的内涵与外延不尽相同，实践中"网络"的使用范围更为宽泛，为突出本条的打击重点，应对网络限定为"信息网络"。

（十一）非法利用信息网络罪、帮助信息网络犯罪活动罪等两个罪名

《刑法修正案（九）》第二十九条在刑法第二百八十七条后增加两条，作为第二百八十七条之一、第二百八十七条之二，将利用信息网络设立用于违法犯罪活动的网站、通讯群组的、发布违法犯罪信息的、为实施违法犯罪活动发布信息的、明知他人利用信息网络实施犯罪为其犯罪提供帮助的情节严重的行为规定为犯罪。

根据刑法第二百八十七条之一、第二百八十七条之二的具体罪状表述，《罪名补充规定（六）》确定罪名为"非法利用信息网络罪"和"帮助信息网络犯罪活动罪"。在征求意见过程中，对第二百八十七条之一的罪名，有多种不同意见，如建议确定为"准备网络违法犯罪活动罪"、"利用信息网络准备违法犯罪活动罪"、"非法设立用于违法犯罪活动的网站、通讯群组罪和利用信息网络发布违法信息罪"、"利用信息网络引诱、教唆、策划违法犯罪活动罪"等。经研究认为，一是本条罪名应该突出体现犯罪行为的"利用网络"特性；二是利用网络实施的设立网站、通讯群组行为、发布信息行为不仅内容涉及违法犯罪活动，其利用网络的手段行为也应予以否定评价，即"非法"；三是需考虑罪名的准确性和简练性。综上，本条罪名确定为"非法利用信息网络罪"是较为合适的。

（十二）扰乱国家机关工作秩序罪，组织、资助非法聚集罪等两个罪名

《刑法修正案（九）》第三十一条在刑法第二百九十条中增加两款，作为第二百九十条第三款、第四款，将多次扰乱国家机关工作秩序，经行政处罚后仍不改正，造成严重后果的行为和多次组织、资助他人非法聚集，扰乱社会秩序，情节严重的行为规定为犯罪。

根据刑法第二百九十条第三款、第四款罪状规定的"扰乱国家机关工作秩序"、"组织、资助他人非法聚集"等核心要件，《罪名补充规定（六）》分别确定罪名为"扰乱国家机关工作秩序罪"、"组织、资助非法聚集罪"。对于"多次"、"造成严重后果"、"情节严重"则由司法解释规定或司法机关具体掌握，不在罪名中明确。

（十三）编造、故意传播虚假信息罪

《刑法修正案（九）》第三十二条在刑法第二百九十一条之一中增加一款作为第二款，将编造虚假的险情、疫情、灾情、警情，在信息网络或者其他媒体上传播，或者明知是上述虚假信息，故意在信息网络或者其他媒体上传播，严重扰乱社会秩序的行为规定为犯罪。

刑法第二百九十一条之一第二款罪状的核心要件是"编造"、"故意传播"、"虚假的险情、疫情、灾情、警情"。在征求意见过程中，有意见建议确定罪名为"编造、故意传播虚假险情、疫情、灾情、警情罪"。经研究认为，在罪名中明确"险情""疫情""灾情""警情"，确实遵循立法本意，有一定道理。但考虑到实践中的案件情况，有时对"险情""疫情""灾情""警情"并不容易区分，如天津港"8·12"特别重大火灾爆炸事故，既是灾情，也是险情、警情，如罪名确定为"编造、故意传播虚假险情、疫情、灾情、警情罪"，将来在处理具体案件时，可能会对选择性罪名的适用引发不必要的争议。需要说明的是，虽然刑法第二百九十一条之一第二款罪名没有明确"险情""疫情""灾情""警情"，但在具体适用法条和罪名时，不能将本罪犯罪对象的外延随意泛化，应严格限定在刑法规定的"险情""疫情""灾情""警情"范围内。

（十四）组织、利用会道门、邪教组织、利用迷信致人重伤、死亡罪

《刑法修正案（九）》第三十三条将刑法第三百条第二款中的"组织和利用会道门、邪教组织或者利用迷信蒙骗他人，致人死亡的"修改为"组织、利用会道门、邪教组织或者利用迷信蒙骗他人，致人重伤、死亡的"。根据本罪犯罪结果的修改，《罪名补充规定（六）》取消组织、利用会道门、邪教组织、利用迷信致人死亡罪罪名，修改为"组织、利用会道门、邪教组织、利

用迷信致人重伤、死亡罪"。

（十五）盗窃、侮辱、故意毁坏尸体、尸骨、骨灰罪

《刑法修正案（九）》第三十四条将刑法第三百零二条中的"盗窃、侮辱尸体"修改为"盗窃、侮辱、故意毁坏尸体、尸骨、骨灰"。根据刑法第三百零二条罪状规定的行为方式和犯罪对象的修改，《罪名补充规定（六）》取消盗窃、侮辱尸体罪罪名，修改为"盗窃、侮辱、故意毁坏尸体、尸骨、骨灰罪"。在征求意见过程中，有意见认为，为使罪名更为简洁、准确，可确定为"毁尸罪"。经研究认为，"毁尸"虽然更为简洁，但不能准确概括罪状中的"盗窃"、"侮辱"、"骨灰"等核心要件，故未采纳该意见。

（十六）虚假诉讼罪

《刑法修正案（九）》第三十五条在刑法第三百零七条后增加一条，作为第三百零七条之一，将捏造事实提起民事诉讼，妨害司法秩序或者严重侵害他人合法权益的行为规定为犯罪。

根据刑法第三百零七条之一罪状的具体表述和实践中约定俗成的用法，《罪名补充规定（六）》确定罪名为"虚假诉讼罪"。在征求意见过程中，有意见建议确定为"虚假民事诉讼罪"、"实施虚假诉讼活动罪"等罪名。经研究认为，刑法第三百零七条之一规定的诉讼仅限于民事诉讼，将罪名确定为"虚假民事诉讼罪"也是可行的，但考虑到"虚假诉讼"一词更为通俗易懂，且在实践中已经形成惯用表述，将罪名确定为"虚假诉讼罪"更为妥当。

（十七）泄露不应公开的案件信息罪、披露、报道不应公开的案件信息罪等两个罪名

《刑法修正案（九）》第三十六条在刑法第三百零八条后增加一条，作为第三百零八条之一，将泄露依法不公开审理的案件中不应当公开的信息造成严重后果的和公开披露、报道不公开审理的案件中不应当公开的信息情节严重的行为规定为犯罪。

《罪名补充规定（六）》研究起草时，曾将本条拟定罪名为"泄露案件信息罪"一个罪名。在征求意见过程中，有意见认为，应针对本条第一款、第三款分别确定罪名。经研究认为，该意见确有一定道理。第一，刑法第三百零八条之一只是将"依法不公开审理的案件中不应当公开的信息"纳入保护范围，"泄露案件信息罪"的罪名过于笼统。第二，本条第三款虽然规定"依照第一款的规定处罚"，但该款规定的犯罪主体，主要是指新闻媒体等可公开披露、报道案件信息的个人和单位；构成该款犯罪必须是"情节严重"的披露、报道行为。与之不同，第一款规定的犯罪主体是司法工作人员和诉讼参与人，需造成信息公开传播或者其他严重后果的才构成犯罪。考虑到第一款与第三款

规定的罪状存在一定差异，《罪名补充规定（六）》根据各方面意见对罪名作了进一步修改，确定为泄露不应公开的案件信息罪、披露、报道不应公开的案件信息罪两个罪名。

（十八）拒绝提供间谍犯罪、恐怖主义犯罪、极端主义犯罪证据罪

《刑法修正案（九）》第三十八条将刑法第三百一十一条中的"明知他人有间谍犯罪行为"修改为"明知他人有间谍犯罪或者恐怖主义、极端主义犯罪行为"。

根据刑法第三百一十一条罪状的修改，《罪名补充规定（六）》取消拒绝提供间谍犯罪证据罪罪名，修改为"拒绝提供间谍犯罪、恐怖主义犯罪、极端主义犯罪证据罪"。为使罪名简洁，征求意见稿原拟定罪名为"拒证罪"。在征求意见过程中，有意见提出，采用"拒绝提供间谍犯罪、恐怖主义犯罪、极端主义犯罪证据罪"。经研究认为，间谍犯罪、恐怖主义犯罪、极端主义犯罪证据是刑法第三百一十一条的核心要件，为严厉打击涉恐涉暴危害国家安全的犯罪，形成对暴恐犯罪的强大威慑力，有必要在罪名中明确三类犯罪，确定为"拒绝提供间谍犯罪、恐怖主义犯罪、极端主义犯罪证据罪"。

（十九）非法生产、买卖、运输制毒物品、走私制毒物品罪

《刑法修正案（九）》第四十一条将刑法第三百五十条第一款中的"非法运输、携带醋酸酐、乙醚、三氯甲烷或者其他用于制造毒品的原料或者配剂进出境的，或者违反国家规定，在境内非法买卖上述物品的"修改为"非法生产、买卖、运输醋酸酐、乙醚、三氯甲烷或者其他用于制造毒品的原料、配剂，或者携带上述物品进出境的"。

考虑到刑法第三百五十条第一款的客观行为由"非法买卖"、"走私"修改为"非法生产、买卖、运输"、"走私"，《罪名补充规定（六）》取消走私制毒物品罪和非法买卖制毒物品罪两个罪名，修改为"非法生产、买卖、运输制毒物品、走私制毒物品罪"一个罪名。在征求意见过程中，有意见认为，罪名应修改为"非法生产、买卖、运输制毒物品罪"和"走私制毒物品罪"两个罪名或"非法生产、买卖、运输、走私制毒物品罪"一个罪名。经研究认为，第一，实践中，非法生产、买卖、运输制毒物品与走私制毒物品经常会相伴或接连发生，如分设两个罪名，实践中对针对同一批制毒物品先后实施非法生产（或买卖、运输）行为和走私行为的究竟是定一罪还是数罪，容易引发不必要的争议。第二，使用"非法生产、买卖、运输、走私制毒物品罪"罪名更为简洁，但在语法上可能存在一定问题，即会让公众误解"非法"不仅修饰"生产、买卖、运输"，还修饰"走私"，而走私本身是非法的，使用"非法走私"会产生语法错误。

（二十）嫖宿幼女罪

《刑法修正案（九）》第四十三条删去刑法第三百六十条第二款，即嫖宿幼女罪的规定。据此，《罪名补充规定（六）》取消嫖宿幼女罪罪名。

（二十一）对有影响力的人行贿罪

《刑法修正案（九）》第四十六条在刑法第三百九十条后增加一条，作为第三百九十条之一，将为谋取不正当利益，向国家工作人员的近亲属或者其他与该国家工作人员关系密切的人，或者向离职的国家工作人员或者其近亲属以及其他与其关系密切的人行贿的行为规定为犯罪。

考虑到刑法第三百九十条之一规定的罪状较为具体，《罪名补充规定（六）》确定罪名为"对有影响力的人行贿罪"。在征求意见过程中，有意见提出采用"为利用国家工作人员影响力行贿罪"、"对特定关系人行贿罪"等罪名。经研究认为，本罪是刑法第三百八十八条之一"利用影响力受贿罪"的对合犯，客观行为是"行贿"，行贿对象是"国家工作人员的近亲属或者其他与该国家工作人员关系密切的人"、"离职的国家工作人员或者其近亲属以及其他与其关系密切的人"。"为利用国家工作人员影响力行贿罪"罪名没有明确行贿的特定对象，"对特定关系人行贿罪"中的"特定关系人"不够准确，没有凸显利用国家工作人员影响力这一犯罪特征。考虑到行贿犯罪的相关罪名如"对非国家工作人员行贿罪"、"对单位行贿罪"都是根据行贿对象的不同确定罪名，同时，要与"利用影响力受贿罪"罪名相协调，将罪名确定为"对有影响力的人行贿罪"是较为合适的。

（二十二）战时拒绝军事征收、征用罪，非法批准征收、征用、占用土地罪等两个罪名

2009年8月《全国人民代表大会常务委员会关于修改部分法律的决定》第二条将刑法第三百八十一条、第四百一十条中的"征用"修改为"征收、征用"。据此，《罪名补充规定（六）》取消刑法第三百八十一条"战时拒绝军事征用罪"罪名，修改为"战时拒绝军事征收、征用罪"，取消刑法第四百一十条"非法批准征用、占用土地罪"罪名，修改为"非法批准征收、征用、占用土地罪"。

最高人民法院、最高人民检察院
关于办理危害生产安全刑事案件适用
法律若干问题的解释

（2015 年 11 月 9 日最高人民法院审判委员会第 1665 次会议、2015 年 12 月 9 日最高人民检察院第十二届检察委员会第四十四次会议通过 2015 年 12 月 14 日公布 2015 年 12 月 16 日施行 法释〔2015〕22 号）

为依法惩治危害生产安全犯罪，根据刑法有关规定，现就办理此类刑事案件适用法律的若干问题解释如下：

第一条 刑法第一百三十四条第一款规定的犯罪主体，包括对生产、作业负有组织、指挥或者管理职责的负责人、管理人员、实际控制人、投资人等人员，以及直接从事生产、作业的人员。

第二条 刑法第一百三十四条第二款规定的犯罪主体，包括对生产、作业负有组织、指挥或者管理职责的负责人、管理人员、实际控制人、投资人等人员。

第三条 刑法第一百三十五条规定的"直接负责的主管人员和其他直接责任人员"，是指对安全生产设施或者安全生产条件不符合国家规定负有直接责任的生产经营单位负责人、管理人员、实际控制人、投资人，以及其他对安全生产设施或者安全生产条件负有管理、维护职责的人员。

第四条 刑法第一百三十九条之一规定的"负有报告职责的人员"，是指负有组织、指挥或者管理职责的负责人、管理人员、实际控制人、投资人，以及其他负有报告职责的人员。

第五条 明知存在事故隐患、继续作业存在危险，仍然违反有关安全管理的规定，实施下列行为之一的，应当认定为刑法第一百三十四条第二款规定的"强令他人违章冒险作业"：

（一）利用组织、指挥、管理职权，强制他人违章作业的；

（二）采取威逼、胁迫、恐吓等手段，强制他人违章作业的；

（三）故意掩盖事故隐患，组织他人违章作业的；

（四）其他强令他人违章作业的行为。

第六条　实施刑法第一百三十二条、第一百三十四条第一款、第一百三十五条、第一百三十五条之一、第一百三十六条、第一百三十九条规定的行为，因而发生安全事故，具有下列情形之一的，应当认定为"造成严重后果"或者"发生重大伤亡事故或者造成其他严重后果"，对相关责任人员，处三年以下有期徒刑或者拘役：

（一）造成死亡一人以上，或者重伤三人以上的；

（二）造成直接经济损失一百万元以上的；

（三）其他造成严重后果或者重大安全事故的情形。

实施刑法第一百三十四条第二款规定的行为，因而发生安全事故，具有本条第一款规定情形的，应当认定为"发生重大伤亡事故或者造成其他严重后果"，对相关责任人员，处五年以下有期徒刑或者拘役。

实施刑法第一百三十七条规定的行为，因而发生安全事故，具有本条第一款规定情形的，应当认定为"造成重大安全事故"，对直接责任人员，处五年以下有期徒刑或者拘役，并处罚金。

实施刑法第一百三十八条规定的行为，因而发生安全事故，具有本条第一款第一项规定情形的，应当认定为"发生重大伤亡事故"，对直接责任人员，处三年以下有期徒刑或者拘役。

第七条　实施刑法第一百三十二条、第一百三十四条第一款、第一百三十五条、第一百三十五条之一、第一百三十六条、第一百三十九条规定的行为，因而发生安全事故，具有下列情形之一的，对相关责任人员，处三年以上七年以下有期徒刑：

（一）造成死亡三人以上或者重伤十人以上，负事故主要责任的；

（二）造成直接经济损失五百万元以上，负事故主要责任的；

（三）其他造成特别严重后果、情节特别恶劣或者后果特别严重的情形。

实施刑法第一百三十四条第二款规定的行为，因而发生安全事故，具有本条第一款规定情形的，对相关责任人员，处五年以上有期徒刑。

实施刑法第一百三十七条规定的行为，因而发生安全事故，具有本条第一款规定情形的，对直接责任人员，处五年以上十年以下有期徒刑，并处罚金。

实施刑法第一百三十八条规定的行为，因而发生安全事故，具有下列情形之一的，对直接责任人员，处三年以上七年以下有期徒刑：

（一）造成死亡三人以上或者重伤十人以上，负事故主要责任的；

（二）具有本解释第六条第一款第一项规定情形，同时造成直接经济损失五百万元以上并负事故主要责任的，或者同时造成恶劣社会影响的。

第八条　在安全事故发生后，负有报告职责的人员不报或者谎报事故情况，贻误事故抢救，具有下列情形之一的，应当认定为刑法第一百三十九条之一规定的"情节严重"：

（一）导致事故后果扩大，增加死亡一人以上，或者增加重伤三人以上，或者增加直接经济损失一百万元以上的。

（二）实施下列行为之一，致使不能及时有效开展事故抢救的：

1. 决定不报、迟报、谎报事故情况或者指使、串通有关人员不报、迟报、谎报事故情况的；

2. 在事故抢救期间擅离职守或者逃匿的；

3. 伪造、破坏事故现场，或者转移、藏匿、毁灭遇难人员尸体，或者转移、藏匿受伤人员的；

4. 毁灭、伪造、隐匿与事故有关的图纸、记录、计算机数据等资料以及其他证据的。

（三）其他情节严重的情形。

具有下列情形之一的，应当认定为刑法第一百三十九条之一规定的"情节特别严重"：

（一）导致事故后果扩大，增加死亡三人以上，或者增加重伤十人以上，或者增加直接经济损失五百万元以上的；

（二）采用暴力、胁迫、命令等方式阻止他人报告事故情况，导致事故后果扩大的；

（三）其他情节特别严重的情形。

第九条　在安全事故发生后，与负有报告职责的人员串通，不报或者谎报事故情况，贻误事故抢救，情节严重的，依照刑法第一百三十九条之一的规定，以共犯论处。

第十条　在安全事故发生后，直接负责的主管人员和其他直接责任人员故意阻挠开展抢救，导致人员死亡或者重伤，或者为了逃避法律追究，对被害人进行隐藏、遗弃，致使被害人因无法得到救助而死亡或者重度残疾的，分别依照刑法第二百三十二条、第二百三十四条的规定，以故意杀人罪或者故意伤害罪定罪处罚。

第十一条　生产不符合保障人身、财产安全的国家标准、行业标准的安全设备，或者明知安全设备不符合保障人身、财产安全的国家标准、行业标准而进行销售，致使发生安全事故，造成严重后果的，依照刑法第一百四十六条的规定，以生产、销售不符合安全标准的产品罪定罪处罚。

第十二条　实施刑法第一百三十二条、第一百三十四条至第一百三十九条之一规定的犯罪行为，具有下列情形之一的，从重处罚：

（一）未依法取得安全许可证件或者安全许可证件过期、被暂扣、吊销、注销后从事生产经营活动的；

（二）关闭、破坏必要的安全监控和报警设备的；

（三）已经发现事故隐患，经有关部门或者个人提出后，仍不采取措施的；

（四）一年内曾因危害生产安全违法犯罪活动受过行政处罚或者刑事处罚的；

（五）采取弄虚作假、行贿等手段，故意逃避、阻挠负有安全监督管理职责的部门实施监督检查的；

（六）安全事故发生后转移财产意图逃避承担责任的；

（七）其他从重处罚的情形。

实施前款第五项规定的行为，同时构成刑法第三百八十九条规定的犯罪的，依照数罪并罚的规定处罚。

第十三条　实施刑法第一百三十二条、第一百三十四条至第一百三十九条之一规定的犯罪行为，在安全事故发生后积极组织、参与事故抢救，或者积极配合调查、主动赔偿损失的，可以酌情从轻处罚。

第十四条　国家工作人员违反规定投资入股生产经营，构成本解释规定的有关犯罪的，或者国家工作人员的贪污、受贿犯罪行为与安全事故发生存在关联性的，从重处罚；同时构成贪污、受贿犯罪和危害生产安全犯罪的，依照数罪并罚的规定处罚。

第十五条　国家机关工作人员在履行安全监督管理职责时滥用职权、玩忽职守，致使公共财产、国家和人民利益遭受重大损失的，或者徇私舞弊，对发现的刑事案件依法应当移交司法机关追究刑事责任而不移交，情节严重的，分别依照刑法第三百九十七条、第四百零二条的规定，以滥用职权罪、玩忽职守罪或者徇私舞弊不移交刑事案件罪定罪处罚。

公司、企业、事业单位的工作人员在依法或者受委托行使安全监督管理职责时滥用职权或者玩忽职守，构成犯罪的，应当依照《全国人民代表大会常务委员会关于〈中华人民共和国刑法〉第九章渎职罪主体适用问题的解释》的规定，适用渎职罪的规定追究刑事责任。

第十六条　对于实施危害生产安全犯罪适用缓刑的犯罪分子，可以根据犯罪情况，禁止其在缓刑考验期限内从事与安全生产相关联的特定活动；对于被判处刑罚的犯罪分子，可以根据犯罪情况和预防再犯罪的需要，禁止其自刑罚执行完毕之日或者假释之日起三年至五年内从事与安全生产相关的职业。

第十七条　本解释自 2015 年 12 月 16 日起施行。本解释施行后,《最高人民法院、最高人民检察院关于办理危害矿山生产安全刑事案件具体应用法律若干问题的解释》(法释〔2007〕5 号)同时废止。最高人民法院、最高人民检察院此前发布的司法解释和规范性文件与本解释不一致的,以本解释为准。

《最高人民法院、最高人民检察院关于办理危害生产安全刑事案件适用法律若干问题的解释》的理解和适用

万　春　缐　杰　宋　丹*

《最高人民法院、最高人民检察院关于办理危害生产安全刑事案件适用法律若干问题的解释》（以下简称《解释》），分别经 2015 年 11 月 9 日最高人民法院审判委员会第 1665 次会议、2015 年 12 月 9 日最高人民检察院第十二届检察委员会第四十四次会议通过，于 2015 年 12 月 14 日公布，自 2015 年 12 月 16 日起施行。为便于司法工作人员正确理解和适用《解释》的相关规定，现对《解释》解读如下：

一、《解释》的制定背景及过程

安全生产工作关系人民群众生命财产安全，关系改革、发展和稳定大局。当前，全国安全生产形势总体稳定、持续好转，但重特大生产安全事故仍时有发生。比如，2014 年 8 月 2 日，江苏省昆山市中荣金属制品有限公司发生特大粉尘爆炸事故，造成 146 人死亡、114 人受伤，直接经济损失 35100 万元，社会影响十分恶劣。习近平总书记、李克强总理多次作出重要批示，强调发展不能以牺牲人的生命为代价。贯彻落实党的十八届五中全会提出的"五位一体"发展理念，也必然要求坚决遏制经济社会建设活动中生产安全事故易发、高发的态势。

近年来，全国检察机关认真贯彻落实习近平总书记关于进一步加强安全生产工作的重要指示精神，不断加大对危害生产安全犯罪，以及生产安全事故所涉贪污贿赂、渎职等职务犯罪的查处力度，依法查办了一大批刑事案件。2013 年至 2014 年，全国检察机关依法起诉危害生产安全刑事案件 3370 件 6129 人，立案侦查生产安全事故所涉贪污贿赂、渎职犯罪案件 1278 件 1917 人，为保障广大人民群众生命财产安全，促进生产秩序持续好转，保障经济社会科学发展发挥了积极作用。

但实践中，危害生产安全犯罪涉及领域广泛，行为形式多样，主体复杂多元，司法机关办理相关刑事案件时，在罪名确定、责任划分、情节后果认定以

---

* 作者单位：最高人民检察院法律政策研究室。

及刑事政策把握等方面存在诸多问题亟须解决。2007 年 2 月 "两高"《关于办理危害矿山生产安全刑事案件具体应用法律若干问题的解释》（以下简称《矿山司法解释》），对矿山生产领域内发生的部分类型刑事犯罪的法律适用问题进行了规定，但涉及罪名有限。2008 年 6 月《最高人民检察院、公安部关于公安机关管辖的刑事案件立案追诉标准的规定（一）》（以下简称《追诉标准（一）》）规定了重大责任事故罪等犯罪的立案追诉标准，但对相关犯罪的共犯、罪数及刑事政策等问题没有明确。

针对重特大生产安全事故多发、人民群众生命财产安全受到侵犯、生产经营活动遭受巨额经济损失、社会影响十分恶劣的情况，2013 年 10 月，最高人民检察院研究室和最高人民法院刑四庭协商，认为现阶段有必要共同启动关于危害生产安全犯罪司法解释的制定工作，并起草了解释初稿。2014 年 10 月，召开了部门座谈会和专家论证会，听取国家安监总局和部分地方公检法机关、专家学者的意见，对初稿进一步修改完善，形成了征求意见稿。2015 年初，征求了全国检察院系统、法院系统意见。7 月，征求了全国人大常委会法工委、国家安监总局等中央单位的意见。在综合各方面意见的基础上，经反复研究修改，形成《解释》，并经最高人民法院审委会、最高人民检察院检委会分别审议通过。

二、主要内容

《解释》共 17 条。针对办理危害生产安全犯罪案件起诉、审判过程中存在的突出法律适用问题，主要规定了以下几方面的内容：（1）重大责任事故罪，强令违章冒险作业罪，重大劳动安全事故罪，不报、谎报安全事故罪等 4 个危害生产安全犯罪的主体认定；（2）铁路运营安全事故罪、重大责任事故罪、重大劳动安全事故罪等 8 个危害生产安全犯罪、大型群众性活动重大安全事故罪、教育设施重大安全事故罪等 2 个责任事故类犯罪的定罪量刑标准；（3）危害生产安全犯罪的从重从轻处罚、共同犯罪、罪数等问题；（4）安全生产领域相关贪污贿赂犯罪、渎职犯罪的定罪处罚；（5）对危害生产安全犯罪分子适用禁止令和职业禁止的规定。

从刑法规定看，危害生产安全犯罪是指在社会生产经营活动领域发生的责任事故类刑事犯罪，包括刑法第一百三十一条重大飞行事故罪、第一百三十二条铁路运营安全事故罪、第一百三十四条重大责任事故罪和强令违章冒险作业罪、第一百三十五条重大劳动安全事故罪、第一百三十六条危险物品肇事罪、第一百三十七条工程重大安全事故罪、第一百三十九条消防责任事故罪和第一百三十九条之一不报、谎报安全事故罪等 9 个罪名。需要注意的是，刑法规定的危害生产安全犯罪的范围与《解释》涉及的罪名并不完全一致。《解释》没有规定重大飞行事故罪，增加规定了刑法第一百三十五条之一大型群众性活动重大安全事故罪和第一百三十八条教育设施重大安全事故罪。主要考虑：一是实践中重大飞行事故案件极少，且飞行事故涉及的专业技术问题较为复杂，现阶段通过司法解释规制的可行性不高，今后办案确有法律适用问题的，可通过个案答复方式解决；二是刑法第一百三十五条之一大型群众性活动重大安全事故罪和第一百三十八条教育设施重大安全事故罪虽不发生在生产经营领域，不属于危害生产安全犯罪，但与危害生产安全犯罪同属责任事故类犯罪，犯罪行为方式、法定刑及把握的刑事政策等均类似，《追诉标准（一）》也对其立案追诉标准作出规定，故在《解释》中一并明确。

（一）重大责任事故罪，强令违章冒险作业罪，重大劳动安全事故罪，不报、谎报安全事故罪等四个危害生产安全犯罪的主体认定

《解释》第一条至第四条对刑法第一百三十四条第一款重大安全事故罪、第一百三十四条第二款强令违章冒险作业罪、第一百三十五条重大劳动安全事故罪、第一百三十九条之一不报、谎报安全事故罪的犯罪主体作出规定，主要借鉴了《矿山司法解释》第一条至第三条犯罪主体的规定。《矿山司法解释》第一条至第三条根据实践需要，将相关生产经营单位的幕后投资人、实际控制人等均纳入犯罪主体范围，对于严密刑事法网、有效预防安全事故的发生具有重要意义。考虑到刑法第一百三十四条、第一百三十五条、第一百三十九条之一规定的犯罪并不仅限于矿山安全生产犯罪，《解释》第一条至第四条将犯罪主体由原来的矿山生产领域扩大到所有生产经营领域，分别规定。（1）刑法第一百三十四条第一款规定的犯罪主体，包括对生产、作业负有组织、指挥或者管理职责的负责人、管理人员、实际控制人、投资人等人员，以及直接从事生产、作业的人员。（2）刑法第一百三十四条第二款规定的犯罪主体，包括对生产、作业负有组织、指挥或者管理职责的负责人、管理人员、实际控制人、投资人等人员。（3）刑法第一百三十五条规定的"直接负责的主管人员和其他直接责任人员"，是指对安全生产设施或者安全生产条件不符合国家规定负有直接责任的生产经营单位负责人、管理人员、实际控制人、投资人，以及其他对安全生产设施或者安全生产条件负有管理、维护职责的人员。（4）刑法第一百三十九条之一规定的"负有报告职责的人员"，是指负有组织、指挥或者管理职责的负责人、管理人员、实际控制人、投资人，以及其他负有报告职责的人员。

（二）强令他人违章冒险作业罪的适用条件

《解释》第五条明确了强令违章冒险作业罪中的"强令他人违章冒险作业"的具体情形。《刑法修正案（六）》增设强令违章冒险作业罪，法定最高

刑为有期徒刑十五年。但司法实践中，各级司法机关对本罪名的适用率偏低，重要原因在于对"强令"一词理解不当，有些司法办案人员将某些强令违章冒险作业行为认定为重大责任事故罪。因此，有必要对如何理解"强令违章冒险作业"作出专门规定。

《解释》第五条共列有四项情形。第一项"利用组织、指挥、管理职权，强制他人违章作业的"，明确了利用管理者自身享有的组织、指挥、管理职权，强制他人违章作业的情形。实践中，管理者职权的强制性特征并不十分明显，但由于管理者与一线作业者之间存在领导与被领导、管理与被管理的权属关系，管理者作出的安排或者下达的指令带有必须服从的权威，客观上足以对一线作业者的心理意志产生强制效力。第二项"采取威逼、胁迫、恐吓等手段，强制他人违章作业的"，明确了采取威逼、胁迫、恐吓等强制性手段，强制他人违章作业的情形。实践中，管理者常采用罚款、降低工资待遇、解除劳动关系等威胁被管理者，威逼、胁迫、恐吓等强制性手段既是"强令"的常见手段方式，也是"强令"一词的核心含义。第三项"故意掩盖事故隐患，组织他人违章作业的"，明确了危险状态下故意隐瞒事故隐患，组织他人违章作业的情形。实践中，有的生产经营单位的管理人员明知存在事故隐患、继续作业存在危险的情况下，采用关闭、破坏相关安全监控和报警设备等方式，故意掩盖工作环境中存在事故隐患的事实，使一线作业者放松心理戒备，进行违章作业。如 2009 年河南平顶山新华区四矿"9·8"特大瓦斯爆炸事故，该矿生产矿山助理袁某等人明知矿山井下瓦斯超标、生产作业存在重大隐患，为达到继续开展生产的目的，故意指使瓦斯检查员将瓦斯探头电源拔脱，或者将瓦斯探头置于风筒新鲜风流中，并伪造虚假的瓦斯报表数据，造成井下瓦斯浓度合格的假象。在组织工人矿井作业过程中，造成瓦斯爆炸事故，导致重大人员伤亡，社会危害性极大。经研究认为，这种情况下，一线作业者开展作业看似未受胁迫，但其如果了解事实真相，一般不会违章冒险作业。管理者故意掩盖事故隐患，直接影响一线作业者的判断与选择。管理者故意掩盖事故隐患行为与采取强制手段或者利用自身职权要求他人违章冒险作业的行为没有根本性区别，同样应当认定为"强令他人违章作业"。第四项"其他强令他人违章作业的行为"是兜底条款，目的是严密刑事法网。

需要注意的是，本条各项情形中虽然没有"冒险作业"的表述，但并不意味着各项情形不是冒险作业。在《解释》研究起草过程中，有意见认为，在安全生产中强令他人违章作业本身就应视为冒险行为。有专家学者也提出，从根本上讲，所有安全生产管理制度均具有防范安全风险和安全事故发生的基本属性，行为人违反安全管理规章制度的行为即是冒险行为。刑法罪状中之所以出现"冒险"一词，是为了强调违章行为通常所造成或引发的状态。据此，本条将"冒险"解释为一种危险状态，在句首规定为"明知存在事故隐患、继续作业存在危险"。

（三）刑法第一百三十二条、第一百三十四条至第一百三十九条等九个犯罪的入罪标准

《解释》第六条共有四款，明确了刑法第一百三十二条、第一百三十四条至第一百三十九条规定的铁路运营安全事故罪、重大责任事故罪、强令违章冒险作业罪、重大劳动安全事故罪、大型群众性活动重大安全事故罪、危险物品肇事罪、工程重大安全事故罪、教育设施重大安全事故罪、消防责任事故罪等9个犯罪的入罪标准。

第一款规定了刑法第一百三十二条铁路运营安全事故罪、第一百三十四条第一款重大责任事故罪、第一百三十五条重大劳动安全事故罪、第一百三十五条之一大型群众性活动重大安全事故罪、第一百三十六条危险物品肇事罪、第一百三十九条消防责任事故罪的入罪标准。经研究认为，上述6个犯罪的主体是相关责任人员，刑法没有对"直接负责的主管人员和其他直接责任人员"或"直接责任人员"等作出特别规定；入罪均要求"造成严重后果"或者"发生重大伤亡事故或者造成其他严重后果"，社会危害性程度相当；第一档法定刑均为三年以下有期徒刑或者拘役。为避免《解释》条文重复烦琐，本条用第一款对上述犯罪的入罪标准加以规定，共列有三项。第一项"造成死亡一人以上或者重伤三人以上"，主要从造成人员伤亡的程度方面明确，与《追诉标准（一）》规定一致。第二项"造成直接经济损失一百万元以上"主要从造成经济损失的方面明确，与《矿山司法解释》规定一致。第三项"其他造成严重后果或者重大安全事故的情形"是兜底条款。

第二款规定了刑法第一百三十四条第二款强令违章冒险作业罪的入罪标准。强令他人违章冒险作业，因而发生安全事故，造成死亡一人以上，或者重伤三人以上的；或者造成直接经济损失一百万元以上的；或者具有其他造成严重后果或者重大安全事故的情形的，应当认定为"发生重大伤亡事故或者造成其他严重后果"，对相关责任人员，处五年以下有期徒刑或者拘役。

第三款规定了刑法第一百三十七条工程重大安全事故罪的入罪标准。建设单位、设计单位、施工单位、工程监理单位违反国家规定，降低工程质量标准，因而发生安全事故，造成死亡一人以上，或者重伤三人以上的；或者造成直接经济损失一百万元以上的；或者具有其他造成严重后果或者重大安全事故的情形的，应当认定为"造成重大安全事故"，对直接责任人员，处五年以下有期徒刑或者拘役，并处罚金。

第四款规定了刑法第一百三十八条教育设施重大安全事故罪的入罪标准。明知校舍或者教育教学设施有危险，而不采取措施或者不及时报告，因而发生安全事故，造成死亡一人以上，或者重伤三人以上的，应当认定为"发生重大伤亡事故"，对直接责任人员，处三年以下有期徒刑或者拘役。

《解释》单独用三款对上述三个罪名的入罪标准进行规定，主要是考虑这三个罪的犯罪主体、入罪条件和第一档法定刑各有差异，如教育设施重大安全事故罪，只对直接责任人员追究刑事责任，入罪条件是"发生重大伤亡事故"，如将其放在第一款规定，入罪标准中的"造成直接经济损失一百万元以上"显然无法适用。

（四）刑法第一百三十二条、第一百三十四条至第一百三十九条等9个犯罪的法定刑升格标准

《解释》第七条规定了第六条规定的9个犯罪的法定刑升格标准，共分四款，与第六条各款对应。定罪量刑标准中的人员伤亡数、经济损失数额采用近年来司法解释的通常作法，分别按照入罪标准的3倍、5倍掌握。

第一款规定了刑法第一百三十二条铁路运营安全事故罪、第一百三十四条第一款重大责任事故罪、第一百三十五条重大劳动安全事故罪、第一百三十五条之一大型群众性活动重大安全事故罪、第一百三十六条危险物品肇事罪、第一百三十九条消防责任事故罪的法定刑升格标准，共列有三项。对于造成死亡三人以上或者重伤十人以上，负事故主要责任的，或者造成直接经济损失五百万元以上，负事故主要责任的，或者具有其他造成特别严重后果、情节特别恶劣或者后果特别严重情形的，对相关责任人员，处三年以上七年以下有期徒刑。

第二款规定了刑法第一百三十四条第二款强令违章冒险作业罪的法定刑升格标准。强令他人违章冒险作业，因而发生安全事故，造成死亡三人以上或者重伤十人以上，负事故主要责任的，或者造成直接经济损失五百万元以上，负事故主要责任的，或者具有其他造成特别严重后果、情节特别恶劣或者后果特别严重情形的，对相关责任人员，处五年以上有期徒刑。

第三款规定了刑法第一百三十七条工程重大安全事故罪的法定刑升格标准。建设单位、设计单位、施工单位、工程监理单位违反国家规定，降低工程质量标准，因而发生安全事故，造成死亡三人以上或者重伤十人以上，负事故主要责任的，或者造成直接经济损失五百万元以上，负事故主要责任的，或者具有其他造成特别严重后果、情节特别恶劣或者后果特别严重情形的，对直接责任人员，处五年以上十年以下有期徒刑，并处罚金。

第四款规定了刑法第一百三十八条教育设施重大安全事故罪的法定刑升格

标准。明知校舍或者教育教学设施有危险，而不采取措施或者不及时报告，因而发生安全事故，造成死亡三人以上或者重伤十人以上，负事故主要责任的，或者造成死亡一人以上或者重伤三人以上，同时造成直接经济损失五百万元以上并负事故主要责任的，或者同时造成恶劣社会影响的，对直接责任人员，处三年以上七年以下有期徒刑。

需要说明的是，我国刑法规定的责任事故类犯罪均为过失犯罪，但由于刑法不存在共同过失犯罪，对于责任事故类犯罪中的多个犯罪人，不能适用从犯、胁从犯减轻、免除处罚的规定。司法实践中，安全事故发生后，对事故负有责任的人员众多，其中既有直接责任人和主要责任人，也有间接责任人和次要责任人，如果均需对同一事故后果承担刑事责任，适用同一档法定刑，将导致量刑幅度无法拉开，刑事打击面过大，既不能体现宽严相济刑事政策，也不利于预防和减少安全事故的发生。经研究并反复征求中央有关单位意见，认为按照行为人对事故后果所负责任的轻重有所区别地承担刑事责任，是较为合适的。《解释》第七条第一款在第一、二项中采用了"事故后果＋责任大小"的方式，原则上事故后果达到一定程度，行为人对事故后果承担主要责任的，以第二档法定刑处罚；次要责任人以第一档法定刑处罚。对于少数案件中的部分次要责任人不处以第二档法定刑难以罪责刑相适应的，可以考虑适用第一款规定的兜底条款，以第二档法定刑处罚。

（五）不报、谎报安全事故罪的定罪量刑标准

《解释》第八条规定了刑法第一百三十九条之一不报、谎报安全事故罪的定罪量刑标准，分两款规定了"情节严重"、"情节特别严重"。

第一款明确了"情节严重"的具体情形，列有三项。第一项规定，在安全事故发生后，负有报告职责的人员不报或者谎报事故情况，贻误事故抢救，导致事故后果扩大，增加死亡一人以上，或者增加重伤三人以上，或者增加直接经济损失一百万元以上的，应当认定为"情节严重"。第二项规定，实施下列四种行为之一，致使不能及时有效开展事故抢救的，应当认定为"情节严重"：（1）决定不报、迟报、谎报事故情况或者指使、串通有关人员不报、迟报、谎报事故情况的；（2）在事故抢救期间擅离职守或者逃匿的；（3）伪造、破坏事故现场，或者转移、藏匿、毁灭遇难人员尸体，或者转移、藏匿受伤人员的；（4）毁灭、伪造、隐匿与事故有关的图纸、记录、计算机数据等资料以及其他证据的。第三项规定"其他情节严重的情形"，是兜底条款。

第二款明确了"情节特别严重"的具体情形，列有三项。一是导致事故后果扩大，增加死亡三人以上，或者增加重伤十人以上，或者增加直接经济损失五百万元以上的；二是采用暴力、胁迫、命令等方式阻止他人报告事故情

况，导致事故后果扩大的；三是其他情节特别严重的情形。

第八条各款规定的情形在《矿山司法解释》的基础上，作了两处修改：一是与"两高"《关于办理渎职刑事案件适用法律若干问题的解释（一）》（以下简称《渎职司法解释（一）》）的相关规定一致，在第一款第二项中增加"迟报"，修改为"决定不报、迟报、谎报事故情况或者指使、串通有关人员不报、迟报、谎报事故情况的"；二是将第二款第一项中的直接经济损失标准修改为五百万元，与《解释》第七条的规定保持一致。

（六）不报、谎报安全事故罪共犯的认定

《解释》第九条规定了不报、谎报安全事故罪的共同犯罪。《矿山司法解释》原规定，在矿山生产安全事故发生后，实施相关行为帮助负有报告职责的人员不报或者谎报事故情况，贻误事故抢救的，对组织者或者积极参加者，以不报、谎报安全事故罪的共犯论处。经研究认为，该规定有以下问题：一是将共犯行为局限认定为不报、谎报安全事故的帮助行为；二是仅对组织者和积极参加者以共犯论处，不当缩小了共犯的成立范围。《解释》第九条对《矿山司法解释》的相关规定进行了修改，删去了仅对帮助犯中的组织者和积极参加者认定为共犯的规定，明确在安全事故发生后，与负有报告职责的人员串通，不报或者谎报事故情况，贻误事故抢救，情节严重的，以不报、谎报安全事故罪共犯论处。

（七）安全生产领域中故意杀人罪和故意伤害罪的认定

《解释》第十条明确了安全生产领域中故意杀人罪和故意伤害罪的认定。实践中，安全事故发生后，相关责任人员故意阻挠实施抢救，导致人员死亡或者重伤，或者为了逃避法律追究，对受伤被害人进行隐藏、遗弃，导致其死亡或者重度残疾，其行为和伤亡后果之间存在因果关系，应认定为故意杀人罪或故意伤害罪。有意见认为，对事故被害人进行隐藏、遗弃，行为人的主观心态有可能是过于自信的过失，不宜一律认定为故意犯罪。经研究认为，一般情况下，对他人进行藏匿、遗弃，致使被害人死亡、严重残疾的，可能构成过失致人死亡罪或者过失致人重伤罪。为避免认识不一致，本条规定了"为了逃避法律追究"，突出行为人主观方面的故意。在事故发生后，对于行为人单纯不报、谎报事故情况，无故意阻挠解救受困人员的积极行为的，应当认定为不报、谎报安全事故罪；对于采取积极行为阻挠事故抢救，或者在被害人尚未死亡的情况下故意对其进行藏匿、遗弃，致使被害人死亡、严重残疾的，应当认定为故意杀人罪或者故意伤害罪。

（八）安全生产领域中生产、销售不符合安全标准的产品罪的认定

《解释》第十一条明确，生产不符合保障人身、财产安全的国家标准、行

业标准的安全设备，或者明知安全设备不符合保障人身、财产安全的国家标准、行业标准而进行销售，致使发生安全事故，造成严重后果的，依照刑法第一百四十六条的规定，以生产、销售不符合安全标准的产品罪定罪处罚。安全设备是《安全生产法》中的一个概念，外延涵盖刑法第一百三十五条规定的安全生产设施，以及属于安全生产条件范畴的劳动防护用品。根据刑法第一百三十五条的规定，故意使用不合格安全生产设施或不配备合格安全生产条件，因而发生重大伤亡事故或者造成其他严重后果的，依法以重大劳动安全事故罪定罪处罚。对于有的单位生产不合格安全生产设施或安全防护用品，有的单位或个人明知产品不合格而故意进行销售，导致上述产品流入生产经营单位，造成重大安全事故的，应区别于重大劳动安全事故罪，以生产、销售不符合安全标准的产品罪定罪处罚。

（九）危害生产安全犯罪从重处罚的情形

《解释》第十二条主要明确了危害生产安全犯罪从重处罚的情形，共分两款。第一款主要参考了2011年12月最高人民法院《关于进一步加强危害生产安全刑事案件审判工作的意见》第十条、第十四条、第十五条的内容，列举了七项需从重处罚的具体情形，分别是：（1）未依法取得安全许可证件或者安全许可证件过期、被暂扣、吊销、注销后从事生产经营活动的；（2）关闭、破坏必要的安全监控和报警设备的；（3）已经发现事故隐患，经有关部门或者个人提出后，仍不采取措施的；（4）一年内曾因危害生产安全违法犯罪活动受过行政处罚或者刑事处罚的；（5）采取弄虚作假、行贿等手段，故意逃避、阻挠负有安全监督管理职责的部门实施监督检查的；（6）安全事故发生后转移财产意图逃避承担责任的；（7）其他从重处罚的情形。需要说明的是，考虑到2014年修订的安全生产法的立法精神，将我国的安全生产监管工作总体上从重视结果控制转变为重视过程控制为主，第一款第一项突出了对安全许可证件的管控，进一步加大了对无证经营等非法、违法行为的处罚。

本条第二款是提示性规定，对于采取弄虚作假、行贿等手段，故意逃避、阻挠负有安全监督管理职责的部门实施监督检查，同时构成刑法第三百八十九条行贿犯罪的，应该以危害生产安全相关犯罪与行贿罪数罪并罚。

（十）危害生产安全犯罪从轻处罚的情形

《解释》第十三条规定了危害生产安全犯罪从轻处罚的情形，以贯彻宽严相济刑事政策。对于在安全事故发生后积极组织、参与事故抢救，或者积极配合调查、主动赔偿损失的相关人员，可以酌情从轻处罚。

（十一）安全生产领域相关贪污贿赂犯罪的定罪处罚

《解释》第十四条明确，国家工作人员违反规定投资入股生产经营，构成危害生产安全相关犯罪的，或者国家工作人员的贪污、受贿犯罪行为与安全事故发生存在关联性的，依法从重处罚；同时构成贪污、受贿犯罪和危害生产安全相关犯罪的，依照数罪并罚的规定处罚。

实践中，国家工作人员违规投资入股生产经营企业，兼具生产经营者和安全监管者的双重身份，既当运动员又当裁判员，难以及时有效开展监管工作；国家工作人员利用职务之便贪污公款，导致相关企业安全生产投入不足；或者在履行监管职责过程中收受贿赂，导致发生安全事故的情形时有发生，社会危害性十分严重，均应从严惩处。犯危害生产安全犯罪，又构成贪污、受贿犯罪的，应数罪并罚。

（十二）安全生产领域相关渎职犯罪的定罪处罚

《解释》第十五条对安全生产领域的相关渎职犯罪作出规定。征求意见过程中，有部门提出，实践中一些国家工作人员徇私舞弊、不作为、胡作为或乱作为，致使一些危害生产安全犯罪刑事案件应当移交而不移交司法机关处理，有的以行政处罚代替刑事处罚，有的仅做了党政纪处理，在一定程度上放纵了安全生产领域的违法犯罪行为，也是各类生产安全事故高发、频发的重要原因。为此，本条第一款明确，国家机关工作人员在履行安全监督管理职责时滥用职权、玩忽职守，致使公共财产、国家和人民利益遭受重大损失的，或者徇私舞弊，对发现的刑事案件依法应当移交司法机关追究刑事责任而不移交，情节严重的，分别依照刑法第三百九十七条、第四百零二条的规定，以滥用职权罪、玩忽职守罪或者徇私舞弊不移交刑事案件罪定罪处罚。

实践中，一些企业设有安全生产监督管理机构，如企业内部的安全生产监督管理部，负责企业的日常安全生产监督管理工作。但由于司法机关对企业负责安全生产监督管理工作的机构的工作人员是否构成渎职罪主体认识不一致，导致很多案件无法处理，影响了查办安全生产领域渎职犯罪的法律效果和社会效果。为此，本条第二款根据刑法第三百九十七条、第四百零二条和《渎职司法解释（一）》第七条的规定，重申了相关渎职犯罪法律适用问题。对于公司、企业、事业单位的工作人员在依法或者受委托行使安全监督管理职责时滥用职权或者玩忽职守，构成犯罪的，应当依照《全国人民代表大会常务委员会关于〈中华人民共和国刑法〉第九章渎职罪主体适用问题的解释》的规定，适用渎职罪的规定追究刑事责任。

（十三）对危害生产安全犯罪分子禁止令和职业禁止措施的适用

《解释》第十六条明确，对于实施危害生产安全犯罪适用缓刑的犯罪分子，可以根据犯罪情况，禁止其在缓刑考验期限内从事与安全生产相关联的特定活动；对于被判处刑罚的犯罪分子，可以根据犯罪情况和预防再犯罪的需要，禁止其自刑罚执行完毕之日或者假释之日起三年至五年内从事与安全生产相关的职业。

《刑法修正案（八）》增加规定了缓刑考验期限内禁止令的适用，《刑法修正案（九）》增加规定了刑罚执行完毕后职业禁止措施的适用。为充分发挥刑法禁止令和职业禁止措施的积极作用，本条对危害生产安全犯罪分子如何适用禁止令和职业禁止措施作出规定，主要考虑危害生产安全犯罪系专业业务领域中发生的特殊主体犯罪，犯罪分子一般利用自己的特殊身份实施犯罪活动，为预防再犯，有必要根据案件的具体情况，充分适用禁止令和职业禁止的规定，以起到特殊预防的效果。

（十四）《解释》的效力

《解释》自 2015 年 12 月 16 日起施行。施行后，《最高人民法院、最高人民检察院关于办理危害矿山生产安全刑事案件具体应用法律若干问题的解释》（法释〔2007〕5 号）同时废止。对于最高人民法院、最高人民检察院此前发布的《渎职司法解释（一）》、《追诉标准（一）》等相关内容与本解释不一致的，应适用《解释》的规定。

最高人民法院、最高人民检察院关于办理妨害文物管理等刑事案件适用法律若干问题的解释

（2015 年 10 月 12 日最高人民法院审判委员会第 1663 次会议、2015 年 11 月 18 日最高人民检察院第十二届检察委员会第四十三次会议通过　2015 年 12 月 30 日公布　2016 年 1 月 1 日施行　法释〔2015〕23 号）

为依法惩治文物犯罪，保护文物，根据《中华人民共和国刑法》《中华人民共和国刑事诉讼法》《中华人民共和国文物保护法》的有关规定，现就办理此类刑事案件适用法律的若干问题解释如下：

第一条　刑法第一百五十一条规定的"国家禁止出口的文物"，依照《中华人民共和国文物保护法》规定的"国家禁止出境的文物"的范围认定。

走私国家禁止出口的二级文物的，应当依照刑法第一百五十一条第二款的规定，以走私文物罪处五年以上十年以下有期徒刑，并处罚金；走私国家禁止出口的一级文物的，应当认定为刑法第一百五十一条第二款规定的"情节特别严重"；走私国家禁止出口的三级文物的，应当认定为刑法第一百五十一条第二款规定的"情节较轻"。

走私国家禁止出口的文物，无法确定文物等级，或者按照文物等级定罪量刑明显过轻或者过重的，可以按照走私的文物价值定罪量刑。走私的文物价值在二十万元以上不满一百万元的，应当依照刑法第一百五十一条第二款的规定，以走私文物罪处五年以上十年以下有期徒刑，并处罚金；文物价值在一百万元以上的，应当认定为刑法第一百五十一条第二款规定的"情节特别严重"；文物价值在五万元以上不满二十万元的，应当认定为刑法第一百五十一条第二款规定的"情节较轻"。

第二条　盗窃一般文物、三级文物、二级以上文物的，应当分别认定为刑法第二百六十四条规定的"数额较大""数额巨大""数额特别巨大"。

盗窃文物，无法确定文物等级，或者按照文物等级定罪量刑明显过轻或者过重的，按照盗窃的文物价值定罪量刑。

第三条　全国重点文物保护单位、省级文物保护单位的本体，应当认定为刑法第三百二十四条第一款规定的"被确定为全国重点文物保护单位、省级

文物保护单位的文物"。

故意损毁国家保护的珍贵文物或者被确定为全国重点文物保护单位、省级文物保护单位的文物，具有下列情形之一的，应当认定为刑法第三百二十四条第一款规定的"情节严重"：

（一）造成五件以上三级文物损毁的；

（二）造成二级以上文物损毁的；

（三）致使全国重点文物保护单位、省级文物保护单位的本体严重损毁或者灭失的；

（四）多次损毁或者损毁多处全国重点文物保护单位、省级文物保护单位的本体的；

（五）其他情节严重的情形。

实施前款规定的行为，拒不执行国家行政主管部门作出的停止侵害文物的行政决定或者命令的，酌情从重处罚。

第四条　风景名胜区的核心景区以及未被确定为全国重点文物保护单位、省级文物保护单位的古文化遗址、古墓葬、古建筑、石窟寺、石刻、壁画、近代现代重要史迹和代表性建筑等不可移动文物的本体，应当认定为刑法第三百二十四条第二款规定的"国家保护的名胜古迹"。

故意损毁国家保护的名胜古迹，具有下列情形之一的，应当认定为刑法第三百二十四条第二款规定的"情节严重"：

（一）致使名胜古迹严重损毁或者灭失的；

（二）多次损毁或者损毁多处名胜古迹的；

（三）其他情节严重的情形。

实施前款规定的行为，拒不执行国家行政主管部门作出的停止侵害文物的行政决定或者命令的，酌情从重处罚。

故意损毁风景名胜区内被确定为全国重点文物保护单位、省级文物保护单位的文物的，依照刑法第三百二十四条第一款和本解释第三条的规定定罪量刑。

第五条　过失损毁国家保护的珍贵文物或者被确定为全国重点文物保护单位、省级文物保护单位的文物，具有本解释第三条第二款第一项至第三项规定情形之一的，应当认定为刑法第三百二十四条第三款规定的"造成严重后果"。

第六条　出售或者为出售而收购、运输、储存《中华人民共和国文物保护法》规定的"国家禁止买卖的文物"的，应当认定为刑法第三百二十六条规定的"倒卖国家禁止经营的文物"。

倒卖国家禁止经营的文物，具有下列情形之一的，应当认定为刑法第三百二十六条规定的"情节严重"：

（一）倒卖三级文物的；

（二）交易数额在五万元以上的；

（三）其他情节严重的情形。

实施前款规定的行为，具有下列情形之一的，应当认定为刑法第三百二十六条规定的"情节特别严重"：

（一）倒卖二级以上文物的；

（二）倒卖三级文物五件以上的；

（三）交易数额在二十五万元以上的；

（四）其他情节特别严重的情形。

第七条　国有博物馆、图书馆以及其他国有单位，违反文物保护法规，将收藏或者管理的国家保护的文物藏品出售或者私自送给非国有单位或者个人的，依照刑法第三百二十七条的规定，以非法出售、私赠文物藏品罪追究刑事责任。

第八条　刑法第三百二十八条第一款规定的"古文化遗址、古墓葬"包括水下古文化遗址、古墓葬。"古文化遗址、古墓葬"不以公布为不可移动文物的古文化遗址、古墓葬为限。

实施盗掘行为，已损害古文化遗址、古墓葬的历史、艺术、科学价值的，应当认定为盗掘古文化遗址、古墓葬罪既遂。

采用破坏性手段盗窃古文化遗址、古墓葬以外的古建筑、石窟寺、石刻、壁画、近代现代重要史迹和代表性建筑等其他不可移动文物的，依照刑法第二百六十四条的规定，以盗窃罪追究刑事责任。

第九条　明知是盗窃文物、盗掘古文化遗址、古墓葬等犯罪所获取的三级以上文物，而予以窝藏、转移、收购、加工、代为销售或者以其他方法掩饰、隐瞒的，依照刑法第三百一十二条的规定，以掩饰、隐瞒犯罪所得罪追究刑事责任。

实施前款规定的行为，事先通谋的，以共同犯罪论处。

第十条　国家机关工作人员严重不负责任，造成珍贵文物损毁或者流失，具有下列情形之一的，应当认定为刑法第四百一十九条规定的"后果严重"：

（一）导致二级以上文物或者五件以上三级文物损毁或者流失的；

（二）导致全国重点文物保护单位、省级文物保护单位的本体严重损毁或者灭失的；

（三）其他后果严重的情形。

第十一条　单位实施走私文物、倒卖文物等行为，构成犯罪的，依照本解释规定的相应自然人犯罪的定罪量刑标准，对直接负责的主管人员和其他直接责任人员定罪处罚，并对单位判处罚金。

公司、企业、事业单位、机关、团体等单位实施盗窃文物，故意损毁文物、名胜古迹，过失损毁文物，盗掘古文化遗址、古墓葬等行为的，依照本解释规定的相应定罪量刑标准，追究组织者、策划者、实施者的刑事责任。

第十二条　针对不可移动文物整体实施走私、盗窃、倒卖等行为的，根据所属不可移动文物的等级，依照本解释第一条、第二条、第六条的规定定罪量刑：

（一）尚未被确定为文物保护单位的不可移动文物，适用一般文物的定罪量刑标准；

（二）市、县级文物保护单位，适用三级文物的定罪量刑标准；

（三）全国重点文物保护单位、省级文物保护单位，适用二级以上文物的定罪量刑标准。

针对不可移动文物中的建筑构件、壁画、雕塑、石刻等实施走私、盗窃、倒卖等行为的，根据建筑构件、壁画、雕塑、石刻等文物本身的等级或者价值，依照本解释第一条、第二条、第六条的规定定罪量刑。建筑构件、壁画、雕塑、石刻等所属不可移动文物的等级，应当作为量刑情节予以考虑。

第十三条　案件涉及不同等级的文物的，按照高级别文物的量刑幅度量刑；有多件同级文物的，五件同级文物视为一件高一级文物，但是价值明显不相当的除外。

第十四条　依照文物价值定罪量刑的，根据涉案文物的有效价格证明认定文物价值；无有效价格证明，或者根据价格证明认定明显不合理的，根据销赃数额认定，或者结合本解释第十五条规定的鉴定意见、报告认定。

第十五条　在行为人实施有关行为前，文物行政部门已对涉案文物及其等级作出认定的，可以直接对有关案件事实作出认定。

对案件涉及的有关文物鉴定、价值认定等专门性问题难以确定的，由司法鉴定机构出具鉴定意见，或者由国务院文物行政部门指定的机构出具报告。其中，对于文物价值，也可以由有关价格认证机构作出价格认证并出具报告。

第十六条　实施本解释第一条、第二条、第六条至第九条规定的行为，虽已达到应当追究刑事责任的标准，但行为人系初犯，积极退回或者协助追回文物，未造成文物损毁，并确有悔罪表现的，可以认定为犯罪情节轻微，不起诉或者免予刑事处罚。

实施本解释第三条至第五条规定的行为，虽已达到应当追究刑事责任的标准，但行为人系初犯，积极赔偿损失，并确有悔罪表现的，可以认定为犯罪情节轻微，不起诉或者免予刑事处罚。

第十七条　走私、盗窃、损毁、倒卖、盗掘或者非法转让具有科学价值的古脊椎动物化石、古人类化石的，依照刑法和本解释的有关规定定罪量刑。

第十八条　本解释自 2016 年 1 月 1 日起施行。本解释公布施行后，《最高人民法院、最高人民检察院关于办理盗窃、盗掘、非法经营和走私文物的案件具体应用法律的若干问题的解释》〔法（研）发〔1987〕32 号〕同时废止；之前发布的司法解释与本解释不一致的，以本解释为准。

最高人民法院、最高人民检察院
关于办理刑事赔偿案件适用法律若干问题的解释

（2015 年 12 月 14 日最高人民法院审判委员会第 1671 次会议、2015 年 12 月 21 日最高人民检察院第十二届检察委员会第四十六次会议通过　2015 年 12 月 28 日公布　2016 年 1 月 1 日施行　法释〔2015〕24 号）

根据国家赔偿法以及有关法律的规定，结合刑事赔偿工作实际，对办理刑事赔偿案件适用法律的若干问题解释如下：

第一条　赔偿请求人因行使侦查、检察、审判职权的机关以及看守所、监狱管理机关及其工作人员行使职权的行为侵犯其人身权、财产权而申请国家赔偿，具备国家赔偿法第十七条、第十八条规定情形的，属于本解释规定的刑事赔偿范围。

第二条　解除、撤销拘留或者逮捕措施后虽尚未撤销案件、作出不起诉决定或者判决宣告无罪，但是符合下列情形之一的，属于国家赔偿法第十七条第一项、第二项规定的终止追究刑事责任：

（一）办案机关决定对犯罪嫌疑人终止侦查的；

（二）解除、撤销取保候审、监视居住、拘留、逮捕措施后，办案机关超过一年未移送起诉、作出不起诉决定或者撤销案件的；

（三）取保候审、监视居住法定期限届满后，办案机关超过一年未移送起诉、作出不起诉决定或者撤销案件的；

（四）人民检察院撤回起诉超过三十日未作出不起诉决定的；

（五）人民法院决定按撤诉处理后超过三十日，人民检察院未作出不起诉决定的；

（六）人民法院准许刑事自诉案件自诉人撤诉的，或者人民法院决定对刑事自诉案件按撤诉处理的。

赔偿义务机关有证据证明尚未终止追究刑事责任，且经人民法院赔偿委员会审查属实的，应当决定驳回赔偿请求人的赔偿申请。

第三条　对财产采取查封、扣押、冻结、追缴等措施后，有下列情形之一，且办案机关未依法解除查封、扣押、冻结等措施或者返还财产的，属于国家赔偿法第十八条规定的侵犯财产权：

（一）赔偿请求人有证据证明财产与尚未终结的刑事案件无关，经审查属实的；

（二）终止侦查、撤销案件、不起诉、判决宣告无罪终止追究刑事责任的；

（三）采取取保候审、监视居住、拘留或者逮捕措施，在解除、撤销强制措施或者强制措施法定期限届满后超过一年未移送起诉、作出不起诉决定或者撤销案件的；

（四）未采取取保候审、监视居住、拘留或者逮捕措施，立案后超过两年未移送起诉、作出不起诉决定或者撤销案件的；

（五）人民检察院撤回起诉超过三十日未作出不起诉决定的；

（六）人民法院决定按撤诉处理后超过三十日，人民检察院未作出不起诉决定的；

（七）对生效裁决没有处理的财产或者对该财产违法进行其他处理的。

有前款第三项至第六项规定情形之一，赔偿义务机关有证据证明尚未终止追究刑事责任，且经人民法院赔偿委员会审查属实的，应当决定驳回赔偿请求人的赔偿申请。

第四条　赔偿义务机关作出赔偿决定，应当依法告知赔偿请求人有权在三十日内向赔偿义务机关的上一级机关申请复议。赔偿义务机关未依法告知，赔偿请求人收到赔偿决定之日起两年内提出复议申请的，复议机关应当受理。

人民法院赔偿委员会处理赔偿申请，适用前款规定。

第五条　对公民采取刑事拘留措施后终止追究刑事责任，具有下列情形之一的，属于国家赔偿法第十七条第一项规定的违法刑事拘留：

（一）违反刑事诉讼法规定的条件采取拘留措施的；

（二）违反刑事诉讼法规定的程序采取拘留措施的；

（三）依照刑事诉讼法规定的条件和程序对公民采取拘留措施，但是拘留时间超过刑事诉讼法规定的时限。

违法刑事拘留的人身自由赔偿金自拘留之日起计算。

第六条　数罪并罚的案件经再审改判部分罪名不成立，监禁期限超出再审判决确定的刑期，公民对超期监禁申请国家赔偿的，应当决定予以赔偿。

第七条　根据国家赔偿法第十九条第二项、第三项的规定，依照刑法第十七条、第十八条规定不负刑事责任的人和依照刑事诉讼法第十五条、第一百七十三条第二款规定不追究刑事责任的人被羁押，国家不承担赔偿责任。但是，对起诉后经人民法院错判拘役、有期徒刑、无期徒刑并已执行的，人民法院应当对该判决确定后继续监禁期间侵犯公民人身自由权的情形予以赔偿。

第八条　赔偿义务机关主张依据国家赔偿法第十九条第一项、第五项规定的情形免除赔偿责任的，应当就该免责事由的成立承担举证责任。

第九条　受害的公民死亡，其继承人和其他有扶养关系的亲属有权申请国家赔偿。

依法享有继承权的同一顺序继承人有数人时，其中一人或者部分人作为赔偿请求人申请国家赔偿的，申请效力及于全体。

赔偿请求人为数人时，其中一人或者部分赔偿请求人非经全体同意，申请撤回或者放弃赔偿请求，效力不及于未明确表示撤回申请或者放弃赔偿请求的其他赔偿请求人。

第十条　看守所及其工作人员在行使职权时侵犯公民合法权益造成损害的，看守所的主管机关为赔偿义务机关。

第十一条　对公民采取拘留措施后又采取逮捕措施，国家承担赔偿责任的，作出逮捕决定的机关为赔偿义务机关。

第十二条　一审判决有罪，二审发回重审后具有下列情形之一的，属于国家赔偿法第二十一条第四款规定的重审无罪赔偿，作出一审有罪判决的人民法院为赔偿义务机关：

（一）原审人民法院改判无罪并已发生法律效力的；

（二）重审期间人民检察院作出不起诉决定的；

（三）人民检察院在重审期间撤回起诉超过三十日或者人民法院决定按撤诉处理超过三十日未作出不起诉决定的。

依照审判监督程序再审后作无罪处理的，作出原生效判决的人民法院为赔偿义务机关。

第十三条　医疗费赔偿根据医疗机构出具的医药费、治疗费、住院费等收款凭证，结合病历和诊断证明等相关证据确定。赔偿义务机关对治疗的必要性和合理性提出异议的，应当承担举证责任。

第十四条　护理费赔偿参照当地护工从事同等级别护理的劳务报酬标准计算，原则上按照一名护理人员的标准计算护理费；但医疗机构或者司法鉴定人有明确意见的，可以参照确定护理人数并赔偿相应的护理费。

护理期限应当计算至公民恢复生活自理能力时止。公民因残疾不能恢复生活自理能力的，可以根据其年龄、健康状况等因素确定合理的护理期限，一般不超过二十年。

第十五条　残疾生活辅助器具费赔偿按照普通适用器具的合理费用标准计算。伤情有特殊需要的，可以参照辅助器具配制机构的意见确定。

辅助器具的更换周期和赔偿期限参照配制机构的意见确定。

第十六条　误工减少收入的赔偿根据受害公民的误工时间和国家上年度职工日平均工资确定，最高为国家上年度职工年平均工资的五倍。

误工时间根据公民接受治疗的医疗机构出具的证明确定。公民因伤致残持续误工的，误工时间可以计算至作为赔偿依据的伤残等级鉴定确定前一日。

第十七条　造成公民身体伤残的赔偿，应当根据司法鉴定人的伤残等级鉴定确定公民丧失劳动能力的程度，并参照以下标准确定残疾赔偿金：

（一）按照国家规定的伤残等级确定公民为一级至四级伤残的，视为全部丧失劳动能力，残疾赔偿金幅度为国家上年度职工年平均工资的十倍至二十倍；

（二）按照国家规定的伤残等级确定公民为五级至十级伤残的，视为部分丧失劳动能力。五至六级的，残疾赔偿金幅度为国家上年度职工年平均工资的五倍至十倍；七至十级的，残疾赔偿金幅度为国家上年度职工年平均工资的五倍以下。

有扶养义务的公民部分丧失劳动能力的，残疾赔偿金可以根据伤残等级并参考被扶养人生活来源丧失的情况进行确定，最高不超过国家上年度职工年平均工资的二十倍。

第十八条　受害的公民全部丧失劳动能力的，对其扶养的无劳动能力人的生活费发放标准，参照作出赔偿决定时被扶养人住所地所属省级人民政府确定的最低生活保障标准执行。

能够确定扶养年限的，生活费可协商确定并一次性支付。不能确定扶养年限的，可按照二十年上限确定扶养年限并一次性支付生活费，被扶养人超过六十周岁的，年龄每增加一岁，扶养年限减少一年；被扶养人年龄超过确定扶养年限的，被扶养人可逐年领取生活费至死亡时止。

第十九条　侵犯公民、法人和其他组织的财产权造成损害的，应当依照国家赔偿法第三十六条的规定承担赔偿责任。

财产不能恢复原状或者灭失的，财产损失按照损失发生时的市场价格或者其他合理方式计算。

第二十条　返还执行的罚款或者罚金、追缴或者没收的金钱，解除冻结的汇款的，应当支付银行同期存款利息，利率参照赔偿义务机关作出赔偿决定时中国人民银行公布的人民币整存整取定期存款一年期基准利率确定，不计算复利。

复议机关或者人民法院赔偿委员会改变原赔偿决定，利率参照新作出决定时中国人民银行公布的人民币整存整取定期存款一年期基准利率确定。

计息期间自侵权行为发生时起算，至作出生效赔偿决定时止；但在生效赔偿决定作出前侵权行为停止的，计算至侵权行为停止时止。

被罚没、追缴的资金属于赔偿请求人在金融机构合法存款的，在存款合同存续期间，按照合同约定的利率计算利息。

第二十一条　国家赔偿法第三十三条、第三十四条规定的上年度，是指赔偿义务机关作出赔偿决定时的上一年度；复议机关或者人民法院赔偿委员会改变原赔偿决定，按照新作出决定时的上一年度国家职工平均工资标准计算人身自由赔偿金。

作出赔偿决定、复议决定时国家上一年度职工平均工资尚未公布的，以已经公布的最近年度职工平均工资为准。

第二十二条　下列赔偿决定、复议决定是发生法律效力的决定：

（一）超过国家赔偿法第二十四条规定的期限没有申请复议或者向上一级人民法院赔偿委员会申请国家赔偿的赔偿义务机关的决定；

（二）超过国家赔偿法第二十五条规定的期限没有向人民法院赔偿委员会申请国家赔偿的复议决定；

（三）人民法院赔偿委员会作出的赔偿决定。

发生法律效力的赔偿义务机关的决定和复议决定，与发生法律效力的赔偿委员会的赔偿决定具有同等法律效力，依法必须执行。

第二十三条　本解释自 2016 年 1 月 1 日起施行。本解释施行前最高人民法院、最高人民检察院发布的司法解释与本解释不一致的，以本解释为准。

[主要司法解释性质文件]

最高人民法院、最高人民检察院、公安部、司法部
关于依法办理家庭暴力犯罪案件的意见

（2015 年 3 月 2 日印发并施行　法发〔2015〕4 号）

发生在家庭成员之间，以及具有监护、扶养、寄养、同居等关系的共同生活人员之间的家庭暴力犯罪，严重侵害公民人身权利，破坏家庭关系，影响社会和谐稳定。人民法院、人民检察院、公安机关、司法行政机关应当严格履行职责，充分运用法律，积极预防和有效惩治各种家庭暴力犯罪，切实保障人权，维护社会秩序。为此，根据刑法、刑事诉讼法、婚姻法、未成年人保护法、老年人权益保障法、妇女权益保障法等法律，结合司法实践经验，制定本意见。

一、基本原则

1. 依法及时、有效干预。针对家庭暴力持续反复发生，不断恶化升级的特点，人民法院、人民检察院、公安机关、司法行政机关对已发现的家庭暴力，应当依法采取及时、有效的措施，进行妥善处理，不能以家庭暴力发生在家庭成员之间，或者属于家务事为由而置之不理，互相推诿。

2. 保护被害人安全和隐私。办理家庭暴力犯罪案件，应当首先保护被害人的安全。通过对被害人进行紧急救治、临时安置，以及对施暴人采取刑事强制措施、判处刑罚、宣告禁止令等措施，制止家庭暴力并防止再次发生，消除家庭暴力的现实侵害和潜在危险。对与案件有关的个人隐私，应当保密，但法律有特别规定的除外。

3. 尊重被害人意愿。办理家庭暴力犯罪案件，既要严格依法进行，也要尊重被害人的意愿。在立案、采取刑事强制措施、提起公诉、判处刑罚、减刑、假释时，应当充分听取被害人意见，在法律规定的范围内作出合情、合理的处理。对法律规定可以调解、和解的案件，应当在当事人双方自愿的基础上进行调解、和解。

4. 对未成年人、老年人、残疾人、孕妇、哺乳期妇女、重病患者特殊保护。办理家庭暴力犯罪案件，应当根据法律规定和案件情况，通过代为告诉、法律援助等措施，加大对未成年人、老年人、残疾人、孕妇、哺乳期妇女、重

病患者的司法保护力度，切实保障他们的合法权益。

二、案件受理

5. 积极报案、控告和举报。依照刑事诉讼法第一百零八条第一款"任何单位和个人发现有犯罪事实或者犯罪嫌疑人，有权利也有义务向公安机关、人民检察院或者人民法院报案或者举报"的规定，家庭暴力被害人及其亲属、朋友、邻居、同事，以及村（居）委会、人民调解委员会、妇联、共青团、残联、医院、学校、幼儿园等单位、组织，发现家庭暴力，有权利也有义务及时向公安机关、人民检察院、人民法院报案、控告或者举报。

公安机关、人民检察院、人民法院对于报案人、控告人和举报人不愿意公开自己的姓名和报案、控告、举报行为的，应当为其保守秘密，保护报案人、控告人和举报人的安全。

6. 迅速审查、立案和转处。公安机关、人民检察院、人民法院接到家庭暴力的报案、控告或者举报后，应当立即问明案件的初步情况，制作笔录，迅速进行审查，按照刑事诉讼法关于立案的规定，根据自己的管辖范围，决定是否立案。对于符合立案条件的，要及时立案。对于可能构成犯罪但不属于自己管辖的，应当移送主管机关处理，并且通知报案人、控告人或者举报人；对于不属于自己管辖而又必须采取紧急措施的，应当先采取紧急措施，然后移送主管机关。

经审查，对于家庭暴力行为尚未构成犯罪，但属于违反治安管理行为的，应当将案件移送公安机关，依照治安管理处罚法的规定进行处理，同时告知被害人可以向人民调解委员会提出申请，或者向人民法院提起民事诉讼，要求施暴人承担停止侵害、赔礼道歉、赔偿损失等民事责任。

7. 注意发现犯罪案件。公安机关在处理人身伤害、虐待、遗弃等行政案件过程中，人民法院在审理婚姻家庭、继承、侵权责任纠纷等民事案件过程中，应当注意发现可能涉及的家庭暴力犯罪。一旦发现家庭暴力犯罪线索，公安机关应当将案件转为刑事案件办理，人民法院应当将案件移送公安机关；属于自诉案件的，公安机关、人民法院应当告知被害人提起自诉。

8. 尊重被害人的程序选择权。对于被害人有证据证明的轻微家庭暴力犯罪案件，在立案审查时，应当尊重被害人选择公诉或者自诉的权利。被害人要求公安机关处理的，公安机关应当依法立案、侦查。在侦查过程中，被害人不再要求公安机关处理或者要求转为自诉案件的，应当告知被害人向公安机关提交书面申请。经审查确系被害人自愿提出的，公安机关应当依法撤销案件。被害人就这类案件向人民法院提起自诉的，人民法院应当依法受理。

9. 通过代为告诉充分保障被害人自诉权。对于家庭暴力犯罪自诉案件，被害人无法告诉或者不能亲自告诉的，其法定代理人、近亲属可以告诉或者代为告诉；被害人是无行为能力人、限制行为能力人，其法定代理人、近亲属没有告诉或者代为告诉的，人民检察院可以告诉；侮辱、暴力干涉婚姻自由等告诉才处理的案件，被害人因受强制、威吓无法告诉的，人民检察院也可以告诉。人民法院对告诉或者代为告诉的，应当依法受理。

10. 切实加强立案监督。人民检察院要切实加强对家庭暴力犯罪案件的立案监督，发现公安机关应当立案而不立案的，或者被害人及其法定代理人、近亲属，有关单位、组织就公安机关不予立案向人民检察院提出异议的，人民检察院应当要求公安机关说明不立案的理由。人民检察院认为不立案理由不成立的，应当通知公安机关立案，公安机关接到通知后应当立案；认为不立案理由成立的，应当将理由告知提出异议的被害人及其法定代理人、近亲属或者有关单位、组织。

11. 及时、全面收集证据。公安机关在办理家庭暴力案件时，要充分、全面地收集、固定证据，除了收集现场的物证、被害人陈述、证人证言等证据外，还应当注意及时向村（居）委会、人民调解委员会、妇联、共青团、残联、医院、学校、幼儿园等单位、组织的工作人员，以及被害人的亲属、邻居等收集涉及家庭暴力的处理记录、病历、照片、视频等证据。

12. 妥善救治、安置被害人。人民法院、人民检察院、公安机关等负有保护公民人身安全职责的单位和组织，对因家庭暴力受到严重伤害需要紧急救治的被害人，应当立即协助联系医疗机构救治；对面临家庭暴力严重威胁，或者处于无人照料等危险状态，需要临时安置的被害人或者相关未成年人，应当通知并协助有关部门进行安置。

13. 依法采取强制措施。人民法院、人民检察院、公安机关对实施家庭暴力的犯罪嫌疑人、被告人，符合拘留、逮捕条件的，可以依法拘留、逮捕；没有采取拘留、逮捕措施的，应当通过走访、打电话等方式与被害人或者其法定代理人、近亲属联系，了解被害人的人身安全状况。对于犯罪嫌疑人、被告人再次实施家庭暴力的，应当根据情况，依法采取必要的强制措施。

人民法院、人民检察院、公安机关决定对实施家庭暴力的犯罪嫌疑人、被告人取保候审的，为了确保被害人及其子女和特定亲属的安全，可以依照刑事诉讼法第六十九条第二款的规定，责令犯罪嫌疑人、被告人不得再次实施家庭暴力；不得侵扰被害人的生活、工作、学习；不得进行酗酒、赌博等活动；经被害人申请且有必要的，责令不得接近被害人及其未成年子女。

14. 加强自诉案件举证指导。家庭暴力犯罪案件具有案发周期较长、证据难以保存，被害人处于相对弱势、举证能力有限，相关事实难以认定等特点。

有些特点在自诉案件中表现得更为突出。因此，人民法院在审理家庭暴力自诉案件时，对于因当事人举证能力不足等原因，难以达到法律规定的证据要求的，应当及时对当事人进行举证指导，告知需要收集的证据及收集证据的方法。对于因客观原因不能取得的证据，当事人申请人民法院调取的，人民法院应当认真审查，认为确有必要的，应当调取。

15. 加大对被害人的法律援助力度。人民检察院自收到移送审查起诉的案件材料之日起三日内，人民法院自受理案件之日起三日内，应当告知被害人及其法定代理人或者近亲属有权委托诉讼代理人，如果经济困难，可以向法律援助机构申请法律援助；对于被害人是未成年人、老年人、重病患者或者残疾人等，因经济困难没有委托诉讼代理人的，人民检察院、人民法院应当帮助其申请法律援助。

法律援助机构应当依法为符合条件的被害人提供法律援助，指派熟悉反家庭暴力法律法规的律师办理案件。

三、定罪处罚

16. 依法准确定罪处罚。对故意杀人、故意伤害、强奸、猥亵儿童、非法拘禁、侮辱、暴力干涉婚姻自由、虐待、遗弃等侵害公民人身权利的家庭暴力犯罪，应当根据犯罪的事实、犯罪的性质、情节和对社会的危害程度，严格依照刑法的有关规定判处。对于同一行为同时触犯多个罪名的，依照处罚较重的规定定罪处罚。

17. 依法惩处虐待犯罪。采取殴打、冻饿、强迫过度劳动、限制人身自由、恐吓、侮辱、谩骂等手段，对家庭成员的身体和精神进行摧残、折磨，是实践中较为多发的虐待性质的家庭暴力。根据司法实践，具有虐待持续时间较长、次数较多；虐待手段残忍；虐待造成被害人轻微伤或者患较严重疾病；对未成年人、老年人、残疾人、孕妇、哺乳期妇女、重病患者实施较为严重的虐待行为等情形，属于刑法第二百六十条第一款规定的虐待"情节恶劣"，应当依法以虐待罪定罪处罚。

准确区分虐待犯罪致人重伤、死亡与故意伤害、故意杀人犯罪致人重伤、死亡的界限，要根据被告人的主观故意、所实施的暴力手段与方式、是否立即或者直接造成被害人伤亡后果等进行综合判断。对于被告人主观上不具有侵害被害人健康或者剥夺被害人生命的故意，而是出于追求被害人肉体和精神上的痛苦，长期或者多次实施虐待行为，逐渐造成被害人身体损害，过失导致被害人重伤或者死亡的；或者因虐待致使被害人不堪忍受而自残、自杀，导致重伤或者死亡的，属于刑法第二百六十条第二款规定的虐待"致使被害人重伤、死亡"，应当以虐待罪定罪处罚。对于被告人虽然实施家庭暴力呈现出经常性、持续性、反复性的特点，但其主观上具有希望或者放任被害人重伤或者死亡的故意，持凶器实施暴力，暴力手段残忍，暴力程度较强，直接或者立即造成被害人重伤或者死亡的，应当以故意伤害罪或者故意杀人罪定罪处罚。

依法惩处遗弃犯罪。负有扶养义务且有扶养能力的人，拒绝扶养年幼、年老、患病或者其他没有独立生活能力的家庭成员，是危害严重的遗弃性质的家庭暴力。根据司法实践，具有对被害人长期不予照顾、不提供生活来源；驱赶、逼迫被害人离家，致使被害人流离失所或者生存困难；遗弃患严重疾病或者生活不能自理的被害人；遗弃致使被害人身体严重损害或者造成其他严重后果等情形，属于刑法第二百六十一条规定的遗弃"情节恶劣"，应当依法以遗弃罪定罪处罚。

准确区分遗弃罪与故意杀人罪的界限，要根据被告人的主观故意、所实施行为的时间与地点、是否立即造成被害人死亡，以及被害人对被告人的依赖程度等进行综合判断。对于只是为了逃避扶养义务，并不希望或者放任被害人死亡，将生活不能自理的被害人弃置在福利院、医院、派出所等单位或者广场、车站等行人较多的场所，希望被害人得到他人救助的，一般以遗弃罪定罪处罚。对于希望或者放任被害人死亡，不履行必要的扶养义务，致使被害人因缺乏生活照料而死亡，或者将生活不能自理的被害人带至荒山野岭等人迹罕至的场所扔弃，使被害人难以得到他人救助的，应当以故意杀人罪定罪处罚。

18. 切实贯彻宽严相济刑事政策。对于实施家庭暴力构成犯罪的，应当根据罪刑法定、罪刑相适应原则，兼顾维护家庭稳定、尊重被害人意愿等因素综合考虑，宽严并用，区别对待。根据司法实践，对于实施家庭暴力手段残忍或者造成严重后果；出于恶意侵占财产等卑劣动机实施家庭暴力；因酗酒、吸毒、赌博等恶习而长期或者多次实施家庭暴力；曾因实施家庭暴力受到刑事处罚、行政处罚；或者具有其他恶劣情形的，可以酌情从重处罚。对于实施家庭暴力犯罪情节较轻，或者被告人真诚悔罪，获得被害人谅解，从轻处罚有利于被扶养人的，可以酌情从轻处罚；对于情节轻微不需要判处刑罚的，人民检察院可以不起诉，人民法院可以判处免予刑事处罚。

对于实施家庭暴力情节显著轻微危害不大不构成犯罪的，应当撤销案件、不起诉，或者宣告无罪。

人民法院、人民检察院、公安机关应当充分运用训诫，责令施暴人保证不再实施家庭暴力，或者向被害人赔礼道歉、赔偿损失等非刑罚处罚措施，加强对施暴人的教育与惩戒。

19. 准确认定对家庭暴力的正当防卫。为了使本人或者他人的人身权利免受不法侵害，对正在进行的家庭暴力采取制止行为，只要符合刑法规定的条件，就应当依法认定为正当防卫，不负刑事责任。防卫行为造成施暴人重伤、死亡，且明显超过必要限度，属于防卫过当，应当负刑事责任，但是应当减轻或者免除处罚。

认定防卫行为是否"明显超过必要限度"，应当以足以制止并使防卫人免受家庭暴力不法侵害的需要为标准，根据施暴人正在实施家庭暴力的严重程度、手段的残忍程度，防卫人所处的环境、面临的危险程度、采取的制止暴力的手段、造成施暴人重大损害的程度，以及既往家庭暴力的严重程度等进行综合判断。

20. 充分考虑案件中的防卫因素和过错责任。对于长期遭受家庭暴力后，在激愤、恐惧状态下为了防止再次遭受家庭暴力，或者为了摆脱家庭暴力而故意杀害、伤害施暴人，被告人的行为具有防卫因素，施暴人在案件起因上具有明显过错或者直接责任的，可以酌情从宽处罚。对于因遭受严重家庭暴力，身体、精神受到重大损害而故意杀害施暴人；或者因不堪忍受长期家庭暴力而故意杀害施暴人，犯罪情节不是特别恶劣，手段不是特别残忍的，可以认定为刑法第二百三十二条规定的故意杀人"情节较轻"。在服刑期间确有悔改表现的，可以根据其家庭情况，依法放宽减刑的幅度，缩短减刑的起始时间与间隔时间；符合假释条件的，应当假释。被杀害施暴人的近亲属表示谅解的，在量刑、减刑、假释时应当予以充分考虑。

四、其他措施

21. 充分运用禁止令措施。人民法院对实施家庭暴力构成犯罪被判处管制或者宣告缓刑的犯罪分子，为了确保被害人及其子女和特定亲属的人身安全，可以依照刑法第三十八条第二款、第七十二条第二款的规定，同时禁止犯罪分子再次实施家庭暴力，侵扰被害人的生活、工作、学习，进行酗酒、赌博等活动；经被害人申请且有必要的，禁止接近被害人及其未成年子女。

22. 告知申请撤销施暴人的监护资格。人民法院、人民检察院、公安机关对于监护人实施家庭暴力，严重侵害被监护人合法权益的，在必要时可以告知被监护人及其他有监护资格的人员、单位，向人民法院提出申请，要求撤销监护人资格，依法另行指定监护人。

23. 充分运用人身安全保护措施。人民法院为了保护被害人的人身安全，避免其再次受到家庭暴力的侵害，可以根据申请，依照民事诉讼法等法律的相关规定，作出禁止施暴人再次实施家庭暴力、禁止接近被害人、迁出被害人的住所等内容的裁定。对于施暴人违反裁定的行为，如对被害人进行威胁、恐吓、殴打、伤害、杀害，或者未经被害人同意拒不迁出住所的，人民法院可以根据情节轻重予以罚款、拘留；构成犯罪的，应当依法追究刑事责任。

24. 充分运用社区矫正措施。社区矫正机构对因实施家庭暴力构成犯罪被判处管制、宣告缓刑、假释或者暂予监外执行的犯罪分子，应当依法开展家庭暴力行为矫治，通过制定有针对性的监管、教育和帮助措施，矫正犯罪分子的施暴心理和行为恶习。

25. 加强反家庭暴力宣传教育。人民法院、人民检察院、公安机关、司法行政机关应当结合本部门工作职责，通过以案说法、社区普法、针对重点对象法制教育等多种形式，开展反家庭暴力宣传教育活动，有效预防家庭暴力，促进平等、和睦、文明的家庭关系，维护社会和谐、稳定。

人民检察院刑事诉讼涉案财物管理规定

（2014 年 11 月 19 日最高人民检察院第十二届检察委员会第二十九次会议通过　2015 年 3 月 6 日公布并施行　高检发〔2015〕6 号）

第一章　总　　则

第一条　为了贯彻落实中央关于规范刑事诉讼涉案财物处置工作的要求，进一步规范人民检察院刑事诉讼涉案财物管理工作，提高司法水平和办案质量，保护公民、法人和其他组织的合法权益，根据刑法、刑事诉讼法、《人民检察院刑事诉讼规则（试行）》，结合检察工作实际，制定本规定。

第二条　本规定所称人民检察院刑事诉讼涉案财物，是指人民检察院在刑事诉讼过程中查封、扣押、冻结的与案件有关的财物及其孳息以及从其他办案机关接收的财物及其孳息，包括犯罪嫌疑人的违法所得及其孳息、供犯罪所用的财物、非法持有的违禁品以及其他与案件有关的财物及其孳息。

第三条　违法所得的一切财物，应当予以追缴或者责令退赔。对被害人的合法财产，应当依照有关规定返还。违禁品和供犯罪所用的财物，应当予以查封、扣押、冻结，并依法处理。

第四条　人民检察院查封、扣押、冻结、保管、处理涉案财物，必须严格依照刑事诉讼法、《人民检察院刑事诉讼规则（试行）》以及其他相关规定进行。不得查封、扣押、冻结与案件无关的财物。凡查封、扣押、冻结的财物，都应当及时进行审查；经查明确实与案件无关的，应当在三日内予以解除、退还，并通知有关当事人。

严禁以虚假立案或者其他非法方式采取查封、扣押、冻结措施。对涉案单位违规的账外资金但与案件无关的，不得查封、扣押、冻结，可以通知有关主管机关或者其上级单位处理。

查封、扣押、冻结涉案财物，应当为犯罪嫌疑人、被告人及其所扶养的亲属保留必需的生活费用和物品，减少对涉案单位正常办公、生产、经营等活动的影响。

第五条　严禁在立案之前查封、扣押、冻结财物。立案之前发现涉嫌犯罪的财物，符合立案条件的，应当及时立案，并采取查封、扣押、冻结措施，以保全证据和防止涉案财物转移、损毁。

个人或者单位在立案之前向人民检察院自首时携带涉案财物的，人民检察院可以根据管辖规定先行接收，并向自首人开具接收凭证，根据立案和侦查情况决定是否查封、扣押、冻结。

人民检察院查封、扣押、冻结涉案财物后，应当对案件及时进行侦查，不得在无法定理由情况下撤销案件或者停止对案件的侦查。

第六条　犯罪嫌疑人到案后，其亲友受犯罪嫌疑人委托或者主动代为向检察机关退还或者赔偿涉案财物的，参照《人民检察院刑事诉讼规则（试行）》关于查封、扣押、冻结的相关程序办理。符合相关条件的，人民检察院应当开具查封、扣押、冻结决定书，并由检察人员、代为退还或者赔偿的人员和有关规定要求的其他人员在清单上签名或者盖章。

代为退还或者赔偿的人员应当在清单上注明系受犯罪嫌疑人委托或者主动代为犯罪嫌疑人退还或者赔偿。

第七条　人民检察院实行查封、扣押、冻结、处理涉案财物与保管涉案财物相分离的原则，办案部门与案件管理、计划财务装备等部门分工负责、互相配合、互相制约。侦查监督、公诉、控告检察、刑事申诉检察等部门依照刑事诉讼法和其他相关规定对办案部门查封、扣押、冻结、保管、处理涉案财物等活动进行监督。

办案部门负责对涉案财物依法进行查封、扣押、冻结、处理，并对依照本规定第十条第二款、第十二条不移送案件管理部门或者不存入唯一合规账户的涉案财物进行管理；案件管理部门负责对办案部门和其他办案机关移送的涉案物品进行保管，并依照有关规定对查封、扣押、冻结、处理涉案财物工作进行监督管理；计划财务装备部门负责对存入唯一合规账户的扣押款项进行管理。

人民检察院监察部门依照有关规定对查封、扣押、冻结、保管、处理涉案财物工作进行监督。

第八条　人民检察院查封、扣押、冻结、处理涉案财物，应当使用最高人民检察院统一制定的法律文书，填写必须规范、完整。禁止使用不符合规定的文书查封、扣押、冻结、处理涉案财物。

第九条　查封、扣押、冻结、保管、处理涉及国家秘密、商业秘密、个人隐私的财物，应当严格遵守有关保密规定。

第二章　涉案财物的移送与接收

第十条　人民检察院办案部门查封、扣押、冻结涉案财物及其孳息后，应当及时按照下列情形分别办理，至迟不得超过三日，法律和有关规定另有规定的除外：

（一）将扣押的款项存入唯一合规账户；

（二）将扣押的物品和相关权利证书、支付凭证以及具有一定特征能够证明案情的现金等，送案件管理部门入库保管；

（三）将查封、扣押、冻结涉案财物的清单和扣押款项存入唯一合规账户的存款凭证等，送案件管理部门登记；案件管理部门应当对存款凭证复印保存，并将原件送计划财务装备部门。

扣押的款项或者物品因特殊原因不能按时存入唯一合规账户或者送案件管理部门保管的，经检察长批准，可以由办案部门暂时保管，在原因消除后及时存入或者移交，但应当将扣押清单和相关权利证书、支付凭证等依照本条第一款规定的期限送案件管理部门登记、保管。

第十一条　案件管理部门接收人民检察院办案部门移送的涉案财物或者清单时，应当审查是否符合下列要求：

（一）有立案决定书和相应的查封、扣押、冻结法律文书以及查封、扣押清单，并填写规范、完整，符合相关要求；

（二）移送的财物与清单相符；

（三）移送的扣押物品清单，已经依照《人民检察院刑事诉讼规则（试行）》有关扣押的规定注明扣押财物的主要特征；

（四）移送的外币、金银珠宝、文物、名贵字画以及其他不易辨别真伪的贵重物品，已经依照《人民检察院刑事诉讼规则（试行）》有关扣押的规定予以密封，检察人员、见证人和被扣押物品持有人在密封材料上签名或者盖章，经过鉴定的，附有鉴定意见复印件；

（五）移送的存折、信用卡、有价证券等支付凭证和具有一定特征能够证明案情的现金，已经依照《人民检察院刑事诉讼规则（试行）》有关扣押的规定予以密封，注明特征、编号、种类、面值、张数、金额等，检察人员、见证人和被扣押物品持有人在密封材料上签名或者盖章；

（六）移送的查封清单，已经依照《人民检察院刑事诉讼规则（试行）》有关查封的规定注明相关财物的详细地址和相关特征，检察人员、见证人和持有人签名或者盖章，注明已经拍照或者录像及其权利证书是否已被扣押，注明财物被查封后由办案部门保管或者交持有人或者其近亲属保管，注明查封决定书副本已送达相关的财物登记、管理部门等。

第十二条 人民检察院办案部门查封、扣押的下列涉案财物不移送案件管理部门保管，由办案部门拍照或者录像后妥善管理或者及时按照有关规定处理：

（一）查封的不动产和置于该不动产上不宜移动的设施等财物，以及涉案的车辆、船舶、航空器和大型机械、设备等财物，及时依照《人民检察院刑事诉讼规则（试行）》有关查封、扣押的规定扣押相关权利证书，将查封决定书副本送达有关登记、管理部门，并告知其在查封期间禁止办理抵押、转让、出售等权属关系变更、转移登记手续；

（二）珍贵文物、珍贵动物及其制品、珍稀植物及其制品，按照国家有关规定移送主管机关；

（三）毒品、淫秽物品等违禁品，及时移送有关主管机关，或者根据办案需要严格封存，不得擅自使用或者扩散；

（四）爆炸性、易燃性、放射性、毒害性、腐蚀性等危险品，及时移送有关部门或者根据办案需要委托有关主管机关妥善保管；

（五）易损毁、灭失、变质等不宜长期保存的物品，易贬值的汽车、船艇等物品，经权利人同意或者申请，并经检察长批准，可以及时委托有关部门先行变卖、拍卖，所得款项存入唯一合规账户。先行变卖、拍卖应当做到公开、公平。

人民检察院办案部门依照前款规定不将涉案财物移送案件管理部门保管的，应当将查封、扣押清单以及相关权利证书、支付凭证等依照本规定第十条第一款的规定送案件管理部门登记、保管。

第十三条 人民检察院案件管理部门接收其他办案机关随案移送的涉案财物的，参照本规定第十一条、第十二条的规定进行审查和办理。

对移送的物品、权利证书、支付凭证以及具备一定特征能够证明案情的现金，案件管理部门审查后认为符合要求的，予以接收并入库保管。对移送的涉案款项，由其他办案机关存入检察机关指定的唯一合规账户，案件管理部门对转账凭证进行登记并联系计划财务装备部门进行核对。其他办案机关直接移送现金的，案件管理部门可以告知其存入指定的唯一合规账户，也可以联系计划财务装备部门清点、接收并及时存入唯一合规账户。计划财务装备部门应当在收到款项后三日以内将收款凭证复印件送案件管理部门登记。

对于其他办案机关移送审查起诉时随案移送的有关实物，案件管理部门经商公诉部门后，认为属于不宜移送的，可以依照刑事诉讼法第二百三十四条第一款、第二款的规定，只接收清单、照片或者其他证明文件。必要时，人民检察院案件管理部门可以会同公诉部门与其他办案机关相关部门进行沟通协商，确定不随案移送的实物。

第十四条　案件管理部门应当指定专门人员，负责有关涉案财物的接收、管理和相关信息录入工作。

第十五条　案件管理部门接收密封的涉案财物，一般不进行拆封。移送部门或者案件管理部门认为有必要拆封的，由移送人员和接收人员共同启封、检查、重新密封，并对全过程进行录像。根据《人民检察院刑事诉讼规则（试行）》有关扣押的规定应当予以密封的涉案财物，启封、检查、重新密封时应当依照规定有见证人、持有人或者单位负责人等在场并签名或者盖章。

第十六条　案件管理部门对于接收的涉案财物、清单及其他相关材料，认为符合条件的，应当及时在移送清单上签字并制作入库清单，办理入库手续。认为不符合条件的，应当将原因告知移送单位，由移送单位及时补送相关材料，或者按照有关规定进行补正或者作出合理解释。

第三章　涉案财物的保管

第十七条　人民检察院对于查封、扣押、冻结的涉案财物及其孳息，应当如实登记，妥善保管。

第十八条　人民检察院计划财务装备部门对扣押款项及其孳息应当逐案设立明细账，严格收付手续。

计划财务装备部门应当定期对唯一合规账户的资金情况进行检查，确保账实相符。

第十九条　案件管理部门对收到的物品应当建账设卡，一案一账，一物一卡（码）。对于贵重物品和细小物品，根据物品种类实行分袋、分件、分箱设卡和保管。

案件管理部门应当定期对涉案物品进行检查，确保账实相符。

第二十条　涉案物品专用保管场所应当符合下列防火、防盗、防潮、防尘等要求：

（一）安装防盗门窗、铁柜和报警器、监视器；

（二）配备必要的储物格、箱、袋等设备设施；

（三）配备必要的除湿、调温、密封、防霉变、防腐烂等设备设施；

（四）配备必要的计量、鉴定、辨认等设备设施；

（五）需要存放电子存储介质类物品的，应当配备防磁柜；

（六）其他必要的设备设施。

第二十一条 人民检察院办案部门人员需要查看、临时调用涉案财物的，应当经办案部门负责人批准；需要移送、处理涉案财物的，应当经检察长批准。案件管理部门对于审批手续齐全的，应当办理查看、出库手续并认真登记。

对于密封的涉案财物，在查看、出库、归还时需要拆封的，应当遵守本规定第十五条的要求。

第四章　涉案财物的处理

第二十二条 对于查封、扣押、冻结的涉案财物及其孳息，除按照有关规定返还被害人或者经查明确实与案件无关的以外，不得在诉讼程序终结之前上缴国库或者作其他处理。法律和有关规定另有规定的除外。

在诉讼过程中，对权属明确的被害人合法财产，凡返还不损害其他被害人或者利害关系人的利益、不影响诉讼正常进行的，人民检察院应当依法及时返还。权属有争议的，应当在决定撤销案件、不起诉或者由人民法院判决时一并处理。

在扣押、冻结期间，权利人申请出售被扣押、冻结的债券、股票、基金份额等财产的，以及扣押、冻结的汇票、本票、支票的有效期即将届满的，人民检察院办案部门应当依照《人民检察院刑事诉讼规则（试行）》的有关规定及时办理。

第二十三条 人民检察院作出撤销案件决定、不起诉决定或者收到人民法院作出的生效判决、裁定后，应当在三十日以内对涉案财物作出处理。情况特殊的，经检察长批准，可以延长三十日。

前款规定的对涉案财物的处理工作，人民检察院决定撤销案件的，由侦查部门负责办理；人民检察院决定不起诉或者人民法院作出判决、裁定的案件，由公诉部门负责办理；对人民检察院直接立案侦查的案件，公诉部门可以要求侦查部门协助配合。

人民检察院按照本规定第五条第二款的规定先行接收涉案财物，如果决定不予立案的，侦查部门应当按照本条第一款规定的期限对先行接收的财物作出处理。

第二十四条 处理由案件管理部门保管的涉案财物，办案部门应当持经检察长批准的相关文书或者报告，到案件管理部门办理出库手续；处理存入唯一合规账户的涉案款项，办案部门应当持经检察长批准的相关文书或者报告，经案件管理部门办理出库手续后，到计划财务装备部门办理提现或者转账手续。案件管理部门或者计划财务装备部门对于符合审批手续的，应当及时办理。

对于依照本规定第十条第二款、第十二条的规定未移交案件管理部门保管或者未存入唯一合规账户的涉案财物，办案部门应当依照本规定第二十三条规定的期限报经检察长批准后及时作出处理。

第二十五条　对涉案财物，应当严格依照有关规定，区分不同情形，及时作出相应处理：

（一）因犯罪嫌疑人死亡而撤销案件、决定不起诉，依照刑法规定应当追缴其违法所得及其他涉案财产的，应当按照《人民检察院刑事诉讼规则（试行）》有关犯罪嫌疑人逃匿、死亡案件违法所得的没收程序的规定办理；对于不需要追缴的涉案财物，应当依照本规定第二十三条规定的期限及时返还犯罪嫌疑人、被不起诉人的合法继承人；

（二）因其他原因撤销案件、决定不起诉，对于查封、扣押、冻结的犯罪嫌疑人违法所得及其他涉案财产需要没收的，应当依照《人民检察院刑事诉讼规则（试行）》有关撤销案件时处理犯罪嫌疑人违法所得的规定提出检察建议或者依照刑事诉讼法第一百七十三条第三款的规定提出检察意见，移送有关主管机关处理；未认定为需要没收并移送有关主管机关处理的涉案财物，应当依照本规定第二十三条规定的期限及时返还犯罪嫌疑人、被不起诉人；

（三）提起公诉的案件，在人民法院作出生效判决、裁定后，对于冻结在金融机构的涉案财产，由人民法院通知该金融机构上缴国库；对于查封、扣押且依法未随案移送人民法院的涉案财物，人民检察院根据人民法院的判决、裁定上缴国库；

（四）人民检察院侦查部门移送审查起诉的案件，起诉意见书中未认定为与犯罪有关的涉案财物；提起公诉的案件，起诉书中未认定或者起诉书认定但人民法院生效判决、裁定中未认定为与犯罪有关的涉案财物，应当依照本条第二项的规定移送有关主管机关处理或者及时返还犯罪嫌疑人、被不起诉人、被告人；

（五）对于需要返还被害人的查封、扣押、冻结涉案财物，应当按照有关规定予以返还。

人民检察院应当加强与人民法院、公安机关、国家安全机关的协调配合，共同研究解决涉案财物处理工作中遇到的突出问题，确保司法工作顺利进行，切实保障当事人合法权益。

第二十六条　对于应当返还被害人的查封、扣押、冻结涉案财物，无人认领的，应当公告通知。公告满六个月无人认领的，依法上缴国库。上缴国库后有人认领，经查证属实的，人民检察院应当向人民政府财政部门申请退库予以返还。原物已经拍卖、变卖的，应当退回价款。

第二十七条　对于贪污、挪用公款等侵犯国有资产犯罪案件中查封、扣押、冻结的涉案财物，除人民法院判决上缴国库的以外，应当归还原单位或者原单位的权利义务继受单位。犯罪金额已经作为损失核销或者原单位已不存在且无权利义务继受单位的，应当上缴国库。

第二十八条　查封、扣押、冻结的涉案财物应当依法上缴国库或者返还有关单位和个人的，如果有孳息，应当一并上缴或者返还。

第五章　涉案财物工作监督

第二十九条　人民检察院监察部门应当对本院和下级人民检察院的涉案财物工作进行检查或者专项督察，每年至少一次，并将结果在本辖区范围内予以通报。发现违纪违法问题的，应当依照有关规定作出处理。

第三十条　人民检察院案件管理部门可以通过受案审查、流程监控、案件质量评查、检察业务考评等途径，对本院和下级人民检察院的涉案财物工作进行监督管理。发现违法违规问题的，应当依照有关规定督促相关部门依法及时处理。

第三十一条　案件管理部门在涉案财物管理工作中，发现办案部门或者办案人员有下列情形之一的，可以进行口头提示；对于违规情节较重的，应当发送案件流程监控通知书；认为需要追究纪律或者法律责任的，应当移送本院监察部门处理或者向检察长报告：

（一）查封、扣押、冻结的涉案财物与清单存在不一致，不能作出合理解释或者说明的；

（二）查封、扣押、冻结涉案财物时，未按照有关规定进行密封、签名或者盖章，影响案件办理的；

（三）查封、扣押、冻结涉案财物后，未及时存入唯一合规账户、办理入库保管手续，或者未及时向案件管理部门登记，不能作出合理解释或者说明的；

（四）在立案之前采取查封、扣押、冻结措施的，或者未依照有关规定开具法律文书而采取查封、扣押、冻结措施的；

（五）对明知与案件无关的财物采取查封、扣押、冻结措施的，或者对经查明确实与案件无关的财物仍不解除查封、扣押、冻结或者不予退还的，或者应当将被查封、扣押、冻结的财物返还被害人而不返还的；

（六）违反有关规定，在诉讼程序依法终结之前将涉案财物上缴国库或者作其他处理的；

（七）在诉讼程序依法终结之后，未按照有关规定及时、依法处理涉案财物，经督促后仍不及时、依法处理的；

（八）因不负责任造成查封、扣押、冻结的涉案财物丢失、损毁或者泄密的；

（九）贪污、挪用、截留、私分、调换、违反规定使用查封、扣押、冻结的涉案财物的；

（十）其他违反法律和有关规定的情形。

人民检察院办案部门收到案件管理部门的流程监控通知书后，应当在十日以内将核查情况书面回复案件管理部门。

人民检察院侦查监督、公诉、控告检察、刑事申诉检察等部门发现本院办案部门有本条第一款规定的情形的，应当依照刑事诉讼法和其他相关规定履行监督职责。案件管理部门发现办案部门有上述情形，认为有必要的，可以根据案件办理所处的诉讼环节，告知侦查监督、公诉、控告检察或者刑事申诉检察等部门。

第三十二条　人民检察院查封、扣押、冻结、保管、处理涉案财物，应当按照有关规定做好信息查询和公开工作，并为当事人和其他诉讼参与人行使权利提供保障和便利。善意第三人等案外人与涉案财物处理存在利害关系的，人民检察院办案部门应当告知其相关诉讼权利。

当事人及其法定代理人和辩护人、诉讼代理人、利害关系人对人民检察院的查封、扣押、冻结不服或者对人民检察院撤销案件决定、不起诉决定中关于涉案财物的处理部分不服的，可以依照刑事诉讼法和《人民检察院刑事诉讼规则（试行）》的有关规定提出申诉或者控告；人民检察院控告检察部门对申诉或者控告应当依照有关规定及时受理和审查办理并反馈处理结果。人民检察院提起公诉的案件，被告人、自诉人、附带民事诉讼的原告人和被告人对涉案财物处理决定不服的，可以依照有关规定就财物处理部分提出上诉，被害人或者其他利害关系人可以依照有关规定请求人民检察院抗诉。

第三十三条　人民检察院刑事申诉检察部门在办理国家赔偿案件过程中，可以向办案部门调查核实相关查封、扣押、冻结等行为是否合法。国家赔偿决定对相关涉案财物作出处理的，有关办案部门应当及时执行。

第三十四条　人民检察院查封、扣押、冻结、保管、处理涉案财物，应当接受人民监督员的监督。

第三十五条　人民检察院及其工作人员在查封、扣押、冻结、保管、处理涉案财物工作中违反相关规定的，应当追究纪律责任；构成犯罪的，应当依法追究刑事责任；导致国家赔偿的，应当依法向有关责任人员追偿。

第六章　附　　则

第三十六条　对涉案财物的保管、鉴定、估价、公告等支付的费用，列入人民检察院办案（业务）经费，不得向当事人收取。

第三十七条　本规定所称犯罪嫌疑人、被告人、被害人，包括自然人、单位。

第三十八条　本规定所称有关主管机关，是指对犯罪嫌疑人违反法律、法规的行为以及对有关违禁品、危险品具有行政管理、行政处罚、行政处分权限的机关和纪检监察部门。

第三十九条　本规定由最高人民检察院解释。

第四十条　本规定自公布之日起施行。最高人民检察院 2010 年 5 月 9 日公布的《人民检察院扣押、冻结涉案款物工作规定》同时废止。

《人民检察院刑事诉讼涉案财物管理规定》解读

王　晋　许山松　石献智*

2015 年 3 月 6 日，最高人民检察院印发《人民检察院刑事诉讼涉案财物管理规定》（以下简称《规定》），自公布之日起施行。《规定》深入贯彻党的十八大和十八届三中、四中全会精神，认真落实中办、国办印发的《关于进一步规范刑事诉讼涉案财物处置工作的意见》（以下简称《意见》）的有关要求，针对实践中检察机关刑事诉讼涉案财物管理工作中存在的问题，进一步明确和完善了相关工作制度机制以及操作规程，对检察机关规范司法、公正司法、严格司法必将发挥积极作用。为便于理解和适用，现对《规定》的起草背景、思路和主要内容作如下说明。

一、《规定》的修改背景和思路

涉案财物的查封、扣押、冻结、保管、处理是刑事诉讼中的一项重要工作，关系到诉讼活动的顺利进行和当事人合法权益的保障，关系到司法公正和检察机关的司法公信力。最高人民检察院对此历来高度重视，先后制定多个文件来保证这项工作合法、有序进行。如 2010 年修订出台的《人民检察院扣押、冻结涉案款物工作规定》（以下简称《2010 年规定》）、2012 年修订出台的《人民检察院刑事诉讼规则（试行）》（以下简称《刑事诉讼规则》）、2013 年修订出台的《检察机关执法工作基本规范（2013 年版）》等，都从不同的角度对涉案财物的查封、扣押、冻结、保管、处理等工作作了规范。再加上多年来检察机关加强管理、严格监督、适时检查，检察机关涉案财物工作在整体上有了很大的改善和进步。但也毋庸讳言，实践中仍然存在一些不依法依规查封、扣押、冻结、保管、处理涉案财物的现象，损害了当事人合法权益，损害了司法公正，损害了检察机关形象。党中央对规范刑事诉讼涉案财物工作高度重视，党的十八届三中、四中全会明确提出"规范查封、扣押、冻结、处理涉案财物的司法程序"，中办、国办印发的《意见》对检察机关开展刑事诉讼涉案财物工作提出许多新的要求。为了进一步加强检察机关内部的管理监督力度，贯彻落实《意见》各项要求，规范涉案财物管理工作，切实保障当事人合法权益，促进司法公正，提升检察机关司法公信力，最高人民检察院及时启

---

* 作者单位：最高人民检察院案件管理办公室。

动对《2010 年规定》的修改工作，在多次赴地方调研、召开座谈会、书面征求各省级院和最高人民检察院机关相关内设机构意见的基础上，经反复修改，形成了《规定》。

《规定》贯彻落实《意见》要求，着重规范检察机关内部的涉案财物管理工作，针对实践中存在的问题，强化内部监督制约，突出严格规范管理，注重保障公民、法人和其他组织的合法权益，进一步明确内设各部门之间的职责分工，对检察机关的涉案财物管理机制作了全面调整和完善。主要遵循以下思路：

一是进一步完善《规定》的内容体系。就检察机关来说，涉案财物工作既有查封、扣押、冻结、处理这样的司法办案活动，也有移送、接收、保管、监督等内部管理工作。《刑事诉讼规则》从落实刑事诉讼法的角度对检察机关实施查封、扣押、冻结、处理的程序作了具体规定。因此，修订《规定》，应当主要对检察机关的涉案财物内部管理工作作出规范，如部门职责分工、工作要求以及涉案财物的移送、审查、接收、保管、处理、监督等，不必再重复《刑事诉讼规则》中已有的查封、扣押、冻结程序的内容。两个文件在内容上各有分工、相辅相成，既避免了相互重复，又防止内容缺失，共同形成规范检察机关涉案财物工作的完整体系。

二是进一步明确检察机关的涉案财物工作监督机制。检察机关内部监督主要有：侦查监督、公诉、控告、刑事申诉检察等部门的诉讼监督，案件管理部门的日常监督以及监察部门的纪律监督等。业务部门和监察部门的监督在《刑事诉讼规则》及其他相关文件中都有具体规定，而关于案管部门的日常监督，《刑事诉讼规则》规定得较为原则，有必要通过《规定》进一步明确。

三是进一步明确相关内设部门的具体职责和工作流程。涉案财物工作涉及多个部门和多个环节，为防止权责不清、管理不到位，《规定》需对办案部门、案件管理部门、计划财务装备部门等相关内设部门的职责分工和工作衔接、操作规程等作出具体规定。

二、《规定》的主要修改内容

《2010 年规定》共 6 章 54 条，修改后的《规定》仍为 6 章，条文数调整为 40 条，主要修改内容包括以下几个方面：

（一）调整了内容体系和文件名称

如前文所述，2012 年修订《刑事诉讼规则》时，对查封、扣押、冻结程序作了全面规定，将《2010 年规定》中有关扣押、冻结程序的条文予以吸收、修改（《2010 年规定》第二章共 10 个条文，被《刑事诉讼规则》吸收、修改的有 9 条）。在修订过程中，许多地方提出应合理界定这两个文件的定位和关系，不要具体重复查封、扣押、冻结的程序规定。经研究，《规定》定位于监督管理方面的内容，删去了《2010年规定》第二章的内容，但在"总则"部分重申和明确了查封、扣押、冻结工作的一些基本要求，如查封、扣押、冻结、保管、处理涉案财物，必须严格依照刑事诉讼法、《刑事诉讼规则》以及其他相关规定进行；不得查封、扣押、冻结与案件无关的财物；严禁在立案之前查封、扣押、冻结财物；严禁以虚假立案或者其他非法方式采取查封、扣押、冻结措施；凡查封、扣押、冻结的财物，都应当及时进行审查，经查明确实与案件无关的，应当在三日内予以解除、退还。

考虑到修订后的文件已将扣押、冻结的程序一章删去，内容主要是规范涉案财物的内部管理，因此，将原"工作规定"修改为"管理规定"。同时，为与《意见》中的术语保持一致，将原名称中的"扣押、冻结涉案款物"修改为"刑事诉讼涉案财物"。

（二）进一步明确相关内设部门的职责分工

《意见》提出，建立办案部门与保管部门、办案人员与保管人员相互制约制度。《刑事诉讼规则》第六百七十四条赋予案件管理部门对涉案财物的保管职责和对涉案财物工作的监督管理职责。为了落实文件要求，推动检察机关司法规范化建设，《规定》第七条规定，人民检察院实行查封、扣押、冻结、处理涉案财物与保管涉案财物相分离的原则，办案部门与案件管理、计划财务装备等部门分工负责、互相配合、互相制约。同时，进一步明确办案部门、案管部门、计划财务装备部门在涉案财物工作中的各自职责，办案部门负责依法查封、扣押、冻结、处理涉案财物；案件管理部门负责保管涉案物品，并对涉案财物工作进行监督管理；计划财务装备部门负责对存入唯一合规账户的扣押款项进行管理。侦查监督、公诉、控告检察、刑事申诉检察等办案部门依照规定在诉讼过程中对查封、扣押、冻结、保管、处理涉案财物等活动进行监督。人民检察院监察部门依照有关规定对查封、扣押、冻结、保管、处理涉案财物工作进行监督。

需要说明的是，由案管部门负责保管扣押物品，一方面是贯彻落实办案部门与保管部门相分离的要求；另一方面有利于加强监督，简化中间环节。过去，检察机关计划财务装备部门负责保管扣押物品，但由于其不是业务管理部门，不具有对办案活动的监督职能，因此无法审查、发现办案部门的查封、扣押、冻结、处理行为是否合法、规范，对认为不合法的，也由于自身职能而难以监督纠正。根据案件管理机制改革的目的和《刑事诉讼规则》的规定，案件管理部门作为专门的司法办案管理部门，对检察机关的涉案财物工作是否合法、规范进行管理监督是其基本职能之一。由案管部门保管涉案物品，能够保证其从最初的接收到中间的保管以及最终的处理环节，全程了解涉案财物的查封、扣押、冻结、保管、处理情况，及时监督纠正不合法的行为，从源头上防止司法不规范的现象。

（三）明确涉案财物的移送、审查、接收等环节的工作要求

为贯彻查封、扣押、冻结涉案财物与保管涉案财物相分离的原则，同时体现案管部门作为管理监督部门的特点，《规定》第二章进一步明确办案部门查封、扣押、冻结涉案财物后的移送要求、案管部门对涉案财物的审查与接收等环节的工作流程。

1. 明确办案部门查封、扣押、冻结涉案财物后的移送要求。《刑事诉讼规则》第六百七十三条对办案部门查封、扣押、冻结涉案财物后应当如何移送已经作出规定，《规定》第十条作了细化：办案部门查封、扣押、冻结涉案财物及其孳息后，应当将扣押的款项存入唯一合规账户，将扣押的物品和相关权利证书、支付凭证等送案件管理部门保管，将查封、扣押、冻结清单和存款凭证等送案件管理部门登记，至迟不得超过三日，法律和有关规定另有规定的除外。由于特殊原因不能按时存入唯一合规账户或者送案件管理部门保管的，经检察长批准后可以由办案部门暂时保管，在原因消除后及时存入或者移交，但必须将扣押清单和相关权利证书、支付凭证等送案件管理部门登记、保管。这样规定有利于加强管理，增强可操作性，确保办案与保管相分离原则落到实处。

2. 明确案管部门接收涉案财物时应当审查的内容。刑事诉讼法、《刑事诉讼规则》等法律、司法解释对办案部门查封、扣押、冻结涉案财物有许多具体规定和要求，如《刑事诉讼规则》第二百三十六条规定，查封、扣押物品时必须开列清单并注明物品的主要特征等，查封、扣押金银珠宝、名贵字画等贵重物品时必须在拍照或录像后当场密封，查封、扣押存折、信用卡、有价证券等支付凭证时必须注明特征、编号、面值、张数、金额等并密封。案管部门作为监督部门，为了保证有关规定落到实处，在接收涉案财物时不能仅仅一收了之，而是要加强审查，充分体现自身保管职能与监督职能的一致性，以确保查封、扣押、冻结活动符合相关要求。

为此，《规定》第十一条明确规定，案件管理部门接收办案部门移送的涉案财物或者清单时，应当审查是否符合相关要求，包括：有立案决定书和查封、扣押、冻结法律文书以及查封、扣押清单；移送的财物与清单相符；扣押物品清单已经依照有关规定注明扣押财物的主要特征；对外币、金银珠宝、文物、名贵字画等不易辨别真伪的贵重物品已经依照有关规定予以密封；对存折、信用卡、有价证券等支付凭证和具有一定特征能够证明案情的现金已经依

照有关规定予以密封并注明特征、编号、金额等；对查封清单已经依照有关规定注明详细地址和相关特征、权利证书是否已被扣押、是由办案部门保管还是交持有人或者其近亲属保管等。对于不符合相关要求的，案管部门应当要求办案部门补充相关材料或者提出纠正意见。

3. 对不移交案管部门保管的特殊涉案财物如何处理作出规定。实践中，办案部门扣押物品的种类很多，有些是违禁品，有些是危险品，还有些是不动产，这些物品全部交由案管部门保管既无必要，有时也不符合国家相关规定。《2010 年规定》第 26 条列举了 6 类扣押物品可以不移交管理部门，由办案部门拍照或者录像后及时按照有关规定处理。《规定》第十二条依然保留这一内容，同时修改了其中 3 个地方：一是根据《刑事诉讼规则》第二百三十七条的规定，将原规定中的"对不便提取或者不必提取的不动产、生产设备或者其他财物，可以按照有关规定交持有人或者其近亲属保管"修改为："查封的不动产和置于该不动产上不宜移动的设施等财物，以及涉案的车辆、船舶、航空器和大型机械、设备等财物，及时依照《刑事诉讼规则》扣押其权利证书，将查封决定书副本送达有关登记、管理部门，并告知其在查封期间禁止办理抵押、转让、出售等权属关系变更、转移登记手续。"二是根据中办、国办《意见》的要求，增加对易贬值的汽车、船艇等物品的先行变卖、拍卖内容，将原规定中的"易损毁、灭失、变质以及其他不宜长期保存的物品可以经检察长批准后及时委托有关部门拍卖、变卖"修改为："易损毁、灭失、变质等不宜长期保存的物品，易贬值的汽车、船艇等物品，经权利人同意或者申请，并经检察长批准，可以及时委托有关部门先行变卖、拍卖，所得款项存入唯一合规账户。"三是由于《刑事诉讼规则》第二百三十九条未规定可将扣押的涉密电子设备、文件交原单位保管，《规定》删去了原规定中"对单位的涉密电子设备、文件等物品可以在密封后交被扣押物品的单位保管"的内容。除上述 3 处调整外，对于扣押的珍贵文物、珍贵动物及其制品、珍稀植物及其制品和毒品、淫秽物品等违禁品以及爆炸性、易燃性、放射性、毒害性、腐蚀性等危险品的处理，仍保留原规定，按照国家有关规定移送有关主管机关或者委托有关主管机关妥善保管或者严格封存。

4. 明确对检察机关以外的其他办案机关移送的涉案财物的审查、接收程序。在受理公安机关、国家安全机关移送案件时，也经常会需要接收它们移送的涉案财物。《规定》第十三条明确了对其他办案机关移送款项和物品的接收问题。

关于移送涉案款项问题，实践中，一些地方公安机关对扣押款是先存入银行，移送审查起诉时通过银行转账方式移送，既快捷方便，又能够避免存取、清点的麻烦或者差错，值得推广。同时，考虑到法律对此未作规定，检察机关不宜对其他办案机关的移送方式提出硬性要求和作出限制。因此，《规定》明确，其他办案机关移送涉案款项的，由其存入检察机关的唯一合规账户；直接移送现金的，可以告知其存入唯一合规账户；如果其他办案机关要求直接移送现金的，案管部门应当联系计划财务装备部门进行清点，接收后存入唯一合规账户。

关于移送物品问题，一些地方检察机关反映，实践中，公安机关在移送审查起诉时，移送了一些不宜移送的物品，但提起公诉后，法院对这类物品往往只接收照片不接收实物，许多物品长期积压在检察机关。考虑到刑事诉讼法对不宜移送的物品已有规定，为了提示各地检察机关充分运用好法律规定，《规定》提出，认为其他办案机关随案移送的有关实物属于不宜移送的，可以依照刑事诉讼法第二百三十四条前两款的规定，只接收清单、照片或者其他证明文件。由于是否接收实物涉及是否会影响证据审查，因此《规定》同时提出，是否接收实物，要由案管部门、公诉部门沟通协商后确定，防止影响案件办理。

5. 明确对密封物品的接收、审查的要求。办案部门移送的物品有许多是已经予以密封的，案管部门在接收时是否拆封，这是实际工作中急需明确的内容。大多数意见认为，案管部门接收财物主要是保管，因此对于接收的密封物品一般不必拆封，只要保证保管期间不发生变化即可。至于密封的是何种物品、是真是假，应由办案部门在密封时负责。但如果移送方或者接收方认为有必要的，也可以进行拆封。经研究，《规定》第十五条采纳了上述意见。实践中的密封一般有两种情形：一种是办案部门出于运送、保管等便利，对一般的物品在扣押后进行的密封；另一种是依据《刑事诉讼规则》第二百三十六条、第二百三十九条规定的要求对某些特定物品必须进行的密封。对于前者，在启封、检查、重新密封时只需移送人员、接收人员共同在场并全程录像即可；对于后者，《规定》强调，根据《刑事诉讼规则》的要求，在启封、检查、重新密封时必须有见证人、持有人或者单位负责人等在场并签名或者盖章。这样规定，是避免程序出现瑕疵，影响案件的后续办理。

6. 明确了对涉案财物审查后的接收问题。案件管理部门对办案部门移送的涉案财物和清单及其他相关材料进行审查后，认为符合条件的，应当予以接收，这一点没有争议。如果认为不符合条件，该如何作出处理，能不能明确规定不予接受。在征求意见过程中，一些地方提出，在实践中，案管部门接收的扣押财物不符合条件存在各种各样的情形，有的是缺乏相应材料，如未附扣押清单或者清单与移送的物品不一致等，这类问题要求办案部门补充完善相关材料即可。有的不符合条件的情形则比较复杂，如审批手续不齐、扣押程序不合法等。而根据刑事诉讼法的规定，物证的收集程序不合法有可能会导致其被认定为非法证据而被排除，也可能会在办案部门进行补正或者作出合理解释后被继续使用。因此，不宜简单地规定对不符合条件的涉案财物一概不予接收。为此，《规定》要求，案管部门认为不符合条件的，应当将原因告知移送单位，由移送单位及时补送相关材料，或者按照有关规定进行补正或者作出合理解释。

（四）进一步细化涉案财物保管的工作要求

涉案物品被扣押后，如果因保管不善而造成损毁、灭失，不仅可能影响案件的正常办理，而且会影响当事人的合法权益。《意见》要求规范涉案财物保管制度，并提出了具体举措。为落实《意见》要求，《规定》从三个方面加强对涉案财物的保管：

1. 完善财物登记、账目管理和检查制度。《规定》第十七条至第十九条规定，对于查封、扣押、冻结的涉案财物及其孳息应当如实登记，妥善保管。计划财务装备部门对扣押款项及其孳息应当逐案设立明细账，严格收付手续。案件管理部门对收到的物品应当建账设卡，一案一账，一物一卡（码），对于贵重物品和细小物品，根据物品种类实行分袋、分件、分箱设卡和保管。计划财务装备部门和案管部门应当定期分别对唯一合规账户的资金情况和涉案物品进行检查，确保账实相符。

2. 进一步细化涉案财物保管场所的设置要求。为了避免因保管场所硬件问题而造成物品损毁、灭失，更好地指导各地建设保管场所，《规定》第二十条对涉案物品保管场所应当符合防火、防盗、防潮、防尘等条件作出细化规定，要求安装防盗门窗、铁柜和报警器、监视器，配备必要的储物格、箱、袋等和除湿、调温、密封、防霉变、防腐烂以及计量、鉴定、辨认等设备设施，需要存放电子存储介质类物品的，应当配备防磁柜等。

3. 进一步完善涉案财物的查看、出库审批机制。根据原规定，办案中需临时调用涉案财物的，应当经检察长批准。一些地方提出，既要防止不规范操作，又要便于办案，对于办案部门人员查看、临时调用涉案财物的，由于最终还会交还案管部门，因此审批权限可适当下放。经研究，《规定》第二十一条规定，办案部门人员需要查看、临时调用涉案财物的，应当经办案部门负责人批准；需要移送、处理涉案财物的，应当经检察长批准。

（五）进一步明确处理涉案财物的期限、责任部门和工作流程

《刑事诉讼规则》对涉案财物的处理作了具体规定，吸收、修改了原《工作规定》的许多条文。考虑到处理是涉案财物工作的重要环节，而且《刑事

诉讼规则》对处理环节的有些问题也没有作出规定，《规定》对处理工作作了更为具体的规定。

1. 进一步明确涉案财物的处理阶段、期限和责任部门。一是为防止一些地方提前处理涉案财物导致事后发生争议，《规定》进一步明确要求除按照有关规定返还被害人或者经查明确实与案件无关的以外，不得在诉讼程序终结之前上缴国库或者作其他处理。对权属明确的被害人合法财产，在返还不损害其他被害人或者利害关系人的利益、不影响诉讼正常进行的情况下，应当依法及时返还。对权属有争议的，应当在决定撤销案件、不起诉或者由人民法院判决时一并处理。权利人申请出售被扣押、冻结的债券、股票、基金份额等财产的，以及扣押、冻结的汇票、本票、支票的有效期即将届满的，应当依照《刑事诉讼规则》的有关规定，在审查后及时作出处理。二是明确涉案财物的处理期限。《2010 年规定》对撤销案件、不起诉、法院作出裁判的案件这三种情形规定了同样的办理期限，但《刑事诉讼规则》仅在第二百九十五条对撤销案件这种情形作了明确规定，对其他两类案件没有规定处理期限。为保证及时处理涉案财物，《规定》第二十三条明确规定，检察机关作出撤销案件决定、不起诉决定或者收到人民法院作出的生效判决、裁定后，应当在三十日以内对涉案财物作出处理。情况特殊的，经检察长批准，可以延长三十日。三是明确了处理的责任部门。为明确责任，避免争议，《规定》明确涉案财物处理工作的责任部门，撤销案件的，由侦查部门负责办理；决定不起诉或者人民法院作出判决、裁定的案件，由公诉部门负责办理。

2. 进一步明确处理涉案财物的办理流程。查封、扣押、冻结的涉案财物由于种类不同、情况不同、保管的部门不同，处理的流程也不尽相同。《规定》第二十四条规定，处理由案件管理部门保管的涉案财物和存入唯一合规账户的涉案款项，应由办案部门持经检察长批准的相关文书或者报告，到案件管理部门办理出库手续。对于涉案款项，在办理出库手续后还应再到计划财务装备部门办理提现或者转账手续。处理未移交案管部门保管或者未存入专门银行账户的涉案财物以及冻结在金融机构的涉案财产，由办案部门在规定期限内报经检察长批准后及时作出处理。

（六）进一步明确和完善不同情形案件中的涉案财物的处理方式

不同的结案方式，对涉案财物的处理也不尽相同。《刑事诉讼规则》对撤销案件、不起诉和法院作出裁判的案件的涉案财物处理，分别规定了不同的方式，但条文较多且分散于不同的章节，查询和执行不便。《规定》第二十五条对此作了归纳综合，用一个条文集中、全面地规定了不同情形案件的涉案财物处理问题：一是因犯罪嫌疑人死亡而撤销案件、决定不起诉且涉案财物应当追缴的，应当按照有关犯罪嫌疑人逃匿、死亡案件违法所得的没收程序办理。二是因其他原因撤销案件、决定不起诉且涉案财物需要没收的，应当依照有关规定移送有关主管机关处理。三是提起公诉的案件，对于冻结在金融机构的涉案财产，由人民法院通知该金融机构上缴国库；对于依法未随案移送人民法院的涉案财物，人民检察院根据人民法院的判决、裁定上缴国库。四是对于人民检察院侦查部门起诉意见书中未认定为与犯罪有关的涉案财物和起诉书中未认定或者起诉书认定但人民法院生效判决、裁定中未认定为与犯罪有关的涉案财物，应当按照撤销案件、不起诉案件中涉案财物的处理方式来处理，根据情形分别移送有关主管机关处理或者及时返还犯罪嫌疑人、被不起诉人、被告人。五是无论哪种情形的案件，涉案财物需要返还被害人的，都应当按照有关规定返还。

（七）进一步完善涉案财物工作的监督机制

强化对涉案财物工作的内部监督，是检察机关严格司法、规范司法的重要举措。《规定》进一步建立和完善检察机关内部监督管理机制，确保监督到位、制约有力，不断提升检察机关的司法公信力。《规定》进一步明晰了检察机关的三种涉案财物工作监督机制：一是侦查监督、公诉、控告检察、刑事申诉检察等办案部门在诉讼活动中，依据自身诉讼职能进行的监督，如侦查监督部门、公诉部门对侦查部门的查封、扣押、冻结活动是否合法所开展的侦查活动监督。二是人民检察院监察部门依据自身监察职能进行的监督，如监察部门对违反办案纪律的查封、扣押、冻结行为作出的纪律处分。三是案件管理部门依据自身的业务管理职能，在日常监管工作中对查封、扣押、冻结不规范的行为进行的监督。关于办案部门的监督，刑事诉讼法和《刑事诉讼规则》中已有具体规定，《规定》对此作了重申，未作过多规定。关于监察部门的监督，《规定》明确提出，人民检察院监察部门应当对本院和下级人民检察院的涉案财物工作进行检查或者专项督察，每年至少一次，并将结果在本辖区范围内予以通报。发现违纪违法问题的，应当依照有关规定作出处理。

关于案件管理部门的监督，《刑事诉讼规则》规定得较为原则，《规定》在第七条明确案件管理部门对查封、扣押、冻结、处理涉案财物工作进行监督管理的基础上，对案管部门的监督途径、监督方式、与其他监督机制的衔接等作了详细规定。一是明确监督途径。《规定》第三十条规定，案件管理部门可以通过受案审查、流程监控、案件质量评查、检察业务考评等途径，对本院和下级人民检察院的涉案财物工作进行监督管理。发现违法违规问题的，督促相关部门依法及时处理。二是明确监督方式。《规定》第三十一条细化了办案活动中经常出现的违法违规的 10 种情形，规定案件管理部门发现办案部门或者办案人员在涉案财物工作中有违法违规情形的，可以口头提示；对于违规情节较重的，应当发送案件流程监控通知书。三是明确案件部门监督与办案部门、监察部门监督的衔接。《规定》第三十一条提出，案件管理部门发现办案部门或者办案人员有违法违规情形且认为有必要的，可以根据案件所处的诉讼环节，告知侦查监督、公诉、控告检察或者刑事申诉检察等部门。认为需要追究纪律或者法律责任的，应当移送监察部门处理或者向检察长报告。

（八）进一步完善当事人及案外人的权益保障机制

由于法律对涉案财物范围的规定相对比较原则，再加上具体采取查封、扣押、冻结措施时往往存在时间紧、数量多、实践情形千差万别等原因，对涉案财物的查封、扣押、冻结和保管、处理有可能会引起当事人甚至案外人的异议。为切实加强人权保障，保护当事人、诉讼参与人以及有利害关系的第三人的合法权益，防止投诉无门，《规定》第三十二条进一步建立和完善权利保障与救济机制：一是强调信息公开，保障人民群众知情权，将司法办案活动置于人民监督之下。《规定》明确提出，人民检察院查封、扣押、冻结、保管、处理涉案财物，应当按照有关规定做好信息查询和公开工作，并为当事人和其他诉讼参与人行使权利提供保障和便利。二是明确案外人的诉讼权利，规定善意第三人等案外人与涉案财物处理存在利害关系的，人民检察院办案部门应当告知其相关诉讼权利。三是健全救济机制，规定当事人及其法定代理人和辩护人、诉讼代理人、利害关系人对人民检察院的查封、扣押、冻结不服或者对人民检察院撤销案件决定、不起诉决定中关于涉案财物的处理部分不服的，可以依照刑事诉讼法和《刑事诉讼规则》的有关规定提出申诉或者控告；人民检察院控告检察部门对申诉或者控告应当依照有关规定及时受理和审查办理并反馈处理结果。人民检察院提起公诉的案件，被告人、自诉人、附带民事诉讼的原告人和被告人对涉案财物处理决定不服的，可以依照有关规定就财物处理部分提出上诉，被害人或者其他利害关系人可以依照有关规定请求人民检察院抗诉。此外，《规定》第三十四条还明确规定，人民检察院查封、扣押、冻结、保管、处理涉案财物，应当接受人民监督员的监督。

最高人民检察院关于认真贯彻执行《关于进一步规范刑事诉讼涉案财物处置工作的意见》的通知

（2015 年 3 月 16 日公布　高检发反贪字〔2015〕126 号）

各省、自治区、直辖市人民检察院，军事检察院，新疆生产建设兵团人民检察院：

2015 年 1 月 24 日，中共中央办公厅、国务院办公厅印发了《关于进一步规范刑事诉讼涉案财物处置工作的意见》（以下简称《意见》），对健全处置涉案财物的程序、制度和机制，进一步规范刑事诉讼涉案财物处置工作提出明确要求。为认真贯彻执行《意见》精神和要求，现结合检察工作实际，就有关事项通知如下：

一、进一步统一思想、提高认识严格规范刑事诉讼涉案财物处置工作

规范刑事诉讼涉案财物处置工作是一件事关正确惩治犯罪、保障人权的大事，是一项促进司法公正、提高司法公信力的重要举措。《意见》认真贯彻落实十八届三中、四中全会精神，严格执行刑法、刑事诉讼法有关规定，结合刑事诉讼活动实际，对规范刑事诉讼涉案财物查封、扣押，冻结程序，建立办案与保管环节相互制约制度，规范涉案财物保管制度，探索建立涉案财物集中管理信息平台，完善涉案财物先行处置、审前返还程序，明确利害关系人诉讼权利，健全完善权利救济、责任追究机制等，作出了具体而明确的规定。《意见》的出台，对于促进依法惩治犯罪和切实保障人权的协调统一，保障司法办案工作顺利进行，保证公正司法、提高司法公信力都具有十分重要意义。各级检察机关要认真学习、深刻领会，切实将思想和行动统一到《意见》要求上来，既要加强对自身办案活动的监督，又要加强对刑事诉讼活动全过程的法律监督，保障涉案财物处置工作依法、规范、公正进行，切实维护司法公正和法治权威，更好地在全面推进依法治国中发挥职能作用。

二、准确把握、深入贯彻《意见》要求，依法严格规范环节涉案财物处置工作

为确保《意见》要求得到全面贯彻落实，各级检察机关在涉案财物处置工作中，要注意把握和处理好以下几个方面：

（一）坚持原则，把握方向

《意见》明确提出了规范刑事诉讼涉案财物处置的三条原则，在检察工作中必须严格执行是坚持公正与效率相统一。一是检察机关在刑事诉讼活动中，对涉案财物处置必须严格按照法律规定和要求执行，严禁在查封、扣押、冻结和处理等环节发生违法办案问题；与此同时，要提高处置效率，确保案件在法定期限内顺利办理。二是坚持改革创新与于法有据相统一。当前，刑事诉讼活动遇到许多新情况、新问题，特别是对一些新问题，法律规定尚不明确。这就要求检察机关在刑事诉讼涉案财物处置工作中既要开动脑筋、大力提倡改革创新，又要坚持改革创新必须于法有据，不能超越法律规定范围，甚至违反法律规定。对于法律没有明确规定的，要严格按照党和国家政策处理。三是坚持保障当事人合法权益与适应司法办案需要相统一。在刑事诉讼活动中，依法保障当事人合法权益是司法机关必须遵循的基本原则。按照法律规定，严格禁止非法处置涉案财物等侵害当事人合法权益的行为，这是不能逾越的红线。检察机关在涉案财物处置工作中，必须坚持依法、公开、公平处置，注重原则性与灵活性相结合，根据办案具体情况和实际需要，对应当控制的涉案财物，要坚决果断控制；对应当及时处置的涉案财物，要依法及时处置。

（二）严格执行涉案财物处置程序规定

为规范涉案财物处置，《意见》规定了查封、扣押、冻结和审前返还、先行处置等三个程序。检察机关在贯彻落实过程中要把握以下几点：一是严格规范查封、扣押、冻结程序检察机关在查办职务犯罪案件过程中，应当严格按照刑事诉讼法关于查封、扣押、冻结涉案财物等规定执行；在履行侦查监督、审查起诉职责过程中，检察机关既要加强对自身办案工作中查封、扣押、冻结和处置涉案财物活动的监督，也要加强对公安机关、国家安全机关，人民法院等办理刑事案件的监督，对于违法查封、扣押、冻结或者处置涉案财物的，或者没有犯罪嫌疑人、被告人及其所扶养的亲属保留必需的生活费用和物品，也没有减少对涉案单位正常办公、生产、经营等活动影响的，应当及时提出纠正意见，督促检察机关办案部门或者公安机关、国家安全机关、人民法院纠正，该解除、退还的及时解除、退还，该移送、返还的，及时移送、返还。二是严格规范审前返还程序。检察机关在查办职务犯罪案件过程中，对权属明确的被害人财物，凡返还不损害其他被害人或者利害关系人的利益，不影响诉讼正常进

行的，要及时返还。对权属不明确或者存在争议的涉案财物，应当移送人民法院，在判决时一并处理。同时，要加强对公安机关、国家安全机关、人民法院的监督，促进审前返还程序依法正确适用。三是严格规范先行处置程序。检察机关在查办职务犯罪案件过程中，可能涉及不宜长期保存、易贬值或者市场价格波动大的一些特定财物，在确保公开、公正的前提下，经权利人同意或者申请，批准后可以依法出售、易贬值者先行变卖、拍卖，所得款项依法保存。对于公安机关国家安全机关在查办普通刑事犯罪案件中涉及上述情况的，要依法加强法律监督。

（三）严格执行涉案财物处置制度

《意见》规定了对涉案财物处置的相互监督制约以及最高人民检察院交办案件涉案财物上缴中央国库制度和办案经费安排等制度，检察机关要认真贯彻落实，切实把握以下环节：一是建立相互监督制约制度。实行办案和保管相分离，严禁办案部门、办案人员自行保管涉案财物，防止违法处置，甚至发生调换、侵吞等违法问题。检察机关既要加强对自身查办职务犯罪案件活动的监督，也要加强对公安机关、国家安全机关等办案单位的监督，发现办案部门、保管部门截留、坐支、私分或者擅自处理涉案财物的，对其直接负责的主管人员和其他直接责任人员，按滥用职权等依法追究责任；办案人员、保管人员调换、侵吞、窃取、挪用涉案财物的，按贪污等依法追究责任。二是建立最高人民检察院交办案件涉案财物上缴中央国库制度。对于由最高人民检察院立案或指定地方异地查办的重特大职务犯罪案件，承办案件检察院应将涉案财物统一上缴中央政法机关涉案财物账户，待判决生效后通过中央财政汇缴专户缴入中央国库。三是建立最高人民检察院交办案件办案经费安排制度。对于最高人民检察院指定地方异地查办的重特大职务犯罪案件，办案经费由中央财政保障，必要时提前预拨办案经费。涉案财物上缴中央国库后，最高人民检察院应当在中央政法委协调下对办案经费提出安排意见，由财政部门通过转移支付及时核拨承办案件检察院。

（四）建立完善机制，确保规范处置涉案财物

一是探索建立专门查询机制。检察机关在查办职务犯罪案件过程中，依地需要查询、冻结或者划扣涉案款项的、应当向相关金融机构提出协查的请求。同时，要积极推动建正统一的专门查询机制、会同金融机构及时建立涉案账户紧急支付制度，完善集中查询，冻结和定期续冻制度。二是完善违法所得追缴，执行工作机制，根据《意见》规定，检察机关应当配合审判机关。对审判时尚未追缴到案或者尚未足额退赔的违法所得，予以继续追缴或者责令退赔。三是健全境外追逃追赃工作体制机制。检察机关在对职务犯罪案件进行侦

查、审查起诉的环节，应当积极核查犯罪嫌疑人。被告人境外涉案财物去向；对犯罪嫌疑人、被告人逃匿的，应当继续开展侦查取证工作。需要到境外追逃追赃的，办案检察院应当将案件基本情况及调查取证清单，按程序层报最高人民检察院，由最高人民检察院向有关国家（地区）提出司法协作请求，并将有关情况通报公安部。四是完善协作配合机制。进一步完善检察机关与公安机关、国家安全机关，审判机关、财政、人民银行等单位的协作配合，确保有关规定落到实处。此外，检察机关应当与相关司法机关共同研究解决办理案件中遇到的突出问题，确保执法司法工作顺利进行，切实保障当事人合法权益。

（五）依法保护善意第三人权利、完善权利救济机制

《意见》对保障犯罪嫌疑人与利害关系人合法权益提出明确要求。一是明确利害关系人诉讼权利。对于善意第三人等案外人与涉案财物处理存在利害关系的，检察机关应当告知其相关诉讼权利；对被害人或者其他利害关系人，不服涉案财物处理决定请求抗诉的，检察机关要及时进行审查，提出是否抗诉的意见。二是完善权利救济机制。当事人、利害关系人对涉案财物处置提出异议、复议、申诉、投诉或者举报的，属于检察机关查办的职务犯罪案件，上级检察院要依法受理并及时反馈处理结果：属于普通刑事犯罪案件，检察机关要加强对公安机关、国家安全机关、人民法院等对当事人、利害关系人权利救济情况的法律监督。

（六）强化监督制约与责任追究

《意见》明确要求，要加强对涉案财物处置的监督制约与责任追究。一是加强相互监督制约。检察机关既要加强对公安机关、国家安全机关、人民法院等涉案财物处置工作的法律监督，也要自觉接受公安机关、国家安全机关、人民法院的诉讼制约。二是加强对下级监督。上级检察机关发现下级检察机关涉案财物处置工作确有错误的，要依照法定程序责令限期纠正。三是强化责任追究。检察机关对在查封、扣押、冻结和处置涉案财物过程中，发生违法违规行为的，要依法依纪处分；对自身办案或其他办案单位违法查封、扣押、冻结和处置涉案财物，构成犯罪的，应当依法追究刑事责任；对因检察机关涉案财物处置工作失误，给当事人、利害关系人造成损失并应予国家赔偿的，要及时启动国家赔偿程序，同时对相关责任人员依法进行追偿。

三、采取有效措施，切实抓好《意见》的贯彻落实

《意见》既是检察机关在查办职务犯罪案件过程中对于涉案财物进行查封、扣押、冻结和处置的重要依据，也是检察机关加强对刑事诉讼活动法律监督必须遵循的重要原则。各级检察机关必须高度重视，积极采取措施抓紧贯彻落实，切实提高刑事诉讼涉案财物处置工作的规范化、制度化和程序化水平。

（一）要认真组织学习、深刻领会《意见》的精神实质

各级检察机关要把深入贯彻落实《意见》作为当前一项重要任务来抓，认真组织学习，全面领会文件内容，深刻领会精神实质，做到思想认识到位、组织领导到位、工作落实到位，确保《意见》在检察环节得到不折不扣的贯彻执行。

（二）要将贯彻执行《意见》同深入开展规范司法行为专项整治工作结合起来

各级检察机关要认真对照《意见》规定，结合工作实际逐条进行梳理，重点查找刑事诉讼涉案财物处置工作中存在的突出问题，并作为规范司法行为专项整治工作的重要内容，坚持立行立改，确保严格规范检察环节刑事诉讼涉案财物处置工作，切实维护犯罪嫌疑人等涉案人员的合法权益。

（三）要加强工作指导

上级检察机关特别是省级检察院，要加强对本地区贯彻落实《意见》情况的指导、了解和动态掌控，对执行中遇到的新情况、新问题，要及时研究解决，必要时层报最高人民检察院。最高人民检察院将结合检察工作实际，制定检察机关规范刑事诉讼涉案财物处置工作的实施意见，进一步细化政策要求，规范工作流程，明确责任追究，完善协作配合机制，切实提高《意见》的执行力，确保刑事诉讼涉案财物处置相关规定落到实处。

最高人民检察院

2015 年 3 月 16 日

中央宣传部、中央网信办、最高人民法院、最高人民检察院、公安部、工业和信息化部、国家工商行政管理总局、国家邮政局、国家禁毒委办公室关于加强互联网禁毒工作的意见

（2015 年 4 月 14 日印发并施行　禁毒办通〔2015〕32 号）

为全面落实中共中央、国务院《关于加强禁毒工作的意见》，大力加强互联网禁毒工作，遏制毒品蔓延、净化网络环境，保障人民群众健康幸福和安居乐业，现提出如下意见。

一、当前形势、指导思想和工作目标

1. 清醒认识当前互联网禁毒工作面临的严峻形势。近年来，在信息技术发展和现实毒情蔓延共同作用下，互联网迅速发展为毒品违法犯罪新的传播平台和联络渠道。部分吸毒人员在网上聚集交流吸毒体会、集体进行吸毒活动、引诱发展新吸毒人员。部分制贩毒分子通过互联网发布毒品及其他涉毒物品销售信息、交流制毒技术、联络实施毒品犯罪。互联网信息传输不受时空限制的特点和信息内容庞大复杂、不利监管的难点，加速了毒品传播蔓延，诱发新吸毒人员滋生，增大执法打击难度。互联网上涉毒有害信息和涉毒活动，败坏社会风气、损害精神文明、破坏网络秩序，使全国毒品问题更加复杂严重，危害人民群众身心健康，危害平安中国、法治中国建设，人民群众强烈要求严厉予以整治。面对新形势带来的新挑战，必须大力加强互联网禁毒工作，强化网络阵地管理、全面净化网络环境。但是，一些政府职能部门对互联网禁毒工作的重要性认识不够，责任不明、措施不力，互联网禁毒监管体制和工作机制缺失。一些互联网企业、网站追求经济利益，不履行社会责任，放任网上涉毒违法信息传播扩散。各地区、各部门要充分认识互联网涉毒活动的严峻性、复杂性和危害性，充分认识加强互联网禁毒工作对维护国家长治久安、保障人民群众健康幸福的重要意义，从维护国家安全和社会稳定的高度，切实增强做好互联网禁毒工作的责任感、使命感和紧迫感。

2. 指导思想和工作目标。加强互联网禁毒工作，要认真贯彻党的十八大

和十八届三中、四中全会精神，认真贯彻习近平总书记系列重要讲话精神，按照中共中央、国务院《关于加强禁毒工作的意见》的部署，以培育和践行社会主义核心价值观为根本，以维护国家安全和社会稳定、深入推进全国禁毒斗争为主线，以完善管理体制、健全工作机制为总体思路，各地区、各部门发挥优势、整体联动，运用法治思维和法治方式，统筹网上网下两个战场，坚决切断涉毒有害信息网上传播渠道，规范互联网管理秩序，保障人民群众根本利益。通过各部门各负其责、齐抓共管，全社会共同参与，使网上涉毒有害信息和毒品违法犯罪活动明显减少，网络禁毒监管体制基本建立，人民群众参与禁毒斗争意识显著增强，国家维护网络秩序、开展网上禁毒斗争能力显著提升。

二、明确职责分工

3. 党委宣传部门。组织、协调、推动互联网禁毒宣传工作，通过传统媒体和互联网新媒体广泛深入发动群众参与网上禁毒斗争，举报涉毒违法犯罪线索，教育引导互联网行业和广大网民遵纪守法，落实禁毒责任。加强舆论监督，不断挤压网络毒品违法犯罪活动生存空间。

4. 网信部门。组织新闻网站及转载新闻的网站，加强互联网宣传工作，弘扬主旋律，传播正能量。

5. 人民法院。各级人民法院加强对互联网涉毒犯罪案件的审判工作，强化审判指导，加大对互联网涉毒犯罪的惩治力度。最高人民法院会同最高人民检察院、公安部等部门出台司法解释或者规范性文件，统一、规范互联网涉毒犯罪案件的法律适用。

6. 人民检察院。最高人民检察院加强对各级人民检察院办理互联网涉毒犯罪案件工作的领导；各级人民检察院依法做好互联网涉毒犯罪案件审查批捕、审查起诉、诉讼监督和查处有关职务犯罪工作。

7. 公安机关。充分发挥整体作战优势，开展打击互联网涉毒违法犯罪专项行动；侦查互联网涉毒案件，严厉打击互联网涉毒违法犯罪分子；组织清理互联网涉毒违法信息；受理处置互联网涉毒违法犯罪举报；建立网络涉毒线索通报机制、网上网下联动查处机制；依法查处为涉毒违法犯罪活动提供条件的互联网服务提供者。对于重大、疑难、复杂的互联网涉毒犯罪案件，应当加强与人民检察院的沟通协调，听取其意见，提高和保证办案质量。

8. 电信主管部门。督促电信业务经营者严格落实"未备案不接入"，履行接入用户的合法资质查验义务，对违反相关规定或被公安机关认定涉毒问题突出、拒不整改或涉毒情节严重的互联网信息服务提供者，依法停止其互联网接入服务直至将其纳入违法违规网站黑名单。指导督促互联网信息服务提供者协助公安机关加强互联网禁毒信息巡查、监管，配合开展打击互联网涉毒违法犯罪工作。

9. 工商行政管理（市场监管）部门。依法加强网络交易监管，在日常监督检查中发现有涉毒行为的，移交公安机关处理；积极配合公安机关督促第三方网络交易平台经营者对商品和服务信息建立禁毒检查监控制度，要求其发现有涉毒行为立即向公安机关报告，并配合公安机关开展相关查处工作。根据公安机关出具的《意见书》，依法查处涉毒问题严重的企业、其他经济组织或者个体工商户，并应通过企业信用信息公示系统进行公示。因涉毒问题严重被吊销营业执照、责令关闭的公司，对其法定代表人、董事、监事、高级管理人员在其他企业再次任职的资格依法进行相关限制。

10. 邮政管理部门。对电商业务占比较大的邮政、快递企业经营行为加强监管，督促快递企业加强对寄递毒品行为的发现力度，配合公安机关依法查处利用快递渠道运输毒品和涉毒物品行为；加强对邮政、快递企业的教育引导，规范企业行为，明确快递行业禁毒法律责任义务；根据公安机关提供的证据材料，依法惩处收寄验视制度执行不到位、涉毒问题严重的快递企业。

11. 禁毒委员会办公室。明确电子商务、物流寄递企业和电信业务经营者、互联网服务提供者、上网用户的禁毒责任义务。建立互联网服务提供者涉毒情况审查、评估、通报、约谈制度，协调各部门开展联合执法行动。牵头会同有关部门对涉毒问题严重的互联网服务提供者进行约谈。在禁毒委员会中增设互联网禁毒工作小组，组织协调相关部门分工合作，共同做好互联网禁毒工作。

三、互联网和寄递行业责任

12. 担负主体责任。互联网接入服务、信息服务提供者对网站、即时聊天群组的公共信息加强巡查，自查自纠、主动清理涉毒有害信息，不得为涉毒活动提供传播条件、渠道。要严格落实信息发布审核、用户日志记录和信息内容留存等措施，一旦发现利用其服务发布、传输的信息属于涉毒违法信息的，应当立即删除，保存有关记录并向公安机关报告。如未履行上述责任和义务的，依法追究有关互联网企业、网站、论坛、即时聊天群组等的创建者、实际管理者的法律责任。

13. 配合执法办案。互联网信息服务提供者要积极配合公安机关执法办案，按照有关规定，快速提供证据材料。大型、重点网站要与公安机关建立配合协作机制，组织专门的禁毒工作力量，接受禁毒业务培训，主动收集线索，配合执法办案。邮政快递企业要加强行业自律，提高主动监管意识，严格落实寄递物品验视制度，积极配合有关部门查处打击网络涉毒违法犯罪活动。

四、坚决依法打击

14. 加强情报线索搜集。各部门要加强协调配合，完善情报信息收集研判和共享机制，及时发现互联网涉毒违法犯罪情况并向公安机关通报，配合开展案件查办工作，根据公安机关调查情况，追究有关单位和人员责任，依法依规予以惩处。

15. 严厉打击网络毒品犯罪。对涉毒违法犯罪线索进行落地侦查取证、深挖扩线和打击处理，深入搜集固定证据，查清组织策划人员，开展打击行动，集中力量侦破一批网络涉毒违法犯罪案件，抓捕一批为首分子和骨干人员，摧毁毒品违法犯罪团伙网络。集中打击整治一批为网络涉毒违法犯罪活动"输血供电"的互联网及寄递企业。对于利用互联网贩卖毒品，或者在境内非法买卖用于制造毒品的原料、配剂构成犯罪的，分别以贩卖毒品罪、非法买卖制毒物品罪定罪处罚；对于利用互联网发布、传播制造毒品等犯罪的方法、技术、工艺的，以传授犯罪方法罪定罪处罚，被传授者是否接受或者是否以此方法实施了制造毒品等犯罪不影响对本罪的认定；对于开设网站、利用网络通讯群组等形式组织他人共同吸毒，构成引诱、教唆、欺骗他人吸毒罪等犯罪的，依法定罪处罚。

五、加强组织领导

16. 认真履行禁毒职责。各有关部门要按照职能分工，各负其责、密切配合，根据职责依法加大打击查处力度，逐级建立议事协调机制，健全完善巡查监管、线索搜集、案件查办、整顿处罚工作机制，加强情况通报、问题会商，统筹协调开展联合执法行动，完善行政执法和刑事司法衔接，形成各部门各司其职、高效联动、合成作战的常态化工作格局。各部门要加强对互联网禁毒工作的调查研究，及时发现新情况，研究解决新问题。各部门要定期向本级禁毒委员会汇报开展互联网禁毒工作情况，将互联网禁毒工作列入本地区、本部门整体工作规划，发挥职能优势，确保各项工作落到实处。

17. 加大检查督导力度。各部门要适时派出联合工作组到重点城市、重点企业进行现场检查督导，组织相关行业进行全面系统排查，落实工作措施；联合开展重大案件调查，定期通报案件查办落实情况；对重点企业、重点问题、重大案件挂牌督办。各部门要分别组织开展互联网禁毒工作督导检查、考核评估，督促工作不力、问题严重的地区、部门、企业改进工作，确保取得实效。

六、严肃追究责任

严肃追究失职渎职责任。行业主管部门及其工作人员失职渎职、玩忽职守、滥用职权、徇私舞弊，疏于对互联网或寄递行业监督管理，造成严重后果，构成犯罪的，依法追究刑事责任；尚不构成犯罪的，对直接负责的主管人员和其他直接责任人员依法依纪给予降级、撤职直至开除的行政处分。对违法违规的电信业务经营者、互联网服务提供者、物流寄递企业等，依法追究直接负责的主管人员和其他直接责任人员的责任。

明确责任提供依据　深入推进互联网禁毒
——《关于加强互联网禁毒工作的意见》解读 *

张年亮 **

近日，国家禁毒办牵头会同中央宣传部、中央网信办、最高人民法院、最高人民检察院、公安部、工业和信息化部、国家工商行政管理总局、国家邮政局、国家禁毒委办公室等 9 部门，联合制定出台《关于加强互联网禁毒工作的意见》（以下简称《意见》）。《意见》指出了我国互联网涉毒违法犯罪活动的严峻形势、严重危害，集中宣示了党和国家严厉整治网络涉毒违法犯罪活动的坚强决心和坚定态度，是我国打击互联网涉毒领域首个多部门政府正式文件。

《意见》有哪些亮点？将对打击互联网涉毒发挥什么作用？近日，公安部有关负责人就此接受了本报记者的采访。

互联网成为涉毒犯罪重要渠道

问：《意见》出台的背景是什么？

答：当前，我国互联网禁毒工作形势愈发严峻、复杂。近年来，在公安机关高压严打下，传统毒品犯罪另辟蹊径，借道互联网有了新情况。互联网在毒品犯罪中不仅发挥购销渠道作用，而且几乎形成制毒、贩毒、吸毒交流的全产业链条。部分吸毒人员在网上聚集交流吸毒体会、相约集体进行吸毒活动、引诱发展新吸毒人员。部分制贩毒分子通过互联网发布毒品及其他涉毒物品销售信息、交流制毒技术、联络实施毒品犯罪。可以说，互联网涉毒触目惊心，带来的危害十分严重。

2011 年以来，公安部先后组织过 4 次全国性网络缉毒专项行动，累计抓获涉毒违法犯罪嫌疑人 2 万余名。仅辽宁辽阳"5·28"专案，就梳理排查出参与吸食、贩卖毒品的网络通信群组 570 多个。

但是，一些政府职能部门对互联网禁毒工作的重要性认识不够，责任不明、措施不力，互联网禁毒监管体制和工作机制还存在许多短板。此外，一些

---

　 * 参见 2015 年 4 月 29 日《人民公安报》第 2 版。

　 ** 作者单位：人民公安报社。

互联网企业、网站追求经济利益，不履行社会责任，放任网上涉毒违法信息传播扩散，对网上涉毒活动起到了推波助澜的作用。

打击网上涉毒违法犯罪是一项系统工程，只有各相关部门敢于担当、各负其责，发挥作用、形成合力，才能有效遏制网上涉毒违法行为的滋生蔓延。因此，9 部门联合制定出台了《意见》。

斩断网上传播渠道，保障人民根本利益

问：联合出台《意见》的目的是什么？

答：《意见》是由中央 9 部门联合印发的规范性文件，其中，制定的主体既有中宣部、中央网信办等中央直属机关，又有最高人民法院、最高人民检察院等司法机关，还有国务院组成部门、直属机构。《意见》既是一份指导党政部门工作的政策文件，又是一份规范刑事、行政法律适用的法律文件，为今后开展互联网禁毒工作提供了重要法律依据。

《意见》出台的主要目的是维护国家安全和社会稳定、深入推进全国禁毒斗争，不断完善管理体制、健全工作机制，使各地区、各部门发挥优势、整体联动，运用法治思维和法治方式，统筹网上网下两个战场，斩断涉毒有害信息网上传播渠道，规范互联网管理秩序，保障人民群众根本利益。

我们希望通过制定出台《意见》，形成各部门各负其责、齐抓共管，全社会共同参与的格局，使网上涉毒有害信息和毒品违法犯罪活动明显减少，网络禁毒监管体制基本建立，人民群众参与禁毒斗争意识显著增强，国家维护网络秩序、开展网上禁毒斗争能力显著提升。

厘清部门责任，提供法律依据

问：《意见》都有哪些亮点？实施后将对打击互联网涉毒违法犯罪行为产生哪些积极影响？

答：《意见》最大的亮点便是首次明确了包括公安部、最高人民法院、最高人民检察院在内的 9 个中央国家部门在互联网禁毒工作中负有主要责任，并逐一规定了各部门的具体职责任务。这将有利于各部门各司其职、各负其责，密切配合、通力协作，形成打击整治网络涉毒违法行为的合力。

《意见》还将工商、工信、邮政管理部门对行政管理职能、行政处罚手段引入互联网禁毒工作，分别利用工商行政管理部门对网络交易、电信主管部门对电信业务经营和互联网信息服务、邮政管理部门对快递行业的监管职能，分

别从源头（电信服务）、中间（电子商务）和末端（快递）多头发力，综合采取管控措施。根据《意见》，涉毒问题严重的网站平台，将可能被电信部门纳入"黑名单"永久性关闭。涉毒的企业、其他经济组织和个体工商户，将可能被工商部门向全社会公示其企业信用，因涉毒问题严重被吊销营业执照、责令关闭的公司，对其法定代表人、董事、监事、高级管理人员在其他企业再次任职的资格依法进行相关限制。收寄验视制度执行不到位、涉毒问题严重的快递企业，可能将面临邮政管理部门停业整顿直至吊销许可等严厉处罚。问题严重、突出的企业，可能将面临多部门联合整治、联合处罚的严厉惩罚。

《意见》的另外一大亮点是明确了互联网行业在禁毒工作中负有主体责任、需要采取的有效管控措施、负有的报告义务。比如，《意见》规定，互联网接入服务、信息服务提供者要主动清理涉毒有害信息，不得为涉毒活动提供传播条件、渠道。一旦发现利用其服务发布、传输的信息属于涉毒违法信息的，应当立即删除，保存有关记录并向公安机关报告。明确指出互联网服务提供者如未履行禁毒法律责任和义务将会被依法追究有关法律责任。

此外，《意见》还列举了互联网涉毒犯罪的主要类型、刑事处罚办法。比如，对于利用互联网贩卖毒品，或者在境内非法买卖用于制造毒品的原料、配剂构成犯罪的，分别以贩卖毒品罪、非法买卖制毒物品罪定罪处罚；对于利用互联网发布、传播制造毒品等犯罪的方法、技术、工艺的，以传授犯罪方法罪定罪处罚；对于开设网站、利用网络通信群组等形式组织他人共同吸毒，构成引诱、教唆、欺骗他人吸毒罪等犯罪的，依法定罪处罚。

作为具有法律性质的规范性文件，《意见》对于进一步推动我国禁毒和互联网法制建设，提高国家依法加强禁毒工作、依法管理网络秩序的能力水平，加强企业、公民依法自律、规范网上行为将发挥重要作用。

制定绩效考评办法，推动网络扫毒行动纵深开展

问：据了解，为打击互联网涉毒行为，公安部已部署全国公安机关开展为期三个月的网络扫毒专项行动。请问，专项行动已经取得哪些成效？

答：为确保专项行动取得最佳效果，公安部在此之前做了周密充分的准备工作。2015 年 3 月 7 日，公安部办公厅向全国公安机关专门发出通知，对此次专项行动的组织领导、目标任务、工作步骤、战术方法、法律政策、工作纪律等提出明确要求。同时，2015 年 2 月以来，公安部禁毒局、网络安全保卫局及相关部门对做好专项行动相关工作分别向全国公安禁毒、网安及相关部门连续作出专题部署。4 月 15 日，公安部召开全国公安机关视频会议，刘跃进

部长助理在这次会议上，从工作目标、侦查打击、协作配合、监管整治、责任追究、协调指挥等 6 个方面对进一步推进网络扫毒专项行动作出部署。

为科学评价各地专项行动战果，鼓励先进、鼓舞士气，公安部禁毒局、网安局经过反复酝酿，共同制定了专项行动绩效考评办法。公安部将成立专项行动办公室，统一指挥全国性重大案件侦破工作，并通过开展督导、检查、通报、考评等工作，不断推动专项行动取得成效。

此外，各级禁毒办将在此次专项行动中充分发挥作用，组织协调各部门以《意见》为武器，会同公安机关对重大案件开展联合调查，对涉毒问题突出的企业联合开展约谈、督办、整治、处罚等相关工作。

最高人民检察院、国家邮政局关于以检察专递方式邮寄送达有关检察法律文书的通知

（2015 年 4 月 15 日公布　高检会〔2015〕2 号）

各省、自治区、直辖市人民检察院，军事检察院，新疆生产建设兵团人民检察院，各省、自治区、直辖市邮政管理局，中国邮政速递物流股份有限公司：

《最高人民检察院关于以检察专递方式邮寄送达有关检察法律文书的若干规定》（以下简称《若干规定》）已于 2014 年 12 月 30 日由最高人民检察院第十二届检察委员会第三十三次会议通过并公布施行，明确有关检察法律文书可以交由邮政企业以特快专递方式邮寄送达。现就有关问题通知如下：

一、检察专递邮件的范围为《若干规定》中明确的可以通过邮寄送达方式寄递的检察法律文书，主要包括民事检察、行政检察、控告检察、刑事申诉检察等法律文书。该送达方式与人民检察院直接送达具有同等法律效力。各单位要按照《若干规定》的要求，严格寄递邮件的范围、程序、操作流程，确保邮件寄递安全、及时、可控、准确、到位。

二、中国邮政速递物流股份有限公司应根据《若干规定》内容制定执行细则。各省级人民检察院可根据本省情况与各省级邮政速递物流公司进行细化，制定实施细则。各省级人民检察院在《若干规定》实施前已经通过邮政企业开展邮寄业务的，应当检查和修改相关制度中的内容，保证《若干规定》在全国范围内得到统一的贯彻实施。

三、各省级人民检察院可以根据本辖区内经济发展的水平与各省级邮政速递物流公司协商决定"检察专递"的资费标准。在确定收费标准时，应当充分考虑同城与异地、城市与乡村等综合因素。

四、中国邮政速递物流股份有限公司要立即将此通知转发至下属各级公司，传达到每个服务网点，并定期组织开展检察专递妥投情况的检查。各地人民检察院和邮政企业在实施检察专递过程中发现的问题，请分别及时报告最高人民检察院和中国邮政速递物流股份有限公司，以便进一步完善有关制度。

最高人民检察院

国家邮政局

2015 年 4 月 15 日

最高人民检察院、国家发展改革委
关于在招标投标活动中全面开展
行贿犯罪档案查询的通知

（2015 年 5 月 8 日公布并施行　高检会〔2015〕3 号）

各省、自治区、直辖市人民检察院、发展改革委，新疆生产建设兵团人民检察院、发展改革委：

为贯彻党的十八大和十八届三中、四中全会关于加强诚信建设的精神，落实《国务院关于印发社会信用体系建设规划纲要（2014—2020 年）的通知》（国发〔2014〕21 号）要求，推动健全社会信用体系，营造诚实守信的市场环境，有效遏制贿赂犯罪，促进招标投标公平竞争，最高人民检察院、国家发展改革委决定在招标投标活动中全面开展行贿犯罪档案查询。

一、充分认识在招标投标活动中开展行贿犯罪档案查询的重要意义

《中华人民共和国招标投标法》明确规定，招标投标活动应当遵循诚实信用的原则。在招标投标活动中开展行贿犯罪档案查询，对有行贿犯罪记录的单位和个人参与招标投标活动进行限制，是健全招标投标失信行为联合惩戒机制，推动社会信用体系建设的重要举措，有利于规范招标投标活动当事人行为，提高其违法失信成本，遏制贿赂犯罪；有利于形成"一处行贿，处处受制"的信用机制，促进招标投标行业持续健康发展。各级人民检察院、发展改革部门和招标投标行政监督部门要进一步提高认识，加强协作配合，积极推动建立招标投标活动行贿犯罪档案查询工作机制，有效应用行贿犯罪档案查询结果，做好对经查询有行贿犯罪记录的单位或个人的处置工作，强化市场主体廉洁经营、诚信经营、守法经营的意识。

二、在招标投标工作中开展行贿犯罪档案查询的基本内容

（一）依法必须招标的工程建设项目应当在中标通知书发出前对投标人进行行贿犯罪档案查询。委托招标代理机构前，应当对代理机构进行行贿犯罪档案查询。

有关主管部门应当在招标代理机构资质确定和招标师注册前，对有关机构和人员进行行贿犯罪档案查询。

鼓励不属于依法必须招标的工程建设项目对投标人和招标代理机构进行行贿犯罪档案查询。

（二）招标投标中行贿犯罪档案查询期限根据《最高人民检察院关于行贿犯罪档案查询工作的规定》确定。

单位犯罪自人民法院判决、裁定生效之日起，个人犯罪自刑罚执行完毕之日起计算行贿犯罪档案查询期限。法律法规对查询期限另有规定的除外。

（三）招标人可以向本单位住所地人民检察院或者招标项目所在地人民检察院申请行贿犯罪档案查询。招标人委托招标代理机构办理招标事宜的，可以由招标代理机构申请查询。

投标人根据招标人的要求可以自行到人民检察院申请查询。

申请查询时，应当申明查询事由，列明被查询单位名称、组织机构代码，被查询单位法定代表人、项目经理的姓名和身份证号码。

（四）两个以上法人或者其他组织组成一个联合体、以一个投标人的名义共同投标的，应当对所有联合体成员进行查询。

（五）一次查询涉及被查询单位、个人数量较多的，可以由招标人、招标代理机构集中进行批量查询。

（六）有关行政主管部门或者招标人应当向同级人民检察院查询招标代理机构或者招标师行贿犯罪档案信息。相关工作委托行业自律组织承担的，可以由相关协会申请查询。

（七）人民检察院应当建立行贿犯罪档案网络查询系统，积极创造条件，推进与各级招标投标行政监督平台、公共服务平台和综合性社会信用信息平台互联互通、信息共享，依托电子化平台，实现有关行政主管部门和市场主体网上申请查询。

各级人民检察院应当向社会公开行贿犯罪档案查询办理程序、办理时限、联系方式等信息，并接受社会监督。

（八）检察机关提供的查询结果包括以下内容：被查询单位或个人有无行贿犯罪记录，作出判决、裁定的人民法院，判决时间和结果，行贿犯罪的实施时间和犯罪数额，及有关整改和预防的信息。

行贿犯罪档案查询结果告知函自出具之日起 2 个月内有效。

（九）行贿犯罪记录应当作为招标的资质审查、招标代理机构资质认定、评标专家入库审查、招标代理机构选定、中标人推荐和确定、招标师注册等活动的重要依据。有关行政主管部门、建设单位（业主单位）应当依据有关法律法规和各地有关规定，对有行贿犯罪记录的单位或个人作出一定时期内限制进入市场、取消投标资格、降低资质等级、不予聘用或者注册等处置，并将处置情况在 10 个工作日内反馈提供查询结果的人民检察院。

（十）开展非罪行贿行为查询和应用试点的地区，查询与应用办法参照上述规定执行。

三、工作要求

（一）各级检察机关、发展改革部门，要根据本地实际，依托社会信用体系建设联席会议等协作机制，共同推动在招标投标中开展行贿犯罪档案查询，指导、督促相关部门落实查询工作要求，保证查询结果应用到位。

（二）县级以上人民政府发展改革部门应当加强与工业和信息化、住房城乡建设、交通运输、水利、商务等部门的沟通联系，密切配合，及时发现、研究和解决行贿犯罪档案查询工作中的问题，确保查询工作规范有序进行。

（三）有关部门和单位应当妥善保管行贿犯罪档案信息，不得用于招标投标以外的事项，不得泄露企业经营秘密和相关个人隐私。

最高人民检察院

国家发展改革委

2015 年 5 月 8 日

最高人民检察院关于检察机关贯彻执行《领导干部干预司法活动、插手具体案件处理的记录、通报和责任追究规定》和《司法机关内部人员过问案件的记录和责任追究规定》的实施办法（试行）

（2015 年 5 月 15 日公布并施行　高检发纪字〔2015〕4 号）

为认真贯彻执行《领导干部干预司法活动、插手具体案件处理的记录、通报和责任追究规定》（中办发〔2015〕23 号）和《司法机关内部人员过问案件的记录和责任追究规定》（中政委〔2015〕10 号）（以下称"两个规定"），防止领导干部干预司法活动、插手具体案件处理，防止司法机关内部人员违反规定过问案件，确保检察机关依法独立公正行使检察权，结合检察机关实际，制定本实施办法。

一、深刻领会、准确把握贯彻落实"两个规定"的基本要求

1. 充分认识重大意义。"两个规定"是落实党的十八届三中、四中全会精神，全面推进依法治国的重大举措，是防止干预、插手司法活动的"防火墙"和违反规定过问案件的"高压线"，对于排除领导干部和司法机关内部人员对检察权行使的违法干预和影响，确保检察机关公正司法，维护检察机关司法公信力具有重大意义，各级检察机关和全体检察人员要切实抓好贯彻落实。

2. 准确把握适用范围。各级党的机关、人大机关、行政机关、政协机关、审判机关、检察机关、军事机关以及公司、企业、事业单位、社会团体中具有国家工作人员身份的领导干部干预、插手检察机关办案活动的，适用领导干部干预司法办案活动规定。法院、检察院、公安机关、国家安全机关、司法行政机关工作人员违反规定过问案件的，适用司法机关内部人员过问案件规定。司法机关离退休人员违反规定过问案件的，适用司法机关内部人员过问案件规定。检察机关领导干部干预、插手、违反规定过问司法办案活动的，同时适用"两个规定"。

3. 准确把握职责内容。检察机关遇有领导干部干预司法办案活动、插手

具体案件处理的，应当做好记录和报告；遇有检察人员过问检察机关案件的，应当做好记录、报告、处置、通报和责任追究；遇有检察人员过问其他司法机关案件的，检察机关应当认真调查核实，做好通报、责任追究和结果反馈；遇有其他司法机关工作人员过问检察机关案件的，应当做好记录，并移送过问人所在单位的纪检监察机构。

4. 严格落实记录、通报与责任追究制度。所有领导干部干预检察机关司法办案活动、插手具体案件处理的行为，所有司法机关内部人员过问检察机关司法办案活动的行为，都应当记录并报告（告知）。属于违法干预、违反规定过问检察机关司法办案活动的，要进行通报。违法干预、违反规定过问检察机关司法办案活动造成后果的，要进行责任追究。

5. 严格规范司法行为。检察人员应当严格遵守办案规矩、纪律和法律，不得利用上下级领导、同事、熟人等关系，过问和干预其他人员正在办理的案件，不得违反规定为案件当事人打探案情、转递涉案材料、说情、施加压力、非法干预、阻碍办案，或者提出不符合办案规定的其他行为。检察人员对个人收到的举报、控告、申诉等来信来件，应当严格按照有关规定和程序转交职能部门办理，不得在来信来件上提出倾向性意见。

6. 依法履行诉讼监督职责。检察人员应当严格依照刑事诉讼法、民事诉讼法、行政诉讼法以及刑事诉讼规则、民事诉讼监督规则等法律和规定，依法履行诉讼监督职责，严禁借诉讼监督之名，过问、干预其他司法机关刑事立案、侦查、审判、刑罚执行和民事、行政诉讼等司法办案活动。

7. 强化责任担当。检察人员应当恪守法律，坚持原则，公正司法，不徇私情，不得执行任何领导干部违反法定职责或法定程序、有碍司法公正的要求；对检察机关内部人员干预、说情或者打探案情，应当予以拒绝；对于不依正当程序转递涉案材料或者提出其他要求的，应当告知依照程序办理。

二、认真做好干预、过问检察机关司法办案活动记录

8. 坚持全面、如实记录。对领导干部干预检察机关司法办案活动、插手具体案件处理，以及司法机关内部人员过问检察机关办理案件的，检察人员应当全面、如实记录，做到全程留痕，有据可查。

9. 明确记录事项。检察人员遇有干预、插手、过问司法办案情形的，应当依照规定及时记录。记录应当包括以下事项：干预、过问人姓名，所在单位与职务，干预、过问的时间与地点、方式与内容，记录人姓名，以及其他相关材料。记录内容应当实事求是。

10. 如实记录领导干部干预司法办案活动情况。对领导干部以组织名义向检察机关发文发函，对案件处理提出要求，或者领导干部身边工作人员、亲属

干预司法活动、插手具体案件处理的，检察人员应当如实记录并留存相关材料。

11. 如实记录检察机关领导干部和上级检察机关过问案件情况。检察机关领导干部和上级检察机关检察人员因履行领导、监督职责，需要对正在办理的案件提出指导性意见的，应当依据程序以书面形式提出，口头提出的，检察人员应当记录在案。

12. 规范领导干部干预司法活动线索的报告程序。检察人员对所记录的领导干部干预、插手司法办案活动的线索，应当及时向部门负责人报告，部门负责人应当及时向分管院领导和所在单位纪检监察机构报告。纪检监察机构应当定期对领导干部干预、插手司法办案活动线索进行梳理、汇总，经单位主要负责人审定后，按季度分别报送同级党委政法委和上级检察机关。对于情节严重，或者重大干预、插手线索，可能影响案件公正办理的，坚持一事一报。

13. 规范检察人员过问案件线索的报告程序。检察人员对所记录的检察系统内部人员过问案件线索，应当及时向部门负责人报告，部门负责人应当及时向分管院领导和所在单位纪检监察机构报告。部门负责人或者院领导对所记录的检察系统内部人员过问案件线索，应当及时移交所在单位纪检监察机构。所在单位纪检监察机构应当按照干部管理权限，及时处理，或者向有处理权限的纪检监察机构层报。

14. 规范其他司法机关工作人员过问案件线索的告知程序。检察人员对所记录的其他司法机关工作人员过问案件线索，应当及时向部门负责人报告，部门负责人应当及时向分管院领导和所在单位纪检监察机构报告。所在单位纪检监察机构应当及时将过问案件线索告知过问人所在单位的纪检监察机构，同时移交相应记录材料，并积极协助调查。

15. 加强对记录人员的保护。检察人员如实记录领导干部干预司法活动、插手具体案件处理情况的，如实记录司法机关内部人员过问案件情况的，受法律和组织保护。任何人不得对记录人员进行打击报复。检察人员非因法定事由，非经法定程序，不得被免职、调离、辞退或者给予降级、撤职、开除等处分。健全检察人员合法权益因履行职务受到侵害的保障救济机制。

三、及时对干预、过问检察机关司法办案活动线索处置

16. 严格检察人员过问本系统案件线索的处置。检察机关纪检监察机构收到检察人员违反规定过问检察机关案件线索的，应当按照干部管理权限，及时调查处理，并将调查处理结果分别向记录人和过问人所在单位或部门反馈，同时报上一级检察机关纪检监察机构。

17. 严格检察人员过问其他司法机关案件线索的处置。检察机关各级纪检

监察机构收到检察人员违反规定过问其他司法机关案件线索的，应当按照干部管理权限，及时调查核实，并将结果及时反馈相应司法机关的纪检监察机构。

18. 澄清对检察人员过问案件的不实记录。准确把握和区分检察人员依法正常履行职责和违反规定过问案件行为的界限。检察机关纪检监察机构应当及时调查核实或配合调查核实收到的反映检察人员违反规定过问案件的报告（告知），属于不实记录或虚假记录的，应当纠正并及时为被记录人澄清事实。

四、严格规范干预、过问检察机关司法办案活动的通报

19. 明确通报情形。检察人员有下列违反规定过问案件情形的应当通报：在线索核查、立案、侦查、审查起诉、审判、执行等环节为案件当事人请托说情的；邀请办案人员私下会见案件当事人或其辩护人、诉讼代理人、近亲属以及其他与案件有利害关系人的；违反规定为案件当事人或其辩护人、诉讼代理人、亲属转递涉案材料的；违反规定为案件当事人或其辩护人、诉讼代理人、亲属打探案情、通风报信的；其他影响司法人员依法公正处理案件的行为。

20. 规范通报程序。检察机关纪检监察机构应当按照调查处理权限，对属于本级纪检监察机构处理的过问案件，经调查核实，属于违反规定过问案件的，应当按照程序报经批准后，予以通报，并将结果报上一级检察机关纪检监察机构。上级检察机关纪检监察机构对下级检察机关纪检监察机构应当通报而未通报的，应当监督纠正。对检察人员违反规定过问其他司法机关案件的，应当将通报结果反馈所过问案件办理单位的纪检监察机构。

21. 规范通报方式。检察机关各级纪检监察机构应当定期对检察人员违反规定过问案件情况进行通报，对情节严重，影响恶劣的，坚持一案一通报。

五、严肃追究干预、过问检察机关司法办案活动相关人员责任

22. 对违反规定过问人的责任追究。检察人员违反规定过问案件，情节较轻的，给予提醒或者诫勉谈话；有本办法第十九条所列情形之一，构成违纪的，依照《中国共产党纪律处分条例》、《检察人员纪律处分条例（试行）》等规定，给予纪律处分；造成严重后果，构成犯罪的，依法追究刑事责任。

23. 对不如实记录人的责任追究。检察人员对领导干部干预、插手办案，司法机关内部人员过问案件，不记录或者不如实记录的，予以警告、通报批评；两次以上不记录或者不如实记录的，依据《中国共产党纪律处分条例》、《检察人员纪律处分条例（试行）》等规定给予纪律处分。主管领导授意不记录或者不如实记录的，依法依纪追究主管领导责任。

24. 对打击报复人的责任追究。检察人员对如实记录过问案件情况的办案人员进行打击报复的，依照《中国共产党纪律处分条例》、《检察人员纪

律处分条例（试行）》等规定，给予纪律处分；构成犯罪的，依法追究刑事责任。

六、健全落实"两个规定"的工作机制

25. 加强组织领导与协作配合。各级检察机关要把落实"两个规定"纳入重要议事日程，加强领导，强化措施，抓好落实。检察机关各司法办案部门、办公厅（室）、政工部门、案件管理部门、纪检监察机构要加强沟通联系和工作衔接，健全干预、插手、过问案件的记录、通报和责任追究的协作配合机制，切实推动"两个规定"落实。

26. 加强指导和监督检查。上级检察机关应当通过调研、巡视、检务督察、执法监察和案件查办等多种方式，加强对落实"两个规定"的指导和监督检查，及时发现和解决工作中存在的问题，提出指导性意见。要注重总结各地好的经验做法，并加以推广。

27. 与落实"两个责任"相衔接。把检察人员违反规定过问司法办案活动纳入党风廉政建设责任制考核评价体系，作为检察人员是否遵守法律、依法办事、廉洁自律的重要依据。对检察人员违反规定过问案件，情节严重的，既要追究过问人的责任，又要倒查追究相关人员的领导责任和监督责任。

28. 注重宣传和舆论引导。充分发挥主流媒体主力军和新媒体生力军作用，运用报刊、门户网站、微博、微信等媒体，及时宣传检察机关在落实"两个规定"方面的思路、举措和成效。加强舆论引导，及时回应社会各界对落实"两个规定"的关切，及时稳妥应对处置相关负面舆情。

本办法自发布之日起施行。最高人民检察院此前印发的有关规定与本办法不一致的，适用本办法。本办法由最高人民检察院负责解释，各省、自治区、直辖市人民检察院可以结合实际，制定实施细则。

最高人民检察院、住房城乡建设部、交通运输部、水利部关于在工程建设领域开展行贿犯罪档案查询工作的通知

（2015 年 5 月 22 日公布并施行   高检会〔2015〕5 号）

各省、自治区、直辖市人民检察院，住房城乡建设厅，交通运输厅、水利厅，新疆生产建设兵团人民检察院、住房城乡建设局、交通运输局、水利局：

为有效遏制工程建设领域贿赂犯罪，规范工程建设市场，促进公平竞争，根据《中华人民共和国建筑法》、《中华人民共和国招标投标法》及其实施条例、《建筑工程施工许可管理办法》和《最高人民检察院关于行贿犯罪档案查询工作的规定》等规定的要求，最高人民检察院、住房城乡建设部、交通运输部、水利部决定在工程建设领域全面开展行贿犯罪档案查询工作。

一、充分认识行贿犯罪档案查询对于预防工程建设领域贿赂犯罪、促进公平竞争的重要意义

开展行贿犯罪档案查询，对有行贿犯罪记录的单位和个人参与经济活动实行规制，是打击商业贿赂行为、预防工程建设领域贿赂犯罪、促进廉政建设的需要，也是加强工程建设市场监管，规范招标投标活动，推动市场诚信建设，健全公开、公平、公正竞争的市场秩序，确保工程建设质量和工程安全的需要。各级人民检察院和住房城乡建设、交通运输、水利部门要进一步统一思想，提高认识，把行贿犯罪档案查询和廉洁准入作为促进建设市场监管、减少腐败风险的重要措施，进一步加强协作配合，积极发挥行贿犯罪档案查询的功能作用。

二、工程建设领域行贿犯罪档案查询的内容与要求

（一）开展查询的工作范围

1. 工程项目招投标；

2. 设备物资采购；

3. 建筑企业资质许可；

4. 个人执业资格认定；

5. 企业信用等级评定与管理；

6. 其他事项。

其中，第 1 项应当针对投标单位、法定代表人和项目负责人进行行贿犯罪档案查询，第 2、3、5 项应当针对单位及其法定代表人进行查询，第 4 项应当针对个人进行查询。

（二）行贿犯罪档案查询期限

根据《最高人民检察院关于行贿犯罪档案查询工作的规定》确定。单位犯罪自人民法院判决、裁定生效之日起，个人犯罪自刑罚执行完毕之日起计算。法律法规对查询期限另有规定的除外。

（三）查询方式与时限

1. 人民检察院根据《最高人民检察院关于行贿犯罪档案查询工作的规定》的要求建立、维护行贿犯罪档案库，提供查询服务。对有关部门、单位和个人提出的书面查询申请，人民检察院应当经审核后进行查询，在 3 个工作日内提供查询结果，并尽可能提供便利、快捷服务。

2. 住房城乡建设、交通运输、水利等主管部门、建设单位（业主单位）、受委托的代理机构在工程项目招标、设备物资采购过程中，可以针对有关单位或个人直接向人民检察院进行行贿犯罪档案查询，也可以要求参加工程项目投标、设备物资供应的单位和个人自行向人民检察院查询并提交查询结果。应以主管部门、建设单位（业主单位）、代理机构查询为主，以要求单位和个人查询为辅。

住房城乡建设、交通运输、水利等主管部门为市场监管需要的，可以直接到人民检察院进行行贿犯罪档案查询。

3. 一次查询涉及被查询单位、个人数量较多的，可以由住房城乡建设、交通运输、水利等主管部门、建设单位（业主单位）、代理机构向人民检察院集中进行批量查询。

（四）结果处置

住房城乡建设、交通运输、水利等主管部门以及建设单位（业主单位）应当依据有关法律法规或者有关管理规定，对经查询有行贿犯罪记录的单位或者个人，根据不同情况作出以下处置：

（1）限制其在一定时期内进入本地区、本行业建设市场；

（2）取消投标资格；

（3）从供应商目录中删除；

（4）扣减信誉分；

（5）不予（暂缓）许可；

（6）责令停业整顿；

（7）降低资质等级；

（8）吊销资质证书；

（9）其他处置。

（五）应用情况反馈

住房城乡建设、交通运输、水利等主管部门和建设单位（业主单位）应当将对经查询有行贿犯罪记录的单位和个人的处置情况在 10 个工作日内反馈提供查询结果的人民检察院。

三、加强领导，密切配合，共同做好行贿犯罪档案查询工作

开展行贿犯罪档案查询，推行廉洁准入是相关部门的共同责任，各级人民检察院和住房城乡建设、交通运输、水利部门要进一步加强对这项工作的领导，积极协作，有效配合，建立健全工作机制，及时交流信息和沟通情况，协调研究解决问题。要加强正面宣传、推介，扩大查询工作的社会认知度与影响力。要认真落实各项工作要求，保证查询工作顺利进行。要严格工作纪律，除规定用途之外，不得将行贿犯罪档案信息用于查询事项之外的其他目的，不得泄露企业商业秘密和个人隐私。要根据实际情况，进一步探索和创新工作内容、方式方法，完善工作措施，推进工作规范化、常态化，推动行贿犯罪档案查询工作全面、深入进行。

最高人民检察院

住房城乡建设部

交通运输部

水利部

2015 年 5 月 22 日

人民检察院刑事执行检察部门预防和
纠正超期羁押和久押不决案件工作规定（试行）

（2015 年 6 月 1 日印发并施行　高检执检〔2015〕42 号）

第一条　为预防和纠正刑事诉讼中的超期羁押和久押不决，切实维护在押犯罪嫌疑人、被告人的合法权益，根据《中华人民共和国刑事诉讼法》、《人民检察院刑事诉讼规则（试行）》等有关规定，结合刑事执行检察工作实际，制定本规定。

第二条　犯罪嫌疑人、被告人在侦查、审查起诉、审判阶段的羁押时间超过法律规定的羁押期限的，为超期羁押案件。

犯罪嫌疑人、被告人被羁押超过五年，案件仍然处于侦查、审查起诉、一审、二审阶段的，为久押不决案件。

第三条　预防和纠正超期羁押和久押不决案件，遵循对等监督、分级督办、方便工作、注重预防的原则。

第四条　对超期羁押和久押不决案件，由办案机关对应的同级人民检察院刑事执行检察部门负责监督纠正。

派驻看守所检察室在预防和纠正超期羁押和久押不决案件中承担发现、预防、报告、通知、提出纠正意见等职责。

第五条　发现看守所未及时督促办案机关办理换押手续和羁押期限变更通知手续的，派驻检察室应当及时向看守所提出口头或者书面建议。情节严重的，派驻检察室应当报经检察长批准，以本院名义向看守所提出书面检查建议。

第六条　发现办案机关没有依照规定办理换押手续和羁押期限变更通知手续的，派驻检察室应当及时报告或者通知办案机关对应的同级人民检察院刑事执行检察部门。刑事执行检察部门核实后，应当报经检察长批准，立即以本院名义向办案机关发出《纠正违法通知书》。

第七条　发现看守所在犯罪嫌疑人、被告人羁押期限到期前七日，未向办案机关发出《案件即将到期通知书》的，派驻检察室应当向看守所提出口头或者书面纠正意见。情节严重的，派驻检察室应当报经检察长批准，以本院名义向看守所发出《纠正违法通知书》。

第八条　发现犯罪嫌疑人、被告人被超期羁押后，看守所没有及时书面报告人民检察院并通知办案机关的，派驻检察室应当报经检察长批准，以本院名义向看守所发出《纠正违法通知书》。

第九条　发现犯罪嫌疑人、被告人被超期羁押后，派驻检察室应当立即报告或者通知办案机关对应的同级人民检察院刑事执行检察部门。刑事执行检察部门核实后，应当报经检察长批准，立即以本院名义向办案机关发出《纠正违法通知书》。

第十条　向办案机关发出《纠正违法通知书》后，办案机关在七日内未依法释放犯罪嫌疑人、被告人或者变更强制措施，也没有办理延长羁押期限手续的，刑事执行检察部门应当及时向上一级人民检察院刑事执行检察部门报告。

上一级人民检察院刑事执行检察部门核实后，应当报经检察长批准，立即以本院名义向办案机关的上一级机关通报，并监督其督促办案机关立即纠正超期羁押。

第十一条　发现犯罪嫌疑人、被告人久押不决的，派驻检察室应当及时报告或者通知办案机关对应的同级人民检察院刑事执行检察部门。刑事执行检察部门应当报经检察长批准，及时以本院名义督促办案机关加快办案进度。

第十二条　久押不决案件同时存在超期羁押的，办案机关对应的同级人民检察院刑事执行检察部门应当报经检察长批准，立即以本院名义向办案机关发出《纠正违法通知书》。

第十三条　超期羁押超过三个月和羁押期限超过五年的久押不决案件，由省级人民检察院刑事执行检察部门负责督办；超期羁押超过六个月和羁押期限超过八年的久押不决案件，由最高人民检察院刑事执行检察部门负责督办。

第十四条　督办超期羁押和久押不决案件，应当指定专人负责；可以采取电话督办、发函督办、实地督办等方式；可以协调办案机关的上一级机关联合督办；必要时，可以报经检察长批准，以本院名义提请同级党委政法委或者人大内司委研究解决。

第十五条　上级人民检察院刑事执行检察部门对看守所进行巡视检察时，要将派驻检察室开展预防和纠正超期羁押和久押不决案件工作的情况作为一项重要巡视内容。

第十六条　各省级人民检察院刑事执行检察部门应当定期对本地区预防和纠正超期羁押和久押不决案件工作情况进行通报。通报可以报经检察长批准，以本院名义印发，同时抄送省级党委政法委、人大内司委、高级人民法院、公安厅（局）。

最高人民检察院刑事执行检察部门每半年对全国检察机关预防和纠正超期羁押和久押不决案件工作情况进行一次通报。

第十七条　对超期羁押和久押不决负有监督职责的刑事执行检察人员，不认真履行监督职责，应当发现、报告、通知、提出纠正意见而未发现、报告、通知、提出纠正意见的，依纪依法追究责任。

第十八条　对于造成超期羁押的直接责任人员，可以报经检察长批准，以本院名义书面建议其所在单位或者有关主管机关予以纪律处分；情节严重，涉嫌犯罪的，依法追究刑事责任。

第十九条　本规定中的办案机关，是指公安机关、人民法院。

对于人民检察院办理案件存在超期羁押或者久押不决的，派驻检察室或者刑事执行检察部门发现后，应当及时通知该人民检察院的案件管理部门。

第二十条　本规定自印发之日起试行。

最高人民检察院：预防纠正超期羁押和久押不决

——最高人民检察院刑事执行检察厅负责人就《人民检察院刑事执行检察部门预防和纠正超期羁押和久押不决案件工作规定（试行）》答记者问*

郭洪平　徐盈雁**

记者：请您介绍一下，为什么要制定《人民检察院刑事执行检察部门预防和纠正超期羁押和久押不决案件工作规定（试行）》（以下简称《规定》）？

最高人民检察院刑事执行检察厅负责人（以下简称负责人）：主要出于四方面的考虑。

一是超期羁押和久押不决问题依然存在。依法及时获得审判是犯罪嫌疑人、被告人的一项基本诉讼权利。对于被羁押的犯罪嫌疑人、被告人来说，这项权利尤其重要。当前，我国刑事案件的羁押率偏高，一些犯罪嫌疑人、被告人被羁押时间过长。尽管经过政法各部门多年共同努力，超期羁押和久押不决问题仍然未得到彻底解决。

二是尊重和保障人权的需要。超期羁押和久押不决，严重侵犯犯罪嫌疑人、被告人的合法权益。2013 年 1 月开始施行的刑事诉讼法第二条明确规定了"尊重和保障人权"。2013 年 3 月中央政法委印发《关于依法做好清理纠正久押不决案件工作的通知》，要求各级政法机关依法积极清理纠正久押不决案件。孟建柱书记在中央政法委员会第六次全体会议上明确指出："久押不决是当前刑事诉讼中的一个突出问题，严重损害司法公正，侵犯在押人员合法权益。能否解决人民群众反映强烈的久押不决问题，是对政法机关群众路线教育实践活动是否取得成效的直接检验。"

三是对实践中许多好的做法进行固定。多年以来，最高人民检察院刑事执行检察厅及各级检察机关刑事执行检察部门，在清理纠正超期羁押和久押不决案件中积累了很多有效的经验和做法。如 2014 年 3 月，最高人民检察院与最高人民法院、公安部联合下发《关于羁押犯罪嫌疑人、被告人实行换押和羁押期限变更通知制度的通知》，对在押犯罪嫌疑人、被告人换押和通知范围，

---

* 文章来源于《检察日报》2015 年 8 月 5 日第 3 版。
** 作者单位：最高人民检察院检察日报社。

换押和通知程序，《提讯提解证》的办理和使用，超期羁押责任等作出明确规定，对准确掌握羁押期限，明确责任，加大监督力度起到积极促进作用，这些我们都在《规定》中作了进一步明确。

四是防止前清后超、边清边超。2013 年 3 月以来，在中央政法委统一部署下，各级政法机关开展了清理纠正久押不决案件专项活动，取得明显成效。截至 2013 年 4 月 30 日，全国羁押 3 年以上的久押不决案件共计 1845 件 4459人，目前已清理纠正 1766 件 4299 人，尚未完全纠正的久押不决案件绝大部分进入新的诉讼阶段。可以说，久押不决案件的清理工作取得了阶段性成果。但是，在清理纠正过程中，我们发现前清后超、边清边超问题依然存在，对清理纠正工作成效打了很大折扣。要改变这种运动式的清理纠正工作，就需要从制度入手，通过建立健全制度，防止出现新的久押不决和超期羁押案件，杜绝边清边超、前清后超现象发生。这也是出台这个规定的根本原因。

记者：什么是超期羁押和久押不决案件？

负责人：犯罪嫌疑人、被告人在侦查、审查起诉、审判阶段的羁押时间超过法律规定的羁押期限的，为超期羁押案件。犯罪嫌疑人、被告人被羁押超过五年，案件仍然处于侦查、审查起诉、一审、二审阶段的，为久押不决案件。

2013 年 3 月，中央政法委印发了《关于依法做好清理纠正久押不决案件工作的通知》，该通知将犯罪嫌疑人、被告人被羁押三年以上尚未审结的案件定性为久押不决案件。修改后的刑事诉讼法对许多期限进行了调整，如法院一审和二审的审理期限，一审案件原来规定应当在受理后一个月内宣判，至迟不得超过一个半月，修改为应当在受理后两个月内宣判，至迟不得超过三个月，有些案件还可以再延长三个月；二审案件原来规定一个月内审结，至迟不超过一个半月，修改为两个月内审结，有些案件还可以再延长两个月。根据修改后的刑事诉讼法关于办案期限特别是审判期限的规定，我们对久押不决案件的范围进行了调整，规定犯罪嫌疑人、被告人被羁押超过五年，案件仍然处于侦查、审查起诉、一审、二审阶段的，为久押不决案件。

记者：超期羁押和久押不决案件有哪些危害？

负责人：超期羁押和久押不决案件的危害，主要体现在两个方面：

一方面，侵犯了犯罪嫌疑人、被告人的合法权益。超期羁押和久押不决，使犯罪嫌疑人、被告人被长期羁押于看守所，使得犯罪嫌疑人、被告人长期处于"悬而不决"的精神重压之下，直接侵犯了其人身权利。同时，还间接侵犯了其通过进入服刑程序从而获得减刑等机会的权利。

另一方面，损害司法公正。超期羁押和久押不决案件的形成，直接原因是司法人员不严格依法办案。比如刑事诉讼法第九十六条明确规定：犯罪嫌疑人、被告人被羁押的案件，不能在本法规定的侦查羁押、审查起诉、一审、二审期限内办结的，对犯罪嫌疑人、被告人应当予以释放；需要继续查证、审理的，对犯罪嫌疑人、被告人可以取保候审或者监视居住。但实践中个别办案人员存在重实体轻程序的不正确理念，认为"实体是硬指标，程序是软任务"，单纯追求办案数量，忽视对犯罪嫌疑人合法权益的保护，甚至认为羁押期限可以折抵刑期，对犯罪嫌疑人多关押几天算不了什么，在办案期限届满仍不能结案时，不是依法变更强制措施，而是想方设法延长办案时间。这些做法严重损害了司法公正。

记者：纠防超期羁押和久押不决案件应注意把握哪些原则？

负责人：纠防超期羁押和久押不决案件主要遵循对等监督、分级督办、方便工作、注重预防四个原则。

对等监督是指由造成超期羁押和久押不决案件的办案机关对应的同级检察机关实施监督。从纠防工作的实践看，下级检察机关对上一级的办案机关实施监督，缺乏力度，影响效果；上级检察机关对下一级办案机关实施监督，往往又发现不及时，而同级检察机关最便于了解掌握案件进展情况，便于实施监督。

分级督办就是针对超期羁押和久押不决案件所处的环节不同、办案机关的级别不同、时间期限不同的情况，明确各级对纠防超期羁押和久押不决案件督办的职责，分级办理，各司其职、各负其责。

方便工作是指在纠防超期羁押和久押不决案件中，要从实际出发，纠防责任的确定及所采取的方法措施都要有利于纠防的实效，减少推诿、扯皮，形成工作合力。

注重预防是指在纠防超期羁押和久押不决案件工作中，要做到纠正和预防两手抓，纠防结合，但要把预防超期羁押和久押不决案件的发生放在更加重要的位置上，以预防为主。

记者：如何预防超期羁押案件？

负责人：一是在案件办理过程中，实时监控羁押时限。这主要是通过监督换押和羁押期限变更来实现。具体是指，如果派驻检察室发现办案机关没有依照规定办理换押手续和羁押期限变更通知手续的，派驻检察室应当及时报告或者通知办案机关对应的同级检察院刑事执行检察部门。刑事执行检察部门核实后，应当报经检察长批准，立即以本院名义向办案机关发出《纠正违法通知书》。派驻检察室发现看守所未及时督促办案机关办理换押手续和羁押期限变更通知手续的，应当及时向看守所提出口头或者书面建议。情节严重的，派驻检察室应当报经检察长批准，以本院名义向看守所提出书面检查建议。

二是在案件即将到期前进行监督。在犯罪嫌疑人、被告人羁押期限到期前七日，监督看守所向办案机关发出《案件即将到期通知书》。发现看守所未向办案机关发出《案件即将到期通知书》的，派驻检察室应当向看守所提出口头或者书面纠正意见。情节严重的，派驻检察室应当报经检察长批准，以本院名义向看守所发出《纠正违法通知书》。

记者：如何纠正超期羁押案件？

负责人：刑事执行检察部门是超期羁押案件的监督部门，纠正超期羁押案件的主要手段是发出《纠正违法通知书》。具体是指，发现犯罪嫌疑人、被告人被超期羁押后，看守所没有及时书面报告检察院并通知办案机关的，派驻检察室应当报经检察长批准，以本院名义向看守所发出《纠正违法通知书》。发现犯罪嫌疑人、被告人被超期羁押后，派驻检察室应当立即报告或者通知办案机关对应的同级检察院刑事执行检察部门。刑事执行检察部门核实后，应当报经检察长批准，立即以本院名义向办案机关发出《纠正违法通知书》。

记者：各级检察机关如何形成纠防超期羁押和久押不决案件的合力？

负责人：一是上下联动。办案机关对应的同级检察院向办案机关发出《纠正违法通知书》后，办案机关在七日内未依法释放犯罪嫌疑人、被告人或者变更强制措施，也没有办理延长羁押期限手续的，刑事执行检察部门应当及时向上一级检察院刑事执行检察部门报告。上一级检察院刑事执行检察部门核实后，应当报经检察长批准，立即以本院名义向办案机关的上一级机关通报，并监督其督促办案机关立即纠正超期羁押。

二是巡视检察。上级检察院刑事执行检察部门对看守所进行巡视检察时，要将派驻检察室开展预防和纠正超期羁押和久押不决案件工作的情况作为一项重要巡视内容。

三是定期通报。各省级检察院刑事执行检察部门应当定期对本地区预防和纠正超期羁押和久押不决案件工作情况进行通报。通报可以报经检察长批准，以本院名义印发，同时抄送省级党委政法委、人大内司委、高级人民法院、公安厅（局）。最高人民检察院刑事执行检察部门每半年对全国检察机关预防和纠正超期羁押和久押不决案件工作情况进行一次通报。

记者：上级检察机关通常采取哪些方法和措施对超期羁押和久押不决案件进行督办？

负责人：上级检察机关主要采取以下方式进行督办：一是挂牌督办。超期羁押超过六个月和羁押期限超过八年的久押不决案件，由最高人民检察院刑事执行检察部门负责挂牌督办。超期羁押超过三个月和羁押期限超过五年的久押不决案件，由省级检察院刑事执行检察部门负责挂牌督办。对挂牌督办案件指定专人负责，采取电话督办、发函督办、实地督办等方式监督办案单位进行清理纠正。

二是专项检察活动督办。针对一个时期超期羁押和久押不决案件突出的问题，开展集中清理纠正的专项检察活动，加大力度，整合力量，对超期羁押和久押不决案件进行集中性的清理纠正，增进清理纠正的实际成效。

三是巡回检察活动督办。针对某一个时期或某个地区超期羁押和久押不决案件突出的情况，进行专项巡回检察，集中研究解决超期羁押和久押不决案件，促进问题的改正。

四是联合督办。检察机关可以协调办案机关的上一级机关联合督办；必要时，可以报经检察长批准，以本院名义提请同级党委政法委或者人大内司委研究解决。

记者：清理纠正久押不决案件有哪些结案的方式？

负责人：久押不决案件的清理纠正方式主要有以下三种：第一种是采取变更强制措施的方式。即对犯罪嫌疑人、被告人变更强制措施为取保候审或监视居住，由羁押变更为非羁押，案件虽然没有最终了结，但先行解决久押的问题。第二种是办结案件的方式。即案件有了最终处理结果，这是最主要的一种结案方式。如在侦查阶段的作撤案处理，在审查起诉阶段的作不起诉处理，在审判阶段的作出生效判决，包括无罪判决和有罪判决。第三种是明确有些案件不再纳入清理纠正范围。如法院决定中止审理的案件，由于何时恢复审理无法确定，因此经最高人民法院、最高人民检察院协商此类案件不再纳入清理纠正的范围。

记者：对纠防超期羁押和久押不决工作不力的将如何追责？

负责人：近几年来，各级检察机关持续投入很大精力清理和纠正超期羁押和久押不决，但超期羁押和久押不决的问题仍然存在，有的前清后超、边清边超。主要原因是对纠防超期羁押和久押不决案件的责任不清，追责不力。因此，为防止问题的反弹和增强纠防的实效，这次专门规定了两条追责条款。《规定》第十七条规定，对超期羁押和久押不决负有监督职责的刑事执行检察人员，不认真履行监督职责，应当发现、报告、通知、提出纠正意见而未发现、报告、通知、提出纠正意见的，依纪依法追究责任。第十八条规定，对于造成超期羁押的直接责任人员，可以报经检察长批准，以本院名义书面建议其所在单位或者有关主管机关予以纪律处分；情节严重，涉嫌犯罪的，依法追究刑事责任。

人民检察院
司法警察执行职务规则

（2015 年 6 月 1 日最高人民检察院第十二届检察委员会第三十六次会议通过　2016 年 6 月 12 日公布并施行　高检发政字〔2015〕52 号）

第一条　为了保障和规范人民检察院司法警察依法正确履行职责，根据《中华人民共和国刑事诉讼法》、《中华人民共和国人民警察法》和《人民检察院司法警察条例》等有关规定，结合工作实际，制定本规则。

第二条　人民检察院司法警察在检察官的指挥下，依法履行职责。

第三条　人民检察院司法警察在执行职务过程中，遇有可能影响其公正履行职责的情形，应当按照规定回避，当事人及其法定代理人也有权要求其回避。

第四条　人民检察院司法警察执行职务应当根据用警部门的申请，填写执行职务派警令。执行一般任务的，执行职务派警令由警务部门负责人签发；执行重大警务活动或者执行任务需携带武器的，执行职务派警令由分管院领导签发；遇有紧急情况，经分管院领导同意可先派警，任务执行完毕后，及时补办相关手续。

第五条　人民检察院司法警察执行职务时应当按照规定着装，佩戴人民警察标志，保持警容严整，举止文明，用语规范。

第六条　人民检察院司法警察执行职务，应当出示人民警察证。

第七条　人民检察院司法警察执行职务，应当严格依照有关规定使用警械和武器。

第八条　人民检察院司法警察执行职务，应当根据案件性质、涉案人数、危险程度、任务时限等情况配备警力。

执行重大案件警务保障或者处置涉检群体性突发事件警力不足的，以及跨区域执行任务需要警力协助的，上级人民检察院可以从下级人民检察院调用司法警察，下级人民检察院可以申请上一级人民检察院调用司法警察。

第九条　人民检察院司法警察执行保护人民检察院直接立案侦查案件的犯罪现场任务，应当做到：

（一）对犯罪现场进行警戒，维护现场秩序，禁止无关人员和车辆进入现场；

（二）发现可疑人员或者可疑情况立即向侦查人员报告，服从侦查人员指挥，及时采取相应措施，防止可疑人员逃离现场、转移物品、隐匿或者销毁证据；

（三）对以暴力、威胁或者其他方法妨碍现场侦查活动的人员，及时予以控制，依法采取强行带离现场或者法律规定的其他措施，保护现场侦查人员和群众的安全。

第十条　人民检察院司法警察执行传唤任务，应当做到：

（一）执行传唤前，了解被传唤人的姓名、性别、年龄、工作单位、住址及传唤内容等基本情况；

（二）传唤犯罪嫌疑人时，应当向被传唤人出示传唤证，并责令其在传唤证上签名、捺指印；

（三）传唤犯罪嫌疑人时，其家属在场的，当场将传唤的原因和处所口头告知其家属；其家属不在场的，及时将传唤通知书送达其家属，并由其家属在传唤通知书副本上签名或者盖章；其家属拒绝签名或者盖章的，在传唤通知书副本上注明；无法通知的，及时通知案件承办人；

（四）传唤被取保候审、监视居住的犯罪嫌疑人、被告人，须先行与采取强制措施的执行机关联系，到被传唤人所在地派出所登记后方可执行；

（五）犯罪嫌疑人无正当理由拒不接受传唤或者逃避传唤的，及时通知案件承办人；

（六）传唤任务完成后，及时将相关法律文书交案件承办人。

第十一条　人民检察院司法警察执行拘传任务，应当做到：

（一）执行拘传前，了解被拘传人的姓名、性别、年龄、工作单位、住址、身份证号码等基本情况；

（二）拘传犯罪嫌疑人时，应当向被拘传人出示拘传证，犯罪嫌疑人到案后，责令其在拘传证上填写到案时间、签名、捺指印或者盖章；犯罪嫌疑人拒绝填写的，应当在拘传证上注明；

（三）对抗拒拘传的，可以使用警械具，强制到案；

（四）拘传后，应当对犯罪嫌疑人的人身、随身携带的物品进行安全检查，发现与案件相关的证据或者可疑物品以及可能危害人身安全的物品，应当及时向案件承办人报告；

（五）拘传任务完成后，及时将相关法律文书交案件承办人。

第十二条　人民检察院司法警察协助执行指定居所监视居住任务，应当做到：

（一）协助执行指定居所监视居住前，了解被监视居住对象的基本情况、监视居住的处所内部设施及周围环境，制定安全防范应急预案；对指定居所不符合安全条件的，及时向分管院领导报告，并提出整改建议；

（二）犯罪嫌疑人进入监视居住处所时，应当对犯罪嫌疑人的人身、随身携带的物品进行安全检查，发现与案件相关的证据或者可疑物品以及可能危害人身安全的物品，应当及时向案件承办人报告；

（三）协助执行指定居所监视居住时，应当加强与公安机关执行民警的协调，严格落实二十四小时值班制度，认真做好值班记录；交接班时，交班人员要向接班人员说明监管情况，并做好交接记录；

（四）协助执行指定居所监视居住时，必须坚守岗位，加强监管，重点做好犯罪嫌疑人就餐、如厕、就寝和就医等日常生活起居关键环节的监管工作，注意观察犯罪嫌疑人身体状况和情绪变化，对出现突发疾病、情绪波动等情况的，及时报告和处置，防止意外事件发生；

（五）辩护律师会见法律规定需经许可会见的犯罪嫌疑人时，应当要求其出示许可会见犯罪嫌疑人决定书，并做好安全防范工作；

（六）协助执行指定居所监视居住时，不得体罚、虐待或者变相体罚、虐待犯罪嫌疑人；发现办案人员有违法违规行为时，应当制止，制止无效的，及时向分管院领导报告。

第十三条　人民检察院司法警察协助执行拘留、逮捕任务，应当做到：

（一）凭拘留证、逮捕证以及公安机关委托书或者授权书协助执行；

（二）协助执行拘留、逮捕任务前，了解犯罪嫌疑人的姓名、性别、年龄、工作单位、住址、身份证号码等基本情况；

（三）协助执行拘留、逮捕任务时，应当向犯罪嫌疑人出示拘留证、逮捕证；

（四）经执行机关授权，可以向犯罪嫌疑人宣布纪律，告知权利，责令其在拘留证、逮捕证上签名或者捺指印，犯罪嫌疑人拒绝签名或者捺指印的，应当在拘留证、逮捕证上注明；

（五）协助拘留、逮捕犯罪嫌疑人时，应当对犯罪嫌疑人的人身、随身携带的物品进行安全检查，发现与案件相关的证据或者可疑物品以及可能危害人身安全的物品，应当及时向案件承办人报告；

（六）对抗拒拘留、逮捕的犯罪嫌疑人，可以依法采取适当的措施，防止其脱逃、行凶、自杀、自伤、被劫持等事故的发生，必要时可以使用武器；

（七）犯罪嫌疑人被拘留、逮捕后，应当及时送看守所羁押，并将相关法律文书交案件承办人。

第十四条　人民检察院司法警察协助追捕在逃或者脱逃的犯罪嫌疑人，应当做到：

（一）详细了解在逃或者脱逃犯罪嫌疑人的基本情况、体貌特征、联系方式、可能藏匿的地点、有无凶器或者武器，以及相关联系人的单位、住址、电话等情况，拟制周密的追捕计划，准备相关的法律文书；

（二）追捕中要采取多种方式了解在逃或者脱逃犯罪嫌疑人行踪，注意隐蔽身份，严守保密纪律，防止走漏消息；

（三）捕获犯罪嫌疑人后，应当对其进行人身搜查，发现与案件相关的证据或者可疑物品以及可能危害人身安全的物品，应当及时向案件承办人报告；

（四）对拒捕的犯罪嫌疑人，可以依法采取约束性保护措施予以控制，防止犯罪嫌疑人再次脱逃或者行凶、自杀、自伤、被劫持等事故的发生；对携带枪支、爆炸、剧毒等危险物品拒捕的犯罪嫌疑人，立即向上级报告，并与当地公安机关联系，共同抓捕犯罪嫌疑人；

（五）如果捕获的犯罪嫌疑人意外受伤或者突发疾病，应当及时送医院治疗，并立即向上级报告；

（六）捕获犯罪嫌疑人后，应当按照有关规定立即将其押解归案，并将相关法律文书交案件承办人。

第十五条　人民检察院司法警察执行参与搜查任务，应当做到：

（一）参与搜查前，了解被搜查对象的基本情况、搜查现场及周围环境，确定搜查的范围和重点，明确分工和责任；

（二）侦查人员对犯罪嫌疑人、被告人的人身、住所、工作地点和其他有关地方进行搜查时，应当做好安全保障和警戒工作；

（三）对被搜查人及其家属进行严密监控，防止其隐匿、毁弃、转移犯罪证据；对以暴力、威胁或者其他方法阻碍搜查的，应当予以制止或者将其带离现场；

（四）对女性犯罪嫌疑人、被告人进行人身搜查时，应当由女性司法警察执行；

（五）协助侦查人员执行扣押、查封任务时，应当做好现场警戒，保护侦查人员安全，防止意外事件发生。

第十六条　人民检察院司法警察执行提押犯罪嫌疑人、被告人或者罪犯任务，应当做到：

（一）凭提讯、提解证执行；

（二）严格遵守看守所、监狱等羁押、监管场所的有关规定，核实被提押人身份，防止错提、错押；

（三）对被提押的犯罪嫌疑人、被告人或者罪犯应当使用警械具，对怀孕的妇女、有肢体残疾的人和未成年人等不适宜使用警械具的，可视情况处置；

（四）提押女性犯罪嫌疑人、被告人或者罪犯应当有女性司法警察在场；

（五）提押犯罪嫌疑人、被告人或者罪犯应当向其宣布有关法律规定，并责令其遵守；严密看管，严防被提押人脱逃、自杀、自伤、行凶、滋事或者被劫持等；押解途中如果发生突发事件，应当保护犯罪嫌疑人、被告人或者罪犯的安全，迅速将其转移到安全地点看管，并及时向上级报告；

（六）提押犯罪嫌疑人、被告人或者罪犯时，应当使用囚车押解；在距离较近、交通不便或者车辆无法继续行进等特殊情况下，经分管院领导批准，可以执行徒步押解；

（七）对男性和女性、成年人和未成年人、同案犯以及其他需要分别押解的犯罪嫌疑人、被告人或者罪犯，应当实行分车押解；对重、特大案件的犯罪嫌疑人、被告人或者罪犯，应当实行一人一车押解；

（八）长距离、跨省区乘坐公共交通工具提押犯罪嫌疑人、被告人或者罪犯，应当提前与相关部门及司乘人员取得联系，将犯罪嫌疑人、被告人或者罪犯安置在远离车窗、舱门等便于控制的位置或者相对封闭的空间，必要时可以使用约束性警械对其进行限制，防止犯罪嫌疑人、被告人或者罪犯脱逃、自伤、自杀、被劫持等事故发生；

（九）案件承办人讯问完毕后，应当及时将犯罪嫌疑人、被告人或者罪犯还押，并向看守人员反馈被提押人的动态，提讯、提解证由看守人员签字盖章后带回，交案件承办人。

第十七条　人民检察院司法警察执行看管犯罪嫌疑人、被告人或者罪犯任务，应当做到：

（一）对看管场所的设施及周边环境进行检查，消除安全隐患；

（二）依照规定与案件承办人做好交接手续，对犯罪嫌疑人、被告人或者罪犯的基本情况、进出看管场所的时间、有无疾病和异常情绪等逐一登记，准确填写看管记录；

（三）对犯罪嫌疑人、被告人或者罪犯的人身、随身携带的物品进行安全检查，发现与案件相关的证据或者可疑物品以及可能危害人身安全的物品，应当及时向案件承办人报告；

（四）依法告知犯罪嫌疑人、被告人或者罪犯在被看管期间享有的权利和必须遵守的规定；

（五）严格遵守看管工作规定，保持高度警惕，严防被看管人脱逃、自杀、自伤、行凶、串供、传递涉案信息或者有关物品等，遇有紧急情况时，可以采取相应强制措施制止，必要时可以依照有关规定使用警械具；

（六）适时提醒办案人员遵守办案时限，发现办案人员对犯罪嫌疑人、被告人或者罪犯体罚、虐待或者变相体罚、虐待、刑讯逼供时，应当制止，制止无效的，及时向分管院领导报告；

（七）遇有犯罪嫌疑人、被告人或者罪犯突发疾病的，及时报告案件承办人，配合做好救治工作。

第十八条　人民检察院司法警察执行送达有关法律文书任务，应当做到：

（一）送达必须按照法定程序进行；

（二）送达前要清点份数、册数，检查需送达的文书是否符合法定时效，是否留有送达所需的时间；

（三）准确、及时送达，未能按时送达的，及时报告并说明原因；送达时严守国家保密规定，不得将法律文书带到公共场所或者带回家中，不准将法律文书交给无关人员阅览和保管；

（四）送达时，应当要求受送达人在送达回证上签名、盖章；受送达人不在，可以交给与其同住的成年家属或者所在单位的负责人代收；受送达人或者代收人拒绝接收或者拒绝签名、盖章时，送达人可以邀请其邻居或者其他见证人到场，说明情况，把送达文书留在受送达人住所，在送达回证上记明情况。

第十九条　人民检察院司法警察执行保护出席法庭、临场监督执行死刑检察人员安全的任务，应当做到：

（一）提前与公诉部门或者刑事执行检察部门沟通，了解案件性质、涉案人数，出席法庭、临场监督执行死刑检察人员人数等情况，制定安全处置预案；

（二）依照有关规定携带警械具，重点保护好往返法庭、开庭期间、执行死刑过程中检察人员的人身安全；

（三）对于重大、敏感等案件，执行职务前应当与法院、公安机关沟通协调，共同做好防范工作；

（四）遇有聚众围攻、殴打出庭公诉、临场监督执行死刑检察人员的，应当采取适当的保护措施并及时与公安机关联系，保护检察人员人身安全。

第二十条　人民检察院司法警察执行协助维护检察机关接待群众来访场所的秩序和安全，参与处置突发事件任务，应当做到：

（一）对来访人员及其他人员扰乱接访秩序，实施自杀、自伤等过激行为的，及时采取措施予以制止和协助救治；

（二）对以暴力手段胁迫、殴打接访人员的，依法采取强行带离现场或者法律规定的其他措施，保护接访场所检察人员的人身安全；

（三）对破坏、冲击接访场所和检察机关办公场所秩序的不法分子，应当采取制止、控制等处置措施，保存相关证据，及时联系公安机关依法处置。

第二十一条　人民检察院司法警察在履行法律、法规规定的其他职责或者完成检察长交办的任务时，应当事先了解任务的性质、目的、要求及完成时限等，拟制相应的措施和方案，确保任务顺利完成。

第二十二条　人民检察院司法警察在执行职务过程中违反本规则，情节轻微的，应当给予批评教育；情节严重的，应当依据《中华人民共和国人民警察法》和最高人民检察院有关规定给予纪律处分；构成犯罪的，依法追究刑事责任。

第二十三条　本规则由最高人民检察院负责解释。

第二十四条　本规则自公布之日起施行。最高人民检察院 2001 年 6 月 18 日公布的《人民检察院司法警察执行职务规则（试行）》同时废止。

规范司法警察履职行为　全面提升司法警察工作水平

——最高人民检察院政治部负责人就
《人民检察院司法警察执行职务规则》答记者问

近日，最高人民检察院印发了《人民检察院司法警察执行职务规则》（以下简称《规则》）。本报记者就制定和贯彻《规则》的相关问题，采访了最高人民检察院政治部有关负责人。

问：请您谈谈《规则》修改的背景。

答：《人民检察院司法警察执行职务规则（试行）》（以下简称《试行规则》）是检察机关司法警察的基本工作规范，自 2001 年印发以来，对于规范司法警察履职行为、提高司法警察工作水平发挥了重要作用，经历十四年的探索与积累，将"试行"去掉的时机已经成熟。具体有以下缘由：一是新形势、新任务的客观要求。近年来，最高人民检察院不断完善司法制度规范体系，既对检察人员规范司法行为提出了更严标准，也对司法警察依法办事、规范履职提出了更高要求，随着《人民检察院刑事诉讼规则（试行）》（以下简称《刑事诉讼规则》）及其他规范性文件的修改、出台，《试行规则》的一些规定已显滞后，不能适应工作需要。二是司法警察工作发展的内在需要。2013 年最高人民检察院修订公布了《人民检察院司法警察条例》（以下简称《司法警察条例》），进一步强化了司法警察职责职能，因此，亟须修改《试行规则》，对新增职责的工作程序进行规范、对比较笼统的内容进行细化、对与现行规范性文件表述不一致的进行调整。三是检察机关规范司法行为的举措之一。司法警察的许多工作都在业务工作环节，其工作质量、司法效果如何，直接关系到检察机关法律监督职能的履行，进一步规范工作程序有利于强化司法警察依法履职的自觉性，也契合检察机关正在开展的规范司法行为专项整治工作的目标要求。四是总结实践经验的必然要求。经过多年尤其是近些年的努力，司法警察工作取得长足发展，积累了丰富的实践经验，一些行之有效的做法需要通过制度加以明确和规范。在《规则》的修改中，我们注重吸收近些年实践经验的积累，吸纳了近年来司法警察工作机制改革成果，使之更具可操作性。

问：请您介绍一下《规则》的修改过程和指导思想。

答：《司法警察条例》公布后，我们就开始考虑适时对《试行规则》进行修改。2014 年下半年，最高人民检察院政治部警务部对司法警察执行修改后刑事诉讼法、《刑事诉讼规则》以及《司法警察条例》情况进行了深入调研，广泛听取意见建议，在摸清底数、分析问题、把握需要的基础上，确定了修改《试行规则》的指导思想和重点，研究起草了《规则》征求意见稿。为群策群力、广集民智，我们多次征求各省级院、最高人民检察院各内设机构和相关事业单位意见，同时加强向院领导汇报、与有关部门沟通，对各方面提出的114条意见建议，逐条进行梳理、研究，在充分吸收、反复修改论证的基础上，数易其稿，形成审议稿提交最高人民检察院检察委员会讨论。应该说，新《规则》是源于实践、源于各方智慧的成果。

《规则》的修改紧紧围绕修改后刑事诉讼法、《刑事诉讼规则》有关要求，坚持了三条指导思想：一是规范和细化工作程序，对《司法警察条例》规定的九项职责的工作程序作出全面、系统规定；二是加强对自身司法办案活动的管理和监督，对司法警察参与司法办案提出严格要求；三是贯彻"尊重和保障人权"理念，通过完善工作程序，切实保障办案安全和犯罪嫌疑人、被告人的合法权益。

问：请您介绍一下《规则》的基本内容，此次修改主要有哪些改变？

答：《规则》共24条。第一条主要明确了制定《规则》的法律依据。第二条至第八条是概括性条款，分别规定了司法警察履行职责的总体要求、回避、用警派警程序等内容。第九条至第二十一条是规范各项职责的具体条款，对各项职责的工作程序、安全防范要求、内部监督、与公安机关协调等方面作了明确规定。第二十二条至第二十四条规定了责任追究、解释权限和施行时间。

修改主要把握了以下几个方面：一是突出强调办案安全防范。明确规定司法警察在执行各项任务前，应当事先了解任务的性质、目的、要求及完成时限等，拟制相应的措施和方案；执行任务过程中，应当对犯罪嫌疑人、被告人或者罪犯的人身、随身携带的物品进行安全检查，发现可能危害人身安全的物品时，应当及时向案件承办人报告；捕获犯罪嫌疑人后，应当立即押解归案，等等，形成事前、事中、事后的全程防范。二是认真落实规范司法工作要求。规定司法警察执行职务时应当按规定着装，佩戴人民警察标志，保持警容严整，举止文明，用语规范；规定司法警察执行职务应当出示人民警察证，使用警械和武器应当严格依照国家有关规定；同时规定执行职务违反本《规则》的，视情节给予批评或纪律处分。三是更加注重履职保障。《规则》对原来规定较为笼统的"保护出席法庭、临场监督执行死刑检察人员的安全"和"协助维护检察机关接待群众来访场所的秩序和安全，参与处置突发事件"两项职责进行全面细化，进一步明确了对阻碍检察人员依法执行职务，以及涉诉信访人员实施过激行为等各种情形的处置办法。同时，增加了关于司法警察执行职务回避的规定，保障司法警察履职合法、安全。这些新的规定既是对司法警察工作规律认识的深化，也是司法警察履职的重要依据。四是充分考虑体例的系统和完整。删除了《司法警察条例》中已作规定的内容，增加了部分概括性条款，将可合并的条款归纳合并。

问：《规则》对司法警察工作提出了更高要求，在司法警察力量调配上有哪些新的规定？

答：《规则》明确规定，人民检察院司法警察执行职务，应当根据案件性质、涉案人数、危险程度、任务时限等情况配备警力。考虑到司法实践中有时用警需求量大，我们根据《人民检察院调用司法警察工作规则（试行）》有关规定，增加了关于跨区域调警的条款。规定执行重大案件警务保障或者处置涉检群体性突发事件警力不足的，以及跨区域执行任务需要警力协助的，上级人民检察院可以从下级人民检察院调用司法警察，下级人民检察院可以申请上一级人民检察院调用司法警察，实现了各级院警力的互补。

另外，我们对派警用警程序进一步规范，增加了"执行一般任务""携带武器""紧急情况"等情形派警的规定，使用警派警工作更科学、更严格。

问：前面谈到，《规则》加强了对自身司法办案活动的监督，具体有哪些内容？

答：最高人民检察院坚持把强化法律监督与强化自身监督放在同等重要的位置，此次《规则》修改也增加了对检察机关自身司法办案活动从严要求的内容。明确规定司法警察看管犯罪嫌疑人或者协助执行指定居所监视居住时，不得体罚、虐待或者变相体罚、虐待犯罪嫌疑人；发现办案人员有违法违规行为时，应当制止，制止无效的，及时向分管院领导报告。另外还规定司法警察执行看管犯罪嫌疑人、被告人或者罪犯任务时，要适时提醒办案人员遵守办案时限。力求通过加强司法警察与办案人员之间相互的监督制约，把执行法律和办案纪律落实到案件的每一个环节和每一名检察人员。

问：《规则》的正式公布，对检察机关司法警察工作必将产生积极影响。下一步在学习贯彻《规则》方面有什么具体要求？

答：学习贯彻《规则》，提高司法警察工作规范化水平，是检察机关一项长期任务。各级检察院特别是司法警察部门要自觉把学习贯彻《规则》作为当前一项重点任务，摆到重要议事日程。一是各级检察院要把学习《规则》列入司法警察岗位练兵规划，作为司法警察培训的必修课程，认真制定学习、培训方案，扎实开展学习培训。省级检察院和地市级检察院要适时组织考试考核，最高人民检察院将采取多种方式检验各地组织司法警察学习掌握《规则》的情况。二是各级司法警察部门要把学习贯彻《规则》与开展规范司法行为专项整治工作结合起来，对照《规则》内容，认真梳理警务工作环节存在的不规范司法问题，以问题为导向，研究改进工作的对策措施，加强机制和能力建设，加强业务和队伍管理，努力把工作提高到新的水平。三是全体司法警察要认真学习，对《规则》内容熟知应会、全面掌握，司法警察部门负责同志要带头学习贯彻，真正把学习贯彻《规则》的过程变成统一思想认识、增强能力素质、正确履行职责的过程，使按章履职成为每个司法警察的自觉行动。

人民检察院司法会计工作细则（试行）

（2015 年 7 月 1 日最高人民检察院第十二届检察委员会第三十七次会议审
议通过　2015 年 7 月 31 日公布并施行　高检发技字〔2015〕27 号）

第一章　总　　则

第一条　为了规范人民检察院司法会计工作，根据《中华人民共和国刑
事诉讼法》、《中华人民共和国民事诉讼法》、《中华人民共和国行政诉讼法》、
《人民检察院刑事诉讼规则（试行）》等有关规定，结合检察工作实际，制定
本细则。

第二条　司法会计工作主要包括：

（一）协助案件承办部门发现案件线索、确定侦查范围、收集相关证据；

（二）进行司法会计鉴定，并根据办案需要参与法庭审理活动；

（三）对案件涉及的相关技术性证据材料进行审查；

（四）其他相关工作。

第三条　司法会计工作应当遵循客观、公正、科学、独立的原则。司法会
计人员应当具备相应资格或专门知识，遵守保密规定，依法保守秘密。

第四条　司法会计人员应当遵照《中华人民共和国刑事诉讼法》和《人
民检察院刑事诉讼规则（试行）》等关于鉴定人回避的规定。

第二章　技术协助

第五条　司法会计技术协助主要包括：

（一）协助案件承办人员发现、提取、固定相关证据；

（二）协助案件承办人员对财务会计资料及相关财物进行检查；

（三）对案件相关问题提供分析意见，根据需要参加案件讨论；

（四）其他需要进行司法会计技术协助的事项。

第六条　委托单位或部门需要司法会计技术协助的，应当填写委托技术协
助书，经审批后送达检察技术部门。遇紧急情况时，司法会计人员根据指派，

可以先提供技术协助，再补办相关手续。

第七条　司法会计人员参加勘验检查、搜查、扣押、调取证据的，应当在案件承办人员的主持下，按照相关规定进行，必要时可制作相关工作说明等。

第三章　鉴　　定

第八条　司法会计鉴定是指在诉讼活动中，为了查明案情，由具有专门知识的人员，对案件中涉及的财务会计资料及相关材料进行检验，对需要解决的财务会计问题进行鉴别判断，并提供意见的一项活动。

第九条　司法会计鉴定范围：

（一）资产历史成本的确认；

（二）资产应结存额及结存差异的确认；

（三）财务往来账项的确认；

（四）经营损益、投资损益的确认；

（五）会计处理方法及结果的确认；

（六）其他需要通过检验分析财务会计资料确认的财务会计问题。

第十条　委托单位或部门需要进行司法会计鉴定的，应当填写委托鉴定书。人民检察院各业务部门向上级人民检察院或者对外委托鉴定时，应当通过本院或者上级人民检察院检察技术部门统一协助办理。未设置检察技术部门的，由承担检察技术工作的部门协助办理。

第十一条　委托鉴定应当提供以下材料：

（一）鉴定涉及的财务会计资料及相关材料，如会计报表、总分类账、明细分类账、记账凭证及所附原始凭证、银行对账单等；

（二）与鉴定有关的勘验检查笔录、扣押清单、调取证据通知书等；

（三）鉴定所需的其他相关材料。

第十二条　检察技术部门收到委托鉴定书后，应当开展以下审查工作：

（一）查验委托手续是否符合要求；

（二）了解与鉴定有关的案件情况，审查、明确鉴定要求；

（三）审查送检材料是否具备鉴定条件；

（四）审查送检材料中的复制材料来源是否合法、真实，鉴定人认为有必要验证的，委托单位或部门应当提供原始材料。

第十三条　经审查，决定受理的，应当填写受理登记表。鉴定工作由两名以上具有司法会计鉴定资格的人员进行。

第十四条　经审查，遇有下列情形之一的，不予受理：

（一）送检材料来源不可靠或虚假的；

（二）鉴定要求超出鉴定范围的；

（三）技术、人员条件不能满足鉴定要求的；

（四）其他不具备受理条件的。

第十五条　决定不予受理的，应当及时退回送检材料并说明理由，必要时可以出具不予受理通知书。

第十六条　鉴定工作应当严格按照程序和技术规范独立进行，其他人员不得暗示或者强迫鉴定人作出某种意见。

第十七条　接受和发还送检材料应当填写移交清单。送检材料内部流转应当做好记录，明确保管责任。

第十八条　鉴定人发现送检材料有虚假内容或虚假嫌疑的，应当通知送检人进行核查；已经查明送检材料中有伪造或变造财务会计资料的，送检人应当提供书面说明；经审查发现送检材料明显不足的，应当要求送检人补充。必要时，鉴定人可以协助核查、收集。

第十九条　鉴定过程中遇有下列情形之一的，应当中止鉴定：

（一）送检材料不足需要补充才能继续鉴定的；

（二）委托单位或部门要求中止鉴定的；

（三）其他需要中止鉴定的情形。

中止鉴定的，应当书面说明原因。

第二十条　鉴定过程中遇有下列情形之一的，应当终止鉴定：

（一）送检材料不足，无法补充的；

（二）委托单位或部门要求终止鉴定的；

（三）其他需要终止鉴定的情形。

终止鉴定的，应当书面说明原因。

第二十一条　遇有重大、疑难、复杂技术问题的，经委托单位或部门同意，可以聘请其他鉴定机构的鉴定人或具有专门知识的人员参与鉴定。

第二十二条　鉴定一般应当自受理之日起十五个工作日内完成。疑难复杂的案件，经委托单位或部门同意，可以适当延长时间。鉴定过程中，补充送检材料所需时间，不计入鉴定时限。

第二十三条　鉴定工作完成后，应当根据委托要求出具鉴定文书。仅需要反映财务会计资料客观情况的，应当出具检验报告；能够作出明确鉴定意见的，应当出具鉴定书。

第二十四条　制作鉴定文书须遵守以下规定：

（一）鉴定意见不得超出委托要求范围；

（二）鉴定意见不得依据犯罪嫌疑人供述、被害人陈述、证人证言等非财务会计资料形成；

（三）鉴定意见不应涉及对定罪量刑等法律问题的判断。

第二十五条　鉴定文书应当按照人民检察院鉴定文书规范制作。

第二十六条　司法会计鉴定文书由鉴定人签名并加盖鉴定专用章。正本交委托单位或部门，副本存档备查。

委托单位或部门在案件终结后，应当将司法会计鉴定工作起到的作用及时反馈。对于重大、疑难、复杂案件，鉴定人可以适时回访。

第四章　技术性证据审查

第二十七条　司法会计技术性证据审查，是指具备司法会计鉴定资格的人员，对案件中涉及的相关鉴定文书、报告以及财务会计资料等证据材料进行审查，并提出审查意见的专门活动。

第二十八条　委托单位或部门需要进行技术性证据审查的，应当填写委托技术性证据审查书。检察技术部门收到委托书及送审材料后，应当填写技术性证据审查受理登记表。

第二十九条　司法会计技术性证据审查对象包括：

（一）司法会计鉴定书、检验报告；

（二）审计报告、查账报告等；

（三）财务会计资料等证据材料。

第三十条　鉴定文书和报告主要审查以下内容：

（一）文书、报告是否完整，内容是否全面；

（二）程序、方法、步骤是否科学、合理；

（三）意见的形成依据是否充分、适当；

（四）意见是否科学、可靠。

第三十一条　财务会计资料等证据材料主要审查以下内容：

（一）证据材料是否完整，取证是否充分；

（二）证据材料之间有无矛盾；

（三）证据材料与已认定的财务会计事实是否相符；

（四）证据材料内容有无错误。

第三十二条　司法会计技术性证据审查意见书由审查人签名，并加盖技术性证据审查专用章。正本交委托单位或部门，副本存档备查。

第五章   鉴定人出庭

第三十三条   人民法院通知鉴定人出庭的，鉴定人应当出庭。确因特殊情况无法出庭的，应当及时向法庭书面说明理由。

第三十四条   鉴定人出庭，应当做好充分准备，熟悉鉴定意见和案件相关情况等，针对可能遇到的问题拟定解答提纲，并准备必要的材料：

（一）委托书或者聘请书、受理检验鉴定登记表、送检材料照片或者复印件、检验记录、鉴定文书；

（二）与该鉴定意见有关的学术著作和技术资料；

（三）鉴定机构及鉴定人资格证明，能够反映鉴定人专门知识水平与能力的有关材料；

（四）其他相关材料。

第三十五条   鉴定人出庭时，应当回答审判人员、检察人员、当事人和辩护人、诉讼代理人等依照法定程序提出的有关检验鉴定的问题；对与检验鉴定无关的问题，可以拒绝回答。

第三十六条   鉴定人出庭时，有关保密、鉴定人保护等相关问题，遵照相关法律规定执行。

第六章   附   则

第三十七条   本细则由最高人民检察院负责解释。

第三十八条   本细则自公布之日起施行。

人民检察院侦查监督、
公诉部门介入职务犯罪案件侦查工作的规定

（2015 年 7 月 14 日最高人民检察院第十二届检察委员会第三十八次会议通过　2015 年 8 月 14 日印发并施行　高检发办字〔2015〕32 号）

第一条　为规范人民检察院侦查监督、公诉部门介入职务犯罪案件侦查工作，提高职务犯罪案件的办理质量和效率，强化监督与制约，根据《中华人民共和国刑事诉讼法》和《人民检察院刑事诉讼规则（试行）》等有关规定，结合检察工作实际，制定本规定。

第二条　侦查监督、公诉部门介入职务犯罪案件侦查的主要任务是规范和引导侦查取证工作，研究法律适用问题，对侦查取证提出意见和建议，加强对侦查活动的监督。

第三条　侦查监督、公诉部门对以下职务犯罪案件可以介入侦查：

（一）可能判处十年有期徒刑以上刑罚的贪污贿赂案件或者可能判处三年有期徒刑以上刑罚的渎职侵权案件；

（二）上级人民检察院等单位督办、批办和交办的案件；

（三）在当地有重大社会影响的案件；

（四）案情重大、疑难、复杂，在事实认定、证据采信以及法律适用等方面存在重大分歧的案件；

（五）其他需要介入侦查的案件。

第四条　侦查监督部门介入侦查，一般应当在职务犯罪案件立案后，报请审查逮捕前进行。

公诉部门介入侦查，一般应当在采取强制措施后，侦查终结前进行。经检察长批准，也可以在立案后介入侦查。

第五条　侦查部门可以提请本院或者上一级人民检察院侦查监督部门派员介入侦查，侦查监督部门对符合本规定第三条规定的案件，应当介入侦查。

侦查监督部门认为必要时，可以在报经本院检察长批准后派员介入本院和下一级人民检察院的侦查工作。

第六条　侦查部门可以商请或者报经检察长批准后通知公诉部门介入侦

查，公诉部门对符合本规定第三条规定的案件，应当介入侦查。

公诉部门认为必要时，可以在报经检察长批准后派员介入侦查工作。

上级人民检察院立案侦查的案件，需要在下级人民检察院审查起诉的，由承担审查起诉职责的人民检察院公诉部门在上级人民检察院公诉部门指导下介入侦查。

第七条　侦查监督、公诉部门应当根据案件情况指派具备检察官身份的人员介入侦查。

第八条　侦查监督、公诉部门介入侦查可以采取以下工作方式：

（一）听取侦查部门关于案件事实和证据情况的介绍，参加侦查部门的案件讨论；

（二）查阅法律文书和证据材料；

（三）调看讯问犯罪嫌疑人、询问证人同步录音录像；

（四）旁听讯问、询问或者介入现场勘验等侦查活动；

（五）其他必要的工作方式。

第九条　介入侦查过程中，侦查监督部门检察人员的主要职责是：

（一）了解案件情况，对案件的性质和法律适用提出意见；

（二）就案件的管辖、事实认定以及证据收集、固定与完善等问题提出意见和建议；

（三）履行立案监督和侦查活动监督职能。

介入侦查过程中，侦查监督部门检察人员与侦查人员在案件定性、法律适用、证据采信等方面有重大分歧意见的，应当及时向本部门负责人和检察长报告。

第十条　公诉部门介入侦查重点围绕以下问题提出意见和建议：

（一）就侦查取证的思路、方向和重点提出意见和建议，引导侦查部门依法、及时、规范地开展取证工作，全面客观地收集证明犯罪嫌疑人有罪、罪重以及无罪、罪轻的证据；

（二）根据指控犯罪的需要，对侦查部门已经获取的证据材料进行分析，提出进一步补充、固定、完善证据的具体建议，督促侦查部门及时收集容易毁损灭失、隐匿转移的证据；

（三）对发现的非法证据，提出依法排除或者重新收集的意见，对瑕疵证据提出完善补正的意见；

（四）对侦查部门提出的案件事实认定、法律适用问题，提出意见和建议；

（五）依法监督侦查活动是否合法，发现侦查活动违法的，提出纠正意见；

（六）就案件管辖提出意见和建议；

（七）对法律文书是否齐全、卷宗材料是否齐备等提出意见和建议；

（八）必要时对全案提出综合性意见和建议。

第十一条　侦查监督、公诉部门介入侦查工作后，侦查部门应当配合做好以下工作：

（一）全面介绍案件情况，提供相关法律文书和已经取得的证据材料；

（二）根据侦查监督、公诉部门提出的意见，进一步收集、固定证据，完善证据体系；

（三）对侦查监督、公诉部门提出的证据瑕疵等问题及时进行补正或者作出合理解释；

（四）对侦查监督、公诉部门提出的侦查活动中存在的违法取证、违法采取强制措施等问题，依法及时纠正。

第十二条　介入侦查工作结束后，侦查监督部门检察人员应当将案件的基本情况、提出的证据补充完善建议和有关分歧意见等重要情况书面向部门负责人和检察长报告。

第十三条　公诉部门检察人员介入侦查后，应当详细记录案件情况、工作情况，形成介入侦查的书面意见，经部门负责人审批后送侦查部门，对特别重大、疑难、复杂的案件，经检察长审批后送侦查部门。

侦查部门应当在侦查终结前将公诉部门所提意见建议的处理情况书面反馈给公诉部门。

公诉部门与侦查部门就案件事实、证据以及法律适用等问题存在分歧，无法达成一致的，应当共同研究解决，必要时报检察长决定。

第十四条　侦查监督、公诉部门检察人员在介入侦查中，发现职务犯罪侦查活动有违法情形，对情节较轻的，可以口头向侦查人员提出纠正意见，并及时向各自部门负责人报告；对情节较重，符合《人民检察院刑事诉讼规则（试行）》第五百六十五条规定情形的，应当报告检察长后，书面提出纠正违法意见。

第十五条　案件移送审查逮捕或者审查起诉后，侦查监督、公诉部门一般应将案件交由介入侦查的检察人员办理，确因工作需要的，也可以另行安排办案人员。

第十六条　介入侦查工作的检察人员必须严格履行工作职责、遵守办案纪律和有关保密规定，对于有关案情和侦查情况、涉及的国家秘密、商业秘密和个人隐私应当严格保密。违反有关规定的，严格依纪依法追究责任。

第十七条　本规定所称侦查部门，包括反贪污贿赂部门、反渎职侵权部门、刑事执行检察部门等负有职务犯罪侦查职责的部门。

第十八条　本规定自印发之日起施行。

《人民检察院侦查监督、公诉部门介入
职务犯罪案件侦查工作的规定》理解与适用

刘福谦　张　忠*

2015 年 7 月 14 日，最高人民检察院第十二届检察委员会第三十八次会议审议通过了由最高人民检察院侦查监督厅、公诉厅联合制定的《人民检察院侦查监督、公诉部门介入职务犯罪案件侦查工作的规定》（以下简称《规定》），并于 8 月 14 日下发施行。这是最高人民检察院规范司法行为系列工作的一项重要成果，回应了"以更严的标准强化对自身监督的要求"，必将推动职务犯罪侦查监督和职务犯罪侦查、公诉工作品质的共同提高。

一、《规定》制定的背景和思路

近年来，各地检察机关侦查监督部门和公诉部门就介入职务犯罪案件侦查工作程度不同地开展了一些有益探索，但具体做法不一，方式各异。随着反腐败斗争不断走向深入，检察机关查办贪污贿赂、渎职等职务犯罪案件数量大幅增长，规范司法行为、提高案件质量的要求更为严格。随着诉讼制度改革进程的推进，对职务犯罪办案质量更高要求的压力必然会传导给侦查取证工作，迫切需要侦查监督部门和公诉部门充分发挥好及时介入侦查、引导侦查取证的作用。因此，制定统一的介入职务犯罪案件侦查工作的规范性文件，进一步规范侦查监督部门、公诉部门介入侦查工作，进而提高职务犯罪案件的办理质量，具有十分重要的意义。

在起草《规定》过程中，主要做了三方面的工作：一是收集资料，调研座谈。我们收集和整理了有关省市区对介入侦查的经验做法和规范性文件，组织了北京、河北、江苏等十余个省市检察机关进行调研。二是起草初稿，研究论证。根据调研的情况着手起草《规定》后，我们组织了若干次集中讨论和研究，对初稿进行了反复研究，形成了征求意见稿。三是征求意见，修改完善。我们将征求意见稿发部分省级检察机关和最高人民检察院反贪总局、渎检厅等内设机构广泛征求意见，集中了多部门的智慧，吸纳了合理的修改意见，最终形成了现有的《规定》。

制定《规定》的主要思路：一是着眼于进一步深化侦查监督部门、公诉

---

* 作者单位：最高人民检察院侦查监督厅。

部门与侦查部门的协调配合，同时体现互相制约，促进侦查取证工作更加规范，实现保证办案质量、提高办案效率的目的。二是以曹建明检察长、孙谦副检察长关于引导取证工作的重要指示精神及"介入范围适当、介入时机适时、介入程度适度"的原则为指导，对其中的具体要求在《规定》中予以体现，并尊重侦查活动的专业性和侦查工作规律，防止介入侦查工作越位、越权、越界。三是突出重点，注意研究解决当前介入职务犯罪侦查工作中存在的主要问题，如案件范围、启动方式、介入时间、工作方式和职责等。四是坚持统分结合，对于侦查监督部门、公诉部门介入职务犯罪案件侦查工作中共性的问题，如介入侦查的主要任务、介入案件的范围、介入的方式和程序等做了统一规定，对于体现侦查监督、公诉各自特点的工作要求则分别做了规定。

二、介入侦查的法理基础、法律依据及价值

（一）介入侦查的历史由来

作为一项工作机制，介入侦查始于20世纪80年代初，当时多称之为"提前介入侦查"。在"严打"各类刑事犯罪的特定历史时期，检察机关为配合"从重从快"的刑事政策，进一步提高办案效率，在侦查机关移送审查逮捕和审查起诉前即派员提前审阅案卷材料，参与侦查机关的案件讨论，并对侦查中存在的程序和实体问题提出意见和建议。"近几年来，根据打击严重刑事犯罪斗争的需要，最高人民检察院要求全国各级检察机关派员直接介入公安机关的侦查活动，把对重大刑事案件的检察工作提前到公安机关提请批捕和移送起诉之前（以下简称'提前介入'）。1989年，最高人民检察院会同公安部就检察机关的'提前介入'问题联合发了专门文件。这样，'提前介入'工作就列入了检察机关的重要议事日程。"[①] 这一做法的积极意义在理论界和实务界都获得了较高评价。"采取提前介入这一措施，则把对案件的审查和侦查活动监督大大提前了一步。这不仅赢得了时间上的主动，而且拓宽和深化了检察职能，从而对保证法律的统一正确执行，以及从重从快地打击严重刑事犯罪起到了十分重要的作用。"[②] 但在理论界对提前介入侦查也有一些不同意见。有人认为，提前介入违背了分工负责、互相制约的原则，混淆了法律程序。我们认为，无论是理论界还是实务界，对此有不同有意见和认识是正常的，评价一个新生事物尤其是司法工作机制，关键要看实际效果。从多年来的司法实践来看，介入侦查兼顾了打击犯罪和保障人权的现实需求，不但是检察机关履行侦查监督职能的内在需要，也是检察机关更好履行控诉职能的需要，符合刑事诉讼的客观

---

① 林智忠、陈建全：《检察机关"提前介入"初探》，载《中外法学》1991年第1期第13页。

② 吴军：《检察机关提前介入刑事侦查的几个问题》，载《法律科学》1986年第6期。

运行规律，顺应了刑事诉讼制度改革的发展趋势，已经成为各级各地检察机关的普遍做法。

（二）介入侦查的法理基础和法律依据

对介入侦查的起源、发展及其内在法理依据的探究，必然离不开对侦、捕、诉关系的定位和思考，以及对侦查职能与控诉职能两者关系的深刻认知。当今世界，无论是英美法系还是大陆法系国家，都是以侦查职能和控诉职能的紧密结合为基础来构建刑事追诉体系中的侦捕诉关系。检察机关介入和引导侦查在大多数国家和地区都是通行做法，不同法系国家之间的区别仅仅在于介入的方式和程度不同而已。换言之，侦查职能与决定逮捕职能、控诉职能之间存在着天然的内在联系，并互相依托、互为条件，共同构建了刑事诉讼体系的必要前端。

在我国，一方面，公检法三机关之间是一种"各管一段"的流水线式的刑事诉讼模式，侦查环节与全面审查、考量证据的审判阶段较为疏远，受角色定位的限制，侦查部门对如何运用证据指控犯罪、接受法庭质证也缺乏直观的感性认知，其工作性质与职能本能地更倾向于查获犯罪本身，而相对忽视基于指控和审判视角对证据的收集与审查。另一方面，行使检察权的侦查监督部门对侦查权的监督比较薄弱，天然处于强势地位的侦查权往往也本能地排斥监督制约，进而易导致侦查权滥用，而这又直接影响了侦查和起诉的质量与效率。因此，进一步加强介入侦查工作，强化对侦查活动的监督制约，具有十分重要的意义。同时，对介入侦查工作予以进一步明确化和制度化，规范引导侦查部门围绕指控犯罪的需要全面客观地收集和固定证据，也是为了更好地适应以审判为中心的刑事诉讼制度的改革需要，使侦查监督部门、公诉部门更好地履行法律监督职能。

刑事诉讼法第七条关于人民法院、人民检察院和公安机关应当"分工负责，互相配合，互相制约"的规定，以及第八条关于人民检察院依法对刑事诉讼实行法律监督的原则规定，可以视为我国检察机关侦查监督部门、公诉部门介入自侦案件侦查工作的宏观法律依据。具体而言，刑事诉讼法第八十五条、第一百三十二条分别规定了人民检察院可以派员参加公安机关对于重大案件的讨论，可以派员参加公安机关的复验复查，这些规定均为人民检察院介入侦查工作提供了更进一步的法律依据。此外，《人民检察院刑事诉讼规则（试行）》（以下简称《刑事诉讼规则》）第三百三十条规定：对于重大疑难复杂的案件，下级人民检察院侦查部门可以提请上一级人民检察院侦查监督部门和本院侦查监督部门派员介入侦查，参加案件讨论。上一级人民检察院侦查监督部门和下级人民检察院侦查监督部门认为必要时，可以报经检察长批准，派员介入侦查，对收集证据、适用法律提出意见，监督侦查活动是否合法。第三百六十一条针对审查起诉环节也有类似规定，但客观而言，这些规定较为原则和笼统，操作性不强。总体来看，由于刑事诉讼法并未对介入侦查作出更为明确具体的规定，也未规定侦查部门的配合性义务，在一定意义上，立法层面的缺陷和不足影响了介入侦查工作的顺利开展。因此，认真总结这些年来侦查监督部门、公诉部门介入侦查工作的经验，并首先从规范职务犯罪案件的侦查工作入手，制定一个既符合现有法律规定，又适应刑事司法改革趋势的介入侦查工作规定，很有必要。

（三）介入侦查的价值和意义

介入侦查首先可以依法监督和制约侦查权，彰显程序正义。不可否认，侦查权的行使具有较强的封闭性，并在很大程度上以限制和干预公民的人身自由和财产权利为代价，追诉犯罪的本能冲动使得其极易被滥用。孟德斯鸠曾说，"一切拥有权力的人都容易滥用权力"，所以，对侦查权进行必要的监督和制约，是刑事诉讼的应有之义。而介入侦查可以在不干涉侦查权独立行使的前提下，通过动态监督的方式规制其不脱离法治轨道，最大限度地避免侦查活动出现违法行为，并切实保障人权。其次，介入侦查可以督促侦查部门围绕指控犯罪的需要收集固定证据，推动侦查部门确立正确的侦查方向和侦查思路，并提升办案质量和侦查效率。对于侦查监督部门而言，介入侦查也是履行法律监督职能的重要途径。在事前和事中监督缺位的情况下，如果仅仅局限于事后审查逮捕阶段的监督，势必难以及时发现和纠正侦查过程中的不当行为。最后，介入侦查也有利于实现诉讼经济原则。介入侦查有利于侦查监督部门及时掌握案情，并引导侦查部门按照定罪的标准侦查取证，最大限度地优化调配司法资源，在微观层面既能实现互相配合，又能形成互相制约，共同服务于打击犯罪、保障人权这一终极目标的实现。

三、《规定》主要内容释义

（一）介入侦查的案件范围（第三条）

这一点采取了必要性和选择性介入的方式。实践中对所有案件不加区分地一律介入侦查，既无必要也不现实。综合考虑法律规定、职务犯罪现实状况以及检察机关自身执法需求等因素，根据"介入范围适当"的原则，《规定》综合了刑事诉讼的原则精神并提炼整合了执法实践中遇到的各种情形，同时根据《刑事诉讼规则》的有关规定，采取列举的方式细化规定了可以介入侦查的四类重大疑难复杂案件，并设了兜底条款。

（二）介入侦查的时间（第四条）

《刑事诉讼规则》第三百六十一条规定可以派员"适时"介入侦查活动。

考虑到侦查监督和公诉部门不同的职能定位和工作特点，我们根据"介入时机适时"的原则，对两个部门介入的时间做了不同规定，即"侦查监督部门介入侦查，一般应当在职务犯罪案件立案之后，报请审查逮捕前进行。公诉部门介入侦查，一般应当在采取强制措施后，拟侦查终结前进行。经报检察长批准，可以在立案后介入侦查"。

（三）介入侦查程序的启动方式（第五条、第六条）

《刑事诉讼规则》第五百六十七条规定"可以派员"参加对于重大案件的讨论和其他侦查活动，但无具体的程序规定。第三百三十条规定侦查监督部门可以应下级人民检察院和本院侦查部门提请介入侦查活动，也可以在认为必要时，报经检察长批准后派员介入侦查。据此这两条规定了侦查监督、公诉部门介入侦查的形式，即将介入侦查的启动方式分为两种：一种为应侦查部门"商请"介入，另一种为依职权"主动"介入。由于侦查监督、公诉部门的介入程序存在较大差异（《刑事诉讼规则》规定侦查监督部门可以对下一级检察机关的案件介入侦查），《规定》分两条分别明确了侦查监督、公诉部门介入侦查的启动方式，其中侦查监督部门介入的启动方式为：侦查部门可以提请本院或者上一级人民检察院侦查监督部门派员介入侦查，侦查监督部门对符合本《规定》第三条规定的案件，应当介入侦查。侦查监督部门认为必要时，可以在报经本院检察长批准后派员介入本院和下一级人民检察院的侦查工作。

需要说明的是，根据侦查监督部门和公诉部门不同的职能定位和工作特点，《规定》不主张两个部门同时介入同一案件，以避免出现检察机关内部意见相左，造成侦查部门无所适从的情况。

（四）介入检察人员身份要求（第七条）

关于介入人员的身份，调研中有省级院反映，各地侦查监督、公诉部门不同程度存在办案力量不足的问题，且近年来侦查监督、公诉部门主要办案人员趋于年轻化，因此对介入人员的身份不宜要求过严。因此，《规定》放宽了对介入侦查的检察人员的身份要求，具备检察官身份的人员即可，且未限定最低人数。

（五）介入侦查的工作方式和职责（第八条至第十条）

《刑事诉讼规则》第三百六十一条规定可以"介入侦查活动"，第五百六十七条规定可以"参加重大案件的讨论和其他侦查活动"；在工作职责上，第三百六十一条界定为"对收集证据、适用法律提出意见，监督侦查活动是否合法"；第五百六十七条界定为"发现违法行为，情节较轻的可以口头纠正，情节较重的应当报请检察长批准后，发出纠正违法通知书"。由于侦查监督部门、公诉部门介入侦查的工作方式基本一致，《规定》对此采取了集中统一表述的形式，在列举了四种基本方式的基础上，又设了兜底条款。

在检察实践中，侦查监督部门、公诉部门介入侦查的具体职责差异较大，审查逮捕和审查起诉阶段介入侦查，在工作重点方面亦有所不同：审查逮捕阶段更侧重于引导侦查方向，帮助侦查部门确立正确的取证思路，并围绕审查逮捕条件对涉案的主要证据审查甄别，提出进一步收集固定的意见。而审查起诉阶段则以指控犯罪、服务审判为目的，侧重于全面审查和进一步巩固完善证据体系。据此，《规定》第九条、第十条分别按照两部门不同的职责特征采取"列举加兜底"的方式做了规定。其中侦查监督部门的主要职责共三项：了解案件情况，对案件的性质和法律适用提出意见；就案件的管辖、事实认定以及证据收集、固定与完善等问题提出意见和建议；履行立案监督和侦查活动监督职能。

需要说明的是，介入侦查的检察人员就证据收集、固定与完善以及法律适用等问题发表意见时，要根据案件情况注意把握"分寸"。对于事实清楚，法律适用没有争议的案件，可以当即发表意见，但须声明是个人意见；对于事实、法律关系复杂，在案件定性、法律适用、证据采信等方面和侦查部门有重大分歧意见的，发表意见时应留有"余地"，可在报告侦查监督部门负责人和检察长，做进一步研究后再予正式回复。同时，要注意不能在介入侦查中就案件是否符合逮捕条件等问题发表结论性意见。

（六）介入侦查中发现违法情形的处理（第十四条）

《刑事诉讼规则》第五百六十七条规定，发现违法行为，情节较轻的可以口头纠正，情节较重的应当报请检察长批准后，发出纠正违法通知书。在此基础上，为了进一步强化检察机关内部的监督制约，《规定》第十四条对介入侦查中发现侦查部门的违法违规情形分两个层面做了规定：对情节较轻的，可以口头提出纠正意见；对于情节较重，符合《刑事诉讼规则》第五百六十五条规定情形的，报告检察长后书面提出纠正意见，并跟踪纠正意见的落实情况。

四、其他需要说明的问题

（一）关于对立案侦查案件的知情问题

侦查监督部门、公诉部门介入职务犯罪案件侦查工作，需要在第一时间获悉侦查部门的立案情况，并根据案件情况决定是否主动介入。关于如何掌握侦查部门的立案情况，目前全国尚无统一的规定和做法，对此北京等地采取了立案备案、联席会议等灵活措施，保证了侦查监督部门和公诉部门及时知悉立案侦查的案件情况，以便视情决定是否介入。《规定》对此虽未做统一规定，但各地可以借鉴北京检察机关的经验，通过建立立案通报、抄送等机制，解决侦查监督、公诉部门对侦查部门的立案知情问题。

（二）妥善处理好与侦查部门的关系

明确自身职能定位，正确处理好和侦查部门的关系，是侦查监督部门和公诉部门在介入侦查工作中必须要注意的问题。无论就侦查部门还是侦查监督部门、公诉部门而言，提前介入中都要依法独立履行职责。需要强调的是，介入侦查不是与侦查部门"联合办案"。在与侦查部门形成打击职务犯罪合力的同时，要注意保持与侦查部门之间适当的"距离"，形成适度的"张力"：一要避免以监督者自居，要注意把握侦查取证中存在的重要环节和主要问题，不能吹毛求疵，过分苛求；二要避免过于顾及与侦查部门的关系，不敢监督、不善监督。对于发现的侦查违法行为和非法证据，要敢于提出纠正意见，切实担负起监督职责，并对如何收集、固定、完善证据提出建议，做到参与而不干预，参谋而不代替，指导而不包办。要善于运用原则性和灵活性相结合的策略，针对不同情形采取灵活有效的工作方法，使得侦查部门更易接受和采纳介入侦查的意见，以此推进侦捕诉关系向良性方向发展，共同服务于打击犯罪、保护人权的刑事诉讼目的。

最高人民法院、最高人民检察院、公安部、国家安全部、司法部关于依法保障律师执业权利的规定

（2015 年 9 月 16 日发布并施行　司发〔2015〕14 号）

第一条　为切实保障律师执业权利，充分发挥律师维护当事人合法权益、维护法律正确实施、维护社会公平和正义的作用，促进司法公正，根据有关法律法规，制定本规定。

第二条　人民法院、人民检察院、公安机关、国家安全机关、司法行政机关应当尊重律师，健全律师执业权利保障制度，依照刑事诉讼法、民事诉讼法、行政诉讼法及律师法的规定，在各自职责范围内依法保障律师知情权、申请权、申诉权，以及会见、阅卷、收集证据和发问、质证、辩论等方面的执业权利，不得阻碍律师依法履行辩护、代理职责，不得侵害律师合法权利。

第三条　人民法院、人民检察院、公安机关、国家安全机关、司法行政机关和律师协会应当建立健全律师执业权利救济机制。

律师因依法执业受到侮辱、诽谤、威胁、报复、人身伤害的，有关机关应当及时制止并依法处理，必要时对律师采取保护措施。

第四条　人民法院、人民检察院、公安机关、国家安全机关、司法行政机关应当建立和完善诉讼服务中心、立案或受案场所、律师会见室、阅卷室，规范工作流程，方便律师办理立案、会见、阅卷、参与庭审、申请执行等事务。探索建立网络信息系统和律师服务平台，提高案件办理效率。

第五条　办案机关在办理案件中应当依法告知当事人有权委托辩护人、诉讼代理人。对于符合法律援助条件而没有委托辩护人或者诉讼代理人的，办案机关应当及时告知当事人有权申请法律援助，并按照相关规定向法律援助机构转交申请材料。办案机关发现犯罪嫌疑人、被告人属于依法应当提供法律援助的情形的，应当及时通知法律援助机构指派律师为其提供辩护。

第六条　辩护律师接受犯罪嫌疑人、被告人委托或者法律援助机构的指派后，应当告知办案机关，并可以依法向办案机关了解犯罪嫌疑人、被告人涉嫌或者被指控的罪名及当时已查明的该罪的主要事实，犯罪嫌疑人、被告人被采

取、变更、解除强制措施的情况，侦查机关延长侦查羁押期限等情况，办案机关应当依法及时告知辩护律师。

办案机关作出移送审查起诉、退回补充侦查、提起公诉、延期审理、二审不开庭审理、宣告判决等重大程序性决定的，以及人民检察院将直接受理立案侦查案件报请上一级人民检察院审查决定逮捕的，应当依法及时告知辩护律师。

第七条 辩护律师到看守所会见在押的犯罪嫌疑人、被告人，看守所在查验律师执业证书、律师事务所证明和委托书或者法律援助公函后，应当及时安排会见。能当时安排的，应当当时安排；不能当时安排的，看守所应当向辩护律师说明情况，并保证辩护律师在四十八小时以内会见到在押的犯罪嫌疑人、被告人。

看守所安排会见不得附加其他条件或者变相要求辩护律师提交法律规定以外的其他文件、材料，不得以未收到办案机关通知为由拒绝安排辩护律师会见。

看守所应当设立会见预约平台，采取网上预约、电话预约等方式为辩护律师会见提供便利，但不得以未预约会见为由拒绝安排辩护律师会见。

辩护律师会见在押的犯罪嫌疑人、被告人时，看守所应当采取必要措施，保障会见顺利和安全进行。律师会见在押的犯罪嫌疑人、被告人的，看守所应当保障律师履行辩护职责需要的时间和次数，并与看守所工作安排和办案机关侦查工作相协调。辩护律师会见犯罪嫌疑人、被告人时不被监听，办案机关不得派员在场。在律师会见室不足的情况下，看守所经辩护律师书面同意，可以安排在讯问室会见，但应当关闭录音、监听设备。犯罪嫌疑人、被告人委托两名律师担任辩护人的，两名辩护律师可以共同会见，也可以单独会见。辩护律师可以带一名律师助理协助会见。助理人员随同辩护律师参加会见的，应当出示律师事务所证明和律师执业证书或申请律师执业人员实习证。办案机关应当核实律师助理的身份。

第八条 在押的犯罪嫌疑人、被告人提出解除委托关系的，办案机关应当要求其出具或签署书面文件，并在三日以内转交受委托的律师或者律师事务所。辩护律师可以要求会见在押的犯罪嫌疑人、被告人，当面向其确认解除委托关系，看守所应当安排会见；但犯罪嫌疑人、被告人书面拒绝会见的，看守所应当将有关书面材料转交辩护律师，不予安排会见。

在押的犯罪嫌疑人、被告人的监护人、近亲属解除代为委托辩护律师关系的，经犯罪嫌疑人、被告人同意的，看守所应当允许新代为委托的辩护律师会见，由犯罪嫌疑人、被告人确认新的委托关系；犯罪嫌疑人、被告人不同意解除原辩护律师的委托关系的，看守所应当终止新代为委托的辩护律师会见。

第九条　辩护律师在侦查期间要求会见危害国家安全犯罪、恐怖活动犯罪、特别重大贿赂犯罪案件在押的犯罪嫌疑人的，应当向侦查机关提出申请。侦查机关应当依法及时审查辩护律师提出的会见申请，在三日以内将是否许可的决定书面答复辩护律师，并明确告知负责与辩护律师联系的部门及工作人员的联系方式。对许可会见的，应当向辩护律师出具许可决定文书；因有碍侦查或者可能泄露国家秘密而不许可会见的，应当向辩护律师说明理由。有碍侦查或者可能泄露国家秘密的情形消失后，应当许可会见，并及时通知看守所和辩护律师。对特别重大贿赂案件在侦查终结前，侦查机关应当许可辩护律师至少会见一次犯罪嫌疑人。

侦查机关不得随意解释和扩大前款所述三类案件的范围，限制律师会见。

第十条　自案件移送审查起诉之日起，辩护律师会见犯罪嫌疑人、被告人，可以向其核实有关证据。

第十一条　辩护律师会见在押的犯罪嫌疑人、被告人，可以根据需要制作会见笔录，并要求犯罪嫌疑人、被告人确认无误后在笔录上签名。

第十二条　辩护律师会见在押的犯罪嫌疑人、被告人需要翻译人员随同参加的，应当提前向办案机关提出申请，并提交翻译人员身份证明及其所在单位出具的证明。办案机关应当及时审查并在三日以内作出是否许可的决定。许可翻译人员参加会见的，应当向辩护律师出具许可决定文书，并通知看守所。不许可的，应当向辩护律师书面说明理由，并通知其更换。

翻译人员应当持办案机关许可决定文书和本人身份证明，随同辩护律师参加会见。

第十三条　看守所应当及时传递辩护律师同犯罪嫌疑人、被告人的往来信件。看守所可以对信件进行必要的检查，但不得截留、复制、删改信件，不得向办案机关提供信件内容，但信件内容涉及危害国家安全、公共安全、严重危害他人人身安全以及涉嫌串供、毁灭证据等情形的除外。

第十四条　辩护律师自人民检察院对案件审查起诉之日起，可以查阅、摘抄、复制本案的案卷材料，人民检察院检察委员会的讨论记录、人民法院合议庭、审判委员会的讨论记录以及其他依法不能公开的材料除外。人民检察院、人民法院应当为辩护律师查阅、摘抄、复制案卷材料提供便利，有条件的地方可以推行电子化阅卷，允许刻录、下载材料。侦查机关应当在案件移送审查起诉后三日以内，人民检察院应当在提起公诉后三日以内，将案件移送情况告知辩护律师。案件提起公诉后，人民检察院对案卷所附证据材料有调整或者补充的，应当及时告知辩护律师。辩护律师对调整或者补充的证据材料，有权查阅、摘抄、复制。辩护律师办理申诉、抗诉案件，在人民检察院、人民法院经审查决定立案后，可以持律师执业证书、律师事务所证明和委托书或者法律援助公函到案卷档案管理部门、持有案卷档案的办案部门查阅、摘抄、复制已经审理终结案件的案卷材料。

辩护律师提出阅卷要求的，人民检察院、人民法院应当当时安排辩护律师阅卷，无法当时安排的，应当向辩护律师说明并安排其在三个工作日以内阅卷，不得限制辩护律师阅卷的次数和时间。有条件的地方可以设立阅卷预约平台。

人民检察院、人民法院应当为辩护律师阅卷提供场所和便利，配备必要的设备。因复制材料发生费用的，只收取工本费用。律师办理法律援助案件复制材料发生的费用，应当予以免收或者减收。辩护律师可以采用复印、拍照、扫描、电子数据拷贝等方式复制案卷材料，可以根据需要带律师助理协助阅卷。办案机关应当核实律师助理的身份。

辩护律师查阅、摘抄、复制的案卷材料属于国家秘密的，应当经过人民检察院、人民法院同意并遵守国家保密规定。律师不得违反规定，披露、散布案件重要信息和案卷材料，或者将其用于本案辩护、代理以外的其他用途。

第十五条 辩护律师提交与案件有关材料的，办案机关应当在工作时间和办公场所予以接待，当面了解辩护律师提交材料的目的、材料的来源和主要内容等有关情况并记录在案，与相关材料一并附卷，并出具回执。辩护律师应当提交原件，提交原件确有困难的，经办案机关准许，也可以提交复印件，经与原件核对无误后由辩护律师签名确认。辩护律师通过服务平台网上提交相关材料的，办案机关应当在网上出具回执。辩护律师应当及时向办案机关提供原件核对，并签名确认。

第十六条 在刑事诉讼审查起诉、审理期间，辩护律师书面申请调取公安机关、人民检察院在侦查、审查起诉期间收集但未提交的证明犯罪嫌疑人、被告人无罪或者罪轻的证据材料的，人民检察院、人民法院应当依法及时审查。经审查，认为辩护律师申请调取的证据材料已收集并且与案件事实有联系的，应当及时调取。相关证据材料提交后，人民检察院、人民法院应当及时通知辩护律师查阅、摘抄、复制。经审查决定不予调取的，应当书面说明理由。

第十七条 辩护律师申请向被害人或者其近亲属、被害人提供的证人收集与本案有关的材料的，人民检察院、人民法院应当在七日以内作出是否许可的决定，并通知辩护律师。辩护律师书面提出有关申请时，办案机关不许可的，应当书面说明理由；辩护律师口头提出申请的，办案机关可以口头答复。

第十八条 辩护律师申请人民检察院、人民法院收集、调取证据的，人民检察院、人民法院应当在三日以内作出是否同意的决定，并通知辩护律师。辩护律师书面提出有关申请时，办案机关不同意的，应当书面说明理由；辩护律师口头提出申请的，办案机关可以口头答复。

第十九条　辩护律师申请向正在服刑的罪犯收集与案件有关的材料的，监狱和其他监管机关在查验律师执业证书、律师事务所证明和犯罪嫌疑人、被告人委托书或法律援助公函后，应当及时安排并提供合适的场所和便利。

正在服刑的罪犯属于辩护律师所承办案件的被害人或者其近亲属、被害人提供的证人的，应当经人民检察院或者人民法院许可。

第二十条　在民事诉讼、行政诉讼过程中，律师因客观原因无法自行收集证据的，可以依法向人民法院申请调取。经审查符合规定的，人民法院应当予以调取。

第二十一条　侦查机关在案件侦查终结前，人民检察院、人民法院在审查批准、决定逮捕期间，最高人民法院在复核死刑案件期间，辩护律师提出要求的，办案机关应当听取辩护律师的意见。人民检察院审查起诉、第二审人民法院决定不开庭审理的，应当充分听取辩护律师的意见。

辩护律师要求当面反映意见或者提交证据材料的，办案机关应当依法办理，并制作笔录附卷。辩护律师提出的书面意见和证据材料，应当附卷。

第二十二条　辩护律师书面申请变更或者解除强制措施的，办案机关应当在三日以内作出处理决定。辩护律师的申请符合法律规定的，办案机关应当及时变更或者解除强制措施；经审查认为不应当变更或者解除强制措施的，应当告知辩护律师，并书面说明理由。

第二十三条　辩护律师在侦查、审查起诉、审判期间发现案件有关证据存在刑事诉讼法第五十四条规定的情形的，可以向办案机关申请排除非法证据。

辩护律师在开庭以前申请排除非法证据，人民法院对证据收集合法性有疑问的，应当依照刑事诉讼法第一百八十二条第二款的规定召开庭前会议，就非法证据排除问题了解情况，听取意见。

辩护律师申请排除非法证据的，办案机关应当听取辩护律师的意见，按照法定程序审查核实相关证据，并依法决定是否予以排除。

第二十四条　辩护律师在开庭以前提出召开庭前会议、回避、补充鉴定或者重新鉴定以及证人、鉴定人出庭等申请的，人民法院应当及时审查作出处理决定，并告知辩护律师。

第二十五条　人民法院确定案件开庭日期时，应当为律师出庭预留必要的准备时间并书面通知律师。律师因开庭日期冲突等正当理由申请变更开庭日期的，人民法院应当在不影响案件审理期限的情况下，予以考虑并调整日期，决定调整日期的，应当及时通知律师。

律师可以根据需要，向人民法院申请带律师助理参加庭审。律师助理参加庭审仅能从事相关辅助工作，不得发表辩护、代理意见。

　　第二十六条　有条件的人民法院应当建立律师参与诉讼专门通道，律师进入人民法院参与诉讼确需安全检查的，应当与出庭履行职务的检察人员同等对待。有条件的人民法院应当设置专门的律师更衣室、休息室或者休息区域，并配备必要的桌椅、饮水及上网设施等，为律师参与诉讼提供便利。

　　第二十七条　法庭审理过程中，律师对审判人员、检察人员提出回避申请的，人民法院、人民检察院应当依法作出处理。

　　第二十八条　法庭审理过程中，经审判长准许，律师可以向当事人、证人、鉴定人和有专门知识的人发问。

　　第二十九条　法庭审理过程中，律师可以就证据的真实性、合法性、关联性，从证明目的、证明效果、证明标准、证明过程等方面，进行法庭质证和相关辩论。

　　第三十条　法庭审理过程中，律师可以就案件事实、证据和适用法律等问题，进行法庭辩论。

　　第三十一条　法庭审理过程中，法官应当注重诉讼权利平等和控辩平衡。对于律师发问、质证、辩论的内容、方式、时间等，法庭应当依法公正保障，以便律师充分发表意见，查清案件事实。

　　法庭审理过程中，法官可以对律师的发问、辩论进行引导，除发言过于重复、相关问题已在庭前会议达成一致、与案件无关或者侮辱、诽谤、威胁他人，故意扰乱法庭秩序的情况外，法官不得随意打断或者制止律师按程序进行的发言。

　　第三十二条　法庭审理过程中，律师可以提出证据材料，申请通知新的证人、有专门知识的人出庭，申请调取新的证据，申请重新鉴定或者勘验、检查。在民事诉讼中，申请有专门知识的人出庭，应当在举证期限届满前向人民法院申请，经法庭许可后才可以出庭。

　　第三十三条　法庭审理过程中，遇有被告人供述发生重大变化、拒绝辩护等重大情形，经审判长许可，辩护律师可以与被告人进行交流。

　　第三十四条　法庭审理过程中，有下列情形之一的，律师可以向法庭申请休庭：

　　（一）辩护律师因法定情形拒绝为被告人辩护的；

　　（二）被告人拒绝辩护律师为其辩护的；

　　（三）需要对新的证据作辩护准备的；

　　（四）其他严重影响庭审正常进行的情形。

　　第三十五条　辩护律师作无罪辩护的，可以当庭就量刑问题发表辩护意见，也可以庭后提交量刑辩护意见。

第三十六条　人民法院适用普通程序审理案件，应当在裁判文书中写明律师依法提出的辩护、代理意见，以及是否采纳的情况，并说明理由。

第三十七条　对于诉讼中的重大程序信息和送达当事人的诉讼文书，办案机关应当通知辩护、代理律师。

第三十八条　法庭审理过程中，律师就回避，案件管辖，非法证据排除，申请通知证人、鉴定人、有专门知识的人出庭，申请通知新的证人到庭，调取新的证据，申请重新鉴定、勘验等问题当庭提出申请，或者对法庭审理程序提出异议的，法庭原则上应当休庭进行审查，依照法定程序作出决定。其他律师有相同异议的，应一并提出，法庭一并休庭审查。法庭决定驳回申请或者异议的，律师可当庭提出复议。经复议后，律师应当尊重法庭的决定，服从法庭的安排。

律师不服法庭决定保留意见的内容应当详细记入法庭笔录，可以作为上诉理由，或者向同级或者上一级人民检察院申诉、控告。

第三十九条　律师申请查阅人民法院录制的庭审过程的录音、录像的，人民法院应当准许。

第四十条　侦查机关依法对在诉讼活动中涉嫌犯罪的律师采取强制措施后，应当在四十八小时以内通知其所在的律师事务所或者所属的律师协会。

第四十一条　律师认为办案机关及其工作人员明显违反法律规定，阻碍律师依法履行辩护、代理职责，侵犯律师执业权利的，可以向该办案机关或者其上一级机关投诉。

办案机关应当畅通律师反映问题和投诉的渠道，明确专门部门负责处理律师投诉，并公开联系方式。

办案机关应当对律师的投诉及时调查，律师要求当面反映情况的，应当当面听取律师的意见。经调查情况属实的，应当依法立即纠正，及时答复律师，做好说明解释工作，并将处理情况通报其所在地司法行政机关或者所属的律师协会。

第四十二条　在刑事诉讼中，律师认为办案机关及其工作人员的下列行为阻碍律师依法行使诉讼权利的，可以向同级或者上一级人民检察院申诉、控告：

（一）未依法向律师履行告知、转达、通知和送达义务的；

（二）办案机关认定律师不得担任辩护人、代理人的情形有误的；

（三）对律师依法提出的申请，不接收、不答复的；

（四）依法应当许可律师提出的申请未许可的；

（五）依法应当听取律师的意见未听取的；

（六）其他阻碍律师依法行使诉讼权利的行为。

律师依照前款规定提出申诉、控告的，人民检察院应当在受理后十日以内进行审查，并将处理情况书面答复律师。情况属实的，通知有关机关予以纠正。情况不属实的，做好说明解释工作。

人民检察院应当依法严格履行保障律师依法执业的法律监督职责，处理律师申诉控告。在办案过程中发现有阻碍律师依法行使诉讼权利行为的，应当依法、及时提出纠正意见。

第四十三条　办案机关或者其上一级机关、人民检察院对律师提出的投诉、申诉、控告，经调查核实后要求有关机关予以纠正，有关机关拒不纠正或者累纠累犯的，应当由相关机关的纪检监察部门依照有关规定调查处理，相关责任人构成违纪的，给予纪律处分。

第四十四条　律师认为办案机关及其工作人员阻碍其依法行使执业权利的，可以向其所执业律师事务所所在地的市级司法行政机关、所属的律师协会申请维护执业权利。情况紧急的，可以向事发地的司法行政机关、律师协会申请维护执业权利。事发地的司法行政机关、律师协会应当给予协助。

司法行政机关、律师协会应当建立维护律师执业权利快速处置机制和联动机制，及时安排专人负责协调处理。律师的维权申请合法有据的，司法行政机关、律师协会应当建议有关办案机关依法处理，有关办案机关应当将处理情况及时反馈司法行政机关、律师协会。

司法行政机关、律师协会持有关证明调查核实律师权益保障或者违纪有关情况的，办案机关应当予以配合、协助，提供相关材料。

第四十五条　人民法院、人民检察院、公安机关、国家安全机关、司法行政机关和律师协会应当建立联席会议制度，定期沟通保障律师执业权利工作情况，及时调查处理侵犯律师执业权利的突发事件。

第四十六条　依法规范法律服务秩序，严肃查处假冒律师执业和非法从事法律服务的行为。对未取得律师执业证书或者已经被注销、吊销执业证书的人员以律师名义提供法律服务或者从事相关活动的，或者利用相关法律关于公民代理的规定从事诉讼代理或者辩护业务非法牟利的，依法追究责任，造成严重后果的，依法追究刑事责任。

第四十七条　本规定所称"办案机关"，是指负责侦查、审查逮捕、审查起诉和审判工作的公安机关、国家安全机关、人民检察院和人民法院。

第四十八条　本规定所称"律师助理"，是指辩护、代理律师所在律师事务所的其他律师和申请律师执业实习人员。

第四十九条　本规定自发布之日起施行。

最高人民法院、最高人民检察院、公安部、国家安全部、司法部《关于依法保障律师执业权利的规定》评析

吴孟栓　李昊昕　王　佳*

　　律师制度是中国特色社会主义司法制度的重要组成部分，是国家法治文明进步的重要标志。日前，最高人民法院、最高人民检察院、公安部、国家安全部、司法部印发了《关于依法保障律师执业权利的规定》（以下简称《规定》），明确规定了保障律师执业权利的各项措施，完善了律师执业权利受到侵害时的救济机制和责任追究机制，突出强调了各政法机关应当尊重律师，健全律师执业权利保障制度。这是建设法治中国道路上的一件大事，对于保障法律正确实施、维护当事人合法权益、维护社会公平正义具有重要意义。

一、《规定》意义重大，是全面推进依法治国的重大举措

　　从《规定》出台的时机来看，是在全面推进依法治国、推进以审判为中心诉讼制度改革的背景下的一项重要举措。党的十八大以来，习近平总书记等中央领导同志多次对律师工作和律师队伍建设作出重要指示。党的十八届三中全会作出的《关于全面深化改革若干重大问题的决定》和中央关于深化司法体制改革的部署，将依法保障律师执业权利作为深化律师改革的重要任务，明确提出要"完善律师执业权利保障机制"，"健全完善侦查、起诉和审判环节重视律师辩护、代理意见的工作机制"。四中全会《关于全面推进依法治国若干问题的决定》进一步明确了在全面推进依法治国背景下法官、检察官和律师的关系，突出强调强化诉讼过程中当事人和其他诉讼参与人的知情权、陈述权、辩护辩论权、申请权、申诉权的制度保障。《规定》的出台，对于进一步加强律师工作，推进律师事业发展，充分发挥律师在全面推进依法治国中的作用，具有重大而深远的意义。

　　从制定《规定》的主体来看，由最高人民法院、最高人民检察院、公安部、国家安全部、司法部五个部门联合出台规范性文件，专门对保障律师执业权利提出具体要求，在我国律师事业发展史上还是第一次。此前，在保障律师执业权利方面，各政法机关或单独或联合制发了一些规范性文件，如最高人民法院于2006年下发的《关于认真贯彻律师法依法保障律师在诉讼中执业权利的通

---

　　* 作者单位：最高人民检察院法律政策研究室。

知》，最高人民检察院于 2014 年 12 月 23 日下发的《关于依法保障律师执业权利的规定》等，都从各自的角度发挥了保障律师权益，推进律师事业发展的作用。这次由"两院三部"联合出台的《规定》，不仅内容更加全面，而且有利于加强各部门之间的协作配合与工作衔接，形成尊重和保障律师执业权利的合力。

从《规定》的现实意义来看，《规定》坚持问题导向，针对实践中存在的阻碍律师依法执业的突出问题，提出了具体、有效的解决措施。近年来，检察机关高度重视律师权益保障，认真贯彻落实修改后刑事诉讼法、律师法等法律规定，制定实施人民检察院保障律师执业权利的规定等一系列规范性文件，在检察环节将保障律师权利的相关规定落到实处。律师界普遍反映，全国检察机关对律师执业保障总体上更加重视，采取了不少新措施和新要求，原先存在的会见难、阅卷难、申请调取证据难等问题，正逐步得到解决。但是也要看到，少数检察机关、检察人员不能适应修改后刑诉法的要求，执法观念陈旧，执法方式简单，不认真听取律师意见，对律师合法要求无故推诿、拖延甚至刁难，限制律师权利。《规定》针对实践中存在的问题，对三大诉讼法和律师法等法律中关于保障律师权利的内容予以进一步明确和细化，完善了相关工作机制，使得法律的各项规定进一步落到实处。

二、《规定》内容全面，涵盖了保障律师执业权利的各个方面

《规定》对律师在刑事诉讼、民事诉讼、行政诉讼中的执业权利作了系统梳理，对政法机关保障律师执业权利提出了全面、具体、明确的要求。

一是依法保障律师知情权。明确规定办案机关应当依法及时告知辩护律师犯罪嫌疑人、被告人涉嫌或者被指控的罪名及当时已查明的该罪的主要事实，犯罪嫌疑人、被告人被采取、变更、解除强制措施的情况，侦查机关延长侦查羁押期限等情况。办案机关作出移送审查起诉、退回补充侦查、提起公诉、延期审理、二审不开庭审理、宣告判决等重大程序性决定的，以及人民检察院将直接受理立案侦查案件报请上一级人民检察院审查决定逮捕的，应当依法及时告知辩护律师。

二是依法保障律师会见权。明确规定律师到看守所会见在押的犯罪嫌疑人、被告人，能当时安排的，应当当时安排，不能当时安排的，应当说明情况，并保证在四十八小时以内会见。看守所安排会见不得附加其他条件，不得以未收到办案机关通知、未预约为由拒绝安排会见。看守所应当保障律师履行辩护职责需要的时间和次数。会见时不被监听，办案机关不得派员在场。对于危害国家安全犯罪、恐怖活动犯罪、特别重大贿赂犯罪案件，辩护律师要求会见犯罪嫌疑人的，侦查机关应当及时审查，在三日内将是否许可的决定书面答复辩护律师。有碍侦查或者可能泄露国家秘密的情形消失后，应当许可会见。

侦查机关不得随意解释和扩大三类案件的范围。

三是依法保障律师通信权。明确规定看守所应当及时传递辩护律师同犯罪嫌疑人、被告人的往来信件。除信件内容涉及危害国家安全、公共安全、严重危害他人人身安全以及涉嫌串供、毁灭证据等情形外，看守所不得截留、复制、删改信件，不得向办案机关提供信件内容。

四是依法保障律师阅卷权。明确要求人民检察院、人民法院为辩护律师查阅、摘抄、复制案卷材料提供便利，有条件的地方要推行电子化阅卷，允许刻录、下载材料。辩护律师提出阅卷要求的，人民检察院、人民法院应当当时安排，无法当时安排的，应当说明情况并在三个工作日内安排阅卷。不得限制律师阅卷的次数和时间。有条件的地方可以设立阅卷预约平台。人民检察院、人民法院应当为律师阅卷提供场所和便利，配备必要的设备。辩护律师可以采用复印、拍照、扫描、电子数据拷贝等方式复制案卷材料。

五是依法保障律师申请收集、调取证据权。明确规定辩护律师书面申请调取公安机关、人民检察院在侦查、审查起诉期间收集但未提交的证明犯罪嫌疑人、被告人无罪或者罪轻的证据材料的，人民检察院应当及时审查，决定不予调取的，应当书面说明理由。辩护律师申请向被害人或者其近亲属、被害人提供的证人收集与本案有关的材料的，人民检察院、人民法院应当在七日内作出是否许可的决定，并通知辩护律师。辩护律师申请人民检察院、人民法院收集、调取证据的，人民检察院、人民法院应当在三日内作出是否同意的决定，并通知辩护律师。辩护律师书面提出申请时，办案机关不许可或者不同意的，应当书面说明理由。在民事诉讼、行政诉讼中，律师因客观原因无法自行收集证据，向人民法院申请调取，经审查符合规定的，人民法院应当予以调取。

六是依法听取律师意见。明确规定侦查机关在侦查终结前，人民检察院、人民法院在审查逮捕期间，最高人民法院在复核死刑案件期间，辩护律师提出要求的，办案机关应当听取律师意见。人民检察院审查起诉、第二审人民法院决定不开庭审理的，应当听取律师意见。对于辩护律师当面反映意见或者提交证据材料，应当制作笔录附卷；辩护律师提出的书面意见，应当附卷。

七是依法保障律师庭审权利。明确规定辩护律师在开庭前提出召开庭前会议、回避、补充鉴定或者重新鉴定以及证人、鉴定人出庭等申请的，人民法院应当及时审查并告知辩护律师。人民法院应当为律师参与诉讼提供便利，有条件的人民法院应当建立律师参与诉讼专门通道，设置专门的律师更衣室、休息室或者休息区域，并配备必要的桌椅、饮水及上网设施。法庭审理过程中，对于律师发问、质证、辩论的内容、方式、时间等，法庭应当依法公正保障。适用普通程序审理的案件，人民法院应当在裁判文书中写明律师提出的辩护、代理意见，以及是否采纳的情况，并说明理由。

三、《规定》坚持问题导向，突出重点，提出针对性的硬措施

（一）切实解决"会见难"

目前律师反映检察环节依法执业的主要问题是特别重大贿赂案件侦查阶段"会见难"。尽管2012年的《人民检察院刑事诉讼规则（试行）》（以下简称《刑事诉讼规则》）和2014年最高人民检察院发布的保障律师执业权利的文件中，专门就特别重大贿赂犯罪案件保障律师会见问题作出了规定。但实践中，一些检察机关和检察人员在以侦查为中心的思维惯性下，对辩护律师介入侦查本能地进行戒备和限制，以"特别重大贿赂案件侦查期间辩护律师会见应当经侦查机关许可"为由，不安排律师会见。针对检察环节的"会见难"，《规定》第九条专门就经许可的案件范围、许可答复的方式、会见的次数对现有刑事诉讼法和司法解释的相关要求进一步予以细化。具体说来：

一是案件范围。《规定》要求"侦查机关不得随意解释和扩大三类案件的范围，限制律师会见"。即对于检察机关来说，应当严格按照《刑事诉讼规则》第四十五条的规定确定"特别重大贿赂犯罪"案件的范围，即要具有"涉嫌贿赂犯罪数额在五十万元以上，犯罪情节恶劣"或者"有重大社会影响"或者"涉及国家重大利益"的情形。这里的五十万元，应当理解为立案时有证据证明涉嫌的犯罪数额。

二是许可答复的方式。针对实践中个别办案机关对于律师的会见申请不予答复或者迟于答复的现象，《规定》要求："侦查机关应当依法及时审查辩护律师提出的会见申请，在三日以内将是否许可的决定书面答复辩护律师，并明确告知负责与辩护律师联系的部门及工作人员的联系方式。对许可会见的，应当向辩护律师出具许可决定文书；因有碍侦查或者可能泄露国家秘密而不许可会见的，应当向辩护律师说明理由。"对于检察机关来说，在收到律师提出的申请后，侦查部门应当提出是否许可的意见，报经检察长决定后，出具《许可会见犯罪嫌疑人决定书》或者《不许可会见犯罪嫌疑人决定书》。对于不许可会见的，检察机关应当通过书面或者口头方式向辩护律师说明不许可会见的理由。

三是会见的次数。《刑事诉讼规则》第四十六条、2014年最高人民检察院发布的保障律师执业权利的文件都明确规定："对于特别重大贿赂犯罪案件，人民检察院在侦查终结前应当许可辩护律师会见犯罪嫌疑人。"但在实践中，仍存在个别检察人员认为对于特别重大贿赂犯罪案件，凡是不许可会见的，在整个侦查阶段律师都不得会见犯罪嫌疑人。针对这种现象，《规定》第九条明确"对特别重大贿赂案件在侦查终结前，侦查机关应当许可辩护律师至少会见一次犯罪嫌疑人。"根据《规定》要求，对于特别重大贿赂犯罪案件，在侦

查阶段，人民检察应当许可律师至少会见一次犯罪嫌疑人。在有碍侦查的情形消失后，应当通知辩护律师，可以不经许可会见犯罪嫌疑人。

四是明确两名律师会见犯罪嫌疑人的方式。"犯罪嫌疑人、被告人委托两名律师担任辩护人的，两名辩护律师可以共同会见，也可以单独会见。"

五是新增律师可以带助理协助会见。"辩护律师可以带一名律师助理协助会见。助理人员随同辩护律师参加会见的，应当出示律师事务所证明和律师执业证书或者申请律师执业人员实习证。办案机关应当核实律师助理的身份。"

（二）着力破解"阅卷难"

关于保障律师阅卷权，总体上全国检察机关在贯彻落实刑事诉讼法，切实保障律师阅卷权利方面作了不少工作，取得一定成效。各级检察机关指定专门部门接待律师，安排专门场所方便律师阅卷，一些地方检察机关还设置了网上阅卷中心，提供案卷拍照记录设备、免费刻录光盘等，为律师查阅、摘抄、复制案卷材料提供便利条件。但也有律师反映，有的检察机关为保证公诉人获得证据方面的信息优势，以办案人员出差为由，拖延时间，不及时安排律师阅卷；有的不提供完整的案卷材料，或不提供重要证据等。《规定》第十四条针对上述问题，在重申刑事诉讼法和相关司法解释关于保障律师阅卷权的规定的基础上，进一步提出如下新要求：

一是进一步明确复制案卷材料的范围，除不能公开的材料外，律师可以复制本案的案卷材料，包括提起公诉后补充或者调整的证据。"辩护律师自人民检察院对案件审查起诉之日起，可以查阅、摘抄、复制本案的案卷材料，人民检察院检委会的讨论记录、人民法院合议庭、审判委员会的讨论记录以及其他依法不能公开的材料除外。""案件提起公诉后，人民检察院对案卷所附证据材料有调整或者补充的，应当及时告知辩护律师。辩护律师对调整或者补充的证据材料，有权查阅、摘抄、复制。"

二是明确写入电子化阅卷。"人民检察院、人民法院应当为辩护律师查阅、摘抄、复制案卷材料提供便利，有条件的地方可以推行电子化阅卷，运行刻录、下载材料。""有条件的地方可以设立阅卷预约平台。""辩护律师可以采取复印、拍照、扫描、电子数据拷贝等方式复制案卷材料。"

三是明确办理申诉、抗诉案件的律师可以查阅已经审理终结案件的案卷材料。

四是关于阅卷时间，明确在一般情形下应当当时安排，无法当时安排的，应当在三个工作日以内安排阅卷。

五是新增律师可以根据需要带律师助理阅卷，检察机关应当核实律师助理的身份。

（三）破解申请收集和调取证据难

刑事诉讼法第三十九条、第四十条、第四十一条规定了律师申请收集和调取证据的权利。但在司法实践中，个别检察机关对于律师调取办案机关未提交证据的申请、向被害人等收集案件证据材料的申请、要求检察机关收集调取证据的申请和向服刑犯收集案件相关材料的申请，不及时审查或者不予回复。针对实践中的上述问题，《规定》第十六条至第十九条对律师申请收集和调取证据在现行刑事诉讼法和司法解释规定的基础上，进一步予以规范：

一是关于律师申请调取办案机关未提交的证据，根据《规定》第十六条，检察机关应当依法及时审查，经审查，认为辩护律师申请调取的证据材料已收集并且与案件事实有联系的，应当及时调取。在调取后，应当及时通知律师阅卷；不予调取的，应当书面说明理由。需要注意的是，较之《刑事诉讼规则》第五十条第一款，《规定》明确要求检察机关进行书面说明。

二是关于律师向被害方收集证据，根据《规定》第十七条，辩护律师申请向被害人或者其近亲属、被害人提供的证人收集与本案有关的材料的，检察机关应当在七日以内作出是否许可的决定，并通知律师。对于律师提出书面申请的，检察机关不许可的，应当书面说明理由；辩护律师口头提出申请的，检察机关可以口头答复。

三是关于辩护律师申请人民检察院收集、调取证据，根据《规定》第十八条，检察机关应当在三日以内作出是否同意的决定，并通知律师。对于律师提出书面申请的，检察机关不同意的，应当书面说明理由；辩护律师口头提出申请的，检察机关可以口头答复。

四是新增了律师向正在服刑的罪犯收集案件有关材料的规定。律师代理普通刑事一审案件或者申诉、抗诉案件，不可避免地需要向服刑的罪犯收集与案件有关的材料。根据刑事诉讼法第四十一条，辩护律师可以向其收集案件材料，但实践中，对于律师能否向服刑犯收集材料、如何规范收集材料存在着不同认识，各地做法也不一致，给律师正常办案带来一定困扰。《规定》在此对该问题予以明确。根据《规定》第十九条第一款，律师经出具律师执业证书、律师事务所证明和犯罪嫌疑人、被告人委托书或者法律援助公函后，监狱和其他监管机关在查验上述材料后，应当安排并提供合适的场所和便利。根据《规定》第十九条第二款，对于服刑犯属于被害人或者其近亲属、被害人提供的证人的，辩护律师在向其收取案件材料时，应当经过人民检察院的许可。

四、建立健全对侵犯律师执业权利的救济机制，严肃办案机关阻碍律师依法执业行为的追责，保证各项措施落到实处

为了在既有法律法规要求的基础上，增强可操作性，为律师依法执业提供切实保障，《规定》进一步健全了侵犯律师权利的救济机制，并对阻碍律师依法执业的行为规定了追责机制：

一是确立投诉机制。《规定》第四十一条明确了律师可以就办案机关及其工作人员侵犯律师执业权利的行为向办案机关或者其上一级机关投诉，主要由办案机关专门部门对投诉及时开展调查，情况属实的予以纠正，并做好答复律师的释法说理工作。也就是说，对于检察机关及其检察人员侵犯律师执业权利的行为，律师可以直接向该机关或者上一级检察机关提出投诉，检察机关应当按照投诉处理机制及时对妨碍律师执业的行为予以纠正。

二是重申刑事诉讼中的控告申诉机制。对其他执法司法机关妨碍律师依法执业的法律监督职责，是修改后刑事诉讼法赋予检察机关的重要任务。《规定》第四十二条对上述职责进行了重申，律师可以就刑事诉讼中办案机关及其工作人员阻碍其依法执业的行为向同级或者上一级人民检察院申诉、控告，人民检察院应当在受理后十日以内进行审查，并将处理情况书面答复律师。情况属实的，通知有关机关予以纠正。情况不属实的，做好说明解释工作。此外，人民检察院在办案过程中发现有阻碍律师依法行使权利行为的，也应当依法、及时提出纠正意见。

三是严肃办案机关阻碍律师依法执业行为的追责。较之刑事诉讼法和相关司法解释，《规定》增加了办案机关拒不纠正的追责机制，第四十三条规定："办案机关或者其上一级机关、人民检察院对律师提出的投诉、申诉、控告，经调查核实后要求有关机关予以纠正，有关机关拒不纠正或者累纠累犯的，应当由相关机关的纪检监察部门依照有关规定调查处理，相关责任人构成违纪的，给予纪律处分。"

四是确立办案机关对司法行政机关、律师协会的建议反馈机制。《规定》第四十四条明确了律师对依法阻碍其执业的行为可以向司法行政机关、律师协会提出维权申请，对于合法有据的申请，司法行政机关、律师协会应当建议有关办案机关依法处理，办案机关应当将处理情况及时反馈。

五是建立各部门联席会议制度。《规定》第四十五条要求各办案机关和司法行政机关、律师协会应当建立联席会议制度，定期沟通保障了律师执业权利工作情况，及时调查处理侵犯律师执业权利的突发事件。

检察官和律师秉承相同的法治理念、职业信仰和核心价值观，同属法律职业共同体，都是法治工作队伍的重要组成部分。《规定》的出台既对检察机关切实保障律师权益提出了进一步要求，也必将为构建良性互动的检律关系提供新的契机。

最高人民法院、最高人民检察院、公安部、国家新闻出版广电总局关于依法严厉打击非法电视网络接收设备违法犯罪活动的通知

（2015 年 9 月 18 日公布并施行　新广电发〔2015〕229 号文）

各省、自治区、直辖市高级人民法院、人民检察院、公安厅（局）、新闻出版广电局、解放军军事法院、军事检察院、新疆维吾尔自治区高级人民法院生产建设兵团分院，新疆生产建设兵团人民检察院、公安局、新闻出版广电局：

为有效遏制非法电视网络接受设备违法犯罪活动，切实保障国家安全、社会稳定和人民群众的利益，现通知如下：

一、充分认识当前严厉打击非法电视网络接收设备违法犯罪的重要意义

生产、销售、安装非法电视网络接收设备违法犯罪活动，特别是利用非法电视网络接收设备实施传播淫秽色情节目、危害国家安全等违法犯罪活动，严重扰乱社会治安秩序，严重危害国家安全。各级公安、检察、审判机关和新闻出版广电行政主管部门要从维护国家安全和社会治安秩序的大局出发，充分认识非法电视网络接收设备违法犯罪活动的严重危害性，增强工作的责任感和紧迫感，加强组织领导，充分发挥职能作用，依法严厉打击非法电视网络接收设备违法犯罪活动，坚决遏制非法电视网络接收设备违法犯罪活动上升、蔓延的势头，确保社会治安秩序良好。

二、正确把握法律政策界限，依法严厉打击非法电视网络接收设备违法犯罪活动

各级公安、检察、审判机关和新闻出版广电行政主管部门要高度重视查办非法网络电视接收设备违法犯罪案件，正确把握法律政策界限，严格执行法律法规的有关规定，坚决依法严厉打击非法电视网络接收设备违法犯罪活动。

非法电视网络接收设备主要包括三类："电视棒"等网络共享设备；非法互联网电视接收设备，包括但不限于内置含有非法电视、非法广播等非法内容的定向接收软件或硬件模块的机顶盒、电视机、投影仪、显示器；用于收看非法电

视、收听非法广播的网络软件、移动互联网客户端软件和互联网影视客户端软件。

　　根据刑法和司法解释的规定，违反国家规定，从事生产、销售非法电视网络接收设备（含软件），以及为非法广播电视接收软件提供下载服务，为非法广播电视节目频道接收提供链接服务等营利性活动，扰乱市场秩序，个人非法经营数额在五万元以上或违法所得数额在一万元以上，单位非法经营数额在五十万元以上或违法所得数额在十万元以上，按照非法经营罪追究刑事责任。对于利用生产、销售、安装非法电视网络接收设备传播淫秽色情节目、实施危害国家安全等行为的，根据其行为的性质，依法追究刑事责任。对非法电视网络接收设备犯罪行为，涉及数个罪名的，按照相关原则，择一重罪处罚或数罪并罚。在追究犯罪分子形式责任的同时，还要依法追缴违法所得，没收其犯罪所用的本人财物。对于实施上诉行为尚不构成犯罪的，由新闻出版广电等相关行政主管部门依法给予行政处罚；构成违法治安管理行为的，依法给予治安管理处罚。

三、加强协作配合，切实增强打击非法电视网络接收设备违法犯罪活动的工作合力

　　各级新闻出版广电部门和公安、检察、审判机关要进一步增强打击非法电视网络接收设备违法犯罪活动的主动性，加快查办工作进度，提供工作效率。各级新闻出版广电部门要加大对非法广播电视网络传播行为的监管力度，发现涉嫌犯罪的，及时移送公安机关，并对公安机关查缴的涉嫌接收非法电视的网络接收设备及时作出认定。公安机关对于涉嫌犯罪的案件，应依法及时立案侦查，深挖彻查涉嫌非法电视网络接收设备犯罪活动的利益链条。侦察机关对于公安机关提请批准逮捕和移送审查起诉的案件，应当依法及时决定是否批准逮捕和提起公诉。审判机关对于检察机关提起公诉的案件，应当依法及时审判，对于在查处过程中发生的抗拒、阻碍国家机关工作人员依法执行职务，构成犯罪的，以妨碍公务罪依法追究刑事责任，构成违法治安管理行为的，依法给予治安管理处罚。各有关部门在开展非法电视网络接收设备打击整治专项行动中，要加强沟通联系，建立有效工作机制，形成打击合力。

　　各地各部门接此通知后，应立即部署贯彻执行。执行中遇到的问题，要开展调查研究，提出可行性建议，及时报告上级主管部门。

最高人民法院

最高人民检察院

公安部

国家新闻出版广电总局

2015 年 9 月 18 日

最高人民检察院、公安部关于
逮捕社会危险性条件若干问题的规定（试行）

（2015 年 10 月 9 日印发并施行　高检会〔2015〕9 号）

第一条　为了规范逮捕社会危险性条件证据收集、审查认定，依法准确适用逮捕措施，依照《中华人民共和国刑事诉讼法》、《人民检察院刑事诉讼规则（试行）》、《公安机关办理刑事案件程序规定》，制定本规定。

第二条　人民检察院办理审查逮捕案件，应当全面把握逮捕条件，对有证据证明有犯罪事实、可能判处徒刑以上刑罚的犯罪嫌疑人，除刑诉法第七十九条第二、三款规定的情形外，应当严格审查是否具备社会危险性条件。公安机关侦查刑事案件，应当收集、固定犯罪嫌疑人是否具有社会危险性的证据。

第三条　公安机关提请逮捕犯罪嫌疑人的，应当同时移送证明犯罪嫌疑人具有社会危险性的证据。对于证明犯罪事实的证据能够证明犯罪嫌疑人具有社会危险性的，应当在提请批准逮捕书中专门予以说明。对于证明犯罪事实的证据不能证明犯罪嫌疑人具有社会危险性的，应当收集、固定犯罪嫌疑人具备社会危险性条件的证据，并在提请逮捕时随卷移送。

第四条　人民检察院审查认定犯罪嫌疑人是否具有社会危险性，应当以公安机关移送的社会危险性相关证据为依据，并结合案件具体情况综合认定。必要时可以通过讯问犯罪嫌疑人、询问证人等诉讼参与人、听取辩护律师意见等方式，核实相关证据。依据在案证据不能认定犯罪嫌疑人符合逮捕社会危险性条件的，人民检察院可以要求公安机关补充相关证据，公安机关没有补充移送的，应当作出不批准逮捕的决定。

第五条　犯罪嫌疑人"可能实施新的犯罪"，应当具有下列情形之一：

（一）案发前或者案发后正在策划、组织或者预备实施新的犯罪的；

（二）扬言实施新的犯罪的；

（三）多次作案、连续作案、流窜作案的；

（四）一年内曾因故意实施同类违法行为受到行政处罚的；

（五）以犯罪所得为主要生活来源的；

（六）有吸毒、赌博等恶习的；

（七）其他可能实施新的犯罪的情形。

第六条　犯罪嫌疑人"有危害国家安全、公共安全或者社会秩序的现实危险"，应当具有下列情形之一：

（一）案发前或者案发后正在积极策划、组织或者预备实施危害国家安全、公共安全或者社会秩序的重大违法犯罪行为的；

（二）曾因危害国家安全、公共安全或者社会秩序受到刑事处罚或者行政处罚的；

（三）在危害国家安全、黑恶势力、恐怖活动、毒品犯罪中起组织、策划、指挥作用或者积极参加的；

（四）其他有危害国家安全、公共安全或者社会秩序的现实危险的情形。

第七条　犯罪嫌疑人"可能毁灭、伪造证据，干扰证人作证或者串供"，应当具有下列情形之一：

（一）曾经或者企图毁灭、伪造、隐匿、转移证据的；

（二）曾经或者企图威逼、恐吓、利诱、收买证人，干扰证人作证的；

（三）有同案犯罪嫌疑人或者与其在事实上存在密切关联犯罪的犯罪嫌疑人在逃，重要证据尚未收集到位的；

（四）其他可能毁灭、伪造证据，干扰证人作证或者串供的情形。

第八条　犯罪嫌疑人"可能对被害人、举报人、控告人实施打击报复"，应当具有下列情形之一：

（一）扬言或者准备、策划对被害人、举报人、控告人实施打击报复的；

（二）曾经对被害人、举报人、控告人实施打击、要挟、迫害等行为的；

（三）采取其他方式滋扰被害人、举报人、控告人的正常生活、工作的；

（四）其他可能对被害人、举报人、控告人实施打击报复的情形。

第九条　犯罪嫌疑人"企图自杀或者逃跑"，应当具有下列情形之一：

（一）着手准备自杀、自残或者逃跑的；

（二）曾经自杀、自残或者逃跑的；

（三）有自杀、自残或者逃跑的意思表示的；

（四）曾经以暴力、威胁手段抗拒抓捕的；

（五）其他企图自杀或者逃跑的情形。

第十条　人民检察院对于以无社会危险性不批准逮捕的，应当向公安机关说明理由，必要时可以向被害人说明理由。对于社会关注的重大敏感案件或者可能引发群体性事件的，在作出不捕决定前应当进行风险评估并做好处置预案。

第十一条　本规定自下发之日起施行。

逮捕社会危险性有关问题研究
——兼对最高人民检察院、公安部《关于逮捕社会危险性条件若干问题的规定（试行）》的解读

孙茂利　黄　河*

在我国，每年公安机关将一百余万犯罪嫌疑人移送检察机关审查逮捕，按照《刑事诉讼法》的规定，其中大量的可能判处 10 年以下有期徒刑的犯罪嫌疑人都需要审查是否符合逮捕社会危险性条件，足见逮捕社会危险性是一个十分重大的理论和实务问题。借最高人民检察院、公安部《关于逮捕社会危险性条件若干问题的规定（试行）》（以下简称《规定》）出台之际，有必要对逮捕社会危险性问题进行梳理和研究，对《规定》进行解读说明，促进《刑事诉讼法》和《规定》关于逮捕社会危险性条件的规定的落实，促进打击犯罪与人权保障的平衡与协调。

一、逮捕社会危险性条件的立法变化和司法实践中的问题：《规定》出台的背景

研究一国的具体法律制度，必须追根溯源，既要梳理其立法变化，又要审视其司法的问题。在中国，随着依法治国方略的推进、人权保障意识的增强，逮捕社会危险性条件在立法和司法中经历了从无到有、从笼统到具体、从忽视到重视的发展历程。

一是从新中国成立到 1979 年，逮捕社会危险性条件在立法上实现了从无到有。1954 年《中华人民共和国逮捕拘留条例》（以下简称《逮捕拘留条例》）第二条规定，"对反革命分子和其他可能判处死刑、徒刑的人犯，经人民法院决定或者人民检察院批准，应即逮捕"。此时逮捕条件没有规定社会危险性条件。改革开放之初，1979 年新修订的《逮捕拘留条例》及随后的首部刑事诉讼法典将逮捕条件规定为"对主要犯罪事实已经查清，可能判处徒刑以上刑罚的人犯，采取取保候审、监视居住等方法，尚不足以防止发生社会危险性，而有逮捕必要的，应即依法逮捕"。这是逮捕社会危险性条件首次在立法中明确规定，在理论上也形成了我们今天所说的逮捕三要件。

二是从 1979 年到 2012 年，逮捕社会危险性条件在立法规定上由笼统到具

---

* 作者单位：孙茂利，公安部法制局；黄河，最高人民检察院侦查监督厅。

体。1979年和1996年刑事诉讼法虽然规定了逮捕社会危险性条件，但此时社会危险性条件只明确为"采取取保候审、监视居住不足以防止发生社会危险性"。实践中，公安机关与检察机关，甚至公安机关、检察机关内部对该条件的理解和把握都不一致，给准确适用社会危险性条件带来很大困难。为此，2012年修改刑事诉讼法时不但规定了所谓"径行逮捕"和"转捕"，还把一般逮捕中的社会危险性条件细化为五种情形。① 随之修改的《人民检察院刑事诉讼规则（试行）》② （以下简称《刑事诉讼规则》）、《公安机关办理刑事案件程序规定》③ 又做了进一步具体的规定。

三是司法实践中，逮捕社会危险性条件经历了从被忽视到逐步受到重视的过程。虽然刑事诉讼法早在1979年就规定了逮捕社会危险性条件，但在此后相当长一个时期内，有不少公安机关、检察机关比较普遍地认为，逮捕社会危险性条件可有可无，只要捕后不做无罪处理即可。这种"构罪即捕"的执法理念和办案模式导致一些不必要的逮捕。近十年来，随着依法治国的推进，逮捕社会危险性条件不断引起人们的重视。在公安司法机关的共同努力下，审前逮捕羁押率持续降低，强化了人权保障，促进了社会和谐。但从修改后刑事诉讼法实施两年多来的实践看，《刑事诉讼法》和《刑事诉讼规

---

① 《刑事诉讼法》第七十九条规定：对有证据证明有犯罪事实，可能判处徒刑以上刑罚的犯罪嫌疑人、被告人，采取取保候审尚不足以防止发生下列社会危险性的，应当予以逮捕：（1）可能实施新的犯罪的；（2）有危害国家安全、公共安全或者社会秩序的现实危险的；（3）可能毁灭、伪造证据，干扰证人作证或者串供的；（4）可能对被害人、举报人、控告人实施打击报复的；（5）企图自杀或者逃跑的。

② 《刑事诉讼规则》第一百三十九条规定：人民检察院对有证据证明有犯罪事实，可能判处徒刑以上刑罚的犯罪嫌疑人，采取取保候审尚不足以防止发生下列社会危险性的，应当予以逮捕：（1）可能实施新的犯罪的，即犯罪嫌疑人多次作案、连续作案、流窜作案，其主观恶性、犯罪习性表明其可能实施新的犯罪，以及有一定证据证明犯罪嫌疑人已经开始策划、预备实施犯罪的；（2）有危害国家安全、公共安全或者社会秩序的现实危险的，即有一定证据证明或者有迹象表明犯罪嫌疑人在案发前或者案发后正在积极策划、组织或者预备实施危害国家安全、公共安全或者社会秩序的重大违法犯罪行为的；（3）可能毁灭、伪造证据，干扰证人作证或者串供的，即有一定证据证明或者有迹象表明犯罪嫌疑人在归案前或者归案后已经着手实施或者企图实施毁灭、伪造证据，干扰证人作证或者串供行为的；（4）有一定证据证明或者有迹象表明犯罪嫌疑人可能对被害人、举报人、控告人实施打击报复的；（5）企图自杀或者逃跑的，即犯罪嫌疑人归案前或者归案后曾经自杀，或者有一定证据证明或者有迹象表明犯罪嫌疑人试图自杀或者逃跑的。

③ 《公安机关办理刑事案件程序规定》第一百二十九条第一款规定，对有证据证明有犯罪事实，可能判处徒刑以上刑罚的犯罪嫌疑人，采取取保候审尚不足以防止发生下列社会危险性的，应当提请批准逮捕：（1）可能实施新的犯罪的；（2）有危害国家安全、公共安全或者社会秩序的现实危险；（3）可能毁灭、伪造证据，干扰证人作证或者串供的；（4）可能对被害人、举报人、控告人实施打击报复的；（5）企图自杀或者逃跑的。该条第三款规定：公安机关在根据第一款的规定提请人民检察院审查批准逮捕时，应当对犯罪嫌疑人具有社会危险性说明理由。

则》虽然对社会危险性条件做了一些具体细化，各地公安、检察机关仍普遍反映不好把握。特别是《刑事诉讼法》关于社会危险性多是采用"可能"、"企图"等表述，使各地公安、检察机关在"社会危险性是否应当有证据证明"、"由谁来承担证明责任"、"如何证明社会危险性"等重要问题上认识不一，争议较大。一方面，一些检察机关反映侦查机关报捕时不提供社会危险性证据；另一方面，一些侦查机关也反映不清楚证明社会危险性应当包括哪些方面的证据，甚至认为检察机关对逮捕社会危险性条件把握过高，出现了应当逮捕而不逮捕的现象。

在此背景下，最高人民检察院、公安部经过充分调研论证，于 2015 年 10 月共同制定下发了《规定》，明确了逮捕社会危险性条件需要有证据证明、证明责任由公安机关承担、审查责任由检察机关承担等重大问题，对认定逮捕社会危险性的方式方法进行了规范，力求解决实践中遇到的突出分歧，统一法律适用标准，促进依法规范提请逮捕和批准逮捕。《规定》涵盖了最高人民检察院和公安部在逮捕社会危险性方面达成的最新共识，展示了最高人民检察院和公安部对逮捕功能、属性和规律的深刻认识和准确把握，体现了最高人民检察院和公安部坚持打击犯罪与保障人权并重的司法理念，将对完善和发展我国逮捕羁押制度产生深远的影响。

二、社会危险性条件在逮捕条件中居于重要地位，是逮捕的关键条件

《刑事诉讼法》第七十九条第一款规定的逮捕条件，也就是所谓"一般逮捕"的三个条件中，只有逮捕社会危险性条件得到最高人民检察院和公安部专门会签文件予以规范的"殊荣"，这固然是因为在逮捕社会危险性条件适用中问题相对突出，也同样是基于这一条件在逮捕条件中的重要地位。《规定》第二条规定，对于公安机关依据《刑事诉讼法》第七十九条第一款提请批准逮捕的案件，检察机关要全面准确把握逮捕条件，对有证据证明有犯罪事实，可能判处徒刑以上刑罚的犯罪嫌疑人，还要审查是否具备社会危险性条件。公安机关侦查刑事案件，应当收集、固定犯罪嫌疑人是否具有社会危险性的证据。这是一条宣示性规定，遵循逮捕的基本规律为逮捕社会危险性条件作了明确定位，即社会危险性条件在逮捕条件中居于重要地位，是逮捕的关键条件。

（一）防止发生社会危险性是逮捕的根本功能，社会危险性条件是逮捕实现打击犯罪与保障人权相协调的关键

逮捕作为刑事强制措施之一，和刑事拘留、监视居住、取保候审一样，具有保障性、程序性和预防性，其根本功能就是为了防止社会危险性发生，保障

刑事诉讼顺利进行。具体包括三个方面：一是保全犯罪嫌疑人，即防止犯罪嫌疑人、被告人逃跑、自杀、自残等，保证其能够到庭参加诉讼，保证刑罚执行；二是保全证据，防止串供、隐匿、毁灭证据、妨碍证人作证等；三是保全社会，即防止犯罪嫌疑人、被告人再次实施危害社会的行为。① 逮捕虽然对犯罪嫌疑人、被告人造成了实际上的时间较长的关押，但其目的仍然应是保障诉讼，不是对犯罪嫌疑人、被告人的"先行惩罚"，不能仅因犯罪嫌疑人、被告人涉嫌犯罪就对其进行逮捕。逮捕也不能作为侦查获取证据尤其是逼取口供的手段，不能仅因犯罪嫌疑人、被告人不认罪就对其逮捕。

逮捕作为最严厉的强制措施，更加集中地体现了刑事诉讼打击犯罪与保障人权的对立统一关系，其中对立性更为明显：一方面，逮捕是保障追诉犯罪，维护社会秩序，保护社会公众最有效的强制措施，是刑事诉讼制度中不可缺少的，往往是办案机关的第一选择。另一方面，犯罪嫌疑人、被告人在经审判定罪之前应当推定为无罪的人，其人身自由权也应当受到充分保护，而逮捕会在较长时间内剥夺犯罪嫌疑人、被告人人身自由。人身自由是宪法赋予公民的基本权利，是拥有其他权利的前提，逮捕不但直接剥夺了犯罪嫌疑人的人身自由，同时也严重限制和影响犯罪嫌疑人其他权利的行使。因此，一国的逮捕羁押制度直接体现了其在打击犯罪与保障人权方面的价值取向。② 强调打击犯罪，维护国家和社会利益的国家，就会倾向于使用保障诉讼最有效的逮捕措施。而在现代法治国家，"控制犯罪与保障人权的平衡是刑事诉讼制度发展的一条重要规律……二者一定要保持适当的平衡，在最大限度地保障人权的同时，一定要充分考虑控制犯罪的能力和需要"。③ 逮捕制度要实现两者的平衡，就要坚持必要性原则，即逮捕的适用应当以防止社会危险性发生为必要。如果采取取保候审足以防止犯罪嫌疑人、被告人串供、毁灭证据或逃跑等妨碍诉讼、重新危害社会的行为时，就不能对其予以逮捕。

---

① "防止犯罪嫌疑人、被告人再次实施危害社会的行为"被认为超出了保障诉讼进行的范畴，是对将来可能出现的违法犯罪的预防性措施，因此存在较大争议，一些学者认为，以没有证据证明实际发生的犯罪事实为根据对犯罪嫌疑人、被告人进行羁押，不符合法理，有悖公正原则，侵犯了犯罪嫌疑人、被告人的合法权益。但多数国家和地区，如英、美、法、德等国家的法律都做了相关规定，我国亦如此。

② 一般认为，我国的逮捕措施与国外的羁押措施相类似，因此本文涉及比较研究时，一般是指国外的羁押措施。

③ 参见孙谦：《关于修改后刑事诉讼法执行情况的若干思考》，载《人民检察》2015 年第 7 期。

刑事诉讼法关于"径行逮捕"、"转捕"的规定①，虽然没有直接表述社会危险性问题，但社会危险性在决定是否逮捕中也同样起到关键作用。"径行逮捕"中，犯罪嫌疑人涉嫌罪行非常严重（可能判处 10 年有期徒刑以上刑罚），或者曾经故意犯罪后，这次又涉嫌可能判处徒刑以上刑罚的犯罪，这种涉嫌严重犯罪或者多次犯罪的犯罪嫌疑人，其社会危险性当然比较大。在"转捕"的情形中，犯罪嫌疑人被取保候审、监视居住后，又出现了严重违反相关规定，妨碍诉讼的情形，其社会危险性也比较大。法律之所以规定对这两种情形"应当"或者"可以"逮捕，也正是由于社会危险性大，推定为不逮捕不足以防止社会危险性。

（二）逮捕的三个条件是递进关系，社会危险性贯穿其中

逮捕的证据条件、刑罚条件和社会危险性条件的逻辑结构并不是平行并列的，而是层层递进的，围绕着"有无逮捕必要"展开，其中社会危险性的有无和大小是"有无逮捕必要"的决定性因素。

首先，证据条件是认定社会危险性的前提条件。认定犯罪是否成立，并不是逮捕的直接任务。《刑事诉讼法》把"有证据证明有犯罪事实"作为逮捕的第一个要件，是将不能证明有犯罪事实的人及时排除在外。这是因为，如果不能证明犯罪事实发生或者犯罪嫌疑人实施了犯罪行为，社会危险性无从谈起。

其次，刑罚条件是认定社会危险性的最低条件。即使有证据证明有犯罪事实，但可能判处的刑罚低于规定标准的，由于其社会危险性一般较小甚至无社会危险性，法律推定采取取保候审足以防止发生社会危险性。这一条件是为认定社会危险性设定的最低标准，从而对社会危险性的认定起到过滤作用。

最后，犯罪嫌疑人符合证据条件和刑罚条件的，也并不一定认为符合逮捕条件，而是当社会危险性大到相当程度，不逮捕难以预防的，才应当逮捕。因此，逮捕的三个条件都直接或者间接体现了犯罪嫌疑人社会危险性的有无和大小，社会危险性条件在逮捕三要件中处于关键的地位。②

---

① 《刑事诉讼法》第七十九条第二款、第三款分别规定："对有证据证明有犯罪事实，可能判处 10 年有期徒刑以上刑罚的，或者有证据证明有犯罪事实，可能判处徒刑以上刑罚，曾经故意犯罪或者身份不明的，应当予以逮捕。被取保候审、监视居住的犯罪嫌疑人、被告人违反取保候审、监视居住规定，情节严重的，可以予以逮捕。"

② 参见黄河等：《审查逮捕的基本方法》，载《侦查监督指南》2015 年第 3 辑，中国检察出版社 2015 年版。

（三）法治国家在立法中无不对社会危险性条件高度重视，在司法上也无不视之为是否应当羁押的关键

世界主要法治国家的审前羁押条件和我国的逮捕条件一样，也可以分为证据条件、量刑条件和社会危险性条件。它们对审前羁押的证据要件的规定多为根据"有相当理由"或"重要理由"，足以怀疑犯罪嫌疑人、被告人实施了一定犯罪，不如我国"有证据证明有犯罪事实"严格。如德国刑事诉讼法规定，羁押的事实要件之一为有"急迫的犯罪嫌疑，亦即需要有高度的可能性显示被告确曾犯该罪行"。[1] 日本刑事诉讼法的规定是"有相当的理由足以怀疑实施了犯罪"。[2] 但从下表可以看出，各个国家、地区普遍对逮捕羁押的社会危险性要件规定得相对详细和完备，足以可见各国对逮捕羁押社会危险性条件的重视。法国刑事诉讼法更是强调，只有先行羁押是防止发生社会危险性的"唯一"手段时才能适用。[3] 德国刑事诉讼法也规定，当有逃亡之虞或者有陷于使调查工作困难之虞等危险，而采用其他较轻的措施即可满足羁押目的时，则羁押措施可以免除。[4] 英美法系方面，《美国法典》第 3142 条第五款规定，"司法官在认定没有什么条件能够合理地保证被捕人按照要求出庭以及任何其他人和社会的安全时，应当命令在审判前将他羁押"。据此，审判前羁押的唯一理由是，除了羁押以外，没有任何附带于释放的一项或数项条件能够担保嫌疑人或被告人按时到庭以及其他人和社会的安全，不受犯罪轻重的限制。[5]

---

[1] 参见［德］克劳思·罗科信：《刑事诉讼法》（第 24 版），吴丽琪译，法律出版社 2003 年版，第 282 页。

[2] 参见［日］田口守一：《刑事诉讼法》（第 5 版），张凌、于秀峰译，中国政法大学出版社 2010 年版，第 59 页。

[3] 参见［法］贝尔纳·布洛克：《法国刑事诉讼法》，罗结珍译，中国政法大学 2009 年版，第 404 页。

[4] 参见［德］克劳思·罗科信：《刑事诉讼法》（第 24 版），吴丽琪译，法律出版社 2003 年版，第 294、295 页。

[5] 参见孙长永：《侦查程序与人权——比较法考察》，中国方正出版社 2000 年版，第 203 页。

主要国家（地区）对逮捕（羁押）社会危险性条件规定的项目①

中国	法国	德国	意大利	日本	中国台湾地区
可能实施新的犯罪	√	√（可能再犯同类型重罪）	√（可能再次实施暴力犯罪或其他重罪，才可羁押）		√（可能再次实施与涉嫌的罪名相同的犯罪，且限于法定的15种）
有危害国家安全、公共安全或者社会秩序的现实危险	√（涉嫌的是重罪，才可以此为由适用羁押）				
可能毁灭、伪造证据，干扰证人作证或者串供	√	√	√	√	√
可能对被害人、举报人、控告人实施打击报复	√				
企图自杀					
可能逃跑	√	√	√（涉嫌的犯罪可能判两年有期徒刑以上刑罚）	√	√
其他					被告人没有固定的住所

三、审查判断逮捕社会危险性条件必须以证据为核心

根据《规定》第三条、第四条的规定，逮捕社会危险性条件应当有证据证明，而且证明责任由公安机关承担，公安机关不能证明有社会危险性的，应当承担不批准逮捕的后果。

---

① 参见陈永生：《逮捕的中国问题与制度应对——以 2012 年刑事诉讼法对逮捕制度的修改为中心》，载《政法论坛》2013 年 7 月。

（一）侦查机关是社会危险性条件的证明主体，承担证明责任

审查逮捕是具有较强司法审查属性的工作，检察机关负有客观公正的义务，处于中立的地位，《刑事诉讼规则》第三百零四条明确规定，检察机关侦查监督部门办理审查逮捕案件，不另行侦查。对社会危险性条件的证明责任只能也必须由提请批准逮捕的公安机关承担，如果公安机关不能证明的，就要承担不批准逮捕的后果。因此，《规定》第二、三、四条分别要求，公安机关侦查刑事案件，应当收集、固定犯罪嫌疑人是否具有社会危险性的证据。公安机关提请逮捕犯罪嫌疑人的，应当同时移送证明犯罪嫌疑人具有社会危险性的证据。依据在案证据不能认定犯罪嫌疑人符合逮捕社会危险性条件的，人民检察院可以要求公安机关补充，公安机关没有补充移送的，应当作出不批准逮捕的决定。

同时，由于社会危险性是由犯罪嫌疑人或案件的相关情况所决定、所体现，用来证明社会危险性的证据相应地也可以分为两类：一类证据是证明犯罪事实的证据，这类证据本身就是证明社会危险性的证据，另一类证据是专门用来证明社会危险性的证据，主要证明犯罪嫌疑人的有关情况，如证明犯罪嫌疑人有"吸毒、赌博等恶习"，或者"曾经自杀、自残或者逃跑的"的证据，证明犯罪嫌疑人系未成年人及其监护帮教条件的证据，等等。这两类证据并不是必须同时具备的，在一些特殊情况下，仅以犯罪事实即可认定犯罪嫌疑人具有社会危险性，如再让公安机关调取相关证据没有必要。因此，《规定》第三条同时规定了两种证明方式：一是对于证明犯罪事实的证据能够证明犯罪嫌疑人具有社会危险性的，应当在提请批准逮捕书中专门予以说明。二是对于证明犯罪事实的证据不能证明犯罪嫌疑人具有社会危险性的，则应当收集、固定犯罪嫌疑人具备社会危险性条件的其他证据。

（二）证明社会危险性条件要使用推定的证明方法

需要注意的是，社会危险性是一种可能、概率，这决定了它很难由证据直接证明，而是要采用推定的方法，因此证据裁判规则在证明社会危险性中的体现有其特殊性。推定是证明的方法之一，是根据法律规定或者办案人员按照经验法则，从已知的基础事实推断未知的结果事实存在，并允许当事人举证推翻的一种证据法则。使用推定证明方法的效用之一，就是对实践中有些很难证明的案件事实，通过适用推定，由证据直接证明待定事实转换为首先证明比较容易证明的基础事实，然后再从基础事实推定待证事实，以降低证明的难度，打破证明僵局。① 通俗来讲，推定就是一种间接证明、"曲线证明"的方法，实

---

① 参见樊崇义主编：《证据法学》，法律出版社2012年版，第388、392页。

践中多呈现出"证据→基础事实→推定事实"的证明路径，国内外对逮捕、羁押社会危险性的证明莫不如此。我国刑事诉讼法规定的所谓"径行逮捕"、"转捕"，即是法律对推定的规则予以固定，把其上升为法律规范，学理上称之为"法律推定"。在办案实践中，适用法律推定只要证明基础事实成立即可。比如，只要证明"有证据证明有犯罪事实，可能判处十年有期徒刑以上刑罚"，无须再推定采取取保候审是否足以防止发生社会危险性，即应批准逮捕。而法律没有作出规定的推定，学理上称之为"事实推定"，办案时就需要办案人员完成整个推定的过程。

适用推定得出正确结果的前提是基础事实的真实，如果没有基础事实，推定就是无源之水。如果基础事实虚假、不全面，就难以推定出正确的待证事实。虽然认定社会危险性最终是推定的结果，但其依据的基础事实要有足够的证据证实。《规定》要求公安机关应当收集、移送认定社会危险性的证据，其直接目的就是查明基础事实，这也是证据在认定社会危险性中核心地位的直接体现。

四、审查判断逮捕社会危险性条件的基本方法

《规定》第四条规定了检察机关如何审查判断社会危险性；第五条至第九条规定了如何证明和认定五种法定社会危险情形；第十条规定检察机关以无社会危险性不批捕的，应当说明理由，以对办案活动进行规范，进一步统一标准。这些规定，运用了逻辑法则和经验法则等基本方法，体现了程序正当化的基本要求。

（一）认定逮捕社会危险性条件需要运用好逻辑法则和经验法则

"判断必须同时符合常理与逻辑两个方面，既不能违背常理单纯搞逻辑游戏，也不能抛弃逻辑，犯经验主义的错误，更不能两者都不顾及而任意专断。"[1] 如前所述，证明逮捕社会危险性条件，要首先证明基础事实的成立，而从基础事实推定犯罪嫌疑人是否有社会危险性及其大小，要运用好逻辑法则和经验法则。根据逻辑原理，之所以能从前提推出结论，是因为它们之间有某种逻辑关系。在推定中，基础事实和推定事实之间的逻辑关系是一种近似充分条件的常态联系，即基础事实出现时，推定事实出现的概率很高（不是必然）。当基础事实出现时，如果没有反证，我们有很强的理由相信推定事实也会出现。[2]

---

① 参见汪建成、孙远：《自由心证新论——"自由心证之自由与不自由"》，载《证据学论坛》第 1 卷，第 350 页。
② 参见张继成：《事实推定的逻辑基础》，载《北京科技大学学报》（社会科学版）2002 年第 2 期。

由于不是所有的事实与社会危险性存在常态联系，判断基础事实和推定之间是否存在这种常态联系的逻辑关系，以及联系的紧密程度，就需要运用经验法则。经验法则是从经验中归纳出来的有关事物属性及事物之间因果关系的一般知识和法则，它是人们在长期的生产、生活和科学研发过程中形成的关于外部客观世界的理性认识。① 经验法则虽然是人们的主观认识，但并不是主观臆断，需要符合常识、常情、常理，具有相当的盖然性，在一定程度上反映客观规律。比如，犯罪嫌疑人多次作案、连续作案、流窜作案，其犯罪习性等说明其实施新的犯罪可能性较大，而有吸毒、赌博恶习，或者以犯罪所得为主要生活来源的，在其犯罪诱因未消除之前，其重新犯罪的概率就大一些。

根据经验法则，实践中对逮捕社会危险性主要从以下几个方面综合判断：

一是涉嫌的罪行。罪行的轻重对推定社会危险性起着重要的基础性的作用。一般情况下，罪行越重，其社会危险性越大；反之越小。我国刑事诉讼法把逮捕的量刑条件限制为徒刑以上刑罚，即是此道理。此外，有些特殊性质的犯罪再犯的可能性比较大，因此成为预防羁押的理由。如我国台湾地区"刑事诉讼法"规定，对放火罪、强制性交罪等15种特定重罪，要考虑其是否有再犯之虞，以确定是否羁押。②

二是犯罪嫌疑人在犯罪前后的表现。这些行为直接体现着犯罪嫌疑人是否尊重诉讼秩序的主观意愿。如犯罪嫌疑人、被告人是否曾经有不到庭、毁灭证据、干扰、威胁证人作证等妨碍诉讼的记录，是否企图或者着手实施逃跑、自杀、妨碍作证等。如果曾经有过上述行为的，其社会危险性相对较大。如果犯罪嫌疑人犯罪系初犯、偶犯，或者犯罪后向被害人道歉，赔偿损失，确有悔罪表现的，社会危险性相对较低。

三是犯罪嫌疑人、被告人保障诉讼的客观条件。如职业、财产、社会关系、家庭背景、住所，能否提供保证人、保证金等情况。没有固定住所、职业或者相当财产，不能提供保证人或者保证金的，一般情况下不到案的危险性较大。如在美国，虽然非羁押性强制措施比较完备，但仍有一些犯罪嫌疑人因不能提供保证金或者保证人的费用而被羁押。③

四是案件证据收集和事实查证进展情况。如通过关键证据是否固定，客观证据是否充分、同案犯是否到案等，来判断犯罪嫌疑人、被告人毁灭、隐匿证

---

① 参见柴晓宇：《经验法则在事实认定中的运用及其规制》，载《社会科学家》2013年第2期。

② 参见王小光：《台湾地区侦查羁押司法审查制度改革评述》，载《人民检察》2013第17期。

③ 参见［美］爱伦·豪切斯泰尔·斯黛丽、南希·弗兰克：《美国刑事法院诉讼程序》，陈伟东、徐美君译，中国人民大学出版社2002年版，第350页。

据或者串供的风险大小。如日本学者田口守一提出，在适用"可能销毁证据"这一要件时，逮捕被告人与逮捕犯罪嫌疑人有些不同，因为逮捕被告人时，指控方已经获得了证据，一般来说隐藏、销毁或者串供的可能性很小，因此认定被告人"可能销毁证据"与侦查阶段相比要更为严格。[①]《规定》也把"有同案犯罪嫌疑人或者与其在事实上存在密切关联犯罪的犯罪嫌疑人在逃，重要证据尚未收集到位的"作为可以推定犯罪嫌疑人可能毁灭、伪造证据，干扰证人作证或者串供的情形之一。但这里需要注意的是，不能仅因犯罪嫌疑人、被告人不作有罪供述而认定其社会危险性大，因为这违背了逮捕制度的目的，会导致以捕逼供的情形。

由于现实中案件或者犯罪嫌疑人、被告人的情况千差万别，法律难以规定绝对量化和具体的标准，多是原则性、概括性规定，需要司法官员根据这些原则性规定进行裁量和认定。因此，很多国家在司法实践中，经过对实践经验的总结、归纳，采取不同形式预先列举一些常见的用于推定社会危险性的具体情形，既为办案人员提供指引，也对办案加以规范。如美国蒙大拿洲法典就规定在决定保释金额时，要考虑被告人涉嫌的犯罪性质、经济能力、以往记录、工作状况、居住状况、家庭情况等。[②] 在我国，《刑事诉讼规则》第一百四十四条规定了可以推定犯罪嫌疑人无社会危险性或者社会危险性小的 6 种具体情形，如犯罪嫌疑人"属于预备犯、中止犯，或者防卫过当、避险过当的"，案件当事人依法自愿达成和解协议的，等等。需要强调的是，如果犯罪嫌疑人不具备这些情形，并不能反向推定其具有社会危险性。

基于同样的考虑，《规定》第五条至第九条，从另一个方面对认定具有 5 种法定社会危险性分别规定了应当依据的具体情形。这些情形是认定有社会危险性的必要条件，也即不能证明有相应情形的，就不能认定犯罪嫌疑人具有相应社会危险性。如推定犯罪嫌疑人"可能实施新的犯罪的"，应当证明犯罪嫌疑人具有"案发前或者案发后正在策划、组织或者预备实施新的犯罪的"、"以犯罪所得为主要生活来源的"等情形之一；推定犯罪嫌疑人"可能对被害人、举报人、控告人实施打击报复"的，应当证明犯罪嫌疑人具有"扬言或者准备、策划对被害人、举报人、控告人实施打击报复的"、"曾经对被害人、举报人、控告人实施打击、要挟、迫害等行为的"等情形之一。这些是公安

---

① 参见［日］田口守一：《刑事诉讼法》（第 5 版），张凌、于秀峰译，中国政法大学出版社 2010 年版，第 204 页。

② 参见［美］爱伦·豪切斯泰乐·斯黛丽、南希·弗兰克：《美国刑事法院诉讼程序》，陈伟东、徐美君译，中国人民大学出版社 2002 年版，第 354 页。

机关证明社会危险性、检察机关审查社会危险性应当共同遵循的指引。公安机关收集逮捕社会危险性证据要围绕着犯罪嫌疑人是否存在有关情形进行，检察机关则要审查现有证据是否证明犯罪嫌疑人具备上述情形。考虑到对社会危险性条件难以完全列举，在遇到一些新情况时，还需要办案人员自己运用逻辑法则和经验法则去认定和裁量，上述规定都设定了"其他情况"作为兜底条款。但是需要注意的是，"其他情形"应当与之前的具体情形一样具体、紧迫、现实，概率、后果相当。

（二）认定社会危险性需要综合衡量

相对而言，经验法则在认定社会危险性中有着更为重要的作用。证据法学教科书中常列举的一些推定的例子是相对简单的。比如，能够证明某人失踪4年以上的，就可以推定其死亡。这里的基础事实"失踪4年以上"是单一的，要么证实，要么证否或者存疑。虽然《规定》预先列举了一些用来推定社会危险性有无或者大小的具体情形，但这些情形并非充分条件，个案中审查认定犯罪嫌疑人的社会危险性，仍然是个复杂和微妙的过程。这是因为社会危险性个体化特征非常明显，同样的情形在不同案件中、在不同犯罪嫌疑人身上表现的程度不相同，对推定社会危险性的作用也不会相同。很多时候，犯罪嫌疑人可能同时具备多种相关情形，其作用力往往又是相反的。而且这些情形发生的时机、顺序不同也会产生影响。比如，犯罪嫌疑人先自首后又企图串供，与先企图串供后又自首，在推定社危险性时结果很可能不同。审查认定社会危险性不能选择性地根据犯罪嫌疑人具有的某一、两项情形作出推定，也不能事先对相关情形规定分值，然后机械地加加减减推出结论。审查认定社会危险性要综合全案情况，根据经验法则对相关具体情形及其作用大小进行综合分析、判断、取舍、评估，并最终形成内心确信，推定出结论。因此《规定》第四条要求，人民检察院审查认定犯罪嫌疑人是否具有社会危险性，应当以公安机关移送的社会危险性相关证据为依据，并结合案件具体情况综合认定。这一过程实际上也是检察机关、检察官行使裁量权，进行综合衡量的过程。

（三）审查认定社会危险性应当遵循正当程序

为了确保认定结果的准确性，防止专断，对检察官的裁量行为应当有一定规范、约束。其中最基本的要求是要符合前述推定的基本要件，即基础事实的真实性、全面性，符合逻辑法则、经验法则。除此之外，还要做到程序正当化、诉讼化，主要有以下两点：

一是保障犯罪嫌疑人的辩护权，全面了解案件情况。这既是程序正当化的要求，也是检察人员全面客观掌握有关基础事实，准确推定的保障。尤其是，推定是允许提出反证予以推翻的，全面听取各方意见非常重要。因此，《规定》第四条要求，人民检察院审查认定犯罪嫌疑人是否具有社会危险性，应当以公安机关移送的社会危险性相关证据为依据，必要时可以通过讯问犯罪嫌疑人、询问证人等诉讼参与人、听取辩护律师意见等方式，核实相关证据。

二是展示分析判断和裁量的过程、依据，接受监督，保障各方的救济权。办案人员应当说明其认定犯罪嫌疑人符合社会危险性条件的依据、理由，接受各方检验和监督，这样既有利于诉讼各方及时有效地提出救济，也有利于督促办案人员审慎理性地作出决定，防止专断。因此，检察机关在办理审查逮捕案件时，除了要在内部审查报告中阐述对社会危险性的审查认定情况及理由，供检察长审核或者用于日后核查外，还要在不批准逮捕时向侦查机关等说明理由，以统一认识，接受监督。公安机关等认为不捕理由不成立的，可以通过复议复核等渠道进行救济。基于此，《规定》第十条要求，人民检察院对于以无社会危险性不批准逮捕的，应当向公安机关说明理由，必要时可以向被害人说明理由。

最后需要强调的是，由于逮捕社会危险性本身是一种概率，很难准确把握，而且社会危险性又是动态的，会随着犯罪嫌疑人和案件情况的变化而变化。实践中难免出现将不符合社会危险性条件的犯罪嫌疑人逮捕，或者无社会危险性不捕后发生社会危险的情形，但前者一般难以被发现，后者则更加容易显现，给办案人员带来较大压力。"如果追求'万无一失'，'绝对保险'，当然最好是用尽羁押能力。但打击犯罪与保障人权的平衡，也意味着社会危险性与释放风险评估上的一种平衡性，不能追求'万无一失'，只要评估依据充分，结论合理，即使释放后出现意外情况，也不应当认为是错误释放。"[1] 所以，在评判一个案件认定社会危险性是否正确时，不能仅根据此后的案件运行情况，而是要根据审查逮捕时案件具体情况和条件，从办案人员是否坚持以证据为核心，是否遵循了推定的基本要求，是否尽到了审查责任等方面去评判。

---

[1]　龙宗智：《办理逮捕案件的中立审查责任要论》，载《侦查监督指南》2014 年第 4 辑，中国检察出版社 2015 年版，第 9 页。

最高人民法院、最高人民检察院、公安部、国家安全部关于机关事业单位工作人员被采取刑事强制措施和受刑事处罚实行向所在单位告知制度的通知

（2015 年 11 月 6 日公布并施行　高检会〔2015〕10 号）

各省、自治区、直辖市高级人民法院、人民检察院、公安厅（局）、国家安全厅（局），解放军军事法院、军事检察院，新疆维吾尔自治区高级人民法院生产建设兵团分院、新疆生产建设兵团人民检察院、公安局、国家安全局：

为确保机关事业单位及时规范处理本单位被采取刑事强制措施和受刑事处罚工作人员的工资待遇，有效预防和纠正机关事业单位工作人员"带薪羁押"问题，维护司法公正，提高司法公信力，根据法律规定和刑事政策精神，结合办案工作实际，人民法院、人民检察院、公安机关、国家安全机关对被采取刑事强制措施和受刑事处罚的机关事业单位工作人员，实行向所在单位告知的制度。现将有关事项通知如下：

一、机关事业单位工作人员范围

1. 本通知所称机关事业单位工作人员包括公务员、参照公务员法管理的机关（单位）工作人员、事业单位工作人员和机关工人。

二、告知情形及例外规定

2. 办案机关对涉嫌犯罪的机关事业单位工作人员采取取保候审、监视居住、刑事拘留或者逮捕等刑事强制措施的，应当在采取刑事强制措施后五日以内告知其所在单位。

办案机关对被采取刑事强制措施的机关事业单位工作人员，予以释放、解除取保候审、监视居住的，应当在解除刑事强制措施后五日以内告知其所在单位；变更刑事强制措施的，不再另行告知。

3. 办案机关决定撤销案件或者对犯罪嫌疑人终止侦查的，应当在作出撤销案件或者终止侦查决定后十日以内，告知机关事业单位工作人员所在单位。

人民检察院决定不起诉的，应当在作出不起诉决定后十日以内，告知机关

事业单位工作人员所在单位。

人民法院作出有罪、无罪或者终止审理判决、裁定的，应当在判决、裁定生效后十五日以内，告知机关事业单位工作人员所在单位。

4. 具有下列情形之一，有碍侦查的，办案机关不予告知：

（1）可能导致同案犯逃跑、自杀，毁灭、伪造证据的；

（2）可能导致同案犯干扰证人作证或者串供的；

（3）所在单位的其他人员与犯罪有牵连的；

（4）其他有碍侦查的情形。

5. 具有下列情形之一，无法告知的，办案机关不予告知：

（1）办案机关无法确认其机关事业单位工作人员身份的；

（2）受自然灾害等不可抗力阻碍的；

（3）其他无法告知的情形。

6. 可能危害国家安全或者社会公共利益的，办案机关不予告知。

7. 不予告知的情形消失后，办案机关应当及时将机关事业单位工作人员被采取刑事强制措施和受刑事处罚情况告知其所在单位。

三、告知的程序规定

8. 公安机关决定取保候审、监视居住、刑事拘留、提请批准逮捕并经人民检察院批准、撤销案件或者终止侦查的，由公安机关负责告知；国家安全机关决定取保候审、监视居住、刑事拘留、提请批准逮捕并经人民检察院批准或者撤销案件的，由国家安全机关负责告知；人民检察院决定取保候审、监视居住、刑事拘留、逮捕、撤销案件或者不起诉的，由人民检察院负责告知；人民法院决定取保候审、监视居住、逮捕或者作出生效刑事裁判的，由人民法院负责告知。

9. 办案机关一般应当采取送达告知书的形式进行告知。采取或者解除刑事强制措施的，办案机关应当填写《机关事业单位工作人员被采取/解除刑事强制措施情况告知书》并加盖单位公章。公安机关决定撤销案件或者对犯罪嫌疑人终止侦查的，应当填写《机关事业单位工作人员涉嫌犯罪撤销案件/终止侦查情况告知书》并加盖单位公章。

人民检察院决定撤销案件、不起诉的，应当将撤销案件决定书、不起诉决定书送达机关事业单位工作人员所在单位，不再另行送达告知书。人民法院作出有罪、无罪或者终止审理判决、裁定的，应当将生效裁判文书送达机关事业单位工作人员所在单位，不再另行送达告知书。

10. 告知书一般应当由办案机关直接送达机关事业单位工作人员所在单位。告知书应当由所在单位负责人或经其授权的人签收，并在告知书回执上签名或者盖章。

收件人拒绝签收的，办案机关可以邀请见证人到场，说明情况，在告知书回执上注明拒收的事由和日期，由送达人、见证人签名或者盖章，将告知书留在机关事业单位工作人员所在单位。

直接送达告知书有困难的，可以邮寄告知或者传真告知的，通过传真告知的，应当随后及时将告知书原件送达。邮寄告知或者传真告知的，机关事业单位工作人员所在单位签收后，应将告知书回执寄送办案机关。

11. 办案机关应当将告知书回执归入工作卷，作为工作资料存档备查。

四、责任追究

12. 办案机关负责人或者上级办案机关应当督促办案人员及时履行告知责任，未按照上述规定进行告知，造成机关事业单位工作人员"带薪羁押"，情节严重或者造成恶劣社会影响的，应当根据有关规定追究相关责任人的纪律责任。

五、附则

13. 机关事业单位工作人员被收容教育或者行政拘留，参照本通知执行；被强制隔离戒毒的，依照《中华人民共和国禁毒法》、《禁毒条例》的相关规定执行，并送达告知书。

14. 本通知自发布之日施行。

附件：告知书样本格式

最高人民法院
最高人民检察院
公安部
国家安全部
2015 年 11 月 6 日

附件

机关事业单位工作人员被采取/解除
刑事强制措施情况告知书

_____:

　　_____（性别_____，出生日期_____，工作单位
_____），因_____，
于_____年_____月_____日被_____（□是□否在逃）。
　　特此告知。

（办案机关印）
年　月　日

注：文书中"□是□否在逃"为选择性项目，由办案人员根据当事人到案情况在选定的"□"中打"√"。

机关事业单位工作人员被采取/解除
刑事强制措施情况告知书

（回执）

_____：

_____（性别_____，出生日期_____，工作单位
_____），因_____，
于____年____月____日被_____（□是□否在逃）。

特此告知。

（办案机关印）
年　月　日

本告知书已收到。

被告知单位：　　　　　　　　　　　　　　　　　　　年　月　日　时

采取其他方式告知或者有特殊情况未告知的，注明情况：_____

办案人：　　　　　　　见证人：
年　月　日　时

注：文书中"□是□否在逃"为选择性项目，由办案人员根据当事人到案情
况在选定的"□"中打"√"。

机关事业单位工作人员涉嫌犯罪
撤销案件/终止侦查情况告知书

＿＿＿＿＿＿＿：

＿＿＿＿＿＿（性别＿＿＿，出生日期＿＿＿＿＿，工作单位

＿＿＿＿＿＿＿＿＿＿＿＿＿＿＿），因＿＿＿＿＿＿＿＿＿＿＿，

于＿＿年＿＿月＿＿日被＿＿＿＿＿＿（□是□否在逃）。经查明

＿＿＿＿＿＿＿＿＿＿＿＿＿＿＿＿＿，根据＿＿＿＿＿＿＿之规定，决

定＿＿＿＿＿＿。

特此告知。

（办案机关印）

年　月　日

注：文书中"□是□否在逃"为选择性项目，由办案人员根据当事人到案情况在选定的"□"中打"√"。

机关事业单位工作人员涉嫌犯罪
撤销案件/终止侦查情况告知书
（回执）

_____：

    _____（性别_____，出生日期_____，工作单位

_____），因_____，

于___年___月___日被_____（□是□否在逃）。经查明

_____，根据_____之规定，决

定_____。

    特此告知。

（办案机关印）

年 月 日

本告知书已收到。

被告知单位：   年 月 日 时

采取其他方式告知或者有特殊情况未告知的，注明情况：_____

办案人：   见证人：

年 月 日 时

注：文书中"□是□否在逃"为选择性项目，由办案人员根据当事人到案情况在选定的"□"中打"√"。

人民检察院侦查监督部门
办理挂牌督办案件办法（试行）

（2015 年 11 月 10 日发布并施行　高检侦监〔2015〕36 号）

为了进一步加强和规范人民检察院侦查监督部门办理挂牌督办案件工作，制定本办法。

第一条　对于有下列情形之一的案件，最高人民检察院侦查监督厅经审查认为有必要挂牌督办的，应当报经院领导批准后予以挂牌督办：

（一）国务院有关部门的业务厅局商请挂牌督办的；

（二）媒体高度关注、公众反映强烈，最高人民检察院有关领导有批示要求的；

（三）省级人民检察院侦查监督部门提请挂牌督办的；

（四）其他有必要挂牌督办的重大案件。

最高人民检察院侦查监督厅可以单独挂牌督办案件，必要时也可以与院有关内设机构、国务院有关部门的业务厅局联合挂牌督办案件。

第二条　对于决定挂牌督办的案件，最高人民检察院侦查监督厅应当下发挂牌督办通知，对监督移送、监督立案、审查逮捕、侦查活动监督等工作提出督办要求。

第三条　对于最高人民检察院侦查监督厅单独或者联合挂牌督办的案件，省级人民检察院侦查监督部门应当负责业务指导、工作协调和信息报送等工作，每月向最高人民检察院侦查监督厅报送挂牌督办案件台账，其主要负责人是本辖区挂牌督办案件的总负责人。

承办案件的人民检察院侦查监督部门应当负责挂牌督办案件的办理、请示和汇报等工作，其主要负责人是挂牌督办案件的第一责任人。

第四条　对于最高人民检察院侦查监督厅与公诉厅等联合挂牌督办的案件，省级人民检察院侦查监督部门和公诉部门应当按照各自职能分工和案件所处的诉讼阶段分别承担责任，相互通报案件办理情况，强化捕诉衔接。

对于尚未立案和已经立案侦查的案件，由省级人民检察院侦查监督部门负责向最高人民检察院侦查监督厅上报案件办理情况，并抄送本院公诉部门；对于已经移送审查起诉、提起公诉的案件，由省级人民检察院公诉部门负责向最高人民检察院公诉厅上报案件办理情况，并抄送本院侦查监督部门。

第五条 对于涉及立案监督的挂牌督办案件，承办案件的人民检察院侦查监督部门应当及时了解案件是否已经移送，是否已经立案。对于应当移送未移送的，应当依法监督移送；对于已经移送，侦查机关未依法立案的，应当启动立案监督程序。

第六条 对于侦查机关商请介入侦查的挂牌督办案件，承办案件的人民检察院侦查监督部门应当适时介入侦查，引导侦查取证，监督侦查活动是否合法。必要时，可以主动介入侦查。

第七条 承办案件的人民检察院侦查监督部门应当加强挂牌督办案件的跟踪监督，防止怠于侦查、证据灭失、久拖不决。对于作出逮捕决定的，应当监督侦查机关落实捕后继续侦查意见，并及时通报本院公诉部门；对于因证据不足不批准逮捕的，应当督促侦查机关按照补充侦查提纲要求，加大补充侦查力度；对于已经移送审查起诉的，应当及时了解起诉、判决情况。

第八条 对于存在重大认识分歧的挂牌督办案件，承办案件的人民检察院侦查监督部门可以在听取上一级人民检察院侦查监督部门指导意见后，报请检察长决定或者提请本院检察委员会讨论决定。需要请示的，也可以按规定向上一级人民检察院正式请示。

人民检察院侦查监督部门在办理挂牌督办案件时遇到重大干扰、阻力的，上一级和省级人民检察院侦查监督部门应当帮助尽快协调解决。

第九条 对于挂牌督办案件拟作出不批捕、不起诉决定的，承办案件的人民检察院侦查监督部门、公诉部门应当在作出决定前分别层报至省级人民检察院侦查监督部门、公诉部门。

对于挂牌督办案件作出不批捕、不起诉决定的，承办案件的人民检察院侦查监督部门、公诉部门应当自作出决定之日起三日内将法律文书和案件审查报告层报至省级人民检察院侦查监督部门、公诉部门。

承办案件人民检察院的上一级人民检察院侦查监督部门、公诉部门应当对不批捕、不起诉决定进行审查，认为确有错误的，可以按程序提请本院撤销、变更决定，或者指令纠正。

省级人民检察院侦查监督部门、公诉部门应当及时将审查情况及处理意见分别报告最高人民检察院侦查监督厅、公诉厅。

第十条 对于挂牌督办案件，省级人民检察院、承办案件的人民检察院侦查监督部门应当按照挂牌督办通知要求的期限报送办理情况。到期不能报送的，应当说明理由。对于影响案件诉讼和督办要求的重大情况，应当立即专报。无正当理由不报或者逾期不报造成严重后果的，最高人民检察院侦查监督厅应当予以通报批评。

第十一条　省级人民检察院侦查监督部门应当按照挂牌督办通知要求报送案件情况报告。报告应当包括以下内容：

（一）案件的基本情况和诉讼过程；

（二）检察机关采取的措施；

（三）承办案件的人民检察院认定的事实、证据和审查意见；

（四）省级人民检察院侦查监督部门审查意见；

（五）其他需要说明的问题；

（六）下一步工作意见。

第十二条　最高人民检察院侦查监督厅对省级人民检察院侦查监督部门报送的案件情况报告应当及时审查，并对下一步工作提出意见。省级人民检察院侦查监督部门应当及时上报落实情况。

第十三条　对办理挂牌督办案件工作不力的，最高人民检察院侦查监督厅可以采取发催办函、现场督导、通报批评、要求省级人民检察院侦查监督部门主要负责人和承办案件的人民检察院有关负责人说明情况等措施推动案件办理。必要时，可以依法提请改变案件管辖或者更换案件承办人。

第十四条　挂牌督办案件的督办终结由最高人民检察院侦查监督厅确认，未确认督办终结的案件不得停止办理。

第十五条　最高人民检察院侦查监督厅应当适时通报挂牌督办案件办理情况，及时向最高人民检察院领导报告；对于联合挂牌督办的案件，应当加强与有关部门的沟通协调，互相通报案件进展情况，进行联合督导，共同研究解决重大问题。

第十六条　本办法中的侦查监督部门，包括人民检察院负有侦查监督职责的部门，司法体制改革综合试点地区检察院负有侦查监督职责的检察官办案组、独任检察官。

第十七条　本办法自发布之日起施行。

《人民检察院侦查监督部门办理
挂牌督办案件办法（试行）》理解与适用

刘慧玲　李薇薇　李　虎*

《人民检察院侦查监督部门办理挂牌督办案件办法》（以下简称《办法》）已于 2015 年 11 月 10 日由最高人民检察院侦查监督厅下发试行。出台这个《办法》，主要着眼于解决挂牌督办案件存在的挂而不督、督而不办、督办不力等重大问题，促进挂牌督办案件办理质量和办理效率的提升。

一、起草背景

近两年来，针对环境资源领域和食品药品安全领域违法犯罪突出的严峻形势，最高人民检察院以破坏环境资源犯罪和危害食品药品安全犯罪为打击重点，持续开展专项立案监督活动。在两个专项立案监督活动中，挂牌督办案件是最高人民检察院推进重大、疑难、复杂案件办理的重要举措，是加强对下级检察院工作领导和业务指导的有力抓手。客观上讲，各有关检察院对办理挂牌督办案件重视程度较高、办理进度较快、案件效果较好。但是，各地也普遍存在着对挂牌督办案件程序不了解、请示汇报工作不主动、报送案件进展不及时等问题，存在挂而不督、督而不办、督办不力的情况，影响了挂牌督办案件办理工作。

二、指导思想和制定过程

按照侦查监督法治化现代化工作主题，我们在起草《办法》中遵循了两条原则：一是坚持务实管用，充分考虑检察一体化和司法责任制的关系，详细规定了案件督办工作程序，厘清了相关检察院侦查监督部门、公诉部门的职责，明确了挂牌督办案件各级检察院的责任人；二是坚持问题导向，以防止只挂不督、督而不办、督办不力为重点，对督办工作中可能出现的督办不力问题规定了解决办法，对提前介入侦查等重大问题作了明确规定。

起草过程中，我们主要做了三方面的工作：一是剖析问题，明确症结。以近年专项立案监督活动中开展的案件督办工作为研究基础，剖析案件督办工作中存在的问题，明确工作程序和目标。二是征求意见，群策群力。我们将《办法》初稿送最高人民检察院相关 6 个内设机构、各省级人民检察院侦查监

---

* 作者单位：最高人民检察院侦查监督厅。

督部门征求了意见。三是研究论证，反复修改。我们结合当前司法责任制改革精神，反复论证检察一体与司法责任的关系，提升《办法》生命力和可操作性，科学设置督办工作程序和工作要求，数易其稿，最终形成了现在的《办法》。

三、《办法》的主要内容

《办法》共有 17 条。全文按照挂牌督办案件的范围、交办、承办、催办、结案的逻辑顺序展开，具体规定了以下几方面的内容：挂牌督办案件的范围、督办方式、内容及责任部门；督办案件关于立案监督、介入侦查、跟踪监督的承办要求；关于遇有重大认识分歧、拟作不捕不诉决定的督办案件的处理要求；按期报送办理情况、反馈落实情况的要求；工作不力的催办举措；督办案件的终结；等等。

（一）明确了挂牌督办案件的范围、督办方式及督办内容

《办法》第一条、第二条对案件范围、督办方式、督办内容作出了详细规定。第一条第一款采取了"来源＋性质"的方式界定案件范围。结合当前最高人民检察院侦查监督厅挂牌督办案件工作的实际情况，以列举的方式规定了三种可列入挂牌督办案件的情形，分别是：国务院有关部门的业务厅局商请挂牌督办的；媒体高度关注、公众反映强烈，最高人民检察院有关领导有批示要求的；省级人民检察院侦查监督部门提请挂牌督办的。同时在兜底条款中明确挂牌督办案件均应系"重大案件"，限定了案件性质。根据研究中有同志提出的"挂牌督办案件口子要小"的意见，我们在严格限定案件范围的基础上，进一步规范督办程序，要求挂牌督办案件必须"报经院领导批准"。第二款规定了单独挂牌督办和联合挂牌督办两种督办方式。

《办法》第二条规定，对于决定挂牌督办的案件，应当下发挂牌督办通知，改变了以往督办函、督办通知并存的不规范情形；同时规定，督办通知应当根据案件进展情况，提出监督移送、监督立案、审查逮捕、侦查活动监督等工作要求。

（二）明确了挂牌督办案件的责任部门

《办法》第三条、第四条确定了挂牌督办案件的责任部门。《办法》第三条规定，对于最高人民检察院侦查监督厅单独或者联合挂牌督办的案件，省级院侦查监督部门、承办案件的人民检察院侦查监督部门分别承担相关责任，侦查监督部门的主要负责人分别是挂牌督办案件的总负责人和第一责任人。第三条第一款还建立了挂牌督办案件台账定期报送制度，无论案件处于批捕、起诉，还是审判环节，省级院侦查监督部门每月需要向最高人民检察院侦查监督厅报送挂牌督办案件台账。

《办法》第四条规定，对于最高人民检察院侦查监督厅与公诉厅联合挂牌督办的案件，省级院侦查监督部门和公诉部门按照各自职能分工和案件所处的诉讼阶段分别承担责任。

（三）明确了挂牌督办案件中涉及立案监督、介入侦查、跟踪监督工作的办理要求

《办法》第五条至第七条规定了挂牌督办案件涉及立案监督、介入侦查及跟踪监督的有关内容。《办法》第五条规定，承办案件的人民检察院侦查监督部门应当及时监督行政执法机关移送涉嫌犯罪案件、监督公安机关立案，实践中这也是最高人民检察院侦查监督厅与国务院有关部门的内设厅局联合挂牌督办案件中重点关注的内容。

《办法》第六条确定了检察机关介入挂牌督办案件侦查活动的基本原则和监督内容。我国现行法律和相关司法解释对检察机关介入公安机关侦查活动规定得较为模糊，仅仅明确了人民检察院可以派员参加重大案件讨论和其他侦查活动等。考虑到司法实践中检察机关介入公安机关侦查活动已经比较普遍，且挂牌督办案件一般较为重大，我们在遵循"介入范围适当、介入时机适时、介入程度适度"原则的前提下，坚持依申请介入为原则、依职权介入为例外，并将介入的目的定位在引导侦查取证、监督侦查活动是否合法上，确保在加强挂牌督办案件办理力度的同时，充分尊重侦查活动的专业性和侦查工作规律，防止介入侦查工作越位、越权、越界。

《办法》第七条规定了检察机关侦查监督部门加强审查批捕后跟踪监督、及时了解诉讼情况的职责。跟踪监督是挂牌督办案件工作完整性的应有之义，侦查监督部门受所处诉讼阶段的局限，难以直接获知督办案件审查批捕后的进展情况，有必要向侦查机关、公诉部门了解案件走向，这也是评价逮捕质量的有力抓手。

（四）明确了上级检察机关业务部门对挂牌督办案件的指导职责、指导形式

《办法》第八条确定，检察机关业务部门可以对下级院办理的存在重大认识分歧的挂牌督办案件提出指导意见，但案件处理的决定权仍在承办案件的检察机关；对于需要请示的案件，下级院应当以检察机关名义正式请示。在妥善处理好上下级检察机关业务部门之间的工作指导与司法责任制改革的这一重大关系问题上，我们根据最高人民检察院《关于完善人民检察院司法责任制的若干意见》的规定，结合工作实际，对该条内容作了多次修改，明确了上级业务部门对案件的指导意见是参考性意见，具体如何办理仍由下级检察院决定。同时明确了请示必须以检察机关名义作出，符合最高人民检察院2015年

12月出台的《人民检察院案件请示办理工作规定（试行）》文件精神，较为妥善地解决了上下级业务部门的业务指导关系、上下级院的领导关系和司法责任制改革中办案检察官的责任问题。

（五）明确了各级院在挂牌督办案件批捕、起诉环节的报告职责及处理程序

《办法》第九条分四款分别规定了承办案件的人民检察院、上一级人民检察院、省级人民检察院对挂牌督办案件不批捕、不起诉决定的处理情况。第一款规定，对于挂牌督办案件拟作出不批捕、不起诉决定的，承办案件检察院侦查监督部门、公诉部门应在作出决定前层报至省级院侦监、公诉部门。有意见认为审查逮捕环节办案期限短，建议事后报告。我们认为，挂牌督办案件一般都是具有一定社会影响的重大案件，上级院有必要实时掌握案件在这些关键节点的处理情况，下级院可以采取灵活、便利、多样的报告方式，但不能事后报告。

第二款规定，对于作出不批捕、不起诉决定的，承办案件检察院侦查监督部门、公诉部门应当在三日内将法律文书和案件审查报告层报至省级院侦监、公诉部门。本款对案件有关材料报送的要求，主要是为上级院审查不捕、不诉决定做准备；三日的期限规定既突出了时效性和紧迫性，也考虑了材料从基层院层报到省级院的可行性。

第三款规定，上一级检察院侦查监督部门、公诉部门对下级院不捕不诉决定审查后，可以依法启动纠错程序，认为确有错误的，可以按程序提请本院撤销、变更决定，或者指令纠正。根据《关于完善人民检察院司法责任制的若干意见》等有关规定，上级院认为下级院决定有错误的，既可以指令纠正，也可以直接撤销、变更。

第四款再次明确了省级院的信息报送职责，对于不捕不诉决定的审查及处理情况，省级院侦监、公诉部门应当及时分别上报最高人民检察院侦查监督厅、公诉厅。

《办法》第九条实质上建立了挂牌督办案件不捕不诉决定前的报告制度和不捕不诉决定后的审查制度。有意见认为，一般刑事案件的逮捕、起诉是本级检察院的职权，要求办理案件时报告逮捕、起诉决定影响了检察院职能发挥，可能与当前"谁办案谁负责、谁决定谁负责"的司法责任制改革要求不协调。我们认为，挂牌督办案件系特殊类型案件，要在充分尊重下级院依法行使职权的前提下，确保上级院业务部门对挂牌督办案件进展情况的及时掌握和对挂牌督办案件重要节点的业务指导，因此，上级院业务部门即使认为下级院决定有错误，也要提请本院，以检察院名义，严格按照法定程序予以纠正。

需要说明的是，承办案件检察院在履行不捕不诉决定前的报告义务后，要根据具体情况予以处理。一是上级院有指导意见的，应当按照《办法》第8条规定处理；二是上级院没有指导意见或者在案件审查批捕期限内未提出意见的，承办案件的人民检察院应当依法及时作出相关决定。上一级检察院侦查监督部门、公诉部门认为下级院不捕不诉决定有错误的，可以依法提请本院启动纠错程序。

（六）明确了挂牌督办案件办理情况的报送要求

《办法》第十条至第十二条规定了省级院、承办案件检察院侦查监督部门报送案件办理情况的期限要求和形式要求。《办法》第十条规定了按期报送和即时专报两种报送情形。一般情况下，省级院、承办案件检察院侦查监督部门应当按照挂牌督办通知要求按时报送办理情况；对于影响案件诉讼和督办要求的重大情况，应当立即专报。这里的重大情况，主要是指可能影响案件批准逮捕、提起公诉的实体和程序问题。

《办法》第十一条分六项列出了案件情况报告所应当包含的内容，包括基本情况和诉讼过程，检察机关采取的措施，承办案件检察院认定的事实、证据和审查意见，省级院侦查监督部门审查意见，其他需要说明的问题和下一步工作意见。需要说明的是，为避免实践中出现的省级院不认真履行审查把关职责的情形，报告中将"省级人民检察院侦查监督部门审查意见"作为一项重要内容。

《办法》第十二条确定了最高人民检察院侦查监督厅审查案件情况报告及省级院上报意见落实情况的职责，保证挂牌督办案件件件有落实、件件有回应。

（七）明确了最高人民检察院侦查监督厅在挂牌督办案件办理中的职责

《办法》第十三条至第十五条分别规定了最高人民检察院侦查监督厅推进案件办理、终结案件以及综合管理、协调督导等职责。《办法》第十三条从业务部门职权和检察院职权两个层面对最高人民检察院侦查监督厅的推进举措作了规定。最高人民检察院侦查监督厅可以采取发催办函、现场督导、通报批评、要求省级人民检察院侦查监督部门主要负责人和承办案件的人民检察院有关负责人说明情况等措施推动案件办理，也可以依法提请以检察院名义，改变案件管辖或者更换案件承办人。实践中应当注意把握好部门职权和检察院职权的关系。

《办法》第十四条规定了挂牌督办案件的终结程序，挂牌督办案件的终结必须由最高人民检察院侦查监督厅确认。实践中，考虑到省级院侦查监督部门负有每月报送挂牌督办案件台账的义务，因此，省级院侦查监督部门也可以主动建议对诉讼终结的挂牌督办案件予以督办终结。最高人民检察院侦查监督厅有权根据工作需要或者案件实际确认督办终结。

《办法》第十五条规定，最高人民检察院侦查监督厅负有通报案件办理情况并向院领导报告，协调、督导挂牌督办案件的职责。

（八）明确了侦查监督部门的内涵

《办法》第十六条规定，侦查监督部门包括负有侦查监督职责的部门，司法体制改革综合试点地区负有侦查监督职责的检察官办案组、独任检察官。

四、需要说明的几个问题

（一）关于与当前司法责任制改革的衔接问题

当前，司法改革正在扎实推进，司法责任制在多地试点，检察官的主体地位不断凸显，扁平化的办案组织已经区别于传统的业务处室，上下级检察院业务部门之间不再是一一对应关系，这些新变化给司法管理和业务指导带来新挑战。《办法》在这一大背景下出台，势必要妥善处理好挂牌督办工作与司法责任制改革尤其是检察官办案责任制的关系。我们认为，司法责任制的改革，首先必须坚持宪法、人民检察院组织法确定的上级领导下级的基本原则，司法责任制改革并非要取消上下级检察院之间的领导关系，也不是要取消上级检察院对下级检察院的业务指导。挂牌督办案件是在充分保障下级检察院依法独立行使职责权限前提下推进重大案件进程的重要举措，是上级检察院加强对下级检察院领导和业务指导的重要抓手。为此，《办法》专设第十六条，将试点地区检察院中负有侦查监督职责的检察官办案组、独任检察官这两种办案组织纳入侦查监督部门的范畴，便于《办法》落地，确保挂牌督办案件工作不留死角。

（二）关于检察机关侦查监督部门、公诉部门配合协作的问题

在检察机关环节对重大案件进行挂牌督办，主要涉及侦查监督、公诉两个环节，挂牌督办案件的顺利推进离不开侦查监督部门、公诉部门的紧密配合。侦查监督部门承担着制约、监督、支持公安机关工作的多维职能，确保案件在第一道检察关口得到筛滤，为审查起诉工作打好基础；公诉部门承担着指控犯罪的重要职能，其作用发挥的好坏对能否有力打击犯罪有直接的影响，也检验着公安机关、侦查监督部门工作的成效。因此，侦查监督部门、公诉部门对挂牌督办案件的共同重视和密切协作至关重要，一定程度上决定着案件走向。同时，上级院侦查监督部门、公诉部门对案件进展的实时掌握也需要下级院侦查监督部门、公诉部门互通信息、共享情况。

最高人民检察院、中国残疾人联合会关于在检察工作中切实维护残疾人合法权益的意见

（2015 年 11 月 30 日印发并施行　高检会〔2015〕11 号）

为进一步落实司法为民宗旨，促进社会和谐稳定，根据《中华人民共和国残疾人保障法》及相关规定，现就检察工作中依法维护残疾人的合法权益提出如下意见。

一、人民检察院办理涉及残疾人的案件，应当严格依照法律的规定，贯彻党和国家关于残疾人权益保护的各项政策，注重关爱、扶助残疾人，方便其诉讼，采取有效措施防止侵害残疾人权益的行为，保障残疾人平等、充分地参与诉讼活动和社会生活，促进残疾人各项合法权益的享有和实现。

二、人民检察院可以指定专人或者设立专门小组办理涉及残疾人的案件。办案工作中，应当加强同残疾人联合会等人民团体、政府有关部门以及涉案残疾人所在单位、社区、村民委员会的沟通联系，主动了解情况，听取意见，共同做好维护残疾人合法权益工作。

三、对侵害残疾人生命财产安全的刑事犯罪，特别是严重侵害残疾人权益的重大案件、侵害残疾人群体利益的案件，依法从严从快批捕、起诉，加大指控犯罪力度。

四、对强迫智力残疾人劳动，拐卖残疾妇女、儿童，以暴力、胁迫手段组织残疾人乞讨，故意伤害致人伤残后组织乞讨，组织、胁迫、教唆残疾人进行犯罪活动等案件，依法从重打击。

五、加大对侵害残疾人权益的职务犯罪的查处和预防，依法严惩挪用、克扣、截留、侵占残疾人教育、康复、就业、社会保障等资金和物资以及发生在涉及残疾人事业的设备采购、工程建设中的职务犯罪行为。

六、人民检察院在办理案件过程中发现有关单位存在侵犯残疾人合法权益行为的，应当依法及时向有关单位发出检察建议，督促其纠正。侵犯残疾人合法权益情节严重，尚不构成犯罪的，人民检察院应当建议相关部门对责任人员给予相应处分；构成犯罪的，依法追究刑事责任。

七、对于残疾人涉嫌职务犯罪案件，人民检察院在对残疾犯罪嫌疑人进行

第一次讯问或者采取强制措施时，应当告知其有权委托辩护人，并告知其如果符合《最高人民法院、最高人民检察院、公安部、司法部关于刑事诉讼法律援助工作的规定》第二条规定，本人及其近亲属可以向法律援助机构申请法律援助。

人民检察院自收到移送审查起诉的案件材料之日起三日以内，应当告知残疾犯罪嫌疑人有权委托辩护人，并告知其如果符合《最高人民法院、最高人民检察院、公安部、司法部关于刑事诉讼法律援助工作的规定》第二条规定，本人及其近亲属可以向法律援助机构申请法律援助。对于残疾被害人，应当告知其本人及其法定代理人或者近亲属有权委托诉讼代理人，并告知其如果经济困难，可以向法律援助机构申请法律援助。

对于盲、聋、哑犯罪嫌疑人，人民检察院应当采取适宜方式进行权利告知，确保其准确理解相关规定。对于智力残疾、患精神病犯罪嫌疑人以及未成年残疾犯罪嫌疑人，应当向其法定代理人履行告知义务。

八、犯罪嫌疑人是未成年残疾人，盲、聋、哑人，尚未完全丧失辨认或者控制自己行为能力的精神病人，或者是可能被判处无期徒刑、死刑的残疾人，没有委托辩护人的，人民检察院应当及时通知法律援助机构指派律师为其提供辩护。

九、人民检察院讯问残疾犯罪嫌疑人时应当慎用械具。对于确有人身危险性，必须使用械具的，在现实危险消除后，应当立即停止使用。

十、人民检察院审查逮捕残疾犯罪嫌疑人，除按照《中华人民共和国刑事诉讼法》第七十九条第一款的规定审查是否具备逮捕条件外，还应当根据犯罪嫌疑人涉嫌犯罪的性质、事实、情节、主观恶性和犯罪嫌疑人身体状况是否适宜羁押等因素综合考量是否确有逮捕必要，必要时可以对残疾犯罪嫌疑人的犯罪原因、生活环境等开展社会调查以作参考。对于不采取强制措施或者采取其他强制措施不妨碍诉讼顺利进行的，应当作出不批准逮捕或者不予逮捕的决定。对于可捕可不捕的应当不捕。但是，对于反复故意实施犯罪，不羁押不足以防止发生社会危险性的，应当依法批准或决定逮捕。

十一、残疾犯罪嫌疑人、被告人被逮捕后，人民检察院应当对羁押必要性定期开展审查，综合考虑侦查取证的进展情况，案件事实、情节和证据的变化情况，残疾犯罪嫌疑人、被告人的身体健康状况等因素，对不需要或者不适宜继续羁押的，应当依法变更强制措施或者建议有关机关变更强制措施。

十二、对于残疾人犯罪案件，符合《人民检察院刑事诉讼规则（试行）》规定的条件，双方当事人达成和解协议的，人民检察院应当依法从宽处理。符合法律规定的不起诉条件的，应当决定不起诉；依法必须提起公诉的，应当向人民法院提出从轻、减轻或者免除处罚的量刑建议。

十三、对于残疾被告人认罪并积极赔偿损失、被害人谅解的案件，未成年残疾人犯罪案件以及残疾人实施的具有法定从轻、减轻处罚情节的案件，人民法院量刑偏轻的，人民检察院一般不提出抗诉。

十四、人民检察院发现看守所、监狱等监管机关在羁押管理和教育改造残疾在押人员等活动中有违法行为的，应当依法提出纠正意见；发现看守所、监狱等监管场所没有对残疾在押人员在生活、医疗上给予相应照顾，没有采取适当保护措施的，应当通过检察建议等方式督促监管机关改正。

对残疾罪犯开展减刑、假释、暂予监外执行检察工作，可以依法适当从宽掌握，但是，反复故意实施犯罪的残疾罪犯除外。

十五、人民检察院在开展社区矫正法律监督活动中，发现社区矫正机构工作人员对残疾社区矫正人员有殴打、体罚、虐待、侮辱人格、强迫其参加超时间或者超体力社区服务等行为的，应当依法提出纠正意见。情节严重，构成犯罪的，依法追究刑事责任。

十六、人民检察院发现强制医疗机构工作人员殴打、体罚、虐待或者变相体罚、虐待被强制医疗的精神病人，违反规定对被强制医疗的精神病人使用械具、约束措施等行为的，应当依法提出纠正意见。情节严重，构成犯罪的，依法追究刑事责任。

十七、对于残疾人控告、举报、申诉案件应当依法快速办理，缩短办案周期。对于不属于本院管辖的案件，应当先行接收，然后及时转送有管辖权的机关，并告知提出控告、举报、申诉的残疾人。

十八、复查涉及残疾人的刑事申诉案件，应当认真听取残疾申诉人或者其代理人的意见，核实相关问题，并可以听取原案承办部门、原复查部门或者原承办人员意见，全面了解原案办理情况，认真审核、查证与案件有关的证据和线索，查清案件事实，依法作出处理。

十九、对于已经发生法律效力的民事、行政裁判书、调解书，残疾当事人依法向人民检察院申请提出检察建议、抗诉，或者认为人民法院的执行活动违反法律规定、审判人员存在违法行为而向人民检察院申请监督的，人民检察院应当及时受理和审查，对确有违法情形的，依法提出检察建议或者抗诉，切实维护残疾人的合法权益。

二十、对于残疾人申请国家赔偿的案件，符合受理条件的，应当依法快速办理，充分听取残疾人或者其代理人的意见。对于依法应当赔偿的案件，应当及时作出和执行赔偿决定。

二十一、对于残疾人涉法涉诉信访案件，人民检察院应当按照中央政法委

《关于建立律师参与化解和代理涉法涉诉信访案件制度的意见（试行）》的要求，为残疾人寻求律师帮助提供便利，对律师阅卷、咨询了解案情等合理要求提供支持，对律师提出的处理意见认真研究，及时反馈意见。对确有错误或者瑕疵的案件，及时导入法律程序予以解决。

二十二、人民检察院在办理案件、处理涉法涉诉信访问题过程中，应当主动了解残疾当事人的家庭生活状况，对符合国家司法救助条件的残疾人，应当告知其有权提出救助申请。对残疾人提出的救助申请，应当快速受理审查；对符合救助条件而没有提出申请的，应当依职权启动救助程序。符合救助条件的，应当及时提出给予救助以及具体救助金额的意见，履行有关审批手续后及时予以发放。

二十三、各级人民检察院新建接待场所应当符合无障碍设施的相关要求，现有接待场所不符合无障碍要求的要逐步加以改造，以方便残疾人出入。

二十四、本意见中的残疾人，是指符合《中华人民共和国残疾人保障法》和《残疾人残疾分类和分级》（GB/T26341－2010）规定的残疾人。

最高人民检察院关于全面加强和规范
刑事执行检察工作的决定

（2015 年 12 月 4 日公布并施行　高检发〔2015〕15 号）

刑事执行检察是检察机关的一项基础业务，也是中国特色社会主义检察制度的重要组成部分。为深入贯彻修改后刑事诉讼法赋予检察机关法律监督新的职责和要求，认真落实十二届全国人大常委会对《最高人民检察院关于刑罚执行监督工作情况的报告》的审议意见，全面加强和规范刑事执行检察工作，开创刑事执行检察工作新局面，特作如下决定。

一、明确指导思想，加强组织领导

1. 明确工作的总体思路。当前和今后一个时期刑事执行检察工作的总体思路是：坚持以邓小平理论、"三个代表"重要思想和科学发展观为指导，深入学习贯彻党的十八大、十八届三中、四中、五中全会和习近平总书记系列重要讲话精神，以法治精神为引领，以努力让人民群众在每一个刑事执行案件中都感受到公平正义为目标，以强化刑事执行监督、强化人权司法保障为主线，在全面履行职责、规范司法行为、创新体制机制、提升履职能力、增强监督实效上下功夫，全面加强对刑罚执行、刑事强制措施执行、强制医疗执行的监督，努力为全面推进依法治国，保障"十三五"时期经济社会科学发展贡献力量。

2. 牢固树立"四个维护"有机统一的工作理念。牢固树立维护刑事执行公平公正、维护刑事执行场所监管秩序稳定、维护刑事被执行人合法权益、维护社会和谐稳定"四个维护"有机统一的刑事执行检察工作理念。"四个维护"目标一致、内在统一、相辅相成，是新时期刑事执行检察工作理念的发展和完善，必须全面理解、一体贯彻，形成推动工作发展的强大动力。

3. 遵循正确的工作原则。

——坚持依法监督与加强配合相结合。既要敢于监督、善于监督、规范监督，又要注重加强与被监督单位的工作配合。

——坚持实体监督与程序监督相结合。既要重视纠正实体违法，又要重视纠正程序违法。

　　——坚持纠正违法、查办职务犯罪与保障人权相结合。既要依法坚决打击违法犯罪行为，又要依法保护刑事被执行人的合法权益。

　　——坚持法律效果与政治效果、社会效果相结合。把监督效果作为评价监督工作的基本标准，既要追求良好的法律效果，又要追求良好的政治效果和社会效果。

　　——坚持强化刑事执行监督与强化自身监督相结合。既要依法履行监督职责，又要积极主动接受人民群众和社会各界的监督。

　　4. 切实加强组织领导。各级检察机关要高度重视刑事执行检察工作，真正摆上重要位置，加强领导，强化保障，狠抓落实。检察长要经常听取刑事执行检察工作汇报，定期深入基层调查研究和检查指导，及时解决影响和制约工作发展的突出问题和实际困难。主动向同级党委、人大报告刑事执行检察工作，积极争取重视和支持。适应繁重工作任务需要，积极争取政策支持，努力为刑事执行检察部门增加人员编制，把素质过硬、真抓实干、敢于担当、善于协调的优秀检察官充实到刑事执行检察部门领导岗位，注重优化刑事执行检察部门的人员结构。

二、全面履行职责，突出工作重点

　　5. 明确刑事执行检察职责。刑事执行检察的主要职责是：

　　（1）对人民法院、公安机关和监狱、看守所、社区矫正机构等执行机关执行刑罚活动和人民法院执行没收违法所得及其他涉案财产的活动是否合法实行监督；

　　（2）对减刑、假释、暂予监外执行的提请、审理、裁定、决定、执行活动是否合法实行监督；

　　（3）对监管被刑事拘留、逮捕和指定居所监视居住的犯罪嫌疑人、被告人的活动是否合法实行监督；

　　（4）对犯罪嫌疑人、被告人的羁押期限是否合法实行监督；

　　（5）对被逮捕后的犯罪嫌疑人、被告人进行羁押必要性审查；

　　（6）对强制医疗执行活动是否合法实行监督；

　　（7）对刑事执行机关的监管活动是否合法实行监督；

　　（8）查办和预防刑事执行活动中的职务犯罪；

　　（9）对罪犯又犯罪案件审查逮捕、审查起诉、出庭公诉，对罪犯又犯罪案件的立案、侦查、审判活动是否合法实行监督；

　　（10）受理刑事被执行人及其法定代理人、近亲属、辩护人、诉讼代理人的控告、举报和申诉；

　　（11）其他事项。

6. 加强刑罚交付执行和变更执行监督工作。把刑罚交付执行纳入常态化监督，及时监督纠正应当交付执行而不交付执行或者不及时交付执行，应当收押、收监而拒不收押、收监等行为。强化对减刑、假释、暂予监外执行案件提请、审理、裁定、决定、执行等各个环节的同步监督，继续加强对服刑人员中"有钱人"、"有权人"刑罚变更执行活动的监督，及时发现和纠正违法或者不当问题。规范和加强减刑、假释案件出庭监督工作。积极开展和切实加强财产刑执行监督工作。

7. 加强羁押必要性审查工作。切实加强羁押必要性审查工作，依法积极主动开展羁押必要性审查，准确把握犯罪嫌疑人、被告人被逮捕后继续羁押的必要性，规范操作流程、证据标准，探索建立说理告知、案件风险评估预警等制度，促进羁押必要性审查工作规范开展。

8. 加强社区矫正执行监督工作。推动社区矫正执行监督工作重心由定期专项检察监督向常态化检察监督转移，加强对社区矫正各执法环节的日常监督，重点监督纠正和预防社区服刑人员脱管、漏管等问题，促进社区矫正依法进行。

9. 加强强制医疗执行监督工作。积极探索适应强制医疗执行工作特点的监督方式和措施，以被执行人权利保护为切入点，重点加强对约束性保护措施、交付执行、监管医疗活动、中止强制医疗、解除强制医疗等执法活动的监督。

10. 加强刑事被执行人合法权益保障工作。认真办理刑事被执行人及相关人员控告、举报和申诉，注重对监管场所被羁押人员合法权益的保护，依法畅通其诉求渠道。加强刑事羁押期限监督，防止和纠正超期羁押、久押不决。依法严厉打击体罚虐待被监管人等违法犯罪活动，加强被监管人非正常死亡的检察和防范。依法重视保护未成年、年老病残和女性刑事被执行人的合法权益。加强执行死刑临场监督，保护死刑罪犯及其家属的合法权益。充分发挥刑事执行检察职能优势和作用，有效防止、及时发现和积极推动纠正冤假错案。

三、改进监督方式，强化监督手段

11. 改进派驻检察方式。坚持派驻检察这一具有中国特色的刑事执行监督方式，健全派驻检察工作制度。每月派驻检察时间不得少于十六个工作日。要深入服刑人员的劳动、学习、生活三大现场和看守所在押人员监室内开展日常监督工作，通过现场检察、与被监管人谈话、听取意见等，重点发现侵犯被监管人合法权益、破坏监管秩序、职务犯罪等违法犯罪线索和监管安全隐患，依法及时纠正、查处和督促整改。严格落实派驻检察岗位责任制和人员定期轮岗交流制度，防止出现派而不驻、驻而不察、察而不纠的问题。

12. 改进巡回检察方式。对常年关押或者收治人数较少的监管场所、指定居所监视居住场所和社区矫正活动，可以实行巡回检察。巡回检察每周不得少于一次，参加人员不得少于两人。每次巡回检察结束后，应当制作检察记录，报告重大事项，确保巡回检察扎实有效开展。

13. 改进专项检察方式。针对一个时期刑事执行活动中的突出问题，可以组织开展专项检察活动，集中时间、集中力量清理纠正或者监督整改。开展专项检察前，应当深入调研，精心准备，制定方案，加强协调。专项检察活动可以单独或者会同有关部门共同组织，强化协作配合，切实增强专项检察效果。

14. 改进巡视检察方式。上级人民检察院对下级人民检察院负责日常监督的刑事执行活动，可以组织巡视检察。市级以上人民检察院对辖区内的监管场所每年要确定一定的比例进行巡视检察。巡视检察采取明察暗访、随机抽查、突击检查和不定期检查等方式进行，不得事先通知被监督单位。每次巡视检察的时间原则上不得少于 3 天。巡视检察可以邀请人大代表、政协委员和人民监督员、特约检察员、专家咨询委员参加。巡视检察结果要及时向被监督单位的上级机关或者主管部门通报。开展巡视检察时，也要注意对下级人民检察院刑事执行监督工作进行检查。

15. 严肃查办职务犯罪。要把查办职务犯罪作为强化监督效果的最有力手段，贯穿于刑事执行监督全过程。进一步拓宽案件线索来源渠道，加强案件线索管理，严格执行案件线索报上一级人民检察院备案管理制度。对市级以上看守所、监狱的主要负责人或者监狱管理机关、公安机关、人民法院县处级以上领导干部刑事执行活动中的职务犯罪案件线索，应当层报最高人民检察院备案管理。突出办案重点，积极查处刑事执行活动中违法办理减刑假释暂予监外执行、重大监管事故、社区服刑人员脱管漏管、严重侵犯刑事被执行人合法权益等问题背后的职务犯罪。建立省级人民检察院为主导、市级人民检察院为主体、县级人民检察院为基础的办案机制，加强统一组织协调。对重大、疑难、复杂的案件，上级人民检察院应当采取提办、领办、指定异地管辖、挂牌督办、派员督办等方式，有效侦破案件。结合查办案件，加强刑事执行环节职务犯罪预防工作，促进相关部门健全制度、加强管理、堵塞漏洞。

16. 积极纠正违法行为。对刑事执行活动中的轻微违法行为可以口头纠正，对严重违法行为或者口头纠正意见不被采纳的，应当书面纠正。建立健全违法行为调查制度，细化案件受理、调查取证、制发法律文书、案卷归档等工作流程。纠正违法通知书在发出的同时，要报送上一级人民检察院，并抄送被监督单位的上级机关或者主管部门。注重监督效果，对被监督单位不纠正或者纠正不到位，应当及时报告上一级人民检察院，直至报告最高人民检察院，由上级人民检察院监督纠正。

17. 充分运用检察建议。对刑事执行活动中存在的执法不规范、安全隐患等可能导致执法不公或者监管事故等苗头性、倾向性问题，可以向有关单位发出检察建议。检察建议发出后，应当及时了解和掌握采纳落实情况。对被建议单位没有正当理由不予采纳的，可以向其上级机关或者主管部门反映有关情况，进一步督促落实。

四、推进机制改革，规范司法活动

18. 进一步深化检务公开。坚持以公开促规范，依法公开刑事执行检察的职责、依据、程序、结果、工作纪律和生效法律文书。拓展检务公开范围，创新检务公开方式，规范检务公开场所，使刑事执行检察活动更加公开透明。对有较大社会影响的刑事执行监督案件、罪犯又犯罪案件和刑事执行活动中的职务犯罪案件的办理情况，以及已经办结的典型案例，及时向社会公开。

19. 全面完善刑事执行检察业务规范。深入贯彻中央关于深化司法体制改革部署，健全刑事执行监督机制。针对刑事执行检察各项业务、各个岗位、各个环节，制定并细化工作规则，明确权力边界、司法标准、操作程序和监督责任，规范权力运行，防止权力滥用。修改完善监狱检察、看守所检察、监外执行检察等工作办法，制定羁押必要性审查、强制医疗执行监督、指定居所监视居住执行监督等新增业务规范，全面提升刑事执行检察工作规范化水平。健全与执行机关、审判机关的信息共享、案情通报、案件移送等制度。

20. 建立健全业务考核评价和管理机制。针对刑事执行检察部门、专门从事刑事执行检察业务的人民检察院、派驻监管场所检察室的不同职能，建立科学的业务数据通报和考核评价体系，重点考核减刑假释暂予监外执行同步监督、纠正违法行为、查办职务犯罪、法律文书适用等，全面准确评判刑事执行监督工作的力度、质量和效果。加强对专门从事刑事执行检察业务的人民检察院的统一业务管理和派驻监管场所检察室规范化等级动态管理，并将日常管理考核情况与评定先进基层检察院、示范检察室、检察室规范化等级结合起来。刑事执行检察部门办理的减刑假释暂予监外执行监督、羁押必要性审查、查办职务犯罪、被监管人死亡检察等案件，都应当纳入检察机关统一业务应用系统，加强管理和全程监督。

21. 严格执行十项禁令。一是严禁对刑事执行活动中的违法行为有错不纠，有案不立，压案不查；二是严禁在减刑假释暂予监外执行监督案件办理过程中为当事人说情、打招呼；三是严禁派出（派驻）检察人员未经请示，擅自对重大事项、重要案件作出决定，或者不严格执行上级决定；四是严禁未经调查、审批，擅自对外发布监管场所重大事故情况，甚至为监管场所遮掩、开脱；五是严禁弄虚作假，造假监督，拆分监督，滥发纠正违法通知书、检察建议书等法律文书；六是严禁违法会见在押人员，为在押人员传递物品信件、打探案情、通风报信，泄露办案秘密；七是严禁简单粗暴对待刑事被执行人及其近亲属，漠不关心其合理诉求和合法权益；八是严禁以权谋私，索贿受贿，徇私舞弊，办关系案、人情案、金钱案；九是严禁在刑事执行机关和监管场所领取补贴、报销费用、免费用餐；十是严禁接受刑事被执行人及其亲友、辩护人、诉讼代理人的吃请、礼物及提供的娱乐活动。违反以上禁令的，视情节轻重追究责任；构成犯罪的，依法追究刑事责任，同时对负有领导责任的院领导及部门负责人问责。

五、加强司法保障，提高履职能力

22. 加强思想政治、职业道德和纪律作风建设。始终把思想政治建设摆在队伍建设的首位，加强科学理论武装，强化职业道德教育，弘扬社会主义法治精神，践行"忠诚、执著、担当、奉献"的精神，引导和教育广大刑事执行检察人员坚定理想信念，增强职业素养，坚守职业良知，严守职业纪律，努力建设一支政治坚定、素质过硬、监督有力、敢于担当、清正廉洁的刑事执行检察队伍。持之以恒加强自身反腐倡廉建设，健全定期轮岗等制度，从制度上预防和减少违法违纪问题的发生。

23. 加强专业化和履职能力建设。结合深化司法改革，优化刑事执行检察队伍结构，重点配强刑事执行检察官。建立与刑事执行检察专业化相适应的教育管理模式和培训体系，制定完善岗位素能标准。加强分类培训和专题培训，组织开展业务竞赛，强化岗位练兵，着力提高刑事执行检察人员的履职能力和水平。加强省级以上检察机关刑事执行检察人才库建设，努力培养一批刑事执行检察业务专家和标兵、能手。

24. 加强基层基础建设和经费保障。加大对刑事执行检察工作的经费投入，加强专门从事刑事执行检察业务的人民检察院办案和专业技术用房建设，保障派驻检察室有专门或者独立的用房、必要的车辆，落实派驻检察人员生活补助费。

25. 加强刑事执行检察信息化建设。坚持把科技强检作为提高刑事执行监督能力和效率效果的重要途径。加快研发和推行刑事执行检察业务应用软件，把刑事执行检察业务全面纳入检察机关统一业务应用系统。加强派驻检察室与监管场所信息联网、监控联网和检察专线网支线"两网一线"的建设和使用，会同有关部门共同推进减刑假释网上办案平台和社区矫正信息平台建设，全面建成与刑事执行机关数据信息网络交换平台。探索建立刑事执行检察业务综合信息平台。

26. 加强刑事执行检察理论建设。重点加强对刑事执行检察重大实务和基础理论的研究，通过理论创新推进制度创新和工作创新。积极拓宽刑事执行检察理论研究平台和途径，促进理论研究成果的转化和应用，为科学决策、深化改革、制定司法解释、完善相关立法提供理论支撑。拓展与高等院校、科研院所的交流与合作，共同构建中国特色刑事执行检察理论体系。

刑事执行检察：在全面加强和规范中积极回应社会关切
——刑事执行检察厅负责人解读
《关于全面加强和规范刑事执行检察工作的决定》*

最高人民检察院近日下发《关于全面加强和规范刑事执行检察工作的决定》（以下简称《决定》），记者就此对最高人民检察院刑事执行检察厅负责人进行了采访。

记者：《决定》出台的背景和意义主要有哪些？

刑事执行检察厅负责人：最高人民检察院印发《决定》，主要有以下几个方面的背景：

一是党的十八大以来重要会议精神和全国人大常委会《关于刑罚执行监督工作情况的报告》审议意见对进一步加强和规范刑事执行检察工作提出了明确要求。

二是修改后刑事诉讼法拓展了刑事执行检察职责，需要一个规范性文件引领和指导全面工作。随着修改后刑事诉讼法、《人民检察院刑事诉讼规则（试行）》的实施和劳动教养制度的废止，原监所检察部门承担的法律监督职责有了大幅调整：有的是"从有到优"，原来固有的一些职责得到加强和优化了，如刑罚执行监督；有的是"从他有到我有"，如死刑执行临场监督；有的是"从无到有"，如指定居所监视居住执行监督、刑罚变更执行同步监督、社区矫正执行监督、强制医疗执行监督、羁押必要性审查等新的职能。从监督领域看，明确将刑罚执行、刑事强制措施执行、强制医疗执行的监督职责统一由监所检察部门负责。因此，需要一个规范性文件引领和指导刑事执行检察全面工作。

三是随着监所检察部门更名为刑事执行检察部门，我们的工作理念、原则、方式和要求等内容需要随之调整。去年底，最高人民检察院经报中编办批准，将监所检察厅更名为刑事执行检察厅。这不仅仅是简单的名称变更，而且是工作内涵和外延的调整；这既是新形势下刑事执行检察工作布局的调整，又是工作理念、工作原则、工作方式、工作要求的重大转变，标志着监所检察迈入了刑事执行检察的新时期。因此，需要一个文件对这些变化指出方向，提出要求，作出部署，提供保障，以利于更好地推动当前和今后一个时期刑事执行

---

* 文章来源于《检察日报》。

检察工作的科学发展。

四是刑事执行检察面临不少新的形势、任务和要求，需要我们作出有针对性的回应。2009 年年初云南省晋宁县看守所发生"躲猫猫"事件以来，刑事执行检察工作得到了社会各界和新闻媒体前所未有的关注，人民群众对刑事执行活动中存在的"花钱减刑"、"提钱出狱"、"牢头狱霸"在押人员非正常死亡和脱逃等问题反映强烈。他们不仅关注刑事执行是否公平公正，而且关注检察机关是否忠实履行了法律监督职能，关注我们的法律监督是否及时、规范和有效。面对这些新形势、新任务、新要求，也需要一个规范性文件作出积极回应。

五是近年来刑事执行检察工作中积累了一些好的经验和做法，也制定了一些规范性文件，这些也需要以文件的形式进行萃取和固定。近年来，最高人民检察院在全国检察机关组织开展了集中清理纠正久押不决案件、减刑假释暂予监外执行专项检察、社区服刑人员脱管漏管专项检察等活动，取得了明显成效，总结了一些好经验和好做法。同时，为不断规范刑事执行检察的司法行为，我厅制定了一些新的规范性文件，修订完善了原有的一些工作制度。这些都需要一个文件将其中的主要内容和成熟做法萃取和固定下来。

总的来看，随着刑事执行检察工作形势、任务、要求的发展变化，特别是随着我厅的更名，全国检察机关告别了具有 60 多年历史的监所检察时代，正在开创刑事执行检察的新局面。可以说，《决定》的出台对于贯彻落实党中央和习近平总书记重要精神和系列指示，全面落实全国人大常委会审议意见，积极回应人民群众和社会各界的关切，充分发挥刑事执行检察的职能作用，全面加强和规范刑事执行检察工作，推进当前和今后一个时期刑事执行检察工作的创新发展具有十分重要的意义。

记者：《决定》提出的刑事执行检察工作理念与原来有何不同？

刑事执行检察厅负责人：刑事执行检察工作理念的主要变化是将原来的"三个维护"更新为现在的"四个维护"有机统一。原来，我们提的是维护刑罚执行和监管活动的公平公正、维护监管秩序稳定、维护被监管人合法权益等"三个维护"的工作理念。根据刑事执行检察工作面临的新形势、新任务、新要求，在 2015 年 5 月召开的全国刑事执行检察工作会议上，曹建明检察长将工作理念更新为"四个维护"的有机统一，即维护刑事执行公平公正、维护刑事执行场所监管秩序稳定、维护刑事被执行人合法权益、维护社会和谐稳定。《决定》对这个重要变化作了吸收和固定，"四个维护"，目标一致、内在统一、相辅相成，是新时期刑事执行检察工作理念的发展和完善，也对我们工作提出新的、更高的要求，必须全面理解、一体贯彻，形成推动工作发展的强大动力。

记者：《决定》确定的刑事执行检察的监督领域和工作重点是什么？

刑事执行检察厅负责人：主要明确了三个监督领域和五项重点工作。"三个监督领域"主要是指刑罚执行监督、强制措施执行监督和强制医疗执行监督。"五项重点工作"的主要考虑是：在刑罚执行监督领域，确定了刑罚交付执行和变更执行监督、社区矫正监督两个工作重点；在强制措施执行监督领域，确定了羁押必要性审查一个工作重点；强制医疗执行监督是修改后刑事诉讼法赋予检察机关的新增职责，各地正在探索开展，我们将它作为一个工作重点，这样能够体现检察机关对精神病人这一弱势群体的特殊保护；为突出对刑事被执行人合法权益的保障，我们也将它作为一个工作重点。五项重点工作这样安排，既突出工作重点，又会不偏不倚，也有利于地方开展工作。

记者：为履行好刑事执行检察各项工作职责，《决定》确立了哪些工作原则？

刑事执行检察厅负责人：《决定》主要确立了五项工作原则，也是对刑事执行检察提出的"五个结合"的工作要求。一是坚持依法监督与加强配合相结合。要求我们既要敢于监督、善于监督、规范监督，又要注重加强与被监督单位的工作配合。二是坚持实体监督与程序监督相结合。要求我们既要重视纠正实体违法，又要重视纠正程序违法。三是坚持纠正违法、查办职务犯罪与保障人权相结合。要求我们既要依法坚决打击违法犯罪行为，又要依法保护刑事被执行人的合法权益。四是坚持法律效果与政治效果、社会效果相结合。要求我们把监督效果作为评价监督工作的基本标准，既要追求良好的法律效果，又要追求良好的政治效果和社会效果。五是坚持强化刑事执行监督与强化自身监督相结合。要求我们既要依法履行监督职责，又要积极主动接受人民群众和社会各界的监督。

记者：《决定》对刑事执行检察工作哪些方面进行了加强？

刑事执行检察厅负责人：一是加强组织领导。要求各级检察机关要高度重视刑事执行检察工作，真正摆上重要位置，加强领导，强化保障，狠抓落实。二是加强五项重点工作。即加强刑罚交付执行和变更执行监督工作、羁押必要性审查工作、社区矫正执行监督工作、强制医疗执行监督工作、刑事被执行人合法权益保障工作。三是改进四种监督方式。即改进派驻检察、巡回检察、专项检察和巡视检察四种监督方式。四是强化三种监督手段。即要把查办职务犯罪作为强化监督效果的最有力的手段，积极纠正违法行为，充分运用检察建议。五是加强专业化和履职能力建设。优化队伍结构，建立与刑事执行检察专业化相适应的教育管理模式和培训体系，制定完善岗位素能标准。加强省级以上检察机关刑事执行检察人才库建设，努力培养一批刑事执行检察业务专家和标兵、能手。六是加强基层基础建设和经费保障。加大对刑事执行检察工作的经费投入，保障刑事执行检察院有独立的办案和专业技术用房，保障派驻检察室有专门或者独立的用房、必要的执法车辆，落实派驻检察人员生活补助费。七是加强刑事执行检察信息化建设。加快研发和推行刑事执行检察业务应用软件，加强"两网一线"的建设和使用，会同有关部门共同推进减刑假释网上办案平台和社区矫正信息平台建设，全面建成与刑事执行机关数据信息网络交换平台。探索建立刑事执行检察业务综合信息平台。八是加强刑事执行检察理论建设。重点加强对刑事执行检察重大实务和基础理论的研究，通过理论创新推进制度创新和工作创新，促进理论研究成果的转化和应用，构建中国特色刑事执行检察理论体系。

记者：《决定》对刑事执行检察工作哪些方面进行了规范？

刑事执行检察厅负责人：一是进一步深化检务公开。坚持以公开促规范，依法公开刑事执行检察的职责、依据、程序、结果、工作纪律和生效法律文书，不断拓展检务公开范围，创新检务公开方式，规范检务公开场所，使刑事执行检察活动更加公开透明。对有较大社会影响的刑事执行监督案件、罪犯再犯罪案件和刑事执行活动中的职务犯罪案件的办理情况，以及已经办结的典型案例，及时向社会公开。二是全面完善刑事执行检察业务规范。深入贯彻中央关于深化司法体制改革部署，健全刑事执行监督机制。针对刑事执行检察各项业务、各个岗位、各个环节，制定细化工作规则，明确权力边界、司法标准、操作程序和监督责任，规范权力运行，防止权力滥用。修改完善监狱检察、看守所检察、监外执行检察等工作办法，制定羁押必要性审查、强制医疗执行监督、指定居所监视居住执行监督等新增业务规范，全面提升刑事执行检察工作规范化水平。三是建立健全业务考核评价和管理机制。针对刑事执行检察部门、刑事执行检察院、派驻监管场所检察室的不同职能，建立科学的业务数据通报和考核评价体系，全面准确评判刑事执行监督工作的力度、质量和效果。加强对刑事执行检察院的统一业务管理和派驻监管场所检察室规范化等级动态管理，并将日常管理考核情况与评定先进基层检察院、示范检察室、检察室规范化等级结合起来。刑事执行检察部门办理的减刑假释暂予监外执行监督、羁押必要性审查、查办职务犯罪、被监管人死亡检察等案件，都应当纳入检察机关统一业务应用系统，加强管理和全程监督。

记者：《决定》在队伍管理方面提出了哪些新要求？

刑事执行检察厅负责人：《决定》规定了刑事执行检察人员的"十项禁令"。研究制定刑事执行检察人员"十项禁令"，主要基于以下考虑：第一，这是规范刑事执行检察人员司法行为的需要。从 2014 年年底开始，最高人民检察院在全国检察机关部署开展了为期一年的规范司法行为专项整治工作，我厅也印发了《全国检察机关刑事执行检察部门深入开展规范司法行为专项整治工作的指导意见》。我们认为，应当以这次制定《决定》为契机，就如何进一步规范刑事执行检察人员的司法行为提出明确要求。第二，这是保证刑事执行检察工作健康发展的需要。当前，刑事执行检察职责得到了较大拓展，也可以说权力大了，但随之也带来了责任加重和权力滥用的风险。我们认为，刑事执行检察人员在监督别人执法行为的同时，更要注重对自身司法行为的监督。越是在刑事执行检察职责得以加强和拓展的时候，越是要进一步规范刑事执行检察行为。只有这样才能保证刑事执行检察权依法正确行使，才能不断提高刑事执行检察的司法公信力。第三，这是预防刑事执行检察人员违纪违法的需要。当前，一些地方仍然存在个别刑事执行检察人员违纪违法问题，我厅对此高度重视，深入分析了近年来全国刑事执行检察人员违纪违法的原因，排查出了容易导致刑事执行检察人员违纪违法的廉政风险点。为有效预防刑事执行检察人员违纪违法，《决定》中明确提出"十项禁令"。"十项禁令"既有利于维护司法公正，规范司法行为，也有利于加强队伍管理，保护我们的工作人员。

最高人民检察院关于对检察机关
办案部门和办案人员违法行使职权行为
纠正、记录、通报及责任追究的规定

（2015 年 12 月 9 日最高人民检察院第十二届检察委员会第四十四次会议通过   2015 年 12 月 15 日公布并施行   高检发〔2015〕16 号）

第一条   为了进一步规范检察机关司法办案活动，加强内部监督制约，及时纠正办案中发生的违法行使职权问题，促进公正廉洁司法，根据有关法律，制定本规定。

第二条   检察机关办案部门和办案人员应当严格依照法律行使职权，维护法律尊严和权威。

第三条   检察机关办案部门和办案人员正在办理的案件中发生违法行使职权行为的，应当依照本规定进行纠正、记录、通报及责任追究。

第四条   违法行使职权行为是指以下情形：

（一）侵犯举报人、控告人、申诉人合法权益，或者泄露、隐匿、毁弃、伪造举报、控告、申诉等有关材料的；

（二）违法剥夺、限制诉讼参与人人身自由，或者违反办案安全防范规定的；

（三）违法剥夺、限制诉讼参与人诉讼权利的；

（四）违法采取、变更、解除、撤销强制措施，或者超期羁押犯罪嫌疑人，或者没有法定事由，超过法定办案期限仍未办结案件的；

（五）违法使用武器、警械警具，或者殴打、体罚虐待、侮辱诉讼参与人的；

（六）刑讯逼供、暴力取证，或者以其他非法方法获取证据的；

（七）讯问职务犯罪嫌疑人未按规定同步录音录像，或者录音录像不规范的；

（八）隐匿、毁弃、伪造证据，违背事实作出勘验、检查笔录、鉴定意见，包庇、放纵被举报人、犯罪嫌疑人、被告人，或者使无罪的人受到刑事追究的；

（九）非法搜查，违法查封、扣押、冻结、处理涉案财物及其孳息的；

（十）具有法定回避情形而不回避的；

（十一）未依法依规保障律师行使知情权、会见权、阅卷权、申请收集调取证据权等执业权利，阻碍律师履行法定职责的；

（十二）违反法定程序或者办案纪律干预办案，或者未经批准私自办案的；

（十三）私自会见案件当事人及其亲友、利害关系人、辩护人、代理人，或者接受上述人员提供的宴请、财物、娱乐、健身、旅游等活动的；

（十四）为案件当事人及其亲友、利害关系人、辩护人、代理人打探案情、通风报信，或者泄露案件秘密的；

（十五）利用检察权或者借办案之机，通过当事人、利害关系人或发案单位、证人等谋取个人利益的；

（十六）越权办案、插手经济纠纷，利用办案之机拉赞助、乱收费、乱罚款，让发案单位、当事人、利害关系人报销费用，或者占用其房产或交通、通讯工具等物品的；

（十七）未依法对诉讼活动、行政机关违法行使职权或者不行使职权的行为履行法律监督职责，造成不良影响的；

（十八）其他违法行使职权的情形。

第五条 人民检察院办案部门负责人发现本部门和人员违法行使职权行为的，应当依照规定予以纠正并记录；检察人员发现本部门和人员违法行使职权行为的，应当及时报告部门负责人。

人民检察院检察长、分管副检察长发现办案部门和办案人员违法行使职权行为的，应当责成办案部门依照规定予以纠正并记录。

纠正记录情况属于办案中违反业务工作规范的，向案件管理部门备案；属于办案中违反廉洁从检等检察纪律规定的，移送纪检监察机构处理。

第六条 控告检察部门对办理案件中涉及违法行使职权问题的控告、申诉、举报，应当依法受理并及时审查。情况属实的，报请检察长决定予以纠正；需要追究纪律责任的，移送纪检监察机构处理。

第七条 侦查监督、公诉、刑事执行检察、民事行政检察、刑事申诉检察、案件管理等部门及负责人发现其他办案部门和办案人员违法行使职权行为的，应当分别情形予以纠正并记录：

（一）情节轻微的，可以向办案部门或者办案人员发出口头纠正通知；

（二）情节较重的，应当向办案部门发出书面纠正通知，提示办案部门及时查明情况并纠正；

（三）情节严重的，应当向办案部门发出书面纠正通知，同时抄送纪检监察机构。

第八条　人民检察院发现违法行使职权的，应当及时进行处理，不得隐瞒、包庇。

第九条　人民检察院对投诉、举报或者反映办案部门和办案人员违法行使职权的，应当建立登记和及时分析制度。

第十条　人民检察院对办案部门和办案人员发生违法行使职权的行为，应当全面如实记录并存入司法档案，做到有据可查。

第十一条　人民检察院对本院或者下级人民检察院违法行使职权问题，应当在调查处理后进行内部通报，必要时向社会公开。

第十二条　责任追究应当根据办案人员发生违法行使职权行为的事实、情节和后果，以及相关纪律和法律规定，作如下处理：

（一）批评教育。采取责令检查、诫勉谈话、通报批评、到上级人民检察院检讨责任等措施。

（二）组织处理。采取暂停执行职务、调离司法办案岗位、延期晋级晋职、责令辞职、免职、调离检察机关、辞退等措施。

（三）纪律处分。对于违纪行为，应当依照党纪处分条例和检察纪律规定给予处分。

（四）刑事处理。对于构成犯罪的，应当依法追究刑事责任。

办案部门违法行使职权的，应当对办案部门负责人和直接责任人根据具体情形追究责任，同时视情依照有关规定对部门进行组织处理并开展专项整改。

对办案部门和办案人员违法行使职权的责任追究适用《关于完善人民检察院司法责任制的若干意见》等有关规定。

第十三条　被追究部门或者人员对处理决定不服的，可以向本院提出申诉复查，并有权向上一级人民检察院申请复议，由纪检监察机构依规依纪进行。复查、复议期间原处理决定不停止执行。

第十四条　办案部门和办案人员发生严重违法行使职权问题的，应当依照有关规定同时追究相关领导责任。

第十五条　检察机关办案部门和办案人员执行本规定的情况，应当纳入检察人员业绩评价体系，作为评价其是否遵守法律规定和检察纪律，以及评先选优、晋职晋级、奖励惩处的重要依据。

第十六条　本规定所称办案部门是指检察机关依法履行司法办案职责的部门；办案人员是指各级人民检察院依法履行司法办案职责的检察官和检察辅助人员。

第十七条　本规定自发布之日起施行。本规定由最高人民检察院负责解释。

建立健全违法行使职权行为纠正记录机制
织密规范检察权运行的制度笼子
——最高人民检察院纪检组监察局负责人答记者问

为进一步规范检察机关和检察人员司法办案活动，落实司法办案责任制，加强内部监督制约，促进公正廉洁司法，最高人民检察院近日制定出台了《最高人民检察院关于对检察机关办案部门和办案人员违法行使职权行为纠正、记录、通报及责任追究的规定》（以下简称《规定》）。本报记者就此对最高人民检察院纪检组监察局负责人进行了采访。

记者：制定《规定》的背景及总体考虑是什么？

纪检组监察局负责人：习近平总书记多次指出，要加强对权力运行的制约和监督，把权力关进制度的笼子里，形成不敢腐的惩戒机制、不能腐的防范机制、不易腐的保障机制。十八届四中全会《中共中央关于全面推进依法治国若干重大问题的决定》明确提出，必须完善司法管理体制和司法权力运行机制，规范司法行为，加强对司法活动的监督。司法机关要及时回应社会关切。

检察机关作为国家法律监督机关和惩治预防职务犯罪的重要职能部门，依法履行审查逮捕、审查起诉、职务犯罪侦查和诉讼活动监督等重要职责。司法办案是检察机关履行法律监督职能的主要方式，也是检察权最集中的体现。检察权用好了，是对犯罪分子的惩处，也是对人民群众的保护。检察权如果被滥用，不仅会使公民、法人和其他社会组织的合法权益遭受严重的侵害，而且会损害法律监督机关的公信力，影响国家的法治形象，给党和人民的利益带来不可估量的损失。防止检察权的滥用，最根本的对策就是进一步加强对检察权运行的有效监督，确保依法公正廉洁规范司法。

司法实践中，检察权运行也存在内部监督制约不到位的问题，特别是动态监督、即时监督不到位。切实强化对检察机关司法办案活动内部监督制约的源头性设计，真正建立起动态、管用的事中、同步监督机制。对办案之中发生的违法行使职权行为抓早抓小，动辄则咎，这既是提高检察机关司法公信力的必然需要，也是新形势下强化内部监督制约的现实选择。

最高人民检察院党组高度重视对检察权运行的内部监督制约，始终坚持正人先正己，用比监督别人更高的要求、更严的标准监督自己，持续强化自身监督。2014 年 12 月在全国检察机关部署开展了为期一年的规范司法行为专项整治工作，重点围绕职务犯罪侦查、侦查监督、公诉、民行检察、刑罚执行和监管活动监督、控告申诉检察、预防等部门和环节，突出整治司法作风简单粗暴，特权思想、霸道作风严重，执行办案规范和纪律规定不严格，滥用强制措施等八个方面司法不规范的问题。深刻剖析司法不规范问题产生的根源，既有思想观念方面的问题，也有执法作风方面的陋习，更有制度机制不够健全的深层次原因。完善内部监督制度，建立健全违法行使职权行为纠正、记录、通报及责任追究机制，已成为十分重要而迫切的"当下之举"。

早在2014年12月召开的律师界代表座谈会上，曹建明检察长就强调指出，要研究建立检察机关办案部门和人员违法行使职权的纠正机制和记录、通报及责任追究制度，从制度机制上予以明确和细化。同年12月16日，最高人民检察院第十二届检委会第三十二次会议通过的《最高人民检察院关于依法保障律师执业权利的规定》中，也明确规定建立完善检察机关办案部门和检察人员违法行使职权行为记录、通报和责任追究制度。在之后召开的全国检察机关规范司法行为专项整治工作电视电话会议和全国检察长会议上，党组都明确部署要求，建立检察机关办案部门和办案人员违法行使职权的纠正机制和记录、通报和责任追究制度。2015年3月，最高人民检察院在第十二届全国人大第三次会议的工作报告明确提出：建立检察机关办案部门和办案人员违法行使职权的纠正机制和记录、通报、责任追究制度。曹建明检察长在赴各地调研时多次强调，要探索对检察机关办案部门、办案人员自身违法违纪行为建立纠正违法通知和违法办案记录、通报、责任追究制度，更加彰显"谁违法审批谁担责、谁违法办案谁担责"这一刚性铁律；并进一步强调，控告、案件管理、侦查监督、公诉等部门都要充分发挥内部监督作用，对发现的检察机关自身违法违规办案问题，依法通知纠正，并实行严格的记录登记制度，监督管理不到位、放任不管也要承担相应责任。

根据党组工作部署和曹建明检察长指示要求，在近年来检察机关司法办案内部监督一系列相关制度规范的基础上，结合检察工作实际，最高人民检察院纪检组监察局牵头研究起草了《规定》（初稿）。两次分送机关各相关职能部门书面征求意见，并召开座谈会听取意见建议，曹建明检察长对《规定》（初稿）中的重要问题提出了明确要求并指示尽可能吸收各方意见建议。组局在反复修改的基础上形成了送审稿，10月30日，最高人民检察院党组会审议并原则通过。按照曹建明检察长指示和党组要求，我们对《规定》（初稿）再次加以补充修正后，发至各省级院征求了意见建议。综合回顾整个过程，各地各部门对《规定》（初稿）高度重视、充分认可，并就文稿中实体内容补充深化、制度规范衔接、现实操作以及条款项目增删、次序调整、文字表述等方面提出了不少有价值、有针对性的意见建议。经认真梳理整合，按照统筹协调、兼收并容的原则，最大限度考虑并予以吸收、采纳和完善，形成了《规定》（审议稿）。2015 年 12 月 9 日，最高人民检察院第十二届检察委员会第四十四次会议审议通过。

记者：如何理解制定《规定》的重要意义及与相关制度的关系？

纪检组监察局负责人：《规定》认真贯彻落实党的十八大和十八届三中、四中、五中全会精神，习近平总书记系列重要讲话精神及司法体制改革要求，紧密联系检察工作实际，体现了严格规范公正文明司法的鲜明态度、坚定决心和强化自身监督的责任意识，既是对来自社会关切的积极回应与敏锐应对，也是加大监督执纪问责力度的刚性载体。《规定》的出台，是规范司法行为专项整治工作的重要制度成果，是从严治检、司法为民，把检察权关进制度笼子，确保公正司法的重要举措，是对检察机关司法责任制的补充和衔接，也是在司法办案活动中落实党风廉政建设"两个责任"，把纪律和规矩挺在前面的有力抓手和务实之策；进一步彰显了把监督融入检察权运行全过程，构建对司法办案活动监督全覆盖，健全检察机关自我纠错机制，着力实现同步监督、即知即改。

这项制度与其他制度规范既有相互衔接性，又有功能互补性。比如在与司法责任制的关系上，《规定》明确责任追究适用《关于完善人民检察院司法责任制的若干意见》（以下简称《若干意见》）等规定，对依据违法行使职权行为发生的事实、情节和后果所作出的处理，力求做到尺度宽窄同一，对应起来；同时要做到与原有的相关机制区分开来，本制度规范的对象范围明确规定为"正在办理的案件"，集中体现对违法行使职权行为的纠错、纠偏上，明确解决谁来纠正、什么时候纠正等突出问题，建立及时纠正机制，实现责任主体对失范司法行为的有效管控。

与其他责任制度对违法行使职权行为的纠正功能相比，本制度更加聚焦正在办理案件中发生的违法违规行为，突出强化责任主体动态监督过程，力求避免检察权行使中逾越边界的权力寻租与出轨，最大限度防止和减少违法行使职权行为对司法公权力、司法公信力造成的破坏与损害。其目的与意义，重在强调推动并有效落实同步监督、事中监督，不同于案件评查、专项检查、申诉复查等活动中发现存在违法行使职权，认定为错案进行纠正并按主观过错追究相关人员责任的"事后补救"、终身追责等情形，而是关口前移、抓早抓小，即时修复、矫正、纠错。

《规定》还规定对违法行使职权行为予以纠正的要如实记录，存入司法档案；对违法行使职权问题，查实后由各级院对本院或下级院进行通报；受到责任追究处理的办案部门或办案人员，可以向本院和上一级院进行申诉；将执行本规定的情况纳入检察人员业绩评价体系等，这些都与业已建立或正在建立的司法档案制度、通报制度、检察官惩戒和权利救济制度、业绩评价制度等相关联、衔接和契合。

记者：《规定》的基本思路和具体内容有哪些？

纪检组监察局负责人：《规定》制定起草遵循的原则是：贯彻党的十八大和十八届三中、四中、五中全会精神，落实最高人民检察院党组和曹建明检察长的要求，规范检察机关司法行为，健全内部监督机制，进一步落实并细化司法责任制要求，确保检察权依法正确行使；回应社会关切，促进队伍建设，解决反映强烈的突出问题，满足人民群众对检察工作的新要求新期待；整合内部监督资源，压实各个主体的责任，构建有序监督网络，形成工作合力，发挥机制威力，着力实现动态监督、快速反应、及时到位，真正体现制度建设的源头治理作用；针对性、指导性、操作性都要强，做到切实可行、有效管用，实现政治效果、法律效果和社会效果的有机统一。

《规定》的制度设计重点针对检察权行使过程中检察人员出现违法违规办案、不规范司法等问题，依照主体责任和监督责任及各相关部门职能，完善司法办案内部监督纠正机制，对检察机关办案部门和办案人员在司法办案活动中正在办理案件所发生的违法行使职权行为，按照"谁办案谁负责、谁决定谁负责"原则，从范围、对象、类型、情形、认定等层面切入，及时予以纠正、记录、通报、追究责任，真正把司法责任制落实到具体部门和人员，着力推进司法规范化建设。从而促进检察机关内部各个层次、各个方面齐抓共管、各司其职，形成动态、严密的监督纠正违法行使检察权的长效机制。

《规定》共计十七条，分为七个部分。条文虽然不多，但定位清晰、主题突出、内容全面、结构合理、程序严密、责任明确，与相关制度相互衔接，文字简洁、可操作性强。现就其要义进行解读。

第一部分（第一条至第三条）属于总则性质，阐明了制定本规定的目的与依据、对司法办案活动的基本要求，并明确了规定的适用对象和适用范围。《规定》第三条规定监督纠正的对象是各级检察机关办案部门和办案人员正在办理的案件已发生违法行使职权的行为。突出强调办案部门和办案人员，以及正在办理的案件，意在强化制度设计定位的针对性和时效性，强化相关责任主体的责任担当与动态监督，重在关口前移、抓早抓小，从而实现对违法行使职权行为的及时有效处理。

第二部分（第四条）明确了违法行使职权行为的主要情形。重点列举其行为表征，有针对性地统括了包括侵犯举报人、控告人、申诉人合法权益，侵犯当事人诉讼权利及律师执业权利，违反法定程序或办案纪律徇私办案等行为在内的十八项主要违法办案情形。本条坚持问题导向，直面检察机关司法办案活动中的违法行使职权行为，进行"全景式"的扫描，在已有相关规范性文件概括列举的基础上，根据新的形势和情况，进一步完善违法行使职权行为的类型，使之更全面、更准确、更加具有指向性、针对性。这样能够织密对司法行为进行制度约束的笼子，彰显检察机关从严治检的鲜明态度和坚定决心，让老百姓看得见、摸得着，回应社会各界的关切，满足人民群众的司法期待；同时，以此为镜子和戒尺，形成倒逼机制，以提示及警醒办案部门和人员在办案活动中自觉依法行使职权，远离检察办案纪律红线，严格规范司法行为。本条最后一项引入兜底条款，是考虑在司法办案中涉及违法行使职权的行为形形色色，不一而足，很难完全列举和概括，起草技术上这样处理没有遗漏，能够不留盲区空地。需要说明的是，本文件的标题和内容中的"违法行使职权行为"是广义的，包括违规违纪办案行为。

第三部分（第五条）明确了纠正违法行使职权行为的责任主体。《规定》第五条分别对办案部门负责人和检察人员、检察长、副检察长在纠正记录违法行使职权行为中所负的责任作了规定。并强调违反业务工作规范的情况，要向案件管理部门备案；违反廉洁从检等检察纪律规定的，移送纪检监察机构处理，科学合理搭建有效监督制约机制。这样能够充分发挥各层次、各方面职能作用，各负其责，各尽其职，既体现了司法办案部门自身第一道防线的属性，对违法行使职权行为自查自纠、即知即改、立行立改，真正把主体责任扛起来；又体现了检察长、副检察长的相应权责，进一步落实监督管理责任；并体现了案件管理部门、纪检监察机构作为专门监督主体的特点，科学调配、统筹调动各方面的职能、作用和资源，全面有效形成工作合力，从根本上有利于遏制违法行使职权行为。

第四部分（第六条至第十一条）明确了对违法行使职权行为的受理、登记、分析、纠正、记录、通报工作机制。规定发现办案部门或办案人员办理案件中违法行使职权的，要及时审查处理，不得贻误；同时为有效落实责任，更好地消化处理群众信访等突出问题，防止出现线索流失、积压、空转等现象，同时及时研判分析信访反映的办案过程中违法行使职权行为的特点、趋势、规律，从而有针对性地综合施策，规定对投诉、举报或反映违法行使职权的，应当登记和及时分析。《规定》第六条、第七条重点强调对其他办案部门和办案人员违法行使职权行为的纠正，由侦查监督、公诉、刑事执行检察、民事行政检察、控告检察、刑事申诉检察、案件管理等在检察机关内部对司法办案活动具有监督制约职责的相关职能部门，在司法办案活动过程与流程中按照职权和程序并根据违法行使职权行为情节的轻重，依规予以即时性处置，以构建又一道防线；第十条、第十一条则分别强调对违法行使职权行为的记录，要求真实记录并存入司法档案，做到有据可查、全程留痕；对违法行使职权行为的通报，规定只有在调查核实处理后进行，必要时向社会公开。

第五部分（第十二条）明确了对违法行使职权行为的责任追究机制。规定根据违法行使职权行为的事实、情节和后果，对相关办案人员作出相应组织处理或党纪、检纪等处分，直至依法追究其刑事责任；对相关办案部门，除对其负责人及直接责任人依照具体情形追究责任，还要视情依照有关规定对部门予以组织处理并开展专项整改；同时，《规定》第十二条注意与《若干意见》关于责任追究规定形成有效衔接，明确对办案部门和办案人员违法行使职权行为的责任追究依据《若干意见》等规定进行，清晰表明了《规定》与《若干意见》之间紧密配套的相互关系，即责任追究原则上坚持权责明晰、权责相当；坚持主观过错与客观行为相一致，责任与处罚相适应；在过错区分、责任的认定、分类、追责机制和程序上对接、适用《若干意见》的规定，这样使两个文件在对违法行使职权行为的处理层次上相互对应契合，进一步落实并细化司法责任制要求，并从文本表述上予以合理简化，避免重复和矛盾。

第六部分（第十三条至第十五条）明确了其他相关措施。对保障被追究部门和人员申诉权利、追究相关领导责任、纳入检察人员业绩评价体系等方面都进行了规定，以使制度建设的整体内容更加趋于健全合理。需要特别指出的是，《规定》第十四条专条明确，办案部门和办案人员发生严重违法行使职权问题的，应当依照有关规定同时追究相关领导责任，体现了"一案双查"的要求。

第七部分（第十六条至第十七条）明确了办案部门和办案人员的具体界定范围，并规定制度的生效时间及解释主体。

记者：《规定》理解与适用中应当注意把握哪些问题？

纪检组监察局负责人：一是关于把对诉讼活动、行政机关违法行使或不行使职权行为未依法实施监督的司法不作为纳入违法行使职权行为范围的问题。《规定》第四条第十七项规定"未依法对诉讼活动、行政机关违法行使职权或者不行使职权的行为履行法律监督职责，造成不良影响的"。首先，设立本项的基本考虑是，对诉讼活动依法实行法律监督是法律明确赋予检察机关的职责，党和国家高度重视发挥检察机关法律监督作用保障司法公正、促进依法行政，法律上赋予越来越多的职权，人民群众和社会各界也高度关注、充满期待，党的十八届四中全会决定要求"检察机关在履行职责中发现行政机关违法行使职权或者不行使职权的行为，应该督促其纠正"。有权必有责，因此检察机关未履行这一职责，也属于违反法律规定行使职权。对不履行监督职责的行为予以明确列出，表明了检察机关依法履职、敢于监督的鲜明态度和问题导向。其次，不履行法律监督职责作为怠政、不作为也是属于广义上的违法行使职权行为表现形式。最后，考虑到诉讼监督事项涉及面广，情况和原因也十分复杂，对行政机关违法行使职权或不行使职权行为的督促纠正是四中全会才予以规定的，有着严格的限制，正在研究探索过程中，需要通过试点积累经验成熟后通过法定程序完善立法，在认定和处理上既要严明纪律、严格要求，又要实事求是，有一个度的把握问题，适用中应注意从法律效果、政治效果、社会效果来统一把握。鉴于此，《规定》中作了"造成不良影响"的限制。

二是关于对办案部门违法行使职权行为的处理和责任追究问题。本文件的标题是对办案部门和办案人员违法行使职权的纠正、记录、通报及责任追究，对属于办案部门集体名义所实施的违法行使职权，除了按规定予以纠正、记录外，还要进行相应的追责。为此，参照有关规定，《规定》第十二条明确，对办案部门违法行使职权的，应当对办案部门负责人和直接责任人根据具体情形追究责任。至于追究何种责任，要根据其事实、性质、情节、所起作用而定。另外，根据情况，对于确有必要的，还可以对该办案部门采取调整、改组班子成员等组织措施，并在该部门开展专项整改。

三是关于办案组织的问题。在文件起草进程中，有意见认为，应关注司法改革中健全司法办案组织的要求与趋势，建议引入"办案组织"的概念，经反复研究，之所以未增加"办案组织"的表述：首先，考虑文件标题和制度定位等都强调"办案部门和办案人员"这一概念，再加入"办案组织"一词，层次太多，出现交叉且表述冗长；其次，健全司法办案组织，并没有取消或者替代办案部门的设置，《若干意见》等有关文件仍然沿用了"部门"这一表述和概念；再次，目前各地司法改革的具体进程不尽相同，新旧办案组织与办案模式并存，本规定需要统筹兼顾局部和整体、改革的渐进性与现阶段的实际情况等相关因素；最后，新的司法办案组织形式实行独任检察官和检察官办案组这一基本组织架构，而司法责任制的核心是落实"谁办案谁负责、谁决定谁负责"原则，在坚持这一核心的前提下，对检察官办案组等办案组织形式一样可以视同办案部门，对其违法行使职权行为的纠正、记录、通报及责任追究完全适用关于办案部门的规定。

四是关于《规定》的执行问题。制度的生命力和权威在于执行。本规定作为一项重要的检察纪律和内部监督制度，作为规范司法行为专项整治工作的制度成果和长效机制，应当得到不折不扣的贯彻落实，使禁令生威、铁规发力。在起草过程中，就充分考虑了执行力和可操作性问题。为此，专门设计了违法行使职权行为线索登记表和纠正通报及责任追究情况记录表作为附件。根据规定，对线索要求及时如实登记和处置，不得隐瞒和延误；对纠正、通报和责任追究情况要如实记录并存入司法档案。《规定》下发后，各级检察机关应当认真学习、严格执行，并与学习贯彻《中国共产党廉洁自律准则》《中国共产党纪律处分条例》结合起来，与巩固、深化规范司法行为专项整治工作成果结合起来。纪检监察机构将把监督检查《规定》的落实情况作为明年工作的一项重要内容，把纪律和规矩挺在前面，对违反《规定》的严肃查处和问责。

人民检察院
对指定居所监视居住实行监督的规定

(2015 年 10 月 13 日最高人民检察院第十二届检察委员会第四十一次会议通过　2015 年 12 月 17 日发布并施行　高检发执检字〔2015〕18 号)

第一章　总　则

第一条　为了加强和规范人民检察院对指定居所监视居住决定和执行的监督，根据《中华人民共和国刑事诉讼法》等有关规定，结合检察工作实际，制定本规定。

第二条　公安机关、人民检察院、人民法院对犯罪嫌疑人、被告人适用指定居所监视居住的，人民检察院应当依法对指定居所监视居住的决定和执行是否合法实行监督。

第三条　对指定居所监视居住决定的监督，由人民检察院侦查监督部门、公诉部门负责。对指定居所监视居住执行的监督，由人民检察院刑事执行检察部门负责。

第四条　指定的居所应当具备正常的生活、休息条件，与审讯场所分离；安装监控设备，便于监视、管理；具有安全防范措施，保证办案安全。

第二章　对指定居所监视居住决定的监督

第五条　对于公安机关决定对无固定住处的犯罪嫌疑人指定居所监视居住的，由同级人民检察院侦查监督部门依法对该决定是否合法实行监督。

对于上一级公安机关批准对涉嫌危害国家安全犯罪、恐怖活动犯罪的犯罪嫌疑人决定指定居所监视居住的，由作出批准决定公安机关的同级人民检察院侦查监督部门依法对该决定是否合法实行监督。

第六条　对于人民检察院决定对无固定住处的犯罪嫌疑人指定居所监视居住的，由上一级人民检察院侦查监督部门依法对该决定是否合法实行监督。

对于上一级人民检察院批准对涉嫌特别重大贿赂犯罪的犯罪嫌疑人决定指定居所监视居住的，由作出批准决定的人民检察院侦查监督部门依法对该决定是否合法实行监督。

第七条　具有以下情形之一的，人民检察院应当对指定居所监视居住决定是否合法启动监督：

（一）犯罪嫌疑人及其法定代理人、近亲属或者辩护人认为指定居所监视居住决定违法，向人民检察院提出控告、举报、申诉的；

（二）人民检察院通过介入侦查、审查逮捕、审查起诉、刑事执行检察、备案审查等工作，发现侦查机关（部门）作出的指定居所监视居住决定可能违法的；

（三）人民监督员认为指定居所监视居住决定违法，向人民检察院提出监督意见的；

（四）其他应当启动监督的情形。

第八条　人民检察院对无固定住处的犯罪嫌疑人决定指定居所监视居住的，侦查部门应当在三日以内将立案决定书、指定居所监视居住决定书等法律文书副本以及主要证据复印件报送上一级人民检察院侦查监督部门。对特别重大贿赂犯罪嫌疑人指定居所监视居住的，作出批准决定的人民检察院侦查部门应当在三日以内将上述材料抄送本院侦查监督部门。

人民检察院监督公安机关指定居所监视居住决定时，可以要求公安机关提供上述材料。

第九条　人民检察院对指定居所监视居住决定进行监督，可以采取以下方式：

（一）查阅相关案件材料；

（二）听取侦查机关（部门）作出指定居所监视居住决定的理由和事实依据；

（三）听取犯罪嫌疑人及其法定代理人、近亲属或者辩护人的意见；

（四）其他方式。

第十条　人民检察院监督指定居所监视居住决定是否合法，应当审查该决定是否符合刑事诉讼法第七十二条、第六十九条第三款规定的监视居住的条件，并进一步审查是否符合以下情形：

（一）犯罪嫌疑人在办案机关所在的市、县无固定住处的；

（二）涉嫌危害国家安全犯罪、恐怖活动犯罪或者特别重大贿赂犯罪的犯罪嫌疑人，在其住处执行有碍侦查，经上一级公安机关或者人民检察院批准指定居所监视居住的。

第十一条　人民检察院侦查监督部门审查指定居所监视居住决定是否合法，应当在启动监督后七日以内作出决定。

第十二条　人民检察院经审查，对于公安机关决定指定居所监视居住不符合法定条件的，应当报经检察长批准后，向公安机关发出纠正违法通知书，并建议公安机关撤销指定居所监视居住决定。

对于本院或者下一级人民检察院决定指定居所监视居住不符合法定条件的，人民检察院侦查监督部门应当报经检察长决定后，通知本院侦查部门或者下一级人民检察院撤销指定居所监视居住决定。通知下一级人民检察院撤销指定居所监视居住决定的，应当通报本院侦查部门。

第十三条　对于上一级人民检察院的纠正意见，下一级人民检察院应当立即执行，并将执行情况报告上一级人民检察院侦查监督部门。

下一级人民检察院认为上一级人民检察院对于指定居所监视居住决定的纠正意见有错误的，可以在收到纠正意见后三日以内报请上一级人民检察院重新审查。上一级人民检察院应当另行指派检察人员审查，并在五日以内作出是否变更的决定。

第十四条　对人民检察院在审查起诉过程中作出的指定居所监视居住决定的监督，由本院侦查监督部门按照本规定执行。

对人民法院作出的指定居所监视居住决定的监督，由同级人民检察院公诉部门按照本规定执行。

第三章　对指定居所监视居住执行的监督

第十五条　对指定居所监视居住执行的监督，由执行监视居住的公安机关的同级人民检察院刑事执行检察部门负责。

第十六条　人民检察院对指定居所监视居住执行进行监督，应当包括以下内容：

（一）指定居所监视居住决定书、执行通知书等法律文书是否齐全；

（二）执行的场所、期限、执行人员是否符合规定；

（三）被监视居住人的合法权利是否得到保障；

（四）是否有在指定的居所进行讯问、体罚虐待被监视居住人等违法行为；

（五）其他依法应当监督的内容。

第十七条　人民检察院对指定居所监视居住执行活动进行监督，可以采取以下方式：

（一）查阅相关法律文书和被监视居住人的会见、通讯、外出情况、身体健康检查记录等材料；

（二）实地检查指定的居所是否符合法律规定；

（三）查看有关监控录像等资料，必要时对被监视居住人进行体表检查；

（四）与被监视居住人、执行人员、办案人员或者其他有关人员谈话，调查了解有关情况。

第十八条　人民检察院案件管理部门收到公安机关、人民法院的指定居所监视居住决定书副本后，应当在二十四小时以内移送本院刑事执行检察部门。

人民检察院侦查部门、公诉部门以本院名义作出指定居所监视居住决定的，应当在二十四小时以内将监视居住决定书副本抄送刑事执行检察部门，并告知其指定居所的地址。

第十九条　人民检察院刑事执行检察部门在收到指定居所监视居住决定书副本后二十四小时以内，应当指派检察人员实地检查并填写监督情况检查记录。对指定居所监视居住的执行活动应当进行巡回检察，巡回检察每周不少于一次，检察人员不得少于二人。

检察指定居所监视居住执行活动时，不得妨碍侦查办案工作的正常进行。

第二十条　人民检察院在指定居所监视居住执行监督时发现下列情形之一的，应当依法向执行机关或者办案机关提出纠正意见：

（一）执行机关收到指定居所监视居住决定书、执行通知书等法律文书后不派员执行或者不及时派员执行的；

（二）除无法通知的以外，没有在执行指定居所监视居住后二十四小时以内通知被监视居住人的家属的；

（三）在看守所、拘留所、监狱以及留置室、办案区或者在不符合指定居所规定的其他场所执行监视居住的；

（四）违反规定安排辩护律师同被监视居住人会见、通信，或者违法限制被监视居住人与辩护律师会见、通信的；

（五）诉讼阶段发生变化，新的办案机关应当依法重新作出指定居所监视居住决定而未及时作出的；

（六）办案机关作出解除或者变更指定居所监视居住决定并通知执行机关，执行机关没有及时解除监视居住并通知被监视居住人的；

（七）要求被监视居住人或者其家属支付费用的；

（八）其他违法情形。

人民检察院刑事执行检察部门发现本院侦查部门、公诉部门具有上述情形之一的，应当报经检察长批准后提出纠正意见。

第二十一条　人民检察院刑事执行检察部门发现指定居所监视居住执行中存在执法不规范、安全隐患等问题，应当报经检察长批准后向执行机关或者办案机关提出检察建议。

第二十二条　发出纠正违法通知书或者检察建议书的，应当抄报上一级人民检察院，同时抄送执行机关或者办案机关的上一级机关。

第二十三条　被监视居住人在指定居所监视居住期间死亡的，参照最高人民检察院关于监管场所被监管人死亡检察程序的规定办理。

第二十四条　人民法院、人民检察院指派司法警察协助公安机关执行指定居所监视居住的，人民检察院刑事执行检察部门应当对其协助执行活动进行监督。

第四章　附　　则

第二十五条　对于犯罪嫌疑人及其法定代理人、近亲属或者辩护人提出的对指定居所监视居住决定和执行的控告、举报、申诉，人民检察院应当及时办理并答复。

第二十六条　人民检察院侦查监督部门、公诉部门发现指定居所监视居住执行可能存在违法情形的，应当及时通报刑事执行检察部门。刑事执行检察部门发现指定居所监视居住决定可能存在违法情形的，应当及时通报侦查监督部门或者公诉部门。

第二十七条　人民检察院在指定居所监视居住决定和执行监督工作中发现办案人员、执行人员有违纪违法行为的，应当报请检察长决定后及时移送有关部门处理；构成犯罪的，应当依法追究刑事责任。

第二十八条　检察人员在指定居所监视居住决定和执行监督工作中有违纪违法行为的，应当按照有关规定追究违法违纪责任；构成犯罪的，应当依法追究刑事责任。

第二十九条　人民检察院对指定居所监视居住决定和执行的监督，应当在检察机关统一业务应用系统上办理。人民检察院案件管理部门应当定期进行统计分析、质量评查，并及时通报有关部门。

第三十条　本规定自发布之日起施行。

对《人民检察院对指定居所
监视居住实行监督的规定》的解读

刘福谦[*]

为了加强和规范人民检察院对指定居所监视居住决定和执行的监督，2015年 10 月 13 日最高人民检察院第十二次检察委员会审议通过了《人民检察院对指定居所监视居住实行监督的规定》（以下简称《规定》），并于 2015 年 12 月印发实施。《规定》根据修改后的刑事诉讼法、《人民检察院刑事诉讼规则（试行）》（以下简称《刑事诉讼规则》）等有关规定，对检察机关对指定居所监视居住决定和执行活动实行监督的主体、内容、方式、程序以及监督责任等做了明确规定，具有较强的可操作性。这一文件既是司法改革的一项内容，也是检察机关自身规范司法行为专项整治工作的一项重要成果，必将对规范指定居所监视居住的适用、强化对指定居所监视居住的法律监督发挥重要作用。为了更好地理解与适用这一规定，现对《规定》做些解读。

一、制定《规定》的背景和过程

2012 年修改后刑事诉讼法规定了指定监居强制措施，并赋予检察机关对指定居所监视居住决定和执行活动实行监督的职权。修改后《刑事诉讼规则》明确规定对决定的监督由侦查监督、公诉部门负责，对执行活动的监督由刑事执行检察部门负责。两年多来，指定居所监视居住措施在深入查办大要案、提高办案质量和效率、保障犯罪嫌疑人合法权益等方面发挥了积极作用。但在调研中发现，有些地方公安机关、检察机关没有严格依照法定条件决定适用指定居所监视居住强制措施，存在扩大适用范围甚至违法适用等问题。有些地方视指定居所监视居住措施为突破案件的"利器"，认为具有空间隔离、信息阻断、时间独占等优势，青睐使用[①]；有些地方还利用指定管辖立案下沉等方式规避报批程序，随意使用指定居所监视居住，这些做法不仅有违减少羁押、强化人权保障的立法本意，而且容易滋生刑讯逼供、非法取证问题，严重影响了检察机关司法办案的形象，影响了司法的公信力。检察机关对指定居所监视居住的监督工作也存在监督信息来源渠道不畅、监督不规范、监督效果不好等困

---

[*] 作者单位：最高人民检察院侦查监督厅。
① 参见孙谦：《关于修改后刑事诉讼法执行情况的若干思考》，载《人民检察》2015 年第 7 期。

难和问题。这些问题引起了社会的关注。在全国检察机关开展的规范司法行为专项整治活动中，反映这些问题的意见也较为集中。

为加强和规范指定居所监视居住监督工作，保障指定居所监视居住决定和执行活动的依法、规范进行，维护被指定居所监视居住犯罪嫌疑人、被告人的合法权益，制定一个相关的规范性文件十分必要。为此，最高人民检察院将"完善对指定居所监视居住决定和执行的监督机制"作为检察改革的一项内容，纳入《最高人民检察院关于深化检察改革的意见（2013—2017 年工作规划）》。由于对指定居所监视居住的监督涉及对指定居所监视居住决定的监督和指定居所监视居住执行的监督两部分内容，按照分工，对于决定的监督由人民检察院的侦查监督部门负责，对于执行的监督由人民检察院的刑事执行检察部门负责。根据检察改革工作方案的要求，最高人民检察院侦查监督厅、刑事执行检察厅共同起草了《人民检察院对指定居所监视居住实行监督的规定》稿，并广泛征求了全国 32 个省级检察院、最高人民检察院各内设业务机构的意见，同时也征求了最高人民法院、公安部的意见。2015 年 10 月 13 日，最高人民检察院第十二届检察委员会第四十一次会议审议通过了《人民检察院对指定居所监视居住实行监督的规定》，并于 2015 年 12 月印发实施。

二、《规定》的主要内容

《规定》稿共计三十二条，分为四章，分别是总则、对指定居所监视居住决定的监督、对指定居所监视居住执行活动的监督和附则。现就《规定》的主要内容说明如下：

（一）关于指定居所监视居住监督的部门职责分工

《规定》第三条区分指定居所监视居住的决定和执行，规定对决定的监督由侦监、公诉部门负责，对执行活动的监督由执检部门负责。由此看出，对于决定指定居所监视居住的监督涉及检察机关的侦查监督、公诉部门，那么两个部门又是如何分工的呢？对此我们一定要结合《规定》的第十四条进行理解，《规定》第十四条第二款明确规定，对于人民法院作出的指定居所监视居住决定的监督，由同级人民检察院公诉部门按照本规定执行。因此，人民检察院公诉部门只是负责对人民法院决定指定监居的监督，除此之外，对于公安机关、检察机关决定指定监居的，均由侦查监督部门负责对决定的合法性进行监督。

（二）对公安机关决定指定居所监视居住的监督主体

指定居所监视居住的适用有两种情形：一是犯罪嫌疑人无固定住处的；二是对危害国家安全犯罪、恐怖活动犯罪和特别重大贿赂犯罪，在住处执行可能有碍侦查的，其中第二种情形需经上一级公安机关或者人民检察院批准。与此相对应，根据《刑事诉讼规则》第一百一十八条的规定，《规定》第5条对公安机关决定指定监居的两种情形分别规定了监督主体：对于公安机关对无固定住处的犯罪嫌疑人决定指定监居的，由同级检察院侦监部门监督；对于危害国家安全犯罪、恐怖活动犯罪，经上一级公安机关批准对犯罪嫌疑人决定指定监居的，由作出批准决定的公安机关的同级检察院侦监部门监督。之所以规定由作出批准决定的公安机关的同级检察院侦监部门监督，主要是考虑到实行同级监督能够确保监督力度和效果。

（三）对检察机关决定指定居所监视居住的监督主体

《规定》第六条针对无固定住处和特别重大贿赂犯罪两种情形，分两款对检察机关侦查部门适用指定监居决定的监督作了规定，即一律由上一级院侦监部门依法监督。需要说明的是，对于特别重大贿赂犯罪指定监居决定的监督，《刑事诉讼规则》对于因犯罪嫌疑人无固定住处而决定指定居所监视居住由哪一级检察机关行使监督权则未作规定。在征求意见过程中，不少省级院侦查监督部门建议由上一级人民检察院进行监督，由本院侦查监督部门监督本院做出的指定监居决定难以达到效果。在最高人民检察院检委会审议本规定时，多数委员也同意统一赋予上一级人民检察院侦查监督部门进行监督。根据部分省级院的意见，经最高人民检察院检委会审议，为强化监督并保证监督实效，《规定》将对检察机关侦查案件指定监居决定的监督权统一赋予上一级院侦监部门。

（四）对指定居所监视居住决定启动监督的情形

检察机关侦查监督部门实施对指定监居决定的监督，必须首先要启动监督程序。在总结检察实践经验的基础上，《规定》为人民检察院实施对指定监居决定的监督设定了四种主要启动途径：一是依控告或者举报、申诉启动，即犯罪嫌疑人及其法定代理人、近亲属、辩护人向检察院控告或者举报指定监居决定违法，接受控告、举报的部门按照规定将有关材料转侦监部门办理的。二是依职权启动，即人民检察院通过介入侦查、审查逮捕、审查起诉、刑事执行检察、备案审查等工作，发现侦查机关（部门）作出的指定居所监视居住决定可能违法的。发现指定监居决定可能违法，人民检察院侦查监督部门就应当启动监督程序，否则就是失职渎职行为。人民检察院的公诉、刑事执行检察、案件管理等部门在工作中发现侦查机关（部门）指定监居决定可能违法的，应当及时将线索通报给本院侦查监督部门，由侦查监督部门启动监督程序。实践中，有的地方检察机关与公安机关、法院建立了指定监居决定书副本抄送检察院制度，在此情况下，案管部门收到公安机关决定书副本后移送侦监部门的，侦监部门应当及时监督。三是人民监督员认为侦查机关（部门）指定居所监视居住决定可能违法提出监督意见的。四是其他应当启动监督的情形。这是一个兜底条款。对于实践中常见的有关领导同志批办、上级院交办或者有关部门转来的反映指定居所监视居住决定违法或者建议人民检察院监督的，同样应当启动监督程序。

（五）自侦案件备案及要求公安机关提供材料

为解决检察机关侦监部门对侦查部门决定指定居所监视居住的信息获知渠道问题，以便及时跟进履行监督职责，《规定》第八条分两款分别规定了检察机关侦查部门作出指定居所监视居住决定后备案和对公安机关决定监督信息获取的渠道。第一款规定，检察院侦查部门应当在作出决定后 3 日以内，将立案决定书、指定监居决定书等法律文书副本及主要证据复印件报上一级检察院侦监部门或者抄送本院侦监部门。之所以要求侦查部门向侦查监督部门报送（抄送）法律文书及主要证据复印件，目的是便于侦查监督部门对案件是否达到了指定监居的法定条件进行实质审查，而不仅仅是程序性审查。

本条第二款规定，对于公安机关决定指定监居的案件，检察机关在监督时可以要求其提供案件相关材料。由于规定无法设定公安机关向检察机关备案指定监居案件材料的义务，因此，对于实践中检察机关侦查监督部门通过办理审查逮捕案件或者通过其他途径发现公安机关指定居所监视居住决定可能违法的，应当要求作出决定的公安机关提供立案决定书、指定居所监视居住决定书等法律文书副本及主要证据复印件等案件材料进行审查，也可以通过上门查阅案卷材料方式进行。

（六）进行监督的工作方式

《规定》第九条规定了人民检察院对指定居所监视居住决定进行监督可以采取的方式，主要包括查阅相关案件材料、听取侦查机关（部门）作出指定居所监视居住决定的理由和事实依据、听取犯罪嫌疑人及其法定代理人、近亲属或者辩护人的意见等，通过这些必要的工作方式，有利于检察机关依法作出监督意见，确保监督的准确性。

（七）对决定进行监督应当审查的内容

这是本《规定》的重要内容。对指定居所监视居住决定进行监督说到底就是审查指定居所监视居住决定是否符合法律规定，换句话说就是要审查被指定居所监视居住的犯罪嫌疑人是否符合法律规定的指定监居的条件。这里首先应当明确指定居所监视居住是监视居住强制措施的一种执行方式，并非是我国刑事诉讼法规定的拘传、取保候审、监视居住、拘留、逮捕五种强制措施之外的第六种强制措施。① 所以《规定》第十条首先规定：人民检察院监督指定居所监视居住决定是否合法，应当审查该决定是否符合《刑事诉讼法》第七十二条、第六十九条第三款规定的监视居住的条件。只有符合监视居住条件的，才能在此基础上决定是否符合指定监视居住的条件。我国刑事诉讼法中规定可以使用监视居住的，有三种情形：分别是《刑事诉讼法》第六十九条第三款、第七十二条、第八十九条第三款的规定。《刑事诉讼法》第六十九条第三款针对的是被取保候审的犯罪嫌疑人、被告人违反取保候审规定的，监视居住是一种可选择的强制措施。第七十二条规定的是监视居住的一般条件，该条第一款规定：人民法院、人民检察院和公安机关对于符合逮捕条件，有下列情形之一的犯罪嫌疑人、被告人，可以监视居住：（一）患有严重疾病、生活不能自理的；（二）怀孕或者正在哺乳自己婴儿的妇女；（三）系生活不能自理的人的唯一扶养人；（四）因为案件的特殊情况或者办理案件的需要，采取监视居住措施更为适宜的；（五）羁押期限届满，案件尚未办结，需要采取监视居住措施的。该条第二款规定：对符合取保候审条件，但犯罪嫌疑人、被告人不能提出保证人，也不交纳保证金的，可以监视居住。《刑事诉讼法》第八十九条第三款规定，对于人民检察院不批准逮捕的犯罪嫌疑人，对于需要继续侦查，并且符合取保候审、监视居住条件的，公安机关可以依法取保候审或者监视居住。这里规定的符合监视居住的条件，应当是指符合《刑事诉讼法》第七十二条规定的监视居住条件。

　　司法实践中多数情况下，侦查机关（部门）是依据《刑事诉讼法》第七十二条的规定，适用监视居住强制措施。因此这里就有一个检察机关侦查监督部门首先要审查是否符合《刑事诉讼法》第七十二条规定的问题，特别是要重点审查犯罪嫌疑人是否符合本条规定的逮捕条件，并符合本条规定的五种情形之一。经审查对于不符合逮捕条件的，除了《刑事诉讼法》第六十九条第三款规定的情形外，侦查机关（部门）对犯罪嫌疑人适用监视居住强制措施显然属于违法行为。但以上只是审查内容的第一步，对于指定居所监视居住监视居住是否合法的审查，还应当进一步审查是否符合以下情形之一：（一）犯罪嫌疑人在办案机关所在的市、县无固定住处的；（二）涉嫌危害国家安全犯罪、恐怖活动犯罪或者特别重大贿赂犯罪的犯罪嫌疑人，在其住处执行有碍侦

---

① 有学者指出，由于在适用条件、适用内容及法律后果等方面均与现行法律规定的五种强制措施存在重大差异，指定居所监视居住事实上已经成为法定的第六种强制措施。参见左卫民：《指定监视居住的制度性思考》，载《法商研究》2012 年第 3 期。笔者认为，这种割裂监视居住与指定居所监视居住关系的观点是不正确的。

查，经上一级公安机关或者人民检察院批准指定居所监视居住的。根据上述规定，对于无固定住处指定居所监视居住的，应当审查犯罪嫌疑人在办案机关所在的市、县无固定住处；对于以涉嫌危害国家安全犯罪、恐怖活动犯罪或者特别重大贿赂犯罪的犯罪嫌疑人，在其住处执行有碍侦查为由指定居所监视居住的，检察机关侦查监督部门应当审查犯罪嫌疑人是否涉嫌这三类特殊的犯罪，并且在其住处执行监视居住有碍侦查，同时还要审查是否经上一级公安机关或者人民检察院批准。因此，对指定居所监视居住决定是否合法的审查非常复杂，既涉及实体条件又涉及程序条件，违反任何一项条件均属违法。

（八）对决定违法的纠正措施

《规定》第十二条规定了对于公安机关、检察机关的指定居所监视居住决定违法如何纠正的问题。第一款规定："人民检察院经审查，对于公安机关决定指定居所监视居住不符合法定条件的，应当报经检察长批准后，向公安机关发出纠正违法通知书，并建议公安机关撤销指定居所监视居住决定。"第二款规定对检察机关决定适用指定居所监视居住违法的，人民检察院侦查监督部门应当在报经检察长决定后通知本院侦查部门或者下一级人民检察院撤销指定居所监视居住决定。与对公安机关的监督相比显然更具刚性。

（九）对纠正意见的执行和救济程序

本条第一款规定：对于上一级人民检察院的纠正意见，下一级人民检察院应当立即执行，并将执行情况报告上一级人民检察院侦查监督部门。考虑到人民检察院侦查监督部门的监督纠正意见有时也会出现错误的情况，本条第二款采纳了最高人民检察院有关部门的意见，设置了救济程序，即下一级院认为上一级院的纠正意见有错误的，可以报请上一级院重新审查，上一级院应当另行指派检察人员审查并在五日内作出决定。

《规定》的第三章规定了对指定居所监视居住执行的监督程序，共有十条，分别对指定居所监视居住执行进行监督的主体、监督的内容、监督的方式、违法情形的纠正等做了明确规定，具有较强的可操作性。在此限于篇幅，不再赘述。

三、需要说明的几个问题

（一）关于指定的居所的条件问题

在最高人民检察院检委会审议《规定》过程中，有的委员提出，目前在指定居所监视居住的执行过程中，对犯罪嫌疑人、被告人"指定的居所"情况复杂，指定宾馆、培训中心、办案中心等作为居所的都有，有的存在较大的办案安全隐患，有的是变相羁押，存在非法取证，建议《规定》中对指定的居所的条件做个规定，对指定的居所进行规范。根据上述意见，结合刑事诉讼法、《刑事诉讼规则》的有关规定，经认真研究，《规定》第四条对指定的居所应当具备的条件做了规定，即四个条件：（1）具备正常的生活、休息条件；（2）与审讯场所分离；（3）安装监控设备，便于监视、管理；（4）具有安全防范措施，保证办案安全。这四个条件均符合刑事诉讼法、《刑事诉讼规则》的有关规定，应当严格落实，对于指定的居所不符合上述条件要求的，人民检察院刑事执行检察部门应当提出纠正意见，并向人民检察院侦查监督部门、公诉部门通报，在审查办案中予以注意。

（二）关于"特别重大贿赂犯罪"、"无固定处所"的界定问题

调研中，不少地方反映，由于相关法律条文对"无固定住处"、"特别重大贿赂犯罪"等规定得比较原则，实践中，各地对此的理解和把握不一，在适用上具有较大的随意性：一是对"无固定处所"的理解和把握。有的地方出于办案需要，通过指定管辖人为制造犯罪嫌疑人"无固定住处"，并片面理解"市、县"的含义，对同一城市不同的市辖区一概认定为无固定住处，导致大量案件侦查机关（部门）以无固定住处为由对犯罪嫌疑人适用指定居所监视居住；二是对"特别重大贿赂犯罪"的界定不一致，实际中有举报额、初查额、提请立案额、立案额等不同观点的争论。此外，《刑事诉讼规则》对"特别重大贿赂犯罪"的解释中"犯罪情节恶劣"、"有重大社会影响"的标准也难以准确把握，这在某种程度上也导致了指定居所监视居住强制措施的滥用以及不规范适用，由于标准不明也会影响到检察机关对指定居所监视居住决定的监督工作。在征求意见稿中，我们曾对"特别重大贿赂犯罪"、"无固定处所"进行了新的界定。在征求意见过程中，最高法院研究室提出，关于特别重大贿赂犯罪的规定，建议综合《刑法修正案（九）》的相关规定及"两高"正在起草的贪污贿赂犯罪司法解释，确保《规定》稿与相关司法解释对特别重大贿赂犯罪的界定相一致。最高人民检察院有关部门也提出最高人民检察院院正在对《刑事诉讼规则》进行修改，对于这两个问题的界定可以在《刑事诉讼规则》修改时一并考虑，在《刑事诉讼规则》未予修改之前，可暂不做规定，以免发生冲突。最后，我们采纳了上述意见，同时将对"特别重大贿赂犯罪"、"无固定处所"的界定意见告知最高人民检察院研究室，以通过《刑事诉讼规则》的修改解决这些问题。

[司法解释工作相关规范性文件]

最高人民检察院关于印发《最高人民检察院关于实行检察官以案释法制度的规定（试行）》的通知

（2015年7月1日最高人民检察院第十二届检察委员会第三十七次会议通过　2015年7月3日公布并施行　高检发研字〔2015〕4号）

各省、自治区、直辖市人民检察院，军事检察院，新疆生产建设兵团人民检察院：

《最高人民检察院关于实行检察官以案释法制度的规定（试行）》（以下简称《规定》）已经2015年7月1日最高人民检察院第十二届检察委员会第三十七次会议通过，现予印发。各级检察机关要结合工作实际，高度重视并认真抓好《规定》贯彻落实，积极推动检察官以案释法工作全面深入开展。

一是要充分提高认识。建立并实行检察官以案释法制度，是贯彻落实党的十八届四中全会精神的重要举措，对于充分发挥检察机关职能作用、增强全民法治观念、促进法治社会建设具有重要意义。各级检察机关要从全面推进依法治国要求出发，不断提高开展以案释法工作的责任感和主动性，努力发挥好检察机关在推进法治社会建设中的积极作用。

二是要扎实推进工作。各级检察机关要认真按照《规定》要求，积极深入推进检察官以案释法工作。要把检察官以案释法作为司法办案的重要内容，对办案过程中应当向当事人等诉讼参与人释法说理的情形，要按照规定及时进行释法说理。同时认真结合检察机关办理的典型案例，积极开展向社会公众以案释法工作，不断提高全社会法治建设水平。

三是要确保工作实效。各级检察机关要准确把握检察官以案释法工作的目标、原则和具体要求，依法规范开展好检察官以案释法工作。要紧紧围绕党和国家工作大局，紧密结合司法办案实际，把检察官以案释法工作与加强检察法律文书说理和检察宣传工作有效结合起来，努力实现法律效果和社会效果的有机统一。

四是要加强组织领导。各级检察机关要把检察官以案释法工作摆上重要位置，切实加强领导，健全工作机制，落实相关责任。省级检察院要充分发挥领导作用，加强对下级院开展以案释法工作的监督指导，必要时应当结合本地区实际，制定检察官以案释法工作实施细则，促进本地区检察官以案释法工作规范有序开展。

五是要积极探索实践。各级检察机关在开展检察官以案释法工作中，要注意发现问题、总结经验，同时积极探索适合开展以案释法工作的有效方式，推动检察官以案释法工作健康发展。各级检察机关在执行《规定》中遇到的问题，请及时层报最高人民检察院。

最高人民检察院

2015 年 7 月 3 日

附：

最高人民检察院关于实行
检察官以案释法制度的规定（试行）

第一条　为了充分发挥检察机关职能作用，增强全民法治观念，推进法治社会建设，按照"谁执法谁普法"的普法责任制，根据宪法和法律规定，建立并实行检察官以案释法制度。

第二条　检察官以案释法，是指检察官结合检察机关办理的案件，围绕案件事实、证据、程序和法律适用等问题进行释法说理、开展法治宣传教育等活动。

检察官以案释法包括向当事人等诉讼参与人以案释法和向社会公众以案释法。

第三条　检察官以案释法应当遵循以下原则：

（一）必要性原则。检察官应当综合考虑案件性质特点、诉讼参与人需求以及法治宣传效果等因素，决定是否进行以案释法以及如何释法。

（二）合法性原则。检察官应当严格依照法律和司法解释进行以案释法，不得出现违反法律规定的内容。

（三）规范性原则。检察官以案释法应当做到事实准确，说理清晰，表述规范。

（四）及时性原则。检察官应当根据办案实际和普法需要，在案件办理的关键环节或者案件办结后，及时向诉讼参与人或者社会公众以案释法。

第四条　检察官对其办理的案件，应当按照《最高人民检察院关于加强检察法律文书说理工作的意见（试行)》，认真做好各个环节的法律文书说理工作。

对正在办理的案件，当事人等诉讼参与人提出请求的，检察官应当结合具体案情，依照法律及有关规定向当事人等诉讼参与人进行释法说理。

对可能造成当事人等诉讼参与人对检察机关司法行为和处理决定产生质疑，或者经过执法办案风险评估，可能引发当事人上访、负面社会舆情等严重后果，影响检察机关司法公信力的案件，检察官应当依照法律及有关规定，主动向当事人等诉讼参与人进行释法说理。

第五条　下列案件可以向社会公众以案释法：

（一）具有良好法律效果与社会效果，通过开展以案释法，有利于维护宪法法律权威、弘扬社会正气的案件；

（二）具有广泛社会影响或较大争议，通过开展以案释法，有利于回应社会关切、正确引导舆论的案件；

（三）可能引发上访或者社会群体事件，通过开展以案释法，有利于化解社会矛盾、促进和谐稳定的案件；

（四）与群众利益密切相关，通过开展以案释法，有利于提高群众权利保护意识、维护自身合法权益的案件；

（五）具有较强警示教育意义，通过开展以案释法，有利于提高群众学法守法意识、促进法治社会建设的案件；

（六）具有预防职务犯罪效果，通过开展以案释法，有利于促进单位、部门健全制度、改进管理和国家工作人员自我警醒、廉洁自律的案件；

（七）适合开展以案释法的其他类型案件。

第六条 检察官以案释法，应当准确说明与案件有关的主要事实，充分阐明办理案件的法律和政策依据。

向当事人等诉讼参与人释法说理，应当针对检察法律文书、有关处理决定的重点内容以及办案过程中诉讼参与人要求、申请、质疑、举报、控告、申诉的重点问题进行分析论证、解释说明。

向社会公众释法说理，要注意结合案件内容、性质、特点，充分发挥以案释法的引导、规范、预防与教育功能，增强法治宣传效果。

第七条 检察官以案释法，不得泄露国家秘密、商业秘密以及其他依照法律法规和检察工作规定不得公开的信息。涉及当事人隐私或者未成年人犯罪信息的案件，应当通过必要方式进行处理，避免对当事人及其家属名誉、未成年人身心健康造成损害。

第八条 对于检察机关正在办理的案件，检察官可以针对诉讼参与人提出的请求，结合办案进程适时向其进行释法。遇有重大紧急情况的，应当立即启动以案释法工作。

向社会公众以案释法，可以结合国家宪法日和法制宣传月、宣传周、宣传日等普法活动开展，也可以配合一定时期的中心工作或者根据案件情况、社会关切等定期或者不定期开展。

第九条 向当事人等诉讼参与人以案释法，可以根据需要采取书面或者口头方式。采取口头方式的，应当做好记录。

向社会公众以案释法可以通过下列方式进行：

（一）进机关、进乡村、进社区、进学校、进企业、进单位等以案释法；

（二）充分运用电视、广播、报刊等传统媒体，开辟检察官访谈、检察官专栏等以案释法；

（三）充分利用微博、微信、新闻客户端等新媒体，广泛依托检察官方网站、政府网站和专业普法网站等以案释法；

（四）充分应用人民检察院案件信息公开系统，通过依法、全面、及时、规范公开案件信息促进以案释法；

（五）结合检察机关发布的指导性案例、典型案例等进行以案释法；

（六）适合开展以案释法的其他方式。

第十条　检察机关案件承办部门应当结合本部门办理的案件，组织检察官开展以案释法工作，并加强对检察官以案释法工作的指导、监督和检查。

检察机关承担社会治安综合治理联络任务和负责预防职务犯罪工作的部门，应当按照一定时期社会治安综合治理工作部署和预防职务犯罪工作安排，分别研究制定检察官以案释法年度工作计划，组织、协调案件承办部门开展以案释法工作，并对相关工作情况进行总结、通报。

检察机关新闻宣传部门负责组织检察官通过新闻媒体进行以案释法，并做好相关宣传报道和舆情应对工作。

检察机关法律政策研究部门根据案例指导工作要求，加强对以案释法工作的规范指导，开展以案释法典型案例的收集、研究和发布工作。

第十一条　检察官进行以案释法，应当严格遵守法律规定的司法办案程序和检察机关工作规定，重大案件应当经所在部门负责人批准，并报分管检察长或者检察长同意。对社会关注的重大复杂敏感案件向社会公众以案释法，还应当就释法的方式、内容、时机等征求检察机关新闻宣传部门意见，必要时应当报上一级人民检察院批准。

第十二条　检察机关应当根据工作需要，建立健全检察官以案释法激励机制，对于在以案释法工作方面表现突出、成绩显著的检察官以及其他工作人员给予表彰和奖励。

第十三条　负责以案释法的检察官有下列行为，应当承担相应责任：

（一）未经批准，擅自在公开场合、新闻媒体等发表与承办案件有关的言论，对检察机关司法公信力造成不良影响的；

（二）未经批准，擅自对外披露自己或他人正在办理的案件情况，妨害案件依法独立公正办理的；

（三）故意歪曲或者错误阐述案件事实，引发舆情事件、造成负面社会影响的；

（四）发表与检察官职业道德不符的言论，损害检察机关形象的；

（五）造成其他消极影响或者严重后果的。

第十四条　省级人民检察院可以依据本规定，结合本地实际情况，制定检察官以案释法工作实施细则。

第十五条　本规定由最高人民检察院负责解释，自发布之日起施行。

最高人民检察院办公厅

2015 年 7 月 10 日印发

《最高人民检察院关于实行检察官以案释法制度的规定（试行）》理解与适用

韩耀元　李清亮　王　杰*

2015 年 7 月 3 日，最高人民检察院印发《关于实行检察官以案释法制度的规定（试行）》（以下简称《规定》）。《规定》共十五条，分别对检察官以案释法工作的原则、方式、内容、责任等作出明确规定，为各级检察机关规范、有序、深入开展以案释法工作提供了重要的制度依据。该《规定》的实施，对于充分发挥检察机关职能作用、广泛开展普法宣传教育、增强全民法治观念、推进法治社会建设具有重要意义。

一、起草背景和制定过程

《中共中央关于全面推进依法治国若干重大问题的决定》提出，要实行国家机关"谁执法谁普法"的普法责任制，建立法官、检察官、行政执法人员、律师等以案释法制度。在 2015 年全国检察长会议和向十二届全国人大三次会议工作报告中，曹建明检察长明确提出要建立检察官以案释法制度。建立并实行检察官以案释法制度，是检察机关按照党的十八届四中全会要求、认真落实相关普法责任的重要举措，是检察机关积极化解社会矛盾、促进社会和谐的重要手段，也是检察机关自觉规范办案行为、提高司法办案透明度和公信力的重要途径。

检察机关始终重视在司法办案过程中加强释法说理工作，近年来一些地方检察机关结合实际，不断探索加强释法说理的有效方式，特别是针对容易造成当事人或者社会公众产生质疑、影响社会稳定和司法公信力的案件认真加强释法说理工作，取得了一定成效。但由于实践中对这项工作没有统一要求，导致工作开展受到一定程度的制约和影响：一是有些地方还存在对这项工作重视不够、积极性不高的问题，以案释法工作没有充分开展起来；二是工作开展不够规范，各地对检察官以案释法制度的理解以及如何开展这项工作认识不一，特别是在以案释法的方式、内容、要求、责任等方面缺少制度依据，导致工作开展带有较大的随意性，影响了实际工作效果。

针对工作中存在的上述问题，根据党的十八届四中全会决定要求和最高人

---

* 作者单位：最高人民检察院法律政策研究室。

民检察院领导指示精神，最高人民检察院法律政策研究室着手研究建立检察官以案释法制度，以此推动各级检察机关建立健全长效工作机制，指导和促进检察官以案释法工作规范有序开展。2015 年 4 月下旬，完成《规定》（初稿）的起草工作，并先后征求了最高人民检察院有关部门、省级检察院以及最高人民法院、公安部、司法部意见，根据反馈意见对相关内容进行了修改完善。2015 年 7 月 3 日，《规定》正式发布实施。

二、检察官以案释法的内涵和基本原则

《规定》第二条明确提出："检察官以案释法，是指检察官结合检察机关办理的具体案件，围绕案件事实、证据、程序和法律适用等问题进行的释法说理、法治宣传教育等活动。检察官以案释法包括向当事人等诉讼参与人以案释法和向社会公众以案释法。"根据上述规定，对检察官以案释法的内涵应重点把握以下三个方面：（一）以案释法的主体是检察官。建立检察官以案释法制度是党的十八届四中全会决定提出的明确要求。随着当前司法改革中对检察官办案主体地位的不断强化，明确检察官的以案释法主体责任，可以促使检察官把释法说理作为司法办案的重要内容，自觉把释法说理融入司法办案过程之中，确保以案释法责任落到实处。（二）以案释法的范围是检察机关办理的案件。建立检察官以案释法制度的基本依据是"谁执法，谁普法"的普法责任制。由检察官结合自身办理的案件，围绕案件事实、证据、程序和法律适用等内容开展释法说理，可以充分发挥办案检察官的亲历性优势，提高释法说理的权威性和说服力。（三）以案释法包括两种基本类型。一是向当事人等诉讼参与人以案释法，及时回应其对案件办理提出的疑问关切，提高检察机关司法办案的透明度和公信力；二是向社会公众以案释法，由检察官结合典型案例开展法治宣传教育，增强群众守法意识，提高全社会法治建设水平。

检察官以案释法是一项专业性和政策性很强的工作，为保证以案释法工作规范有序开展，除了对某些重点问题作出具体规定外，还需要从总体上对以案释法工作提出一些原则性要求。检察官在开展以案释法工作过程中，可以依据这些原则精神开展相关工作；各地在按照《规定》要求制定本地区以案释法工作细则时，除不得违反《规定》各项要求外，还要确保相关内容符合这些原则的基本精神。《规定》第三条根据以案释法工作的特点，明确提出了检察官以案释法应当坚持的四条原则。其中：必要性原则是指检察官在决定是否进行以案释法及如何释法时，应当结合案件的性质特点、诉讼参与人的需求以及开展以案释法工作的法治宣传效果等因素综合考量判断。合法性原则是指检察官在释法说理过程中，应当严格遵守法律和司法解释等相关规定，不得出现违反法律规定的内容。规范性原则是指检察官在开展以案释法过程中，应当做到

事实准确、说理清晰、表述规范，体现检察机关严格公正司法的良好形象。及时性原则是指检察官应当根据案件办理情况和普法工作需要，及时向诉讼参与人和社会公众开展以案释法工作，突出以案释法工作的时效性，增强以案释法工作的实际效果。

三、应当向诉讼参与人以案释法的三种情形

《规定》第四条明确了检察官应当向诉讼参与人开展以案释法的三种情形。一是法律文书说理。开展检察法律文书说理是检察机关规范司法办案行为、提高办案质量和司法公信力的重要途径，对于增强当事人和社会公众对检察机关司法行为和所作决定的理解认同，化解社会矛盾、促进社会和谐具有重要意义。2011年最高人民检察院印发《关于加强检察法律文书说理工作的意见（试行）》，要求各级检察机关将人民检察院作出的终局性或者否定性处理决定以及其他有必要阐释、说明的决定作为说理重点，加强法律文书说理工作。《规定》根据上述意见精神和以案释法工作要求，进一步强调了检察官对其办理的案件，应当认真做好各个环节的法律文书说理工作。二是应诉讼参与人请求释法说理。在案件办理过程中，诉讼参与人对有关问题提出疑问或者询问的，由检察官结合办案情况，及时向诉讼参与人解释、解答、说明，有利于消除诉讼参与人对检察机关依法公正办案的担心、疑虑，保证办案活动顺利进行。同时及时向诉讼参与人释法说理，客观上还有利于加强诉讼参与人对检察官办案活动的监督，提高检察机关严格公正司法水平。因此，《规定》明确要求在诉讼参与人提出请求时，检察官应当结合具体案情及时进行释法说理。三是向诉讼参与人主动释法说理。在做好法律文书说理、根据诉讼参与人请求进行释法说理的同时，如果认为特定司法行为或者处理决定仍有可能引发诉讼参与人不服或者质疑的，检察官应当主动向当事人进行释法说理。另外，2011年印发的《最高人民检察院关于加强检察机关执法办案风险评估预警工作的意见》，规定由承办检察官所在部门及检察官对检察机关司法行为是否存在引发不稳定因素、激化社会矛盾等司法办案风险，进行分析研判、论证评估。对经过评估认为有可能发生执法办案风险，如可能引发当事人上访和引起新闻媒体负面舆情等风险的案件，检察官应当对相关诉讼参与人主动做好释法说理、心理疏导等风险防范和矛盾化解工作，以有效预防和减少执法办案风险的发生。

四、向社会公众以案释法的六类案件

普法宣传教育是全面推进依法治国的一项基础性工程，检察机关作为司法机关，在结合自身职能开展普法宣传教育方面负有重要责任，也具有明显优

势。《规定》第五条根据以案释法目标和普法工作需要，列举了六种主要案件类型，指导各级检察院重点围绕这些案件开展向社会公众以案释法工作。具体包括：（一）具有良好法律效果与社会效果，通过开展以案释法有利于维护宪法法律权威、弘扬社会正气的案件。如通过对某些严重危害社会治安、扰乱社会秩序、严重影响人民群众安全感的暴力犯罪、恐怖犯罪、涉黑犯罪等以案释法，可以有力震慑犯罪分子，彰显党和政府坚决惩治严重违法犯罪的决心，增强人民群众对宪法法律的信仰。（二）具有广泛社会影响或较大争议，通过开展以案释法，有利于回应社会关切、正确引导舆论的案件。通过对某些案情复杂敏感、事实证据或者法律适用存在较大争议、社会舆论高度关注的案件以案释法，及时披露相关案件事实和相关法律政策依据，有利于增强社会公众对案件处理结果的理解认同，保证办案活动顺利进行。（三）可能引发上访或者社会群体事件，通过开展以案释法，有利于化解社会矛盾、促进和谐稳定的案件。如一些涉及征地拆迁、非法集资等方面的案件，往往事关众多当事人切身利益，涉及面广、矛盾复杂，处理不好极有可能引发上访或者群体性事件，检察机关处理这类案件时，既要严格公正办理案件，又要注意通过释法说理化解社会矛盾，维护社会稳定。（四）与群众利益密切相关，通过开展以案释法，有利于提高群众权利保护意识、维护自身合法权益的案件。如各种盗窃诈骗抢夺案件、拐卖妇女儿童案件、生产销售有毒有害食品药品案件等，这些犯罪对人民群众生命财产安全构成严重威胁，通过结合这些案件以案释法，有利于提高人民群众防范意识，更好地维护自身合法权益。（五）具有较强警示教育意义，通过开展以案释法，有利于提高群众学法守法意识、促进法治社会建设的案件。特别是针对日常生活中群众身边易发多发的一些案件，如醉驾、邪教、黄赌毒等方面的案例进行以案释法，可以更好地警示教育人民群众提高守法意识，自觉抵制各种违法犯罪行为。（六）具有预防职务犯罪效果，通过开展以案释法，有利于促进单位、部门健全制度、改进管理和国家工作人员自我警醒、廉洁自律的案件。查办和预防职务犯罪是我国检察机关的重要职责，通过向国家工作人员、相关涉案单位、主管部门以及社会公众广泛开展以案释法，可以警示教育有关人员廉洁从政、依法履职，督促相关单位健全制度、堵塞漏洞，同时也有助于在全社会形成遵纪守法、风清气正的良好风尚。

需要说明的是，由于向社会公众以案释法更多属于普法性质，因此只要有利于增强群众法治观念、促进法治社会建设的案件，原则上都可以作为以案释法的内容。同时在实践中各种案件类型也不是泾渭分明、截然分开的，对某个案件进行以案释法，往往会产生多个方面的积极意义，实现多重法律效果与社会效果。《规定》列举的六类案件主要是为了对各级检察院开展以案释法提供适当指引、明确工作重点，实践中地方检察院可以结合实际，充分发挥主观能动性，重点围绕但不限于上述案件开展以案释法工作，对此《规定》第五条还专门规定了第七项"适合开展以案释法的其他类型案件"。

五、检察官以案释法的重点内容和限制规定

关于检察官以案释法的内容，《规定》从两个角度进行了具体界定。其中第六条从正面阐述了检察官以案释法应当把握的重点内容。首先，不论向诉讼参与人还是社会公众以案释法，都应当做到准确说明与案件有关的主要事实，充分阐明办理案件的法律和政策依据。其次，根据不同释法对象的特点和需求，释法说理重点又应当有所侧重。其中向诉讼参与人以案释法，应当将释法说理重点放在检察法律文书和有关处理决定的事实、法律依据方面，同时注意针对诉讼参与人质疑、询问、举报、控告、申诉的重点问题进行解释说明、重点回应。向社会公众以案释法，则应当根据案件的性质特点，注重发挥以案释法对社会公众的引导、规范、预防和教育功能，增强以案释法的社会效果。

《规定》第七条从反面角度对以案释法内容提出了限制要求。正确处理人民群众知情权、监督权与维护社会整体利益、保护公民个人权利之间的关系，是一切与诉讼有关的活动必须认真对待的课题。比如我国宪法、刑事诉讼法等明确规定了审判公开原则，但在某些情况下，为了保护国家安全方面的利益、商业秘密和个人隐私等，法律规定有些案件应当或者可以不公开审理。检察官在结合具体案件进行释法说理时，同样也会面临哪些案件信息可以公开、哪些信息不可以公开的问题，对此《规定》根据相关法律和有关规范性文件要求，明确提出检察官以案释法不得泄露国家秘密、商业秘密以及其他依照法律法规和检察工作规定不得公开的信息，同时对涉及当事人隐私和未成年人犯罪的信息应当通过必要方式进行处理，避免对当事人及其家属名誉、未成年人身心健康造成损害。这里的"当事人隐私"主要是指案件涉及的当事人个人不愿公开的隐秘情况，公开这些情况将会给当事人正常生活造成负面影响或者造成心理上的压力和痛苦。对涉及这类信息的案件，检察官在进行以案释法特别是向社会公众以案释法时，应当采取隐匿当事人姓名或者相关案件事实等方式，确保当事人正当的隐私权受到尊重和保护。关于不满十八周岁的未成年人犯罪案件，我国法律明确规定不公开审理，同时对犯罪时不满十八周岁、被判处五年有期徒刑以下刑罚的，应当对相关犯罪记录予以封存。检察官在以案释法活动中，必须正确把握我国法律对未成年人予以特殊保护的精神，严格遵守相关法律规定，其中对于符合犯罪记录封存条件的案件，必须按要求进行犯罪记录封存，不得向社会公众公开。对于其他未成年人犯罪，也应当按照检察机关案件信息公开有关规定，对未成年人姓名以及其他可能推导出其真实身份的信息予

以处理，避免其以罪犯身份出现在公众视野，对其身心健康和今后成长造成不利影响。

六、检察官以案释法的时间要求和具体方式

《规定》第八条对检察官以案释法的时间提出了明确要求。其中对正在办理的案件，规定可以针对诉讼参与人提出的请求，结合办案进程适时向诉讼参与人释法说理。同时考虑办案过程中因为种种原因，可能会出现社会舆论高度关注、当事人对抗情绪激烈等严重影响办案的特殊情况，为充分发挥以案释法在释疑解惑、化解矛盾等方面的特殊功能，规定必要时应当立即启动以案释法工作。关于向社会公众以案释法，根据其对象广泛性、目的多样性、方式灵活性等特点，规定既可以结合国家宪法日和法制宣传月、宣传周、宣传日等普法活动开展，也可以配合一定时期的中心工作或者根据案件情况、社会关切等定期或者不定期开展。

关于如何向诉讼参与人以案释法，《规定》第九条规定了书面和口头两种方式。其中书面方式的特点是比较规范、准确，口头方式的特点是灵活、便捷，并且有利于增强沟通交流效果。考虑到实践中释法说理涉及的问题在性质、内容等方面差异较大，因此具体采取书面方式还是口头方式，主要应当从必要性原则出发，综合考虑案件内容特点和释法工作需要，看采取哪种方式更有利于提高以案释法效果、有利于保证办案活动顺利进行。书面方式在实践中主要包括以下两种情况：一是检察法律文书说理。法律文书说理是典型的书面释法说理方式，根据《关于加强检察法律文书说理工作的意见（试行）》，在影响诉讼参与人切身利益或者相关执法单位较为关注的办案环节，检察机关应当注意加强法律文书说理，具体方式既可以直接在叙述式法律文书中进行说理，也可以通过对填充式法律文书增加附页或者制作说明书进行说理。二是在实践中，在司法办案的一些关键环节、时段，对于某些重大复杂敏感而且当事人等诉讼参与人高度关注的问题，如果采取口头释法说理可能难以取得好的效果的情况下，检察官就应当根据实际需要，采取书面方式进行释法说理。

与书面方式相比，口头释法说理能够更好地促进检察官与诉讼参与人双向互动交流，同时也有利于提高以案释法的工作效率。因此，在并非必须书面说理，而且口头释法说理能够取得较好效果的情况下，检察官都可以通过口头方式向诉讼参与人释法说理。同时，为了明确检察官以案释法的责任，《规定》还要求进行口头释法说理的，应当做好相关记录，以加强释法说理的严肃性和规范性。当然，无论采取书面方式还是口头方式，检察官都要准确把握向诉讼参与人以案释法的特点和要求，切实做到依法、准确、及时、规范，确保向诉讼参与人以案释法的质量和效果。

关于向社会公众以案释法，根据其释法对象和工作特点，在方式上应当更加灵活多样。《规定》根据中央有关部门关于普法工作的要求，同时结合近年来检察机关在新闻宣传、信息公开以及案例指导等方面的工作情况及有效经验，列举了向社会公众开展以案释法的六种方式，分别是：（一）进机关、进乡村、进社区、进学校、进企业、进单位等以案释法；（二）充分运用电视、广播、报刊等传统媒体，开辟检察官访谈、检察官专栏等以案释法；（三）充分利用微博、微信、新闻客户端等新媒体，广泛依托检察官方网站、政府网站和专业普法网站等以案释法；（四）充分应用人民检察院案件信息公开系统，通过依法、全面、及时、规范公开案件信息促进以案释法；（五）结合检察机关发布的指导性案例、典型案例等进行以案释法；（六）适合开展以案释法的其他方式。这些方式中，除了传统的进机关、进乡村、进学校以及依托各种传统和新媒体等进行以案释法外，还规定了通过检察机关发布的指导性案例、典型案例以及通过案件信息公开系统等方式开展以案释法，体现了法治宣传教育专业性与多样性相结合的指导思想，在注重保障社会公众知情权、参与权、监督权的同时，着力增强普法宣传效果。

七、检察官以案释法相关工作机制

为了加强组织领导，落实相关责任，保证和促进各级检察机关以案释法工作健康深入开展，《规定》第十条至第十三条对建立完善检察官以案释法相关工作机制提出了明确要求。

一是检察机关内部分工合作机制。检察官以案释法的主体虽然是检察官，但推动工作全面开展，还需要检察机关内部加强协调配合，形成整体工作合力。对此，《规定》第十条根据以案释法工作要求，结合检察机关各部门职能特点，对各自承担的职责任务作出了具体规定：（一）明确案件承办部门在推动本部门检察官以案释法工作方面的责任，提出其应当结合本部门办理案件，组织检察官开展以案释法工作，并加强对检察官以案释法工作的指导、监督和检查，保证这项工作正常有序开展。（二）根据检察机关承担的相应职责，规定承担社会治安综合治理联络任务（在地方检察机关多数为侦监部门，少数为办公室或职务犯罪预防等部门）和负责预防职务犯罪工作的部门，分别结合相关工作要求，研究制订以案释法工作计划，明确工作重点，组织、协调案件承办部门做好以上两方面以案释法工作，并对相关情况进行总结、通报。（三）根据检察新闻宣传工作特点，规定由新闻宣传部门负责组织检察官通过新闻媒体进行以案释法，提高以案释法的影响力和实际效果，并做好宣传报道和舆情应对工作。（四）由法律政策研究部门结合案例指导工作要求，做好对以案释法工作的指导和案例收集发布工作，推动以案释法工作规范、有序开展。

二是以案释法的批准监督机制。检察官以案释法不是单纯个人行为，而是受检察机关委派的职务行为，因此必要时应当经过相关批准程序，以保证以案释法工作依法规范进行，取得良好效果。根据检察工作实际情况，《规定》第十一条规定在一般情况下，检察官可以依据法律程序和有关规定，根据工作需要适时开展以案释法工作，如果属于重大案件，应当经所在部门负责人批准，并报分管检察长或者检察长同意。就社会关注的重大复杂敏感案件向社会公众以案释法，还应当就以案释法方式、内容、时机等征求新闻宣传部门意见，必要时报上一级人民检察院批准。

三是以案释法工作奖惩机制。为了激励广大检察官重视开展以案释法工作，不断提高工作水平，《规定》第十二条明确要求各级检察机关应当建立健全检察官以案释法激励机制，对做出显著成绩的检察官和相关工作人员给予表彰奖励，以调动提升其工作积极性，促进以案释法工作深入开展。同时，为了规范和约束检察官以案释法具体行为、防止以案释法工作出现负面或者消极后果，《规定》第十三条从权责一致性原则出发，明确提出了检察官在以案释法工作中违反规定或者因自身过错等原因造成不良后果应当承担责任的五种情形。这五种情形分别是：（一）未经批准，擅自在公开场合、新闻媒体等发表与承办案件有关的言论，对检察机关司法公信力造成不良影响的；（二）未经批准，擅自对外披露自己或他人正在办理的案件情况，妨害案件依法独立公正办理的；（三）故意歪曲或者错误阐述案件事实，引发舆情事件、造成负面社会影响的；（四）发表与检察官职业道德不符的言论，损害检察机关形象的；（五）造成其他消极影响或者严重后果的。检察官在以案释法工作中出现上述情况的，应当依照规定追究其相应责任。

最高人民检察院
关于完善人民检察院司法责任制的若干意见

（2015 年 8 月 18 日中央全面深化改革领导小组第十五次会议审议并通过　2015 年 9 月 25 日公布并施行　高检发〔2015〕10 号）

为更好地保障人民检察院依法独立公正行使检察权，提高司法公信力，现就完善人民检察院司法责任制提出如下意见。

一、目标和基本原则

1. 完善人民检察院司法责任制的目标是：健全司法办案组织，科学界定内部司法办案权限，完善司法办案责任体系，构建公正高效的检察权运行机制和公平合理的司法责任认定、追究机制，做到谁办案谁负责、谁决定谁负责。

2. 完善人民检察院司法责任制的基本原则是：坚持遵循司法规律，符合检察职业特点；坚持突出检察官办案主体地位与加强监督制约相结合；坚持权责明晰，权责相当；坚持主观过错与客观行为相一致，责任与处罚相适应。

二、健全司法办案组织及运行机制

3. 推行检察官办案责任制。实行检察人员分类管理，落实检察官员额制。检察官必须在司法一线办案，并对办案质量终身负责。担任院领导职务的检察官办案要达到一定数量。业务部门负责人须由检察官担任。

4. 健全司法办案组织形式。根据履行职能需要、案件类型及复杂难易程度，实行独任检察官或检察官办案组的办案组织形式。

独任检察官承办案件，配备必要的检察辅助人员。

检察官办案组由两名以上检察官组成，配备必要的检察辅助人员。检察官办案组可以相对固定设置，也可以根据司法办案需要临时组成，办案组负责人为主任检察官。

5. 审查逮捕、审查起诉案件，一般由独任检察官承办，重大、疑难、复杂案件也可以由检察官办案组承办。独任检察官、主任检察官对检察长（分管副检察长）负责，在职权范围内对办案事项作出决定。

6. 人民检察院直接受理立案侦查的案件，一般由检察官办案组承办，简单案件也可以由独任检察官承办。决定初查、立案、侦查终结等事项，由主任检察官或独任检察官提出意见，经职务犯罪侦查部门负责人审核后报检察长（分管副检察长）决定。

7. 诉讼监督等其他法律监督案件，可以由独任检察官承办，也可以由检察官办案组承办。独任检察官、主任检察官对检察长（分管副检察长）负责，在职权范围内对办案事项作出决定。以人民检察院名义提出纠正违法意见、检察建议、终结审查、不支持监督申请或提出（提请）抗诉的，由检察长（分管副检察长）或检察委员会决定。

8. 检察长（分管副检察长）参加检察官办案组或独任承办案件的，可以在职权范围内对办案事项作出决定。

9. 以人民检察院名义制发的法律文书，由检察长（分管副检察长）签发。

10. 检察长（分管副检察长）有权对独任检察官、检察官办案组承办的案件进行审核。检察长（分管副检察长）不同意检察官处理意见，可以要求检察官复核或提请检察委员会讨论决定，也可以直接作出决定。要求复核的意见、决定应当以书面形式作出，归入案件卷宗。

检察官执行检察长（分管副检察长）决定时，认为决定错误的，可以提出异议；检察长（分管副检察长）不改变该决定，或要求立即执行的，检察官应当执行，执行的后果由检察长（分管副检察长）负责，检察官不承担司法责任。检察官执行检察长（分管副检察长）明显违法的决定的，应当承担相应的司法责任。

三、健全检察委员会运行机制

11. 提高检察委员会工作法治化、民主化、科学化水平，发挥检察委员会对重大案件和其他重大问题的决策、指导和监督功能。检察委员会讨论决定的案件，主要是本院办理的重大、疑难、复杂案件，涉及国家安全、外交、社会稳定的案件，下一级人民检察院提请复议的案件。

12. 检察委员会由检察长、副检察长、专职委员和部分资深检察员组成。

13. 检察官可以就承办的案件提出提请检察委员会讨论的请求，依程序报检察长决定。

14. 检察委员会对案件进行表决前，应当进行充分讨论。表决实行主持人末位表态制。检察委员会会议由专门人员如实记录，并按照规定存档备查。

15. 完善检察委员会决策咨询机制。建立健全专家咨询委员会、专业研究小组等检察委员会决策辅助机构。检察委员会讨论案件，可以邀请有关专家到场发表咨询意见。

四、明确检察人员职责权限

16. 检察长统一领导人民检察院的工作，依照法律和有关规定履行以下职责：

（一）决定是否逮捕或是否批准逮捕犯罪嫌疑人；

（二）决定是否起诉；

（三）决定是否提出抗诉、检察建议、纠正违法意见或提请抗诉，决定终结审查、不支持监督申请；

（四）对人民检察院直接受理立案侦查的案件，决定立案、不立案、撤销案件以及复议、复核、复查；

（五）对人民检察院直接受理立案侦查的案件，决定采取强制措施，决定采取查封、扣押、冻结财产等重要侦查措施；

（六）决定将案件提请检察委员会讨论，主持检察委员会会议；

（七）决定检察人员的回避；

（八）主持检察官考评委员会对检察官进行考评；

（九）组织研究检察工作中的重大问题；

（十）法律规定应当由检察长履行的其他职责。

副检察长、检察委员会专职委员受检察长委托，可以履行前款规定的相关职责。

17. 检察官依照法律规定和检察长委托履行职责。

检察官承办案件，依法应当讯问犯罪嫌疑人、被告人的，至少亲自讯问一次。

下列办案事项应当由检察官亲自承担：

（一）询问关键证人和对诉讼活动具有重要影响的其他诉讼参与人；

（二）对重大案件组织现场勘验、检查，组织实施搜查，组织实施查封、扣押物证、书证，决定进行鉴定；

（三）组织收集、调取、审核证据；

（四）主持公开审查、宣布处理决定；

（五）代表检察机关当面提出监督意见；

（六）出席法庭；

（七）其他应当由检察官亲自承担的事项。

18. 主任检察官除履行检察官职责外，还应当履行以下职责：

（一）负责办案组承办案件的组织、指挥、协调以及对办案组成员的管理工作；

（二）在职权范围内对办案事项作出处理决定或提出处理意见。

19. 业务部门负责人除作为检察官承办案件外，还应当履行以下职责：

（一）组织研究涉及本部门业务的法律政策问题；

（二）组织对下级人民检察院相关业务部门办案工作的指导；

（三）召集检察官联席会议，对重大、疑难、复杂案件进行讨论，为承办案件的检察官或检察官办案组提供参考意见；

（四）负责本部门司法行政管理工作；

（五）应当由业务部门负责人履行的其他职责。

20.检察官助理在检察官的指导下履行以下职责：

（一）讯问犯罪嫌疑人、被告人，询问证人和其他诉讼参与人；

（二）接待律师及案件相关人员；

（三）现场勘验、检查，实施搜查，实施查封、扣押物证、书证；

（四）收集、调取、核实证据；

（五）草拟案件审查报告，草拟法律文书；

（六）协助检察官出席法庭；

（七）完成检察官交办的其他办案事项。

21.省级人民检察院结合本地实际，根据检察业务类别、办案组织形式，制定辖区内各级人民检察院检察官权力清单，可以将检察长的部分职权委托检察官行使。各省级人民检察院制定的权力清单报最高人民检察院备案。

五、健全检察管理与监督机制

22.加强上级人民检察院对下级人民检察院司法办案工作的领导。上级人民检察院可以指令下级人民检察院纠正错误决定，或依法撤销、变更下级人民检察院对案件的决定；可以对下级人民检察院管辖的案件指定异地管辖；可以在辖区内人民检察院之间调配检察官异地履行职务。

上级人民检察院对下级人民检察院司法办案工作的指令，应当由检察长决定或由检察委员会讨论决定，以人民检察院的名义作出。

23.下级人民检察院就本院正在办理的案件的处理或检察工作中的重大问题请示上级人民检察院的，应当经本院检察委员会讨论。在请示中应当载明检察委员会讨论情况，包括各种意见及其理由以及检察长意见。

24.司法办案工作应当在统一业务应用系统上运行，实现办案信息网上录入、办案流程网上管理、办案活动网上监督。检察长（分管副检察长）和业务部门负责人对办案工作审核、审批，应当在统一业务应用系统上进行。

25.人民检察院案件管理部门对司法办案工作实行统一集中管理，全面记录办案流程信息，全程、同步、动态监督办案活动，对办结后的案件质量进行评查。

26.建立随机分案为主、指定分案为辅的案件承办确定机制。重大、疑难、复杂案件可以由检察长指定检察官办案组或独任检察官承办。

27. 当事人举报投诉检察官违法办案，律师申诉、控告检察官阻碍其依法行使诉讼权利，或有迹象表明检察官违法办案的，检察长可以要求检察官报告办案情况。检察长认为确有必要的，可以更换承办案件的检察官，并将相关情况记录在案。

28. 建立以履职情况、办案数量、办案质效、司法技能、外部评价等为主要内容的检察官业绩评价体系。评价结果作为检察官任职和晋职晋级的重要依据。

29. 建立办案质量评价机制，以常规抽查、重点评查、专项评查等方式对办案质量进行专业评价。评价结果应当在一定范围内公开。

30. 构建开放动态透明便民的阳光司法机制。建立健全案件程序性信息查询平台、重要案件信息发布平台、法律文书公开平台、辩护与代理预约平台，推进新媒体公开平台建设。

31. 自觉接受人大、政协、社会各界、新闻媒体以及人民监督员的监督，依法保障律师执业权利。进一步完善内部制约机制，加强纪检监察机构的监督。

六、严格司法责任认定和追究

32. 检察人员应当对其履行检察职责的行为承担司法责任，在职责范围内对办案质量终身负责。

司法责任包括故意违反法律法规责任、重大过失责任和监督管理责任。检察人员与司法办案活动无关的其他违纪违法行为，依照法律及《检察人员纪律处分条例（试行）》等有关规定处理。

33. 司法办案工作中虽有错案发生，但检察人员履行职责中尽到必要注意义务，没有故意或重大过失的，不承担司法责任。

检察人员在事实认定、证据采信、法律适用、办案程序、文书制作以及司法作风等方面不符合法律和有关规定，但不影响案件结论的正确性和效力的，属司法瑕疵，依照相关纪律规定处理。

34. 检察人员在司法办案工作中，故意实施下列行为之一的，应当承担司法责任：

（一）包庇、放纵被举报人、犯罪嫌疑人、被告人，或使无罪的人受到刑事追究的；

（二）毁灭、伪造、变造或隐匿证据的；

（三）刑讯逼供、暴力取证或以其他非法方法获取证据的；

（四）违反规定剥夺、限制当事人、证人人身自由的；

（五）违反规定限制诉讼参与人行使诉讼权利，造成严重后果或恶劣影

响的;

（六）超越刑事案件管辖范围初查、立案的;

（七）非法搜查或损毁当事人财物的;

（八）违法违规查封、扣押、冻结、保管、处理涉案财物的;

（九）对已经决定给予刑事赔偿的案件拒不赔偿或拖延赔偿的;

（十）违法违规使用武器、警械的;

（十一）其他违反诉讼程序或司法办案规定，造成严重后果或恶劣影响的。

35. 检察人员在司法办案工作中有重大过失，怠于履行或不正确履行职责，造成下列后果之一的，应当承担司法责任:

（一）认定事实、适用法律出现重大错误，或案件被错误处理的;

（二）遗漏重要犯罪嫌疑人或重大罪行的;

（三）错误羁押或超期羁押犯罪嫌疑人、被告人的;

（四）涉案人员自杀、自伤、行凶的;

（五）犯罪嫌疑人、被告人串供、毁证、逃跑的;

（六）举报控告材料或其他案件材料、扣押财物遗失、严重损毁的;

（七）举报控告材料内容或其他案件秘密泄露的;

（八）其他严重后果或恶劣影响的。

36. 负有监督管理职责的检察人员因故意或重大过失怠于行使或不当行使监督管理权，导致司法办案工作出现严重错误的，应当承担相应的司法责任。

37. 独任检察官承办并作出决定的案件，由独任检察官承担责任。

检察官办案组承办的案件，由其负责人和其他检察官共同承担责任。办案组负责人对职权范围内决定的事项承担责任，其他检察官对自己的行为承担责任。

属于检察长（副检察长）或检察委员会决定的事项，检察官对事实和证据负责，检察长（副检察长）或检察委员会对决定事项负责。

38. 检察辅助人员参与司法办案工作的，根据职权和分工承担相应的责任。检察官有审核把关责任的，应当承担相应的责任。

39. 检察长（副检察长）除承担监督管理的司法责任外，对在职权范围内作出的有关办案事项决定承担完全责任。对于检察官在职权范围内作出决定的事项，检察长（副检察长）不因签发法律文书承担司法责任。检察官根据检察长（副检察长）的要求进行复核并改变原处理意见的，由检察长（副检察长）与检察官共同承担责任。检察长（副检察长）改变检察官决定的，对改变部分承担责任。

40. 检察官向检察委员会汇报案件时，故意隐瞒、歪曲事实，遗漏重要事实、证据或情节，导致检察委员会作出错误决定的，由检察官承担责任；检察委员会委员根据错误决定形成的具体原因和主观过错情况承担部分责任或不承担责任。

41. 上级人民检察院不采纳或改变下级人民检察院正确意见的，应当由上级人民检察院有关人员承担相应的责任。

下级人民检察院有关人员故意隐瞒、歪曲事实，遗漏重要事实、证据或情节，导致上级人民检察院作出错误命令、决定的，由下级人民检察院有关人员承担责任；上级人民检察院有关人员有过错的，应当承担相应的责任。

42. 人民检察院纪检监察机构受理对检察人员在司法办案工作中违纪违法行为和司法过错行为的检举控告，并进行调查核实。

对检察人员承办的案件发生被告人被宣告无罪，国家承担赔偿责任，确认发生冤假错案，犯罪嫌疑人、被告人逃跑或死亡、伤残等情形的，应当核查是否存在应予追究司法责任的情形。

43. 人民检察院纪检监察机构经调查后认为应当追究检察官故意违反法律法规责任或重大过失责任的，应当报请检察长决定后，移送省、自治区、直辖市检察官惩戒委员会审议。

人民检察院纪检监察机构应当及时向检察官惩戒委员会通报当事检察官的故意违反法律法规或重大过失事实及拟处理建议、依据，并就其故意违反法律法规或重大过失承担举证责任。当事检察官有权进行陈述、辩解、申请复议。

检察官惩戒委员会根据查明的事实和法律规定作出无责、免责或给予惩戒处分的建议。

检察官惩戒委员会工作章程另行制定。

44. 对经调查属实应当承担司法责任的人员，根据《检察官法》、《检察人员纪律处分条例（试行）》、《检察人员执法过错责任追究条例》等有关规定，分别按照下列程序作出相应处理：

（一）应当给予停职、延期晋升、调离司法办案工作岗位以及免职、责令辞职、辞退等处理的，由组织人事部门按照干部管理权限和程序办理；

（二）应当给予纪律处分的，由人民检察院纪检监察机构依照有关规定和程序办理；

（三）涉嫌犯罪的，由人民检察院纪检监察机构将犯罪线索移送司法机关处理。

45. 检察人员不服处理决定的，有权依照《人民检察院监察工作条例》等有关规定提出申诉。

46. 检察官依法履职受法律保护。非因法定事由、非经法定程序，不得将检察官调离、辞退或作出免职、降级等处分。检察官依法办理案件不受行政机关、社会团体和个人的干涉。检察官对法定职责范围之外的事务有权拒绝执行。

七、其他

47. 本意见适用于中央确定的司法体制改革综合试点地区确定的试点检察院，其他检察院可以参照执行。

48. 本意见由最高人民检察院负责解释。

完善司法责任制　提高司法公信力

——最高检司改办主任王光辉解读
《关于完善人民检察院司法责任制的若干意见》

王光辉*

　　党的十八届三中、四中全会都对完善司法责任制提出了要求。为贯彻落实三中、四中全会部署，最高人民检察院制定了《关于完善人民检察院司法责任制的若干意见》（以下简称《意见》）。2015 年 8 月 18 日，中央全面深化改革领导小组第十五次会议审议并通过这一方案。最高人民检察院于 2015 年 9 月 28 日公布了《意见》。

一、制定《意见》的简要情况

　　根据中央关于司法体制改革的统一部署，最高人民检察院于 2013 年 11 月 15 日印发《检察官办案责任制改革试点方案》，在 7 个省的 17 个检察院开展检察官办案责任制试点。2014 年 6 月，中央政法委部署在上海等 7 个省市开展"完善司法责任制、完善司法人员分类管理制度、健全司法人员职业保障制度、推动省以下地方法院检察院人财物统一管理"四项改革试点工作，完善司法责任制是其中重要内容。最高人民检察院将这两个方面的试点工作统筹起来予以推进。试点地方检察院结合实际积极探索，做了大量的开创性工作，特别是在检察机关的办案组织形式、检察官权力清单、司法责任划分等方面，积累了有益经验。

　　最高人民检察院全面总结各地试点经验，深入研究司法责任制的理论和实践问题，成立专门工作班子，及时启动检察机关司法责任制改革文件的制定工作。《意见》起草过程中，坚持把改革方案的质量放在第一位，采取多种形式充分听取各方面意见。反复征求检察系统内部意见。两次征求全国检察机关意见，一次听取省级检察长的意见；召开地方三级检察院代表参加的座谈会；举办大检察官研讨班进行专题研讨；个别征求部分检察业务专家的意见。高度重视检察系统外部意见。除书面征求意见外，曹建明检察长亲自主持座谈会，当面听取了中央政法单位、全国人大内司委、法工委、中国法学会、全国律协等

　　* 作者单位：最高人民检察院司法体制改革领导小组办公室。

单位的意见建议；分三次征求了 20 多位法学专家学者的意见。曹建明检察长等院领导先后到 6 个省市调研司法责任制改革。最高人民检察院对这些意见建议进行逐条研究，对一些重大问题深入论证，对改革文件反复修改，形成现在的《意见》。可以说，《意见》最大限度地凝聚了各方面的共识。

二、完善人民检察院司法责任制的总体思路

完善人民检察院司法责任制的总体思路是：认真贯彻党的十八大和十八届三中、四中全会精神，紧紧围绕全面推进依法治国的总目标和建设公正高效权威的社会主义司法制度，着力解决影响司法公正的深层次问题，按照"谁办案谁负责、谁决定谁负责"的要求，健全检察机关司法办案组织及运行机制，明确检察人员职责权限，完善检察管理和监督机制，严格司法责任认定和追究，提高司法公信力，努力让人民群众在每一个司法案件中感受到公平正义。

围绕这个总体思路，在制定《意见》时注重体现六个方面的原则和要求：一是坚持宪法规定的领导体制。我国宪法规定，最高人民检察院领导地方各级人民检察院和专门人民检察院的工作，上级人民检察院领导下级人民检察院的工作。人民检察院组织法规定，检察长统一领导检察院的工作。在完善检察权运行机制和司法责任制的具体制度设计中，要体现"检察一体"、"上令下从"的基本原则。二是既坚持遵循司法规律，又符合检察职业特点。检察机关是法律监督机关。检察职能既具有司法职能的基本属性，又与审判职能相区别。我国检察业务包含审查逮捕、审查起诉、查办职务犯罪、对诉讼活动进行监督等多个种类。与司法责任相关的制度设计要从职业特点出发。三是突出检察官的主体地位。主要是通过科学划分系统内部不同层级权限和改革现有办案方式，减少审批环节，赋予检察官相对独立对所办案件作出决定的权力，使检察官在司法办案中发挥主体作用。四是强化对司法办案的监督制约。在适度"放权"的同时，相应地完善监督机制，对司法办案工作进行全程、全方位的监督，确保检察官依法正确行使权力。五是公平合理地确定司法责任，坚持权责相当。检察官在其职权范围内承担司法责任。对故意徇私枉法、重大过失酿成错案与一般工作失误导致的瑕疵案件，区分不同情况进行处理。六是在继承的基础上改革创新。发挥中国特色社会主义检察制度的体制优势，坚持长期以来形成的有效做法，同时改革办案机制不完善、司法责任不清晰等方面的弊端。

三、《意见》的主要内容

根据以上总体思路，《意见》从司法办案组织及运行机制、检察委员会运行机制、检察人员职责权限、检察管理与监督机制以及司法责任认定和追究方面，提出了改革意见。

（一）关于健全司法办案组织及运行机制

在实行检察人员分类管理、落实检察官员额制的基础上，根据履行职能需要、案件类型及复杂难易程度，实行独任检察官或检察官办案组的办案组织形式。独任检察官，即一名检察官带领必要的检察辅助人员从事办案活动。检察官办案组由两名以上检察官组成，配备必要的检察辅助人员。主任检察官作为办案组负责人承担案件的组织、指挥、协调以及对办案组成员的管理等工作，在职权范围内对办案事项作出处理决定或提出处理意见，其他检察官在主任检察官的组织、指挥下从事具体的办案活动。

同时，《意见》对审查逮捕和审查起诉、职务犯罪侦查、诉讼监督等三类检察业务分别规定了不同的运行机制。审查逮捕、审查起诉案件，检察官对检察长（副检察长）负责，在职权范围内对办案事项作出决定；职务犯罪侦查案件，决定初查、立案、侦查终结等事项，由检察官提出意见，经职务犯罪侦查部门负责人审核后报检察长（副检察长）决定；诉讼监督案件，检察官对检察长（副检察长）负责，在职权范围内对办案事项作出决定，以人民检察院名义提出纠正违法意见、检察建议、终结审查、不支持监督申请或提出（提请）抗诉的，由检察长（副检察长）或检察委员会决定。

（二）关于健全检察委员会运行机制

为提高检察委员会工作法治化、民主化、科学化水平，发挥检察委员会对重大案件和其他重大问题的决策、指导和监督功能，《意见》围绕检察委员会工作机制中与司法责任制相关的内容，提出了以下五项改革措施：一是规范了检察委员会讨论决定具体案件的范围，划分与检察官、检察长在司法办案中的界限。二是明确了检察委员会由检察长、副检察长、专职委员和部分资深检察员组成，强化了检察委员会委员的专业化、职业化建设。三是赋予检察官可以就所承办案件提出提请检察委员会讨论的请求权，完善了提请检察委员会讨论案件的程序。四是完善了检察委员会讨论决定案件的机制，提高了案件决策的科学化水平。五是提出了建立健全检察委员会决策咨询机制等改革措施。

（三）关于明确检察人员职责权限

检察办案涉及检察长、检察官、业务部门负责人和检察官助理等各类检察人员。明确各类检察人员的职责权限，是完善司法责任制的前提和基础。《意见》从以下几个方面完善了各类检察人员的职责权限：一是完善了检察长职责。主要明确了检察长对案件的处理决定权和行政管理职能。二是原则规定检察官依照法律规定和检察长委托履行职责，同时，要求省级检察院结合本地实际，根据检察业务类别、办案组织形式，制定辖区内各级检察院检察官权力清单。三是界定了主任检察官的职责权限。主任检察官除履行检察官职责外，作为办案组负责人还负责办案组承办案件的组织、指挥、协调以及对办案组成员的管理工作。四是改革业务部门负责人职责权限，明确业务部门负责人应当作为检察官在司法一线办案，同时，规范了业务部门负责人的司法行政事务管理权。五是明确了检察官助理在检察官指导下办理案件的职责。

（四）关于健全检察管理和监督机制

赋予检察官相关办案权和决定权的同时，必须相应地加强监督制约，保证公正司法。《意见》在原来检察机关监督体系的基础上，完善了多个方面的监督机制。一是全面推行检察机关统一业务应用系统，实现办案信息网上录入、办案流程网上管理、办案活动网上监督。二是设立案件管理机构对办案工作实行统一集中管理、流程监控，全面记录检察官办案信息，实行全程留痕。三是建立随机分案为主、指定分案为辅的案件承办确定机制。四是建立符合检察规律的办案质量评价机制。五是依托现代信息化技术，构建开放动态透明便民的阳光司法机制。

（五）关于严格司法责任认定和追究

在明确各类检察人员职责权限的基础上，建立"权责一致"的司法责任体系，构建科学合理的司法责任认定和追究机制，是落实司法责任制的核心。一是明确司法责任的类型和标准。根据检察官主观上是否存在故意或重大过失，客观上是否造成严重后果或恶劣影响，将司法责任分为故意违反法律法规责任、重大过失责任和监督管理责任三类，分别列举了各类司法责任的具体情形，以及免除司法责任的情形，增强了司法责任追究的可操作性。二是科学划分司法责任。通过科学划分司法责任，使办案的检察官对自己的办案行为负责，作出案件处理决定的检察官对自己的决定负责，把司法责任具体落实到人。三是完善责任追究程序。从司法责任的发现途径、调查核实程序、责任追究程序、追责方式、终身追责等几个方面完善了司法责任的认定和追究机制。对检察人员承办的案件发生被告人被宣告无罪，国家承担赔偿责任，确认发生冤假错案，犯罪嫌疑人、被告人逃跑或死亡、伤残等情形的，一律启动问责机制，核查检察人员是否存在应予追究司法责任的情形。

四、完善人民检察院司法责任制的意义

近年来，司法公信力不高问题较为突出，人民群众对司法不公、司法腐败、冤假错案问题反映强烈。这些问题的产生，有司法观念陈旧、司法人员素质不高等方面的原因，但深层次的原因在于司法体制机制不健全，其中就包括司法责任制不完善。完善人民检察院司法责任制，是建立权责统一、权责明晰、权力制约的司法权力运行机制的关键，是深化司法体制改革的核心，具有多方面的重要意义。一是有利于将司法办案的责任落到实处，增强检察官司法

办案的责任心，促进检察官依法公正履行职责，提高司法办案的质量和效率；二是有利于减少内外部人员对司法办案的不当干预，保障人民检察院依法独立行使检察权；三是有利于解决当前司法活动中的突出问题，提高司法公信力，努力让人民群众在每一个司法案件中感受到公平正义；四是有利于促进检察人员提高自身素质，推进检察队伍正规化、专业化、职业化建设。同时，完善人民检察院司法责任制是一项综合性改革，涉及检察机关基本办案组织、检察业务运行方式、检察委员会运行机制、检察管理和监督机制、司法责任认定和追究机制等多个方面的具体改革举措和相关配套改革。这些改革措施的逐步落实，将对司法改革的全面深化、检察工作的全面发展、中国特色社会主义检察制度的全面完善产生重要影响。

五、推行人民检察院司法责任制的安排

完善司法责任制是当前全国检察机关的一项重要改革任务。为了抓好《意见》的落实，下一步将做好几项工作：一是通过举办培训班等形式，组织全体检察人员学习《意见》，准确理解和贯彻执行文件精神。二是最高人民检察院近期将召开会议对《意见》的实施作出专门部署。三是要求省级检察院提出实施意见，特别是结合实际制定本地区三级检察院检察官权力清单。四是把司法责任制改革与检察人员分类管理、完善职业保障、规范整合内设机构等改革举措统筹协调推进。在整个实施过程中，最高人民检察院将及时掌握进展情况，加强指导。

最高人民检察院法律政策研究室
办理法律适用问题请示件工作规定

（2015 年 9 月 29 日公布并施行　高检研〔2015〕18 号）

最高人民检察院法律政策研究室办理省级人民检察院法律政策研究室法律适用问题请示件并及时回复，是发现和解决检察实践中遇到的法律适用问题的有效方式和途径，对于促进检察机关统一规范司法具有重要作用。为了进一步规范最高人民检察院法律政策研究室办理法律适用问题请示件工作，制定本规定。

第一条　最高人民检察院法律政策研究室严格按照《最高人民检察院办理下级人民检察院请示件暂行规定》、《人民检察院公文处理办法》等规定和工作要求，办理有关请示件。

第二条　最高人民检察院法律政策研究室办理法律适用问题请示件的范围，主要包括以下几种情形：

（一）类案中的共性法律适用问题；

（二）个案中带有普遍性、倾向性的法律适用问题；

（三）检察工作中有必要予以明确的其他法律适用问题。

最高人民检察院法律政策研究室不受理关于具体案件如何处理的请示。

最高人民检察院法律政策研究室不直接受理市（州、分）、县级人民检察院及其业务部门的请示。市（州、分）、县级人民检察院及其业务部门对于办案中遇到的法律适用问题应当逐级请示，省级人民检察院及其业务部门认为有必要的，可能通过省级人民检察院法律政策研究室向最高人民检察院法律政策研究室请示。

对重大司题和事项的请示，省纵人民检察院法律政策研究室应当提请本院检察委员会讨论，以院名义向最高人民检察院请示。

第三条　请示件应当符合以下形式要求：

（一）请示范围，应当符合奉规定第二条的要求；

（二）请示件标题，应当标明"请示"及请示的具体问题和相关事项；

（三）请示件正文、应当包括请示件来源、涉及的争议司题、对争议问题的研究意见、倾向性意见及理由，附件应当包括相关典型案例及主要法律文书复印件、法律和司法解释相关规定等材料；

（四）一事一请示，一式五份。

第四条　最高人民检察院法律政策研究室办公室负责请示件的统一签收、登记。形式审查合格的，由办公室报法律政策研究室主任批办；不符合本规定第三条要求的，由办公室通知报送请示件的省级人民检察院法律政策研究室补报相关缺失材料，或者要求其补正后更新报送。

第五条　最高人民检察院法律政策研究室各处（室）负责人应当根据室主任的批办意见和请示件涉及问题的疑难、复杂程度，指定请示件的承办人；重大问题和事项，应当由处（室）负责人直接办理。

第六条　承办人应当及时、认真研究请示件涉及的法律适用问题，提出研究报告及回复意见稿。研究报告应当反映研究过程及不同意见情况，其内容包括：办件来源，基本情况及争议问题，省级人民检察院检察委员会的讨论意见或者省级人民检察院法律政策研究室的研究意见，承办人的研究意见、理由和工作建议，以及其他需要说明的情况和问题。

对于疑难、复杂、争议较大的问题，承办人提出研究意见后，由处（室）负责人决定是否提交处（室）务会讨论。处（室）负责人不同意承办人意见的，可以提交处（室）务会讨论，也可以处（室）负责人的意见作为本处（室）意见，报送法律政策研究室分管副主任审核并签署意见后，报送法律政策研究室主任。室主任不同意承办处（室）意见的，以室主任的意见作为法律政策研究室的意见；室主任认为请示的问题或者事项比较重大，或者与承办处（室）意见分歧较大的，可以决定召开室务会讨论。

第七条　各承办处（室）应当抓紧办理请示件，不得延误、推诿。承办人应当在收到批办请示件后的15日以内，对请示问题或者事项提出研究报告及回复意见稿；对于确属疑难、复杂的，报经室主任批准后，可以延长15日办理期限。承办处（室）应当在收到批办请示件后的两个月以内，向报送请示件的省级人民检察院法律政策研究室回复意见；确因请示问题疑难、复杂，难以统一认识或者需要进一步沟通协调、研究论证的，应当在上述期限内向省级人民检察院法律政策研究室通报进展情况。

对于请示件涉及最高人民检察院其他部门或者外单位业务范围的问题或者事项，承办人应当主动与本院有关厅（室、局、办）或者外单位有关部门相关工作人员联系，了解情况、沟通意见，对于需要正式征求意见的，应当及时报经室主任批准本院有关厅（室、局、办）或者外单位有关部门书面征求意见；必要时，可以召开专家论证会。征求意见期间，不计入办理期限。

第八条　对于请示件附有正在办理的案件的，最高人民检察院法律政策研究室仅负责对有关法律适用问题研究提出意见，不对案件事实和证据问题进行审查，也不对个案办理提出具体意见。就法律适用问题的研究答复工作，不受个案办理期限的限制。

第九条　对于请示的问题和所附案件涉密的，最高人民检察院法律政策研究室承办人和其他知情人员应当予以保密。

第十条　对于请示的问题属于法律条文本身需要进一步明确界限，应当由立法机关进行解释或者作出补充规定的，最高人民检察院法律政策研究室可以将有关研究意见和立法建议报告检察长（含分管副检察长，下同），经批准后，以最高人民检察院名义向全国人大常委会法制工作委员会提出立法建议；同时，向报送请示件的省级人民检察院法律政策研究室通报情况。

第十一条　对于请示的问题属于比较重要、具有典型性的法律适用问题，最高人民检察院法律政策研究室经征求各方面意见已经达成共识，认为有必要制发司法解释或者以最高人民检察院名义作出批复的，应当报经检察长批准，按照《最高人民检察院司法解释工作规定》的有关程序和要求制定司法解释；同时，向报送请示件的省级人民检察院法律政策研究室通报情况。

第十二条　对于请示的问题具有一定典型意义，最高人民检察院法律政策研究室经征求各方面意见已经基本达成共识，但认为其重要程度尚不宜制发司法解释或者以院名义作出批复的，可以报经检察长批准，以最高人民检察院法律政策研究室名义书面答复省级人民检察院法律政策研究室。

第十三条　对于请示的问题在研究中意见分歧较大。与相关单位或者部门难以达成共识的，区分以下不同情形办理：

（一）已经形成倾向性意见的，经最高人民检察院法律政策研究室主任审批同意后，可以将该倾向性意见以最高人民检察院法律政策研究室名义电话答复省级人民检察院法律政策研究室；对于比较重要的问题，应当呈报检察长，并按照检察长的批示意见，以最高人民检察院法律政策研究室名义电话答复省级人民检察院法律政策研究室。

（二）尚未形成倾向性意见的，经最高人民检察院法律政策研究室主任批准，可以由承办处（室）负责人、承办人向省级人民检察院法律政策研究室负责人，承办人电话通报工作情况。

第十四条　对于省级人民检察院关于法律适用问题的请示，以最高人民检察院名义作出的批复具有法律效力，不涉密的应当予以公开发布，作为检察机关办案的依据，并可以在属地证词中引用；以最高人民检察院法律政策研究室名义书面答复省级人民检察院法律政策研究室的意见，可以作为办案时的参考，不涉密的可以在《检察工作文件选》或者检察内网上刊登；以最高人民检察院法律政策研究室名义电话答复的意见，仅供研究相关问题时参考。

第十五条　最高人民检察院法律政策研究室办公室负责请示件的督促、催办；各承办处（室）应当及时将请示件的办结情况及答复意见送办公室存档备案。

第十六条　本规定由最高人民检察院法律政策研究室负责解释，自下发之日起施行。

最高人民检察院关于案例指导工作的规定

（2010 年 7 月 29 日最高人民检察院第十一届检察委员会第四十次会议通过　2015 年 12 月 9 日最高人民检察院第十二届检察委员会第四十四次会议修订　2015 年 12 月 30 日公布并施行　高检发释字〔2015〕12 号）

第一条　为了加强和规范检察机关案例指导工作，充分发挥指导性案例规范司法办案的作用，促进检察机关严格公正司法，保障法律统一正确实施，结合检察工作实际，制定本规定。

第二条　检察机关指导性案例由最高人民检察院统一发布。指导性案例应当符合以下条件：

（一）案件处理结果已经发生法律效力；

（二）案件办理具有良好法律效果与社会效果；

（三）在事实认定、证据采信、法律适用、政策掌握等方面对办理类似案件具有指导意义。

第三条　人民检察院参照指导性案例办理案件，可以引述相关指导性案例作为释法说理根据，但不得代替法律或者司法解释作为案件处理决定的直接法律依据。

第四条　检察机关指导性案例一般由标题、关键词、基本案情、诉讼过程、要旨、法理分析、相关法律规定等组成。

根据不同指导性案例的特点，发布指导性案例时可以对上述内容作适当调整。

第五条　最高人民检察院设立案例指导工作委员会。

案例指导工作委员会由最高人民检察院分管副检察长、检察委员会专职委员、各业务部门负责人和部分法学专家组成。

第六条　案例指导工作委员会设立工作机构，在案例指导工作委员会领导下，开展备选指导性案例的征集、遴选和其他日常工作。

案例指导工作委员会工作机构设在最高人民检察院法律政策研究室。

第七条　最高人民检察院各业务部门负责与其业务工作有关的备选指导性案例的收集、审查和推荐工作。

省级人民检察院负责本地区各级人民检察院对备选指导性案例的收集、审查和推荐工作。

最高人民检察院各业务部门和地方各级人民检察院应当确定专人负责案例指导相关工作。

第八条 最高人民检察院各业务部门推荐的备选指导性案例，应当经分管副检察长批准。

省级人民检察院向最高人民检察院推荐的备选指导性案例，应当经本院检察长批准或者检察委员会审议决定。

第九条 案例指导工作委员会工作机构应当广辟案例征集渠道。根据案例指导工作的需要，可以定期向最高人民检察院各业务部门和省级人民检察院发布重点征集的案例类型。

第十条 人大代表、政协委员、人民监督员、专家咨询委员以及社会各界人士对认为符合本规定第二条要求的案例，可以建议办理案件的人民检察院按照相关程序向最高人民检察院案例指导工作委员会工作机构推荐。

第十一条 最高人民检察院各业务部门和省级人民检察院推荐案例，应当提交以下材料：

（一）《指导性案例推荐表》；

（二）按照规定体例撰写的案例文本及说明材料；

（三）有关法律文书。

上述材料以纸质和电子介质两种形式一并报送。

第十二条 案例指导工作委员会工作机构对征集的案例进行研究，认为可以作为备选指导性案例的，送有关业务部门、案例指导工作委员会专家委员征求意见。必要时，可以征求其他有关单位、专家学者意见或者召开专家论证会。

第十三条 案例指导工作委员会工作机构根据征求意见情况，提出备选指导性案例的意见，提请案例指导工作委员会讨论。

第十四条 案例指导工作委员会实行民主集中制原则，对备选指导性案例进行集体讨论。多数委员认为可以作为指导性案例发布的，由案例指导工作委员会报经检察长同意，提请最高人民检察院检察委员会审议。

第十五条 最高人民检察院检察委员会审议通过的指导性案例，应当在《最高人民检察院公报》、《检察日报》和最高人民检察院网站公布。

第十六条 最高人民检察院在开展案例指导工作中，应当加强与有关机关的沟通。必要时，可以商有关机关共同发布指导性案例。

第十七条 指导性案例具有下列情形之一的，最高人民检察院应当及时宣告失效，并在《最高人民检察院公报》、《检察日报》和最高人民检察院网站公布：

（一）案例援引的法律或者司法解释废止的；

（二）与新颁布的法律或者司法解释相冲突的；

（三）与最高人民检察院新发布的指导性案例相冲突的；

（四）其他应当宣告失效的情形。

人民检察院在办理案件过程中，发现有关指导性案例具有前款规定应当宣告失效情形的，应当层报最高人民检察院案例指导工作委员会工作机构。

最高人民检察院宣告指导性案例失效，应当经检察委员会审议决定。

第十八条　最高人民检察院加强指导性案例编纂工作，建立指导性案例数据库，为各级人民检察院和社会公众检索、查询、适用指导性案例提供便利。

第十九条　各级人民检察院应当加强对指导性案例的学习培训，将指导性案例纳入培训课程，以提高适用指导性案例的准确性和规范性。

第二十条　本规定由最高人民检察院负责解释，自公布之日起施行。《最高人民检察院关于案例指导工作的规定》（高检发研字〔2010〕3号）同时废止。

提高指导性案例发布质量
促进检察机关依法公正办案

——《最高人民检察院关于案例指导工作的规定》解读

最高人民检察院日前发布了新修订的《最高人民检察院关于案例指导工作的规定》（以下简称《规定》），进一步规范案例指导工作。《规定》有哪些亮点，修订时又有哪些考虑？记者对此进行了深入采访。

适时修改，确保案例指导工作依法有序开展

案例指导制度是司法改革过程中产生的新事物，是中国特色社会主义司法制度的重要组成部分。

记者采访了解到，最高人民检察院于 2010 年发布了《最高人民检察院关于案例指导工作的规定》（以下简称《2010 年规定》），建立检察机关案例指导制度。该制度实施以来，最高人民检察院共发布了六批 23 个指导性案例。

最高人民检察院法律政策研究室负责人表示，开展检察案例指导工作是为了全面正确履行检察机关法律监督职责，切实提高检察机关执法办案水平，该制度的实施有利于总结和推广司法经验和司法智慧，对维护社会公平正义、维护社会主义法制统一和司法权威具有积极意义。

据了解，多年来，案例指导工作在统一法律适用标准、规范检察机关司法办案方面发挥了重要作用，但实践中也反映出一些突出问题，如在指导性案例的选编程序、适用效力、作用发挥、失效机制等方面还存在不规范、不完善的地方，需要进一步研究改进。

党的十八届四中全会提出"加强和规范司法解释和案例指导工作"。最高人民检察院《关于深化检察改革的意见（2013—2017 年工作规划）》也提出要"加强和规范司法解释和案例指导，统一法律适用标准"。对此，作为改革承办单位，最高人民检察院法律政策研究室适时启动了对《2010 年规定》的修订工作。修订过程中，最高人民检察院广泛征求了全国人大常委会法工委、最高人民法院、各省级检察院及最高人民检察院各业务部门意见、建议。

规范发布主体，适用效力进一步增强

记者注意到，《规定》进一步规范了指导性案例的发布主体、条件和适用方式。

《规定》提出，检察机关指导性案例由最高人民检察院统一发布，并且应

当符合以下条件：案件处理结果已经发生法律效力；案件办理具有良好法律效果与社会效果；在事实认定、证据采信、法律适用、政策掌握等方面对办理类似案件具有指导意义。

最高人民检察院法律政策研究室负责人表示，指导性案例虽然不具有法律和司法解释的强制适用效力，但从其规范司法办案活动、统一法律适用标准的制度功能以及严格的遴选发布程序、权威的发布主体等角度考虑，指导性案例对各级检察院办理类似案件仍具有较强的指导意义。对此，《规定》指出，检察院参照指导性案例办理案件，可以引述相关指导性案例作为释法说理根据，但不得代替法律或者司法解释作为案件处理决定的直接法律依据。

"针对一些地方检察院反映指导性案例的内容释法说理不足、对办案中如何参照适用指导性不强的问题，《规定》在《2010年规定》基础上，增加了'法理分析'的内容。其目的是对指导性案例涉及的相关法律适用问题进行提炼总结和理论阐述，形成具有一定指导意义的参照适用意见，增强指导性案例的说理性与指导性。"该负责人介绍道。

广辟征集渠道，人民监督员具有推荐案例资格

据了解，由于《2010年规定》缺乏明确责任要求，工作中相关部门和地方检察院选送案例的责任意识不强、积极性不高，导致备选案例来源不足、质量不高。对此，《规定》进一步完善了指导性案例的征集遴选程序，明确了最高人民检察院各业务部门和省级检察院在收集审查和推荐备选案例方面的具体责任。

《规定》提出最高人民检察院案例指导工作机构根据工作需要，可以定期向最高人民检察院各业务部门和省级检察院发布重点征集的案例类型。同时在原来规定人大代表、政协委员、专家学者等社会各界主体可以推荐备选指导性案例基础上，增加了人民监督员、专家咨询委员等案例推荐主体，上述主体对认为符合本规定要求的案例，可以建议办理案件的检察院按照相关程序向最高人民检察院案例指导工作机构推荐。

公开发布，也要及时清理

《规定》明确了统一的指导性案例发布平台，即最高人民检察院察检察委员会审议通过的指导性案例，应当在《最高人民检察院公报》、《检察日报》和最高人民检察院网站公布。

"考虑到指导性案例作为规范检察机关司法办案的重要依据，应当同法律和司法解释一样及时向社会公开发布，因此《规定》删除了《2010年规定》中有关'总经经验、教训的案例及不宜公开发布的案例，可以在检察机关内部发布'的内容"。最高人民检察院法律政策研究室负责人表示。

　　随着法律和司法解释的废改立以及指导性案例数量增多，有可能出现指导性案例与新颁布的法律、司法解释以及新旧指导性案例之间发生冲突的现象。对此，《规定》提出建立指导性案例宣告失效机制，对因特定原因不再适合作为指导性案例的，应当及时清理和宣告失效，以保证指导性案例的合法有效。《规定》明确了应当宣告指导性案例失效的四种情形，即案例援引的法律或者司法解释废止的；与新颁布的法律或者司法解释相冲突的；与最高人民检察院新发布的指导性案例相冲突的；其他应当宣告失效的情形。

人民检察院案件请示办理工作规定（试行）

（2015 年 12 月 16 日最高人民检察院第十二届检察委员会第四十五次会议通过　2015 年 12 月 30 日发布并施行　高检发〔2015〕17 号）

第一章　总　　则

第一条　为了落实人民检察院司法责任制要求，完善人民检察院司法办案指导决策机制，规范人民检察院案件请示办理工作，根据有关法律、司法解释和检察工作规定，制定本规定。

第二条　下级人民检察院在办理具体案件时，对涉及法律适用、办案程序、司法政策等方面确属重大疑难复杂的问题，经本级人民检察院研究难以决定的，应当向上级人民检察院请示。

上级人民检察院认为必要时，可以要求下级人民检察院报告有关情况。

第三条　各级人民检察院依法对案件事实认定、证据采信独立承担办案责任，下级人民检察院不得就具体案件的事实认定问题向上级人民检察院请示。

第二章　请　　示

第四条　下级人民检察院依据本规定第二条向上级人民检察院请示的，应当经本院检察委员会审议决定。

下级人民检察院未经本院检察委员会审议决定向上级人民检察院请示的，上级人民检察院不予受理。

第五条　案件请示应当遵循逐级请示原则。对重大紧急的突发案件，下级人民检察院必须越级请示的，应当说明理由，接受请示的上级人民检察院认为理由不能成立的，应当要求其逐级请示。

上级人民检察院对下级人民检察院请示的案件，经本院检察委员会审议决定，可以逐级向更高层级人民检察院请示。

第六条　下级人民检察院应当以院名义向上级人民检察院请示。

下级人民检察院业务部门向上级人民检察院对口业务部门请示，上级人民检察院业务部门认为请示问题属于重大疑难复杂的，应当要求下级人民检察院业务部门报请本院检察委员会讨论后，以院名义请示。

第七条　下级人民检察院请示案件，应当以书面形式提出。请示文书包括以下内容：

（一）案件基本情况；

（二）需要请示的具体问题；

（三）下级人民检察院检察委员会讨论情况、争议焦点及倾向性意见；

（四）下级人民检察院检察长的意见。

下级人民检察院有案卷材料的，应当一并附送。

第八条　下级人民检察院对正在办理的案件向上级人民检察院请示的，应当在办案期限届满十日之前报送上级人民检察院；法律规定的办案期限不足十日的，应当在办案期限届满三日之前报送。

第九条　下级人民检察院请示案件，应当由本院案件管理部门通过统一业务应用系统，报送上级人民检察院案件管理部门，同时报送书面请示一式三份。

第三章　答　　复

第十条　人民检察院案件管理部门收到案件请示材料后应当立即进行审查，对符合请示条件的，根据案件性质及诉讼环节，移送相关业务部门办理；认为不符合请示条件的，应当退回下级人民检察院并说明理由；认为请示材料不符合要求的，应当要求下级人民检察院补送或者重新报送。

第十一条　对案件管理部门移送的下级人民检察院请示，承办部门经审查认为不属于本部门职责范围的，应当报分管副检察长批准后，退回案件管理部门重新提出分办意见。承办部门不得自行移送其他部门办理。

下级人民检察院请示的问题，上级人民检察院曾经作出过规定、明确过意见或者针对特定检察院请示作过答复的，应当告知下级人民检察院按照有关规定、意见和答复办理。

第十二条　承办部门应当指定专人办理答复工作。承办人应当全面审查请示内容和案卷材料，研究提出处理意见，经部门负责人审查后报分管副检察长审批。

分管副检察长认为必要时，可以报检察长或者提请检察委员会审议决定。检察委员会开会时，可以根据情况要求下级人民检察院有关负责人和办案人员列席。

　　第十三条　请示内容涉及本院其他部门业务的，承办部门应当商请有关部门共同研究，或者征求相关部门意见。需要征求院外机关意见或者组织专家咨询的，应当报分管副检察长批准。

　　第十四条　上级人民检察院对案件请示应当及时办理并答复下级人民检察院。对在诉讼程序内案件的请示，应当在办案期限届满之前答复下级人民检察院。对不在诉讼程序内案件的请示，应当在一个月以内答复下级人民检察院；特别重大复杂案件，经分管副检察长批准，可以延长一个月。

　　因特殊原因不能在规定的办理期限内答复的，承办部门应当在报告检察长后，及时通知下级人民检察院，并抄送本院案件管理部门。

　　第十五条　上级人民检察院办理请示的案件，应当严格依据法律、司法解释和检察工作规定，对请示问题提出明确的答复意见，并阐明答复依据和理由。

　　第十六条　对下级人民检察院的请示，上级人民检察院应当以院发文件进行答复。紧急情况下，经分管副检察长批准，上级人民检察院承办部门可以先通过其他方式向下级人民检察院告知答复意见，并立即制发公文进行正式答复。正式答复应当与其他方式答复内容一致。

　　第十七条　上级人民检察院对下级人民检察院正式答复后，承办部门应当在三个工作日以内将答复意见抄送本院案件管理部门和法律政策研究部门。对于案件已经办结并且不涉密的答复意见，上级人民检察院可以通过适当方式在检察机关内部公布，所属各级人民检察院办理类似案件或者处理类似问题，可以参照适用。

第四章　相关责任

　　第十八条　故意隐瞒、歪曲事实或者因重大过失错报漏报重要事实或者情节，导致上级人民检察院作出错误答复意见的，下级人民检察院有关人员应当承担相应纪律责任和法律责任。

　　第十九条　故意违反办理程序或者严重不负责任，导致作出的答复意见违反法律、司法解释或者检察工作规定的，上级人民检察院有关人员应当承担相应纪律责任和法律责任。

　　第二十条　对上级人民检察院的答复意见，下级人民检察院应当执行，并在执行完毕后十日以内将执行情况报送上级人民检察院。

　　下级人民检察院因特殊原因对答复意见不能执行的，应当书面说明有关情况和理由，经本院检察长批准后报送上级人民检察院。

第二十一条　对上级人民检察院的答复意见，下级人民检察院应当执行而不执行，无正当理由拖延执行以及因故意或者重大过失错误执行，对办案工作造成不利影响的，应当追究相关人员纪律责任和法律责任。

第五章　附　　则

第二十二条　本规定适用于人民检察院对具体案件的请示与答复工作。下级人民检察院就某一类案件如何适用法律的问题向上级人民检察院请示的，依照其他相关规定办理。

第二十三条　人民检察院在案件请示办理工作中应当遵守保密工作规定。

第二十四条　本规定由最高人民检察院负责解释，自发布之日起施行。

发挥上级院决策指导作用
保证下级院办案活动依法进行
——《人民检察院案件请示办理工作规定（试行）》解读

最高人民检察院日前下发《人民检察院案件请示办理工作规定（试行）》（以下简称《规定》），对下级检察院案件请示与上级检察院办理答复相关问题进行了进一步规范。哪些问题可纳入请示的范畴？检察院在执行《规定》过程中需要注意哪些问题？记者就相关问题采访了最高人民检察院法律政策研究室负责人。

规范案件请示办理工作具有现实紧迫性

上下级检察院之间的案件请示与答复工作是检察权运行机制的重要内容，对于充分发挥上级检察院决策指导作用、保证下级检察院办案活动正常进行具有重要意义。

记者采访了解到，从实际操作情况来看，检察院案件请示与答复工作存在着一些不容忽视和需要着力解决的现实问题，如下级检察院的请示内容、请示程序、请示方式、请示责任等不够规范，导致上下级检察院之间办案责任不清，甚至出现部分下级检察院将请示汇报当作推卸责任的"挡箭牌"等现象，这些问题迫切需要以制度形式加以规范和完善。

对此，最高人民检察院法律政策研究室负责人接受记者采访时指出，《规定》的出台是最高人民检察院落实检察机关司法责任制要求、完善检察办案指导决策机制、规范检察机关案件请示办理工作的重要举措，对于充分发挥上级检察院决策指导作用、保证下级检察院办案活动依法正确进行具有重要意义。

事实认定问题不纳入案件请示范围

《规定》对下级检察院向上级检察院请示的范围作出严格界定，明确提出"下级人民检察院在办理具体案件时，对涉及法律适用、办案程序、司法政策等方面确属重大疑难复杂的问题，经本级人民检察院研究难以决定的，应当向上级人民检察院请示"。

记者注意到，与此相适应，《规定》还明确各级检察院在案件事实认定和证据采信方面依法承担独立办案责任，禁止下级检察院就具体案件的事实认定问题向上级检察院请示。

对此，最高人民检察院法律政策研究室负责人解释说，从司法亲历性原则考虑，事实证据问题应当由具体承办案件的检察院及其检察官负责，上级检察院仅依据案件请示所附相关材料，难以保证对案件事实证据作出全面准确判断。同时，对案件事实证据问题进行请示和答复，容易造成上下级检察院办案责任不清、责任追究困难，不符合最高人民检察院"谁办案谁负责、谁决定谁负责"的司法责任制改革要求。而从办案实践看，上级检察院代替、影响或者干预下级检察院对事实证据问题的处理，容易引发冤假错案。

通过统一业务应用系统报送

《规定》强调，下级检察院请示必须以书面形式提出。对此，最高人民检察院法律政策研究室负责人解释道，允许请示的问题通常属于重大疑难问题，通过电话等其他方式请示存在一定的随意性，不但不符合检察机关办案责任制要求，也不利于今后的责任倒查与追究。

据了解，正在办理的案件通常都有明确的办案期限，下级检察院请示应当为上级检察院办理答复预留合理时间，上级检察院也应考虑下级检察院办案工作需要，及时办理相关答复。对此，《规定》明确要求请示文书应当在办案期限届满十日之前报送上级检察院，法律规定的办案期限不足十日的，应当在办案期限届满三日之前报送。

根据《规定》，下级检察院案件请示应当由案件管理部门通过统一业务应用系统报送。"相关请示和答复内容通过网上录入、网上管理、网上监督，可以进一步强化检察机关案件管理的专业化和规范化。"该负责人说。

上级检察院要依法明确答复下级检察院请示

《规定》明确了上级检察院案件管理部门对下级检察院案件请示的审查分办职责，严格规范了上级检察院承办部门对下级检察院请示的审查、办理、征求意见和报送审批程序。

最高人民检察院法律政策研究室负责人介绍说，为了确保答复意见合法、内容明确、理由充分，切实增强答复办理工作的规范性和对下指导的有效性，《规定》要求上级检察院办理请示案件，应当严格依据法律、司法解释和检察工作规定，对请示问题提出明确的答复意见，并阐明答复依据和理由。

记者注意到，《规定》特别指出，对于案件已经办结并且不涉密的答复意见，上级检察院可以通过适当方式在检察机关内部公布。

对此，该负责人解释说，下级检察院请示涉及的疑难复杂问题，在实践中可能具有一定普遍性，对已经办结并且不涉密的答复意见进行适当公布，可以提高答复意见的适用效果，一方面所属各级检察院在遇到类似问题时可以参照适用，另一方面也可以避免其他下级检察院因为不了解答复内容而重复请示的问题。

无理由不执行答复意见或可追责

据介绍，《规定》第十八条至第二十一条分别对下级检察院请示内容的真实性责任、上级检察院答复意见的合法性责任、下级检察院对答复意见的执行责任以及相应的追责机制作出规定。

《规定》强调，下级检察院有关人员故意隐瞒、歪曲事实或者因重大过失错报漏报重要事实或者情节，导致上级检察院作出错误答复意见的；上级检察院有关人员故意违反办理程序或者严重不负责任，导致作出的答复意见违反法律、司法解释或者检察工作规定的，应当分别承担相应的纪律责任和法律责任。

最高人民检察院法律政策研究室负责人介绍说，针对答复意见执行问题，《规定》明确下级检察院对上级检察院答复意见应当执行，并将执行情况及时向上级检察院报告，未能执行的应当说明情况理由，以防止出现下级检察院请示积极、执行随意等不规范问题。对下级检察院不执行、拖延执行或者错误执行答复意见的，应当追究相关人员责任，以提高下级检察院执行答复意见的及时性和严肃性。

最高人民检察院司法解释工作规定

（2006 年 4 月 18 日最高人民检察院第十届检察委员会第五十三次会议通过，2015 年 12 月 16 日最高人民检察院第十二届检察委员会第四十五次会议修订　2016 年 1 月 12 日施行　高检发研字〔2015〕13 号）

第一条　为了加强和规范司法解释工作，统一法律适用标准，维护司法公正，根据《中华人民共和国立法法》、《中华人民共和国各级人民代表大会常务委员会监督法》、《全国人民代表大会常务委员会关于加强法律解释工作的决议》等法律规定，结合检察工作实际，制定本规定。

第二条　人民检察院在检察工作中具体应用法律的问题，只能由最高人民检察院作出司法解释。

第三条　司法解释应当以法律为依据，不得违背和超越法律规定。

第四条　司法解释工作应当主动接受全国人民代表大会及其常务委员会的监督。

在研究制定司法解释过程中，对于法律的规定需要进一步明确具体含义，或者法律制定后出现新的情况，需要明确适用法律依据的，最高人民检察院应当向全国人民代表大会常务委员会提出法律解释的要求或者提出制定、修改有关法律的议案。

第五条　最高人民检察院制定并发布的司法解释具有法律效力。人民检察院在起诉书、抗诉书、检察建议书等法律文书中，需要引用法律和司法解释的，应当先援引法律，后援引司法解释。

第六条　司法解释采用"解释"、"规则"、"规定"、"批复"、"决定"等形式，统一编排最高人民检察院司法解释文号。

对检察工作中如何具体应用某一法律或者对某一类案件、某一类问题如何应用法律制定的司法解释，采用"解释"、"规则"的形式。

对检察工作中需要制定的办案规范、意见等司法解释，采用"规定"的形式。

对省级人民检察院（包括解放军军事检察院、新疆生产建设兵团人民检察院）就检察工作中具体应用法律问题的请示制定的司法解释，采用"批复"的形式。

修改或者废止司法解释，采用"决定"的形式。

第七条　最高人民检察院法律政策研究室具体承办司法解释工作的有关事宜，统一负责司法解释的立项、起草、审核、协调、清理等工作。最高人民检察院其他有关业务部门和地方人民检察院、专门人民检察院应当配合最高人民检察院法律政策研究室共同做好司法解释工作。

第八条　最高人民检察院于每年年初制定本年度司法解释工作计划。

司法解释工作计划由最高人民检察院法律政策研究室负责研究起草，并征求省级人民检察院和最高人民检察院有关业务部门意见。

司法解释工作计划应当提请最高人民检察院检察委员会审议通过。根据检察工作实践需要，经检察委员会或者检察长决定，可以对司法解释工作计划进行补充或者调整。

第九条　制定司法解释按照以下程序进行：

（一）立项；

（二）调查研究并起草司法解释意见稿；

（三）论证并征求有关方面意见，提出司法解释审议稿；

（四）提交分管副检察长审查，报请检察长决定提交检察委员会审议；

（五）检察委员会审议通过；

（六）核稿；

（七）签署发布；

（八）报送全国人民代表大会常务委员会备案。

第十条　制定司法解释，应当立项。最高人民检察院制定司法解释的立项来源包括：

（一）最高人民检察院检察委员会关于制定司法解释的决定、要求；

（二）最高人民检察院领导关于制定司法解释的批示；

（三）最高人民检察院法律政策研究室和其他有关业务部门提出制定司法解释的建议；

（四）省级人民检察院向最高人民检察院提出制定司法解释的请示、报告或者建议；

（五）全国人大代表、全国政协委员提出制定司法解释的建议或者提案；

（六）有关机关、社会团体或者其他组织以及公民提出制定司法解释的建议；

（七）最高人民检察院认为需要制定司法解释的其他情形。

第十一条　省级人民检察院报请最高人民检察院制定司法解释的请示、报告或者建议，应当由本院法律政策研究室归口办理，并由本院检察委员会审议决定。在报请最高人民检察院制定司法解释的请示、报告或者建议中，应当载明报请解释的问题、本院检察委员会意见，并附送有关案例和材料。

省级以下人民检察院认为需要制定司法解释的，应当层报省级人民检察院，由省级人民检察院审查决定是否向最高人民检察院提出请示、报告或者建议。

第十二条　最高人民检察院检察委员会关于制定司法解释的决定、要求，由最高人民检察院法律政策研究室直接立项。其他制定司法解释的批示、请示、报告、建议或者提案，由最高人民检察院法律政策研究室研究提出是否立项的意见，经分管副检察长批准并报检察长决定。

决定立项的，应当列入司法解释工作计划。

第十三条　已经立项的司法解释，最高人民检察院法律政策研究室应当在立项后一个月以内研究提出司法解释意见稿。对于省级人民检察院向最高人民检察院提出的具体应用法律问题的请示、报告或者建议，最高人民检察院法律政策研究室应当在立项后十五日以内研究起草司法解释意见稿。

对于重大、疑难、复杂的司法解释项目或者情况特殊的，研究提出司法解释意见稿的时间可以适当延长。

第十四条　经分管副检察长或者检察长决定，可以由最高人民检察院有关业务部门负责相关司法解释的起草工作，研究提出司法解释意见稿。

经分管副检察长批准，最高人民检察院法律政策研究室可以委托地方人民检察院或者有关高等院校、科研机构研究提出司法解释建议稿。

第十五条　司法解释意见稿应当报送全国人民代表大会相关专门委员会或者全国人民代表大会常务委员会相关工作机构征求意见。

司法解释意见稿应当征求有关机关以及地方人民检察院、专门人民检察院、最高人民检察院有关业务部门以及相关专家学者的意见。

涉及广大人民群众切身利益的司法解释，经检察长决定，可以在互联网、报纸等媒体上公开征求社会各界和人民群众的意见。

第十六条　最高人民检察院法律政策研究室或者经批准承办相关司法解释的其他有关业务部门，应当在征求意见后对司法解释意见稿进行修改完善，提出司法解释审议稿并起草说明，由分管副检察长审查后报请检察长决定提交检察委员会审议。对于较为重大的司法解释，在提请检察委员会审议前，可以征求有关检察委员会委员的意见。

第十七条　司法解释审议稿的说明应当包括以下内容：

（一）立项来源和背景；

（二）研究起草和修改过程；

（三）征求有关机关、地方人民检察院、专门人民检察院、最高人民检察院有关业务部门以及专家学者、社会各界意见的情况；

（四）司法解释审议稿的逐条说明，包括各方面意见、争议焦点、承办部门研究意见和理由。

第十八条　最高人民检察院发布的司法解释应当经最高人民检察院检察委员会审议通过。

检察委员会审议认为制定司法解释的条件尚不成熟的，可以决定进一步研究论证或者撤销立项。

第十九条　最高人民检察院检察委员会审议通过的司法解释审议稿，承办部门应当根据检察委员会审议意见进行修改完善，经最高人民检察院法律政策研究室核稿后，报分管副检察长审核，由检察长签发。

第二十条　最高人民检察院的司法解释以最高人民检察院公告的形式在《最高人民检察院公报》、《检察日报》和最高人民检察院门户网站上公开发布。

第二十一条　司法解释以最高人民检察院发布公告的日期为生效时间，但司法解释另有规定的除外。

第二十二条　司法解释应当自公布之日起三十日以内报送全国人民代表大会常务委员会备案。

第二十三条　最高人民检察院应当对地方人民检察院和专门人民检察院执行司法解释和制定规范性文件的情况进行检查、监督。

最高人民检察院法律政策研究室可以组织对有关司法解释的执行情况和施行效果进行评估。评估情况应当报告分管副检察长或者检察长，必要时可以向检察委员会报告。

第二十四条　法律制定、修改、废止后，相关司法解释与法律规定相矛盾的内容自动失效；最高人民检察院对相关司法解释应当及时予以修改或者废止。

制定新的司法解释，以往司法解释不再适用或者部分不再适用的，应当在新的司法解释中予以明确规定。

第二十五条　最高人民检察院应当定期对司法解释进行清理，并对现行有效的司法解释进行汇编。司法解释清理参照司法解释制定程序的相关规定办理。

司法解释清理情况应当及时报送全国人民代表大会常务委员会。

第二十六条　对于同时涉及检察工作和审判工作中具体应用法律的问题，最高人民检察院应当商请最高人民法院联合制定司法解释；对最高人民法院商请最高人民检察院联合制定司法解释的，最高人民检察院应当共同研究、联合制定。

最高人民检察院与最高人民法院联合制定的司法解释需要修改、补充或者废止的，应当与最高人民法院协商。

第二十七条　最高人民检察院的司法解释同最高人民法院的司法解释有原则性分歧的，应当协商解决。通过协商不能解决的，依法报请全国人民代表大会常务委员会解释或者决定。

第二十八条　本规定自 2016 年 1 月 12 日起施行。《最高人民检察院司法解释工作规定》（高检发研字〔2006〕4 号）同时废止。

加强规范司法解释工作　　努力提升工作质量水平

——最高人民检察院法律政策研究室负责人就 《最高人民检察院司法解释工作规定》答记者问

最高人民检察院日前发布了新修订的《最高人民检察院司法解释工作规定》（以下简称《规定》）。记者就有关问题对最高人民检察院法律政策研究室负责人（以下简称负责人）进行了专访。

记者：请问此次修订《规定》的背景是什么？

负责人：制定司法解释是法律赋予最高人民检察院的重要职责之一，也是最高人民检察院领导地方各级检察院依法正确行使检察权的重要方式。自1981年《全国人民代表大会常务委员会关于加强法律解释工作的决议》明确赋予最高人民检察院司法解释职责以来，最高人民检察院根据司法实践需要，单独或者会同有关部门制定了一大批司法解释和司法解释性质文件，仅2015年就单独或者会同最高人民法院制定司法解释10件，司法解释性质文件近20件，对于保证国家法律的统一、正确实施，保证司法机关严格依法办案，发挥了重要作用。最高人民检察院先后于1996年、2006年印发了《司法解释工作暂行规定》、《司法解释工作规定》，对加强司法解释工作的规范化、制度化建设发挥了积极作用。近年来，随着中国特色社会主义法律体系的建立健全，需要加快推进司法解释制定工作的法治化、制度化、科学化，进一步丰富内容、完善程序、规范形式、提高质量。《中共中央关于全面推进依法治国若干重大问题的决定》明确提出"加强和规范司法解释和案例指导工作，统一法律适用标准"。最高人民检察院检察改革工作方案也要求"加强和规范司法解释和案例指导，统一法律适用标准。完善司法解释的制定程序，增强司法解释的规范性、及时性、针对性和有效性"。根据检察改革要求和部署，我们通过调研、征求意见等多种方式，全面了解和收集了当前司法解释工作中存在的问题和改进的意见建议。从调研情况来看，普遍反映2006年《司法解释工作规定》（以下简称《2006年规定》）已不能满足当前的形势变化和改革要求，有些内容亟须根据经济社会的发展和司法办案的需要作出修改、补充和完善。在上述背景下，我们适时启动了《2006年规定》的全面、系统修订工作。

记者：请问此次修订的《规定》着重解决和回应了哪些司法解释工作中存在的问题和改进的意见建议？

负责人：我们在此次修订工作中，始终坚持问题导向，通过调研和征求意见，了解和收集当前司法解释工作中存在的问题和改进的意见建议主要有：一是建议完善司法解释的制定程序，确保司法解释的规范性和及时性。二是建议加强司法解释的调研和征求意见工作，确保司法解释的科学性和公开性。三是建议加强司法解释清理工作，确保司法解释的有效性和实用性。四是建议调动省级检察院在司法解释制定工作中的积极性，对涉及法律适用问题的请示及时作出回应，确保司法解释的针对性。五是建议加强最高人民法院、最高人民检察院联合制发司法解释的工作机制，等等。我们针对上述问题和意见建议进行了认真研究，结合近年来司法解释工作的实际情况，在《2006 年规定》基础上对条文顺序进行了调整，对实践中反映问题突出的条文内容进行了修改完善，新增了部分条文内容，进一步建立健全了司法解释的相关工作机制。

　　记者：请简要介绍一下《规定》修订的重点内容？

　　负责人：《规定》共 28 条，修订的重点内容主要有：一是严格依法，符合相关法律和规范性文件的规定。根据立法法、各级人民代表大会常务委员会监督法等法律和相关规范性文件的规定，《规定》对司法解释主体、司法解释备案等条文作了相应修改，与相关法律和规范性文件的规定保持一致。二是体现接受人大监督的原则。《规定》专门增加司法解释工作接受人大监督的条文，并对司法解释征求意见、司法解释备案、司法解释清理等条文作了相应修改，充分体现主动接受人大监督的宪法精神和法律要求。三是加强司法解释工作的规范化、制度化。《规定》针对司法解释的立项、起草、征求意见、审议、核稿、签发、公布、备案等具体程序作了进一步明确规定，提出具体工作要求，强化可操作性，着力提高司法解释工作的规范化、制度化水平。四是增强司法解释的科学性、公开性。《规定》进一步强化了司法解释的研究起草、征求意见工作，特别是扩大了司法解释研究起草的主体和征求意见的范围，并增加规定了司法解释执行的评估工作。

　　记者：您刚才提到《规定》扩大了司法解释研究起草的主体和征求意见的范围，能否具体介绍一下今后的做法？

　　负责人：首先，关于司法解释研究起草主体的问题。《规定》明确，经过批准可以由最高人民检察院有关业务部门负责相关司法解释的起草工作，研究提出司法解释意见稿；最高人民检察院法律政策研究室可以委托地方检察院或者有关高等院校、科研机构研究提出司法解释建议稿。这一规定扩大了司法解释研究起草的主体，有利于充分调动最高人民检察院有关业务部门、地方检察院在司法解释制定工作中的积极性，充分利用有关高等院校、科研机构的专业资源和科研优势，增强司法解释的科学性、合理性。其次，关于司法解释征求意见范围的问题。《规定》明确司法解释应当报送全国人大相关专门委员会或者全国人大常务委员会相关工作机构征求意见；应当征求有关机关以及地方检察院、专门检察院、最高人民检察院有关业务部门以及相关专家学者的意见；涉及广大人民群众切身利益的司法解释，经检察长决定，可以在互联网、报纸等媒体上公开征求社会各界和人民群众的意见。这一规定扩大了司法解释征求意见的范围，有利于在司法解释制定过程中发扬民主，集思广益，群策群力，广泛听取各方面的意见，倾听人民群众呼声，回应人民群众关切，促进司法解释工作公开化、民主化，切实提高司法解释质量。

记者：您刚才提到《规定》增加规定了司法解释执行的评估工作，能否具体介绍一下？

负责人：长期以来在司法解释工作中，我们比较重视司法解释的研究起草工作，而对司法解释公布后的执行情况以及施行后的法律效果、社会效果关注不够。有鉴于此，《规定》明确规定："最高人民检察院法律政策研究室可以组织对有关司法解释的执行情况和施行效果进行评估。评估情况应当报告分管副检察长或者检察长，必要时可以向检察委员会报告。"这一规定建立了司法解释的评估机制，对公布施行的司法解释适时进行"回访"和"体检"，既能够及时了解掌握司法解释执行情况和施行效果，推动司法解释质量的提升，也能够督促指导各级检察机关正确适用司法解释，统一法律适用标准，规范司法行为。下一步，我们还将研究司法解释执行评估工作的具体办法，将这一工作机制落到实处。

二、指导性案例

最高人民检察院关于印发最高人民检察院
第六批指导性案例的通知

（2015 年 7 月 1 日最高人民检察院第十二届检察委员会第三十七次会议通过 2015 年 7 月 3 日公布并施行 高检发研字〔2015〕3 号）

各省、自治区、直辖市人民检察院，军事检察院，新疆生产建设兵团人民检察院：

经 2015 年 7 月 1 日最高人民检察院第十二届检察委员会第三十七次会议决定，现将马世龙（抢劫）核准追诉案等四个指导性案例印发给你们，供参照适用。

最高人民检察院
2015 年 7 月 3 日

检例第 20 号

马世龙（抢劫）核准追诉案

关键词　核准追诉　后果严重　影响恶劣

【基本案情】

犯罪嫌疑人马世龙，男，1970 年生，吉林省公主岭市人。

1989 年 5 月 19 日下午，犯罪嫌疑人马世龙、许云刚、曹立波（后二人另案处理，均已判刑）预谋到吉林省公主岭市苇子沟街獾子洞村李树振家抢劫，并准备了面罩、匕首等作案工具。5 月 20 日零时许，三人蒙面持刀进入被害人李树振家大院，将屋门玻璃撬开后拉开门锁进入李树振卧室。马世龙、许云刚、曹立波分别持刀逼住李树振及其妻子王某，并强迫李树振及其妻子拿钱。李树振和妻子王某喊救命，曹立波、许云刚随即逃离。马世龙在逃离时被李树振拉住，遂持刀在李树振身上乱捅，随后逃脱。曹立波、许云刚、马世龙会合后将抢得的现金 380 余元分掉。李树振被送往医院抢救无效死亡。

【核准追诉案件办理过程】

案发后马世龙逃往黑龙江省七台河市打工。公安机关没有立案，也未对马世龙采取强制措施。2014 年 3 月 10 日，吉林省公主岭市公安局接到黑龙江省七台河市桃山区桃山街派出所移交案件：当地民警在对辖区内一名叫"李红"的居民进行盘查时，"李红"交待其真实姓名为马世龙，1989 年 5 月伙同他人闯入吉林省公主岭市苇子沟街獾子洞村李树振家抢劫，并将李树振用刀扎死后逃跑。当日，公主岭市公安局对马世龙立案侦查，3 月 18 日通过公主岭市人民检察院层报最高人民检察院核准追诉。

公主岭市人民检察院、四平市人民检察院、吉林省人民检察院对案件进行审查并开展了必要的调查。2014 年 4 月 8 日，吉林省人民检察院报最高人民检察院对马世龙核准追诉。

另据查明：（一）被害人妻子王某和儿子因案发时受到惊吓患上精神病，靠捡破烂为生，生活非常困难，王某强烈要求追究马世龙刑事责任。（二）案发地群众表示，李树振被抢劫杀害一案在当地造成很大恐慌，影响至今没有消除，对犯罪嫌疑人应当追究刑事责任。

最高人民检察院审查认为：犯罪嫌疑人马世龙伙同他人入室抢劫，造成一人死亡的严重后果，依据《中华人民共和国刑法》第十二条、1979 年《中华人民共和国刑法》第一百五十条规定，应当适用的法定量刑幅度的最高刑为死刑。本案对被害人家庭和亲属造成严重伤害，在案发当地造成恶劣影响，虽然经过二十年追诉期限，被害方以及案发地群众反映强烈，社会影响没有消失，不追诉可能严重影响社会稳定或者产生其他严重后果。综合上述情况，依据 1979 年《中华人民共和国刑法》第七十六条第四项规定，决定对犯罪嫌疑人马世龙核准追诉。

【案件结果】

2014 年 6 月 26 日，最高人民检察院作出对马世龙核准追诉决定。2014 年 11 月 5 日，吉林省四平市中级人民法院以马世龙犯抢劫罪，同时考虑其具有自首情节，判处其有期徒刑十五年，并处罚金 1000 元。被告人马世龙未上诉，检察机关未抗诉，一审判决生效。

【要旨】

故意杀人、抢劫、强奸、绑架、爆炸等严重危害社会治安的犯罪，经过二十年追诉期限，仍然严重影响人民群众安全感，被害方、案发地群众、基层组织等强烈要求追究犯罪嫌疑人刑事责任，不追诉可能影响社会稳定或者产生其他严重后果的，对犯罪嫌疑人应当追诉。

【相关法律规定】

《中华人民共和国刑法》第十二条、第六十七条；1979 年《中华人民共和国刑法》第七十六条、第一百五十条。

检例第 21 号

丁国山等（故意伤害）核准追诉案

关键词　核准追诉　情节恶劣　无悔罪表现

【基本案情】

犯罪嫌疑人丁国山，男，1963 年生，黑龙江省齐齐哈尔市人。

犯罪嫌疑人常永龙，男，1973 年生，辽宁省朝阳市人。

犯罪嫌疑人丁国义，男，1965 年生，黑龙江省齐齐哈尔市人。

犯罪嫌疑人闫立军，男，1970 年生，黑龙江省齐齐哈尔市人。

1991 年 12 月 21 日，李万山、董立君、魏江等三人上山打猎，途中借宿在莫旗红彦镇大韭菜沟村（后改名干拉抛沟村）丁国义家中。李万山酒后因琐事与丁国义侄子常永龙发生争吵并殴打了常永龙。12 月 22 日上午 7 时许，丁国山、丁国义、常永龙、闫立军为报复泄愤，对李万山、董立君、魏江三人进行殴打，并将李万山、董立君装进麻袋，持木棒继续殴打三人要害部位。后丁国山等四人用绳索将李万山和董立君捆绑吊于房梁上，将魏江捆绑在柱子上后逃离现场。李万山头部、面部多处受伤，经救治无效于当日死亡。

【核准追诉案件办理过程】

案发后丁国山等四名犯罪嫌疑人潜逃。莫旗公安局当时没有立案手续，也未对犯罪嫌疑人采取强制措施。2010年全国追逃行动期间，莫旗公安局经对未破命案进行梳理，并通过网上信息研判、证人辨认，确定了丁国山等四名犯罪嫌疑人下落。2013年12月25日，犯罪嫌疑人丁国山、丁国义、闫立军被抓获归案；2014年1月17日，犯罪嫌疑人常永龙被抓获归案。2014年1月25日，莫旗公安局通过莫旗人民检察院层报最高人民检察对丁国山等四名犯罪嫌疑人核准追诉。

莫旗人民检察院、呼伦贝尔市人民检察院、内蒙古自治区人民检察院对案件进行审查并开展了必要的调查。2014年4月10日，内蒙古自治区人民检察院报最高人民检察院对丁国山等四名犯罪嫌疑人核准追诉。

另据查明：（一）案发后四名犯罪嫌疑人即逃跑，在得知李万山死亡后分别更名潜逃到黑龙江、陕西等地，其间对于死伤者及其家属未给予任何赔偿。（二）被害人家属强烈要求严惩犯罪嫌疑人。（三）案发地部分村民及村委会出具证明表示，本案虽然过了20多年，但在当地造成的影响并没有消失。

最高人民检察院审查认为：犯罪嫌疑人丁国山、丁国义、常永龙、闫立军涉嫌故意伤害罪，并造成一人死亡的严重后果，依据《中华人民共和国刑法》第十二条、1979年《中华人民共和国刑法》第一百三十四条、全国人民代表大会常务委员会《关于严惩严重危害社会治安的犯罪分子的决定》第一条规定，应当适用的法定量刑幅度的最高刑为死刑。本案情节恶劣、后果严重，虽然已过20年追诉期限，但社会影响没有消失，不追诉可能严重影响社会稳定或者产生其他严重后果。本案系共同犯罪，四名犯罪嫌疑人具有共同犯罪故意，共同实施了故意伤害行为，应当对犯罪结果共同承担责任。综合上述情况，依据1979年《中华人民共和国刑法》第七十六条第四项规定，决定对犯罪嫌疑人丁国山、常永龙、丁国义、闫立军核准追诉。

【案件结果】

2014年6月13日，最高人民检察院作出对丁国山、常永龙、丁国义、闫立军核准追诉决定。2015年2月26日，内蒙古自治区呼伦贝尔市中级人民法院以犯故意伤害罪，同时考虑审理期间被告人向被害人进行赔偿等因素，判处主犯丁国山、常永龙、丁国义有期徒刑十四年、十三年、十二年，从犯闫立军有期徒刑三年。被告人均未上诉，检察机关未抗诉，一审判决生效。

【要旨】

涉嫌犯罪情节恶劣、后果严重，并且犯罪后积极逃避侦查，经过二十年追诉期限，犯罪嫌疑人没有明显悔罪表现，也未通过赔礼道歉、赔偿损失等获得被害方谅解，犯罪造成的社会影响没有消失，不追诉可能影响社会稳定或者产生其他严重后果的，对犯罪嫌疑人应当追诉。

【相关法律规定】

《中华人民共和国刑法》第十二条；1979 年《中华人民共和国刑法》第二十二条、第七十六条、第一百三十四条。

检例第 22 号

杨菊云（故意杀人）不核准追诉案

关键词 不予核准追诉　家庭矛盾　被害人谅解

【基本案情】

犯罪嫌疑人杨菊云，女，1962 年生，四川省简阳市人。

1989 年 9 月 2 日晚，杨菊云与丈夫吴德禄因琐事发生口角，吴德禄因此殴打杨菊云。杨菊云乘吴德禄熟睡，手持家中一节柏树棒击打吴德禄头部，后因担心吴德禄继续殴打自己，便用剥菜尖刀将吴德禄杀死。案发后杨菊云携带儿子吴某（当时不满 1 岁）逃离简阳。9 月 4 日中午，吴德禄继父魏某去吴德禄家中，发现吴德禄被杀死在床上，于是向公安机关报案。公安机关随即开展了尸体检验、现场勘查等调查工作，并于 9 月 26 日立案侦查，但未对杨菊云采取强制措施。

【核准追诉案件办理过程】

杨菊云潜逃后辗转多地，后被拐卖嫁于安徽省凤阳县农民曹某。2013 年 3 月，吴德禄亲属得知杨菊云联系方式、地址后，多次到简阳市公安局、资阳市公安局进行控告，要求追究杨菊云刑事责任。同年 4 月 22 日，简阳市及资阳市公安局在安徽省凤阳县公安机关协助下将杨菊云抓获，后依法对其刑事拘留、逮捕，并通过简阳市人民检察院层报最高人民检察院核准追诉。

简阳市人民检察院、资阳市人民检察院、四川省人民检察院先后对案件进行审查并开展了必要的调查。2013 年 6 月 8 日，四川省人民检察院报最高人民检察院对杨菊云核准追诉。

另据查明：（一）杨菊云与吴德禄之子吴某得知自己身世后，恳求吴德禄父母及其他亲属原谅杨菊云。吴德禄的父母等亲属向公安机关递交谅解书，称鉴于杨菊云将吴某抚养成人，成立家庭，不再要求追究杨菊云刑事责任。（二）案发地部分群众表示，吴德禄被杀害，当时社会影响很大，现在事情过去二十多年，已经没有什么影响。

最高人民检察院审查认为：犯罪嫌疑人杨菊云故意非法剥夺他人生命，依据《中华人民共和国刑法》第十二条、1979 年《中华人民共和国刑法》第一百三十二条规定，应当适用的法定量刑幅度的最高刑为死刑。本案虽然情节、后果严重，但属于因家庭矛盾引发的刑事案件，且多数被害人家属已经表示原谅杨菊云，被害人与犯罪嫌疑人杨菊云之子吴某也要求不追究杨菊云刑事责任。案发地群众反映案件造成的社会影响已经消失。综合上述情况，本案不属于必须追诉的情形，依据 1979 年《中华人民共和国刑法》第七十六条第四项规定，决定对杨菊云不予核准追诉。

【案件结果】

2013 年 7 月 19 日，最高人民检察院作出对杨菊云不予核准追诉决定。2013 年 7 月 29 日，简阳市公安局对杨菊云予以释放。

【要旨】

1. 因婚姻家庭等民间矛盾激化引发的犯罪，经过二十年追诉期限，犯罪嫌疑人没有再犯罪危险性，被害人及其家属对犯罪嫌疑人表示谅解，不追诉有利于化解社会矛盾、恢复正常社会秩序，同时不会影响社会稳定或者产生其他严重后果的，对犯罪嫌疑人可以不再追诉。

2. 须报请最高人民检察院核准追诉的案件，侦查机关在核准之前可以依法对犯罪嫌疑人采取强制措施。侦查机关报请核准追诉并提请逮捕犯罪嫌疑人，人民检察院经审查认为必须追诉而且符合法定逮捕条件的，可以依法批准逮捕。

【相关法律规定】

《中华人民共和国刑法》第十二条；1979 年《中华人民共和国刑法》第七十六条、第一百三十二条。

检例第 23 号

蔡金星、陈国辉等（抢劫）不核准追诉案

关键词　不予核准追诉　悔罪表现　共同犯罪

【基本案情】

犯罪嫌疑人蔡金星，男，1963 年生，福建省莆田市人。

犯罪嫌疑人陈国辉，男，1963 年生，福建省莆田市人。

犯罪嫌疑人蔡金星、林俊雄于 1991 年初认识了在福建、安徽两地从事鳗鱼苗经营的一男子（姓名身份不详），该男子透露莆田市多人集资 14 万余元赴芜湖市购买鳗鱼苗，让蔡金星、林俊雄设法将钱款偷走或抢走，自己作为内应。蔡金星、林俊雄遂召集陈国辉、李建忠、蔡金文、陈锦城赶到芜湖市。经事先"踩点"，蔡金星、陈国辉等六人携带凶器及作案工具，于 1991 年 3 月 12 日上午租乘一辆面包车到被害人林文忠租住的房屋附近。按照事先约定，蔡金星在车上等候，其余五名犯罪嫌疑人进入屋内，陈国辉上前按住林文忠，其他人用水果刀逼迫林文忠，抢到装在一个密码箱内的 14 万余元现金后逃跑。

【核准追诉案件办理过程】

1991 年 3 月 12 日，被害人林文忠到芜湖市公安局报案，4 月 18 日芜湖市公安局对犯罪嫌疑人李建忠、蔡金文、陈锦城进行通缉，4 月 23 日对三人作出刑事拘留决定。李建忠于 2011 年 9 月 21 日被江苏省连云港市公安局抓获，蔡金文、陈锦城于 2011 年 12 月 8 日在福建省莆田市投案（三名犯罪嫌疑人另案处理，均已判刑）。李建忠、蔡金文、陈锦城到案后，供出同案犯罪嫌疑人蔡金星、陈国辉、林俊雄（已死亡）三人。莆田市公安局于 2012 年 3 月 9 日将犯罪嫌疑人蔡金星、陈国辉抓获。2012 年 3 月 12 日，芜湖市公安局对两名犯罪嫌疑人刑事拘留（后取保候审），并通过芜湖市人民检察院层报最高人民检察院核准追诉。

芜湖市人民检察院、安徽省人民检察院分别对案件进行审查并开展了必要的调查。2012 年 12 月 4 日，安徽省人民检察院报最高人民检察院对蔡金星、陈国辉核准追诉。

另据查明：（一）犯罪嫌疑人蔡金星、陈国辉与被害人（林文忠等当年集资做生意的群众）达成和解协议，并支付被害人 40 余万元赔偿金（包括直接损失和间接损失），各被害人不再要求追究其刑事责任。（二）蔡金星、陈国辉居住地基层组织未发现二人有违法犯罪行为，建议司法机关酌情不予追诉。

最高人民检察院审查认为：犯罪嫌疑人蔡金星、陈国辉伙同他人入户抢劫 14 万余元，依据《中华人民共和国刑法》第十二条、1979 年《中华人民共和国刑法》第一百五十条规定，应当适用的法定量刑幅度的最高刑为死刑。本案发生在 1991 年 3 月 12 日，案发后公安机关只发现了犯罪嫌疑人李建忠、蔡金文、陈锦城，在追诉期限内没有发现犯罪嫌疑人蔡金星、陈国辉，二人在案发后也没有再犯罪，因此已超过二十年追诉期限。本案虽然犯罪数额巨大，但未造成被害人人身伤害等其他严重后果。犯罪嫌疑人与被害人达成和解协议，并实际赔偿了被害人损失，被害人不再要求追究其刑事责任。综合上述情况，本案不属于必须追诉的情形，依据 1979 年《中华人民共和国刑法》第七十六条第四项规定，决定对蔡金星、陈国辉不予核准追诉。

【案件结果】

2012 年 12 月 31 日，最高人民检察院作出对蔡金星、陈国辉不予核准追诉决定。2013 年 2 月 20 日，芜湖市公安局对蔡金星、陈国辉解除取保候审。

【要旨】

1. 涉嫌犯罪已过二十年追诉期限，犯罪嫌疑人没有再犯罪危险性，并且通过赔礼道歉、赔偿损失等方式积极消除犯罪影响，被害方对犯罪嫌疑人表示谅解，犯罪破坏的社会秩序明显恢复，不追诉不会影响社会稳定或者产生其他严重后果的，对犯罪嫌疑人可以不再追诉。

2. 1997 年 9 月 30 日以前实施的共同犯罪，已被司法机关采取强制措施的犯罪嫌疑人逃避侦查或者审判的，不受追诉期限限制。司法机关在追诉期限内未发现或者未采取强制措施的犯罪嫌疑人，应当受追诉期限限制；涉嫌犯罪应当适用的法定量刑幅度的最高刑为无期徒刑、死刑，犯罪行为发生二十年以后认为必须追诉的，须报请最高人民检察院核准。

【相关法律规定】

《中华人民共和国刑法》第十二条；1979 年《中华人民共和国刑法》第二十二条、第七十六条、第一百五十条。

《最高人民检察院第六批指导性案例》
解析与参照

韩耀元 李清亮 王 杰[*]

2015 年 7 月 9 日，最高人民检察院发布第六批指导性案例。该批案例以最高人民检察院办理的核准追诉案件为主题，包括四个案例：马世龙（抢劫）核准追诉案，丁国山等（故意伤害）核准追诉案，杨菊云（故意杀人）不核准追诉案和蔡金星、陈国辉等（抢劫）不核准追诉案。为准确理解和参照适用第六批指导性案例，现就发布该批案例的背景、意义以及对检察机关正确办理核准追诉案件的指导作用等问题予以解读。

一、发布第六批指导性案例的背景

我国 1979 年刑法第七十六条和 1997 年刑法第八十七条均规定了核准追诉制度，即法定最高刑为无期徒刑、死刑的犯罪，超过二十年追诉期限后，认为必须追诉的，须报请最高人民检察院核准。核准追诉制度的根据在于刑法上的追诉时效制度。所谓追诉时效，是指刑法规定的、对犯罪人追究刑事责任的有效期限。在追诉时效内，司法机关有权追究犯罪人的刑事责任；超过追诉时效，司法机关就不能再追究其刑事责任。[①] 一般认为，追诉时效制度在促使和激励犯罪分子改过自新、实现预防犯罪目的、节约刑事司法资源、便于司法机关集中精力打击现行犯罪和维护社会关系持续稳定等方面具有积极意义。

我国刑法根据犯罪的法定最高刑确定了四个档次的追诉时效期限：（1）法定最高刑为不满五年有期徒刑的，经过五年；（2）法定最高刑为五年以上不满十年有期徒刑的，经过十年；（3）法定最高刑为十年以上有期徒刑的，经过十五年；（4）法定最高刑为无期徒刑、死刑的，经过二十年。原则上只要经过上述期限，司法机关对相应犯罪就不再追诉。但是，刑法同时考虑到法定最高刑为无期徒刑、死刑的犯罪往往都是社会危害性极其严重、犯罪人的人身危险性极大、所造成的社会影响极其恶劣的重大犯罪，经过二十年后可能仍然对社会安全有一定现实影响，被破坏的社会关系和社会秩序仍然没有恢复，如果一律不予追诉，可能不利于追诉时效制度目的的实现和社会公众对刑罚正义的期

---

[*] 作者单位：最高人民检察院法律政策研究室。
[①] 高铭暄、马克昌主编：《刑法学》，北京大学出版社、高等教育出版社 2011 年版，第 310 页。

待。因此，刑法对这类犯罪除了规定二十年追诉期限之外，还特别规定如果20年后认为仍然必须追诉的，应当报请最高人民检察院核准追诉。

正确办理核准追诉案件，对于正确体现刑罚目的和宽严相济刑事政策、促进恢复社会秩序和督促司法机关及时追诉现行犯罪具有重要意义。从当前情况看，我国1979年刑法颁布至今已经三十余年，一些发生在1997年修订刑法生效之前、按照刑法从旧兼从轻原则应当适用1979年刑法的犯罪，目前不少已经超过了二十年的追诉期限。随着近年来司法机关不断加大追逃和清理积案的力度，一些原来没有被发现或者虽然发现但未采取强制措施的犯罪分子被陆续抓获归案，如果其涉嫌犯罪的法定最高刑为无期徒刑或者死刑，并且已经超过二十年追诉期限，再对其追诉就需要报请最高人民检察院核准。在这一背景下，近年来各地报请核准追诉的案件明显增多，最高人民检察院也加大了对这类案件的研究和办理力度。2012年通过的《人民检察院刑事诉讼规则（试行）》（以下简称《刑事诉讼规则》）对核准追诉涉及的一些基本问题作出规定，如侦查机关在核准追诉之前可以对犯罪嫌疑人采取强制措施，侦查机关报请核准追诉案件应由同级人民检察院层报最高人民检察院审查决定，等等，但有些方面如决定核准追诉或者不核准追诉的条件等仍然比较原则，导致实践中各地检察院对有些规定的理解把握存在模糊之处。为了统一认识、指导办案，最高人民检察院法律政策研究室对近年来最高人民检察院办理的核准追诉案例进行了认真研究，从事实证据完整、法律适用正确、办案效果良好、指导意义突出等几方面综合考量并多次征求意见，确定了马世龙（抢劫）核准追诉案、丁国山等（故意伤害）核准追诉案、杨菊云（故意杀人）不核准追诉案、蔡金星等（抢劫）不核准追诉案4个案例，经最高人民检察院案例指导工作委员会和最高人民检察院检察委员会审议通过后，于2015年7月10日正式发布。

二、第六批指导性案例的指导意义

我国1979年刑法和1997年刑法只规定了超过二十年追诉期限的犯罪，如果认为必须追诉的，须报请最高人民检察院核准，但是对于哪些情况属于必须追诉的情形、哪些情况不属于必须追诉的情形，刑法并未作出具体规定，导致实践缺乏统一明确的操作标准。针对这一问题，《刑事诉讼规则》第三百五十三条对报请核准追诉案件的标准进行了规定，提出四项具体条件：（1）事实证据条件，即"有证据证明存在犯罪事实，且犯罪事实是犯罪嫌疑人实施的"；（2）量刑条件，即"涉嫌犯罪的行为应当适用的法定量刑幅度的最高刑为无期徒刑或者死刑的"；（3）追诉必要性条件，即"涉嫌犯罪的性质、情节、后果特别严重，虽然已过二十年追诉期限，但社会危害性和影响依然存在，不追诉会严重影响社会稳定或者产生其他严重后果，而必须追诉的"；
（4）追诉可能性条件，即"犯罪嫌疑人能够及时到案接受追诉的"。侦查机关
对相关犯罪行为，经过审查认为符合上述四项条件的，应当通过同级人民检察
院层报最高人民检察院核准追诉。而从实践情况看，上述四项条件中，事实证
据条件、量刑条件、追诉可能性条件规定相对具体明确、比较容易把握，而对
于核准追诉的必要性条件，即何种情况属于必须追诉的情形，《规则》虽然较
刑法条文进行了一定细化，但具体把握仍有一定难度，因此有必要通过发布相
关指导性案例，进一步加强对办理此类案件的具体规范指导。此次最高人民检
察院共发布了 4 个指导性案例，虽然每个案例的内容、特点有所不同，但都比
较准确地体现了刑法关于追诉时效制度的立法精神以及宽严相济刑事政策的要
求，同时这 4 个案件的办理在实践中也产生了良好的法律效果与社会效果。通
过发布这批指导性案例，有助于各级司法机关正确理解法律和司法解释关于核
准追诉条件的有关规定，准确把握办理核准追诉案件的具体要求，提高办理此
类案件的质量和水平。

（一）马世龙（抢劫）核准追诉案（检例第 20 号）

1989 年 5 月 20 日零时许，犯罪嫌疑人马世龙伙同许云刚、曹立波（后二
人另案处理，均已判刑）蒙面持刀进入被害人李树振家实施抢劫，马世龙在
逃跑时被李树振拉住，遂持刀在李树振身上乱捅，随后逃脱，李树振被送往医
院抢救无效死亡。2014 年 3 月 10 日，公安机关将马世龙抓获，后层报最高人
民检察院核准追诉。2014 年 6 月 26 日，最高人民检察院作出对马世龙核准追
诉决定。

本案主要涉及对特定类型严重刑事犯罪如何把握核准追诉条件的问题。本
案的要旨是：故意杀人、抢劫、强奸、绑架、爆炸等严重危害社会治安的犯
罪，经过二十年追诉期限，仍然严重影响人民群众安全感，被害方、案发地群
众、基层组织等强烈要求追究犯罪嫌疑人刑事责任，不追诉可能影响社会稳定
或者产生其他严重后果的，对犯罪嫌疑人应当追诉。

检察机关在适用中应当注意：

1. 对于严重危害社会治安等性质特别严重的犯罪一般应当从严从重打击。
根据《刑事诉讼规则》第三百五十三条第三项规定，应当追诉的犯罪必须是
犯罪的性质、情节和后果特别严重的犯罪。因此，在对特定犯罪行为决定是否
核准追诉时，既要看具体犯罪行为的情节、后果，也要考虑犯罪行为的性质，
一般来说犯罪的性质越严重，对其追诉的必要性也就越大。相比其他刑事犯罪
而言，故意杀人、抢劫、强奸、绑架、爆炸等各类严重危害社会治安的犯罪，
无论对被害人个体还是整个社会秩序而言都具有更大的社会危害性，犯罪分子

本身也往往具有更大的人身危险性，因此这类犯罪历来属于依法严厉打击的对象。最高人民检察院《关于在检察工作中贯彻宽严相济刑事政策的若干意见》中明确提出，依法从重从快打击黑社会性质组织犯罪、恐怖犯罪、毒品犯罪以及杀人、爆炸、抢劫、强奸、绑架、投放危害物质等严重危害社会治安的刑事犯罪。检察机关在办理核准追诉案件时，也要注意按照上述规定精神，准确把握宽严相济刑事政策要求，对于上述各类严重危害社会治安并且造成严重后果的犯罪，充分认识其对社会稳定和人民群众生命财产安全造成的严重威胁，依法从严从重予以打击。

2. 判断该类犯罪的社会危害性和影响是否消失，应当把人民群众的安全感作为重要因素。《刑事诉讼规则》第三百五十三条把"特定犯罪的社会危害性和影响依然存在"作为必须追诉的条件之一。故意杀人、抢劫、强奸、绑架、爆炸等严重危害社会治安的犯罪，不仅直接侵害了被害人的生命、健康、自由等权利，同时也对不特定的社会公众在心理上造成巨大恐慌，严重影响人民群众在正常生活中的安全感。特别是一些在案发当时造成较大轰动、影响恶劣的犯罪，经过较长时间仍然很难被社会公众遗忘，对这类犯罪如果不进行追诉，有可能进一步加剧和放大相关犯罪行为对社会公众造成的恐慌心理，甚至使人民群众对社会安全和正常社会秩序丧失信心。因此，在办理核准追诉案件时，考察这类犯罪行为的社会危害性和影响是否消失，除了要考虑犯罪行为对具体被害人造成的危害后果外，还要充分结合犯罪行为造成的社会影响，主要是对当地群众造成的恐慌心理是否已经消失，社会公众的安全感是否得到恢复等情况综合考量。本案中犯罪嫌疑人马世龙等人经预谋实施入户抢劫，并且造成一人死亡的严重后果，这一严重刑事犯罪不仅对被害人家庭和亲属造成严重伤害，而且对当地群众在日常生活中的安全感造成严重冲击，在案发地造成恶劣社会影响，即使经过了二十年追诉期限，当地居民仍然表现出一定的恐慌心理，强烈要求对犯罪嫌疑人追究刑事责任，说明犯罪的社会危害性和影响仍然存在，综合全案其他情况，对犯罪嫌疑人马成龙仍有追诉的必要。

（二）丁国山等（故意伤害）核准追诉案（检例第21号）

1991年12月21日，李万山与丁国义侄子常永龙发生争吵并殴打了常永龙。次日上午7时许，丁国山、丁国义、常永龙、闫立军为报复泄愤，对李万山等三人进行殴打，致李万山头部、面部多处受伤并于当日死亡。2013年12月至2014年1月，公安机关将丁国山等四名犯罪嫌疑人抓获，后层报最高人民检察院核准追诉。2014年6月13日，最高人民检察院作出对丁国山、常永龙、丁国义、闫立军核准追诉决定。

本案主要涉及对共同犯罪人如何报请核准追诉以及如何把握犯罪嫌疑人是

否仍然具有人身危险性等问题。本案要旨为：涉嫌犯罪情节恶劣、后果严重，并且犯罪后积极逃避侦查，经过二十年追诉期限，犯罪嫌疑人没有明显悔罪表现，也未通过赔礼道歉、赔偿损失等获得被害方谅解，犯罪造成的社会影响没有消失，不追诉可能影响社会稳定或者产生其他严重后果的，对犯罪嫌疑人应当追诉。

检察机关在适用中应当注意：

1. 侦查机关对已经到案的共同犯罪人应当一并报请核准追诉。共同犯罪是指二人以上共同故意犯罪。共同犯罪一旦成立，其社会危害性就有整体性，因此对共同犯罪的责任追究，应当实行"部分行为共同责任"的整体责任原则，每个构成犯罪的行为人应当为整体犯罪承担刑事责任。这一原则在办理核准追诉案件中应当同样适用。由于报请核准追诉案件多数处于侦查阶段，一般情况下案件事实尚未全部查清，相关证据尚未达到确实、充分的标准，在这种条件下，对共同犯罪中各犯罪人的地位、作用以及各自适用的量刑幅度尚未最终确定，因此很难也不宜对其分别计算追诉时效期限，再以此决定对每个犯罪嫌疑人是否应当报请核准追诉。从本案情况看，侦查机关根据共同犯罪共同责任原则，将所有到案犯罪人一并报请最高人民检察院核准追诉的做法，不仅在理论上具有合理性，实践中有利于全面查清案情、保障相关追诉活动顺利进行，同时也可以"防止在诉讼程序外凭司法人员的个人评估行为，使共同犯罪人选择性地进入追诉程序，有违程序正义理念"。[①]

2. 犯罪嫌疑人的人身危险性是判断对其追诉必要性的重要内容。追诉时效制度的重要功能之一是促使犯罪人积极改过自新、不再重新犯罪，有效实现刑法的预防犯罪目的。这里所说的不再重新犯罪，不应仅仅理解为犯罪人在追诉时效期间内没有再犯，而且应当包括根据其行为表现，确信其今后也不再具有重新犯罪的人身危险性。如果犯罪人在追诉期限内没有再犯，但是其行为表明仍然具有重新犯罪的危险性，从追诉时效制度的预防功能出发，就应当认为对其仍然具有特殊预防的必要，从而需要通过核准追诉继续追究其刑事责任。关于犯罪分子人身危险性的判断，需要结合多方面因素综合判断，其中积极逃避侦查、缺乏悔罪表现是重要表现形式之一。虽然在一般情况下，如果司法机关没有对犯罪分子立案（根据1997年刑法）或者采取强制措施（根据1979年刑法），犯罪分子即使有积极逃避侦查或者审判的行为，仍然应受追诉期限限制，只要追诉期限届满，就不再追究其刑事责任。但是在核准追诉案件中，犯罪分子是否仍然具有人身危险性就成为一个重要的考量因素。本案中，

---

① 李剑弢、江晓燕：《如何理解刑法关于追诉时效的规定》，载《人民司法》2012年第18期。

丁国山等四名犯罪嫌疑人作案后即潜逃，而且在得知被害人死亡后分别更名潜逃到黑龙江、陕西等地，其间没有任何向被害人赔礼道歉、赔偿损失、积极消除犯罪影响等悔罪表现，这种积极躲避侦查、拒不认罪悔罪的行为，反映出其主观恶性仍然没有得到彻底改造，人身危险没有完全消失，客观上仍然对社会具有较大的社会危害性，因此有必要继续对其追诉。

（三）杨菊云（故意杀人）不核准追诉案（检例第 22 号）

1989 年 9 月 2 日晚，杨菊云与丈夫吴德禄因琐事发生口角，吴德禄因此殴打杨菊云。杨菊云趁吴德禄熟睡，用木棒击打吴德禄头部，后因担心吴德禄继续殴打自己，便用尖刀将吴德禄杀死后逃离。2013 年 4 月 22 日，公安机关将杨菊云抓获，后层报最高人民检察院核准追诉。2013 年 7 月 19 日，最高人民检察院作出对杨菊云不予核准追诉决定。

本案主要涉及对婚姻家庭等民间矛盾激化引发的犯罪如何把握核准追诉条件的问题。本案要旨为：（1）因婚姻家庭等民间矛盾激化引发的犯罪，经过二十年追诉期限，犯罪嫌疑人没有再犯罪危险性，被害人及其家属对犯罪嫌疑人表示谅解，不追诉有利于化解社会矛盾、恢复正常社会秩序，同时不会影响社会稳定或者产生其他严重后果的，对犯罪嫌疑人可以不再追诉。（2）须报请最高人民检察院核准追诉的案件，侦查机关在核准之前可以依法对犯罪嫌疑人采取强制措施。侦查机关报请核准追诉并提请逮捕犯罪嫌疑人，人民检察院经审查认为必须追诉而且符合法定逮捕条件的，可以依法批准逮捕。

检察机关在适用过程中应当注意：

1. 对婚姻家庭等民间矛盾激化引发的犯罪决定是否核准追诉，应当充分考虑化解社会矛盾、促进社会和谐的需要。因婚姻家庭矛盾、邻里纠纷引发的犯罪往往发生在具有一定血缘、地缘关系的熟人之间，并且多数是因为日常生活中发生的矛盾、冲突不能得到有效化解而引发，虽然有些犯罪造成的后果比较严重，但与其他严重刑事犯罪相比，犯罪人一般主观恶性不深，人身危险性和社会危害性相对较小。因此办理这类案件时，应当本着"冤家宜解不宜结"的精神，着重从化解矛盾、促进和谐的角度，积极调解、促使犯罪嫌疑人通过赔礼道歉等方式取得被害方谅解，尽可能恢复被犯罪破坏的正常社会关系。本案中犯罪嫌疑人杨菊云的犯罪行为是由于家庭矛盾引起，虽然造成的犯罪后果严重，但从日常行为表现看，其并不具有严重的人身危险性，而且经过较长时间后，犯罪人、被害方的生活都已恢复到正常状态，特别是在杨菊云与被害人的儿子吴某恳求下，被害方家属已经对杨菊云表示原谅，在这种情况下，不再追诉犯罪人的犯罪行为，有利于维护现有家庭关系和社会秩序稳定。反之，如果予以追诉，则有可能导致家庭矛盾死灰复燃，破坏已经恢复的社会秩序，甚至引发新的不稳定因素。

2. 1997 年 9 月 30 日以前实施的犯罪，司法机关立案侦查但未对犯罪嫌疑人采取强制措施的，应当受追诉期限限制。我国 1979 年刑法第七十七条规定："在人民法院、人民检察院、公安机关采取强制措施以后，逃避侦查或者审判的，不受追诉期限的限制。" 1997 年刑法第八十八条第一款规定："在人民检察院、公安机关、国家安全机关立案侦查或者在人民法院受理案件以后，逃避侦查或者审判的，不受追诉期限的限制。" 与 1979 年刑法相比，1997 年刑法规定在司法机关立案或者受理后逃避侦查或者审判的，即使没有采取强制措施，也不受追诉期限的限制，表明对应受追诉期限限制的情形较以前规定得更为严格。因此按照我国刑法从旧兼从轻的原则，对 1997 年刑法生效以前的犯罪，在认定犯罪嫌疑人是否应受追诉期限限制时，就应当适用 1979 年刑法的相关规定。本案中杨菊云的犯罪行为发生在 1989 年，其实施犯罪行为后，公安机关虽然立案侦查，但未对其采取任何强制措施，因此根据 1979 年刑法第七十七条规定，仍然应当受追诉期限限制，经过二十年追诉期限后，如果需要对其继续追诉，就应当报请最高人民检察院核准。

3. 办案机关在核准追诉前可以依法对犯罪嫌疑人采取强制措施。根据我国刑法规定，符合报请核准追诉条件的案件往往都是比较严重的刑事犯罪，而且在报请核准追诉时多数处于侦查阶段，从维护社会安全、保障诉讼活动顺利进行等方面考虑，《刑事诉讼规则》第三百五十二条规定，须报请最高人民检察院核准追诉的案件，侦查机关在核准之前可以依法对犯罪嫌疑人采取强制措施。对提请批准逮捕的案件，人民检察院经审查认为符合法定条件的，可以批准逮捕。各级司法机关在办理核准追诉案件时，对于确实需要采取强制措施的犯罪嫌疑人，可以依照上述规定采取必要的强制措施。但同时必须牢固树立打击犯罪与保障人权并重的司法理念，严格坚持少用慎用强制措施的原则。检察机关在审查逮捕过程中，要注意严格把握社会危险性条件，坚持少捕慎捕，可捕可不捕的坚决不捕，坚决防止对被追诉的犯罪嫌疑人随意采取逮捕措施，对犯罪嫌嫌疑人的人身权利造成不必要的侵害，产生不好的法律效果和社会效果。①

（四）蔡金星、陈国辉等（抢劫）不核准追诉案（检例第 23 号）

1991 年 3 月 12 日上午，蔡金星、林俊雄、李建忠、蔡金文、陈锦城、陈国辉六人到被害人林文忠住处实施抢劫，抢到 14 万余元现金后逃跑。1991 年

---

① 孙谦主编：《人民检察院刑事诉讼规则（试行）理解与适用》，中国检察出版社 2012 年版，第 279 - 280 页。

4 月 23 日，公安机关对犯罪嫌疑人李建忠、蔡金文、陈锦城作出刑事拘留决定。2011 年 9 月至 12 月，公安机关先后将三名犯罪嫌疑人抓获。三人到案后供出同案犯罪嫌疑人蔡金星、陈国辉、林俊雄（已死亡）。2012 年 3 月 9 日，公安机关将犯罪嫌疑人蔡金星、陈国辉抓获，后层报最高人民检察院核准追诉。2012 年 12 月 31 日，最高人民检察院作出对蔡金星、陈国辉不予核准追诉决定。

本案主要涉及核准追诉过程中对犯罪嫌疑人认罪悔罪表现以及共同犯罪中追诉时效延长问题的把握。本案要旨为：（1）涉嫌犯罪已过二十年追诉期限，犯罪嫌疑人没有再犯罪危险性，并且通过赔礼道歉、赔偿损失等方式积极消除犯罪影响，被害方对犯罪嫌疑人表示谅解，犯罪破坏的社会秩序明显恢复，不追诉不会影响社会稳定或者产生其他严重后果的，对犯罪嫌疑人可以不再追诉。（2）1997 年 9 月 30 日以前实施的共同犯罪，已被司法机关采取强制措施的犯罪嫌疑人逃避侦查或者审判的，不受追诉期限限制。司法机关在追诉期限内未发现或者未采取强制措施的犯罪嫌疑人，应当受追诉期限限制；涉嫌犯罪应当适用的法定量刑幅度的最高刑为无期徒刑、死刑，犯罪行为发生二十年以后认为必须追诉的，须报请最高人民检察院核准。

检察机关在适用中应当注意：

1. 犯罪嫌疑人是否积极消除犯罪影响、争取被害方谅解是判断追诉必要性的重要内容。最高人民检察院《关于在检察工作中贯彻宽严相济刑事司法政策的若干意见》提出：检察机关在办理刑事案件中，应当加强对与犯罪有关的社会矛盾、纠纷的化解和调处工作，将矛盾化解情况和达成协议以及履行情况作为考虑从宽处理的一个重要因素。这一规定对办理核准追诉案件也具有重要的指导意义。犯罪嫌疑人积极消除犯罪影响、争取被害方谅解，既是判断犯罪嫌疑人真诚悔罪、人身危险性消失的重要标准，也是被犯罪破坏的社会秩序得以恢复的重要途径。从预防犯罪的刑罚目的分析，如果犯罪嫌疑人经过追诉时效期限，能够真正认识到其犯罪行为给被害人和社会带来的危害，并且通过实际行动积极消除犯罪影响，就应当认为其主观恶性已经得到比较好地改造，从而不再具有继续追诉的必要。司法机关在办理核准追诉案件时，对于有直接被害人的案件，也要注意积极促使犯罪嫌疑人向被害人赔礼道歉、赔偿损失，取得被害人的谅解。本案中蔡金星、陈国辉两名犯罪嫌疑人在核准追诉前，已经与被害人达成了和解协议，并且实际支付了包括直接损失和间接损失在内的赔偿金 40 余万元，最终得到了被害人的谅解；同时两名犯罪嫌疑人在犯罪后表现良好，基层组织建议不再对其追诉，这说明犯罪嫌疑人不仅再犯罪的危险性已经消失，而且因犯罪引发的社会矛盾已经化解，社会秩序得到恢复，对犯罪嫌疑人不再追诉，不仅有利于已经改过自新的犯罪嫌疑人重新融入正常社会生活，而且也能较好地发挥对其他犯罪嫌疑人积极认罪悔罪的教育和预防效果。

2. 发生在 1997 年 9 月 30 日以前的共同犯罪，对不同犯罪人是否延长追诉时效应当根据实际情况分别确定。追诉时效延长，是指在追诉时效的进行期间，因为发生法律规定的事由，而使追诉时效暂时停止执行。① 在发生追诉时效延长的情况下，犯罪嫌疑人将不受追诉期限限制，不论经过多长时间，司法机关都可以对其直接追诉。关于是否延长追诉时效，1979 年刑法第七十七条规定：在人民法院、人民检察院、公安机关采取强制措施后，逃避侦查或者审判的，不受追诉期限限制。但是在共同犯罪中，由于各种原因，可能会出现在特定诉讼阶段，只发现部分共同犯罪人或者只对部分共同犯罪人采取强制措施的情况，对此在办理核准追诉案件时，就应当严格依照相关法律规定和案件事实，分别准确认定各个犯罪嫌疑人是否应受追诉期限的限制，切实保障其应当享有的合法权利。本案发生在 1997 年 9 月 30 日以前，如前所述，应当按照从旧兼从轻原则适用 1979 年刑法规定。案件发生后，侦查机关只对李建忠、蔡金文、陈锦城三名犯罪嫌疑人作出刑事拘留决定，而且三人一直设法逃避侦查，因此不受追诉期限限制，虽然 2011 年公安机关抓获三名犯罪嫌疑人时已经超过二十年追诉期限，但司法机关仍然可以直接追究其刑事责任。由于侦查机关在追诉期限内没有发现蔡金星、陈国辉两名犯罪嫌疑人，也就不可能对其采取任何强制措施，而且两人在案发后没有再犯罪，因此应当受追诉期限限制，如果继续追究其刑事责任，就必须报请最高人民检察院核准。

---

① 张明楷：《刑法学》，商务印书馆 2011 年版，第 518 页。